全国农业专业学位研究生教育指导委员会立项建设教材
科学出版社“十四五”普通高等教育研究生规划教材

现代管理学

姚顺波　李　桦◎主编
薛彩霞　张晓妮　党红敏　李　娅◎副主编

科 学 出 版 社
北　京

内 容 简 介

本书是全国农业专业学位研究生教育指导委员会立项建设的研究成果。在遵循传统管理学管理职能框架基础上，为适应实践发展和管理学科的动态变化，本书首先梳理了管理基础理论，接着阐述了管理前沿理论，最后再现了管理前沿理论实践，在内容安排上力求反映最新管理学研究成果，体现前沿性、学术性、实践性的“现代”特点。

本书可作为管理专业研究生必修课程教材，也可作为理、工、农、医、文、法等非管理专业研究生经济管理基础课教材，还可供在职研究生进行管理知识培训时使用。

图书在版编目（CIP）数据

现代管理学 / 姚顺波，李桦主编. —北京：科学出版社，2024.6
全国农业专业学位研究生教育指导委员会立项建设教材
科学出版社“十四五”普通高等教育研究生规划教材
ISBN 978-7-03-077832-1

Ⅰ. ①现… Ⅱ. ①姚… ②李… Ⅲ. ①管理学–研究生–教材 Ⅳ. ①C93

中国国家版本馆 CIP 数据核字（2024）第 021677 号

责任编辑：陶 璇 / 责任校对：贾娜娜
责任印制：张 伟 / 封面设计：有道设计

科 学 出 版 社 出版
北京东黄城根北街 16 号
邮政编码：100717
http://www.sciencep.com
天津市新科印刷有限公司印刷
科学出版社发行 各地新华书店经销
*
2024 年 6 月第 一 版 开本：787×1092 1/16
2024 年 6 月第一次印刷 印张：16 1/2
字数：391 000

定价：48.00 元

前　言

党的二十大报告指出："我们要坚持教育优先发展、科技自立自强、人才引领驱动，加快建设教育强国、科技强国、人才强国，坚持为党育人、为国育才，全面提高人才自主培养质量，着力造就拔尖创新人才，聚天下英才而用之。"[①]研究生教材是教师教学和研究生学习的重要载体，是开展教学活动的基本依据和主要工具，是深化研究生教学改革、保障教学质量的重要基础。为加快推动研究生教育内涵式发展，发挥教材在构建研究生知识结构和提升研究生综合素养方面的重要作用，全国农业专业学位研究生教育指导委员会（简称"全国农业教指委"）组织开展了2020年全国农业专业学位研究生课程教材立项建设工作，《现代管理学》就是该项目建设的教材之一。

管理学是百余年来发展较为迅速、对社会经济发展影响较为深远的一门学科。管理学的一般理论是19世纪末20世纪初在工业经济背景下产生和发展的。100多年来，管理活动的环境以及管理实践本身都发生了深刻复杂的变化。为反映环境变化、管理实践对管理理论的影响，适应现代管理的客观要求，我们组织编写了《现代管理学》。在编写过程中，我们力求突出五大特色：一是重演现代管理知识产生、发展和嬗变的过程，并将之作为教材内容编排的特色；二是设置问题情境，引导研究生主动探究现代管理知识奥妙，注重培养研究生的发散性思维；三是着力凸显学术争鸣特色，为研究生提供培养理性选择能力及修正与创新已有理论和观点的机会，并在思辨中进行理论与方法的现实运用；四是紧跟管理学学科发展前沿，将学生带入学科前沿，内容安排上力求反映最新管理学研究成果，具有一定的前沿性、学术性、实践性的"现代"特点；五是突出实践应用特色，在注重夯实现代管理基础理论的同时，反映前沿管理理论在中国乡村振兴实践中的运用。对国内外新的管理理论应用到中国乡村振兴战略的案例进行探讨，进一步加深农业管理硕士对管理理论的理解，为今后的管理实践打下坚实基础。

全书分为六章：第一章概论，由西北农林科技大学姚顺波教授负责编写；第二章决策，由西北农林科技大学李桦教授和新疆农业大学郭晖副教授负责编写；第三章计划，

① 习近平：高举中国特色社会主义伟大旗帜 为全面建设社会主义现代化国家而团结奋斗——在中国共产党第二十次全国代表大会上的报告. https://www.gov.cn/xinwen/2022-10/25/content_5721685.htm，2022-10-25.

由西北农林科技大学李桦教授、华中农业大学包玉泽副教授负责编写；第四章组织，由西北农林科技大学薛彩霞教授和浙江农林大学李文川教授负责编写；第五章领导，由西北农林科技大学张晓妮副教授编写；第六章控制，由西北农林科技大学党红敏讲师和西南林业大学李娅教授编写。其余参编人员有贵州民族大学于金娜教授、西安邮电大学杨扬副教授、浙江农林大学王怡菲讲师、宁夏大学于艳丽副教授和李立朋讲师。

经过各方的努力，终于完成了本书的编写，本书的出版首先要感谢霍学喜教授、郑少锋教授、夏显力教授、刘军第副教授等专家的关心与指导，感谢科学出版社对本书出版给予的大力支持。从本书的策划到编写、修改、编辑、出版，虽然各方都付出了很大努力，但书中难免仍存在不足之处。管理实践无止境，管理学研究无止境。书中不妥之处，恳请读者及同仁批评指正。

编　者

2024 年 6 月

目　　录

第一章
概　　论

任何人类活动，特别是人类有组织的群体活动都需要管理。管理的实质是协调组织中的不同成员在不同时空的努力以有效地实现组织的活动目标。本章阐述了管理基础理论、数字经济与新管理、新管理实践。

第一节　管理基础知识

任何管理工作都是在某一特定组织中进行的，是为特定组织服务的。组织是由两个或两个以上的个人为了实现共同的目标组合而成的有机整体。组织是一群人的集合，组织成员必须按照一定的方式相互合作，共同努力，去实现既定的组织目标。只有这样，组织才能形成整体的力量，以完成个人力量的简单加总所不能完成的各项任务。组织存在于日常生活和工作的各个方面。企业是一种组织，医院、学校和其他企事业单位等也都是组织的具体表现形式，任何一个组织都有其基本的使命和目标。例如，医院的使命和目标是治病救人；学校的使命和目标是培育人才；企业的使命和目标是满足用户的需要。组织的使命和目标说明了组织存在的理由。为了完成其使命和目标，一方面，组织需要开展业务活动（又称作业活动），如医院的诊治、学校的教学、工业企业的生产等都属于作业活动。组织是直接通过作业活动来达成组织目标的，而作业活动的开展自然离不开人力资源（人员）、物力资源（原材料和机器设备）和财力资源（资金）等资源的运用，否则，作业活动就只能成为“无米之炊”。另一方面，组织为了确保这一活动顺利而有效地进行，还需要开展另一项活动——管理。这项活动的开展，自然也需要人力（管理人员）、物力（办公设备）、财力（资金）以及信息（各种数据和情报）等资源。管理是保证作业活动实现组织目标的手段。可以说，任何组织，小至企业，大至国家，都需要管理。

管理的重要性伴随着组织规模的扩大和作业活动的复杂化而日益明显。在当今，先进的管理和先进的科学技术一起构成了推动现代社会经济发展的“两个车轮”。就像没有先进的科学技术，作业活动乃至管理活动无法有效地开展一样，没有高水平的管理与之相配合，任何先进的科学技术都难以充分地发挥作用，而且，科学技术越先进，对管理的要求也就越高。所以，有人将科学技术和管理称作影响经济发展的两大主要因素。

一、管理的定义

管理就是在特定的环境下，对组织所拥有的资源进行有效的计划、组织、领导和控制，以达成既定的组织目标的过程。这个定义包含以下四层含义。

（1）管理是为实现组织目标服务的，是一个有意识、有目的的过程。管理是任何组织都不可或缺的，但绝不是独立存在的。管理不仅有自己的目标，而且要服务于组织的目标实现。

（2）管理工作的过程是由一系列相互关联、连续进行的活动所构成的。这些活动包括决策、计划、组织、领导、控制等，它们是管理的基本职能。

（3）管理工作要通过综合运用组织中的各种资源来实现组织的目标。也就是说，组织通过管理工作可以把资源转化为成果，将投入转化为产出。管理成效的好坏集中体现在它是否使组织用最少的资源投入，取得最大的、合乎需要的成果产出。产出一定、投入最少，或者投入不变、产出最多，抑或是投入最少、产出最多，这些都意味着组织具有较为合理的投入产出比，有比较高的效率。如果说效率涉及组织是否“正确地做事”（即“怎么做”）的问题，那么是否选择“正确的事”去做（即“做什么”）就是与效果或效能相关的问题。从企业角度来看，其组织目标的有效实现，包括选定顾客真正需要的产品或服务进行生产及用最少的资源耗费进行生产两个方面，用通俗的话来概括，就是“正确地做正确的事”。管理的任务就是获取、开发和利用各种资源来确保组织效率和效果双重目标的实现。

（4）管理工作是在一定的环境条件下开展的，环境既提供了机会，也构成了威胁。也就是说，管理需将所服务的组织看作一个开放的系统，它不断地与外部环境相互影响和作用。环境的存在，一方面，要求组织为创造优良的社会物质环境和文化环境尽其社会责任；另一方面，管理的方法和技巧必须依据环境条件的不同而随机应变，没有一种在任何情况下都能奏效的、通用的、万能的管理办法。审时度势、因势利导、灵活应变，对管理成功是至关重要的。

管理工作既有科学性又有艺术性：管理是一门科学，由大量学者和实业家在总结管理工作的客观规律基础上形成，用以指导人们从事管理的实践。管理者如果没有掌握科学管理的知识，要进行管理就必然依靠经验，或是凭主观、靠运气；而有了系统化的科学管理知识，他们就有可能对管理上存在的问题提出可行的、正确的解决办法。

当然，管理学同数学、物理学等自然科学相比，还只是一门不精确的科学，而且是一门正在发展中的科学。管理科学并不能为管理者提供解决一切问题的标准答案，它要求管理工作者以这些管理的理论原则和基本方法为基础，结合实际，对具体情况作具体分析，以求得问题的解决，从而实现组织目标。从这个角度看，管理又是一种艺术，即它是指利用系统化的知识和技术并根据实际情况激发灵感、发挥创造性的技巧和诀窍。管理的科学性与艺术性并不是相互排斥的，而是相互补充的。

二、古典管理理论

回顾20世纪管理学的演进，根据其中心议题可划分为各种管理理论，这些理论大致可看作不同思潮之下的产物。比如，20世纪初出现的古典管理理论，包括科学管理以及行政管理，前者注重如何让人员与任务配合以提高工作效率，后者则希望找到能够产生高效率的组织管理原则。

（一）泰勒的科学管理理论

弗雷德里克·温斯洛·泰勒（Frederick Winslow Taylor），出生于美国费城一个富有的律师家庭，中学毕业后考上了哈佛大学法律系，不幸因眼疾而被迫辍学。1875年，他进入一家小机械厂当徒工，由于工作努力，表现突出，很快先后被提升为车间管理员、小组长、工长、技师、制图主任和总工程师，通过业余学习获得了机械工程学士学位。在米德瓦尔钢铁厂的工作实践中，他感到当时的企业管理者不懂得用科学方法来进行管理，不懂得工作程序、劳动节奏和疲劳等因素对劳动生产率的影响。而工人则缺少训练，没有正确的操作方法和适用的工具。这都大大影响了劳动生产率的提高。为了改进管理，他在米德瓦尔钢铁厂进行各种试验。这些试验集中于对“动作”“工时”的研究，以及工具、机器、材料和工作环境等标准化的研究，他根据这些成果制定了比较科学的工作定额和为完成这些定额的标准化工具。泰勒一生致力于科学管理，但他的做法和主张并非一开始就被人们所接受，而是引起社会争议。于是，美国国会于1912年举行对泰勒制和其他工场管理制的听证会，泰勒在听证会上提供了精彩的证词，向公众宣传科学管理的原理及其具体的方法、技术，引起了较大反响。

科学管理理论包括以下主要内容。

（1）科学管理的中心问题是提高效率。泰勒认为，要制定出有科学依据的工人的“合理的日工作量”，就必须进行工时和动作研究。方法是选择合适且技术熟练的工人，把他们的每一个动作、每一道工序所使用的时间记录下来，加上必要的休息时间和其他延误时间，就得出完成该项工作所需要的总时间，据此定出一个工人“合理的日工作量”，这就是工作定额原理。

（2）为了提高劳动生产率，必须为工作挑选“一流的工人”。所谓一流的工人，泰勒认为，“每一种类型的工人都能找到某些工作使他成为一流的，除了那些完全能做好这些工作而不愿做的人”。在制定工作定额时，泰勒以“一流的工人在不损害其健康的情况下维护较长年限的速度”为标准。

（3）要使工人掌握标准化的操作方法，使用标准化的工具、机器和材料，并使作业环境标准化，这就是标准化原理。泰勒认为，必须用科学的方法对工人所使用的工具及其操作方法、劳动和休息时间进行搭配，并对机器的安排和作业环境的布置等进行分析，消除各种不合理的因素，把各种最好的因素结合起来，形成一种最好的方法，他将其作为管理当局的首要职责。

（4）实行刺激性的计件工资报酬制度。为了鼓励工人努力工作、完成定额，泰勒提出了这一原则。这种计件工资制度包含三方面内容：①通过工时研究和分析，制定出一个有科学依据的定额或标准；②采用一种叫作“差别计件制”的刺激性付酬制度，即计件工资率按完成定额的程度而浮动。③工资支付的对象是工人而不是职位，即根据工人的实际工作表现而不是根据工作类别来支付工资。泰勒认为这样做，既能消除消极怠工的现象，更重要的是能调动工人的积极性，从而促使工人提高劳动生产率。

（5）工人和雇主两方面都必须认识到提高效率对双方都有利，都要来一次“精神革命”，相互协作，为共同提高劳动生产率而努力。

（6）把计划职能同执行职能分开，变原来的经验工作法为科学工作法。

（7）实行“职能工长制”。

（8）在组织机构的管理控制上实行例外原则。

泰勒在管理方面的主要著作有：《计件工资制》（1895 年）、《车间管理》（1903 年）、《科学管理原理》（其中包括在国会听证会上的证词，1912 年）。泰勒通过这一系列的著作，总结了几十年试验研究的成果，归纳了自己长期管理实践的经验，概括出一些管理原理和方法，经过系统化整理，形成了科学管理理论。泰勒在管理理论方面做了许多重要的开拓性工作，为现代管理理论奠定了基础。由于他的杰出贡献，他被后人尊为“科学管理之父”，这个称号被铭刻在他的墓碑上。

泰勒的自身条件及当时所处社会背景不可避免地会影响到其进行科学管理研究的方法、思路等，使得其对较高层次的管理研究得相对较少，理论深度也显得不够。而科学管理理论或称泰勒制也并非泰勒一个人的发明，就像英国管理学家林德尔·厄威克（Lyndall F. Urwick）所指出的：“泰勒所做的工作并不是发明某种全新的东西，而是把整个 19 世纪在英美两国产生、发展起来的东西加以综合而成的一整套思想。他使一系列无条理的首创事物和实验有了一个哲学体系，称之为科学管理。”[①]

① 转引自姚顺波. 现代企业管理学. 3 版. 北京：科学出版社，2015.

（二）一般（行政）管理理论

不少学者与专家从理性观点，分别提出行政管理的要素与特征，他们的看法虽在某些大原则上具有相关性，但理论方法各异。以下针对较为著名的法约尔的一般（行政）管理原则、韦伯的科层组织理论加以说明。

1. 法约尔的一般（行政）管理原则

亨利·法约尔，法国人，1860 年从圣艾蒂安国立矿业学院毕业后进入康门塔里-福尔香堡（Comentry-Fourchambault）采矿冶金公司，成为一名采矿工程师，并在此度过了整个职业生涯。从采矿工程师后任矿井经理直至公司总经理，由一名工程技术人员逐渐成为专业管理者，他在实践中逐渐形成了自己的管理思想和管理理论，对管理学的形成和发展作了巨大的贡献。

法约尔 1916 年出版的名著《工业管理与一般管理》，是他一生管理经验和管理思想的总结。他认为，他的管理理论虽然是以大企业为研究对象，但除了可应用于工商企业之外，还适用于政府、教会、慈善团体、军事组织以及其他各种事业单位。所以，人们一般认为法约尔是第一个概括和阐述一般管理理论的管理学家。他的理论概括起来大致包括以下内容。

1）企业的基本活动与管理的五项职能

法约尔指出，任何企业都存在六种基本的活动，而管理只是其中之一。这六种基本活动是：①技术活动（指生产、制造、加工等活动）；②商业活动（指购买、销售、交换等活动）；③财务活动（指资金的筹措和运用）；④安全活动（指设备维护和职工安全等活动）；⑤会计活动（指货物盘存、成本统计、核算等）；⑥管理活动（其中包括计划、组织、指挥、协调和控制五项职能活动）。在这六种基本活动中，管理活动处于核心地位，即企业本身需要管理，同样的，其他五项活动也需要管理。

2）法约尔的 14 条管理原则

法约尔根据自己的工作经验，归纳出简明的 14 条管理原则。

（1）分工。他认为，这不仅是经济学家研究如何有效地使用劳动力的问题，而且也是各种机构、团体、组织中进行管理活动所必不可少的工作。

（2）职权与职责。他认为，职权是发号施令的权力和要求服从的威望。职权与职责是相互联系的，在行使职权的同时，必须承担相应的责任，有权无责或有责无权都是组织管理上的缺陷。

（3）纪律。纪律是管理所必需的，是对协定的尊重。这些协定的制定是为了达到服从、保持专心和干劲，以及尊重人为目的。也就是说，组织内所有成员通过各方所达成的协议对自己在组织内的行为进行控制，它对企业的成功较为重要，因此要尽可能做到严明、公正。

（4）统一指挥。统一指挥指组织内每一个人只能服从一个上级并接受他的命令。

（5）统一领导。统一领导指一个组织，对于目标相同的活动，只能有一个领导、一个计划。

（6）个人利益服从整体利益。个人利益服从整体利益，即个人和小集体的利益不能超越组织的利益。当二者不一致时，主管人员必须想办法使它们保持一致。

（7）个人报酬。报酬与支付的方式要公平，使雇员和雇主得到最大限度的满足。

（8）集中化。这主要是指权力的集中或分散的程度问题。要根据各种情况，包括组织的性质、人员的能力等，来决定“产生全面的最大收益”的那种集中程度。

（9）等级链。管理机构中，最高一级到最低一级应该建立关系明确的职权等级序列，这既是执行权力的线路，又是信息传递的渠道，一般情况下不要轻易地违反它。但在特殊情况下，为了解决由统一指挥而产生的信息传递延误问题，法约尔设计了一种“跳板”，也叫“法约尔桥”（Fayol bridge）。

（10）秩序。秩序指组织中的每个成员都应该坚守各自的岗位，“人皆有位，人称其职”。

（11）公正。主管人员对其下属仁慈、公平，就可能使其下属对上级表现出热心和忠诚。

（12）保持人员的稳定。如果人员不断变动，工作将得不到良好的效果。

（13）首创精神。这是提高组织内各级人员工作热情的主要源泉。

（14）团结精神。团结精神指必须注意保持和维护每一集体中团结、协作、融洽的关系，特别是人与人之间的相互关系。

法约尔强调指出，以上14条原则在管理工作中不是死板和绝对的东西，这里有个尺度问题。在同样的条件下，管理者几乎从不两次使用同一原则来处理事情，而是注意各种可变因素的影响。因此，这些原则是灵活的，是可以适用于一切需要的，但其真正的本质在于懂得如何运用它们。这是一门很难掌握的艺术，它要求智慧、经验、判断和注意尺度（也即“分寸”）。法约尔认为，人的管理能力可以通过教育来获得，他把管理视为一门科学，提出在学校设置这门课程，并在社会各个领域宣传、普及和传授管理知识。

综上所述，法约尔关于管理过程和管理组织理论的开创性研究，特别是关于管理职能的划分以及管理原则的描述，对后来的管理理论研究产生了非常深远的影响。此外，他还是概括和阐述一般管理理论的先驱者，是伟大的管理教育家，后人称他为“管理过程之父”。

2. 韦伯的科层组织理论

德国的社会学家马克斯·韦伯（1864—1920）用“理想型”的方式来描述科层组织制度，即全凭一些经验和逻辑推理，再加上智慧的想象所形成的一种概念结构。在讨论之前，我们要先了解他的权威观念，因为他所提出的组织理论是从权威观念出发的。

韦伯将权威分为传统权威、法理权威和魅力型权威三种。其中，传统权威是由古老传统、法令衍生的信念而产生的职权；法理权威是由法律及规范所赋予的职权；魅力型权威是基于信仰与个人特质所形成的职权。

只有在法理权威下，韦伯心目中的理想型科层制度才会出现。法理权威是指权力是基于法律授予，下属并非服从于领导者本人，而是服从法律所赋予该职位的权力，法律至高无上，治者与被治者都受到法律的拘束，领导者权威的行使有一定的范围，且须遵循一定的法定程序。韦伯认为，一个理想的科层组织制度须具备下列特征：

（1）组织成员有固定分工。每一成员都有正式与固定的职位，依法行使职权。在科层体制下，每人都有固定职责，并通过职位行使职权。人员尽责和享受权利都“有迹可循”，而且只有具备一定资格的人，才能被雇佣。

（2）层层控制的权力层级体系。每位组织成员都明确知道该从什么人那儿获得命令，并将命令传递给什么人。这样能增强对部属的控制，也减少了权责混乱现象。

（3）遵从正式的法律与规范。组织人员的工作行为以及人员之间的工作关系须遵循法律法规，不得掺杂个人喜憎爱恶的情感。换言之，组织内的行为、决策和法规都被制度化，并记载于书面档案。

（4）组织内职位应按人员专长进行正式遴选。人员的工作范围和权责必须明文规定，在专业分工原则下，职位的获得必定基于技能考虑。

（5）职业化的倾向。人员加入组织，根据自由契约方式，考试合格后方可任用，除非人员犯错，并依规定加以免除职位外，组织不能任意结束这种契约关系。通过任期保障，人员能专心处理事务。

（6）工作报酬有明文规定。根据固定薪资制度，占有某一职位或从事某一工作者接受某一固定待遇。薪资给付依照人员的地位和职位，不能因主管好恶而徇私，并须设立奖惩机制和升迁制度，使得人员能安心工作。

一个能依照上述六项原则所成立的理想型科层制度是最有效率的，因为它不只是选择专才者来从事固定工作，而且人员的一切活动都须严格遵照规定，绝对服从上级指挥；人员、工作皆有一定次序，组织管理者能精确地预测人员在组织内的行为，能明确、迅速、持续地推动组织的顺利运转，并节省人力物力。现实社会中不容易找出能够完全符合上述每一原则的组织，但组织效能要提高，几乎所有组织在某种程度上都以韦伯的科层组织模式为其结构设计的标准。

三、行为科学理论

行为科学方面的管理思想，主要是探讨人的动机以及人际关系，此学派受到社会学家与社会心理学家的影响较大。

1. **梅奥及其霍桑实验**

美国西方电气公司自 1924 年起在伊利诺伊州的霍桑工厂进行一系列实验，对人类行为与管理学的研究而言，这是一个重要的转折点，它的研究成果首创了管理学界的全新观点，使之进入一个行为取向的时代。值得一提的是，霍桑实验从 1924 年进行到 1932 年，在此期间正值美国经济大萧条，企业纷纷倒闭，失业率增至 30%以上，兴起了政府干预社会福利的新社会理论，工作价值观随之有了很大转变，群体也越来越受到重视。

霍桑实验由埃尔顿·梅奥（Elton Mayo）领导一群哈佛大学研究人员实施，原始假设为工作现场的实体环境会影响产出水平，工作场所的照明设施会影响产出量。然而，他们发现当照明度提高时，生产力固然增加，但逐步降低照明度后，生产量不降反升，这让研究人员十分惊讶。研究人员改变多项条件后再进行观察，似乎都显示影响工人生产绩效的因素存在于工作实体环境之外。最后，研究人员发现了一项研究之初未列入考虑的因素，那就是工人在工作时的感受：工人因研究人员的关注而感觉自己与别人不同。原来，在工人的个人需求中，薪资并非唯一的考虑，他们会寻求外界的友谊与安全感，也希望受到公司重视。霍桑实验的重要性在于让人们了解到工作中的人性因素。根据霍桑实验，梅奥于 1933 年出版了《工业文明中的人的问题》一书，提出了与古典管理理论不同的新观点，主要归纳为以下几个方面。

（1）社会和心理因素对工作效率有更大影响。工人是“社会人”，而不是单纯追求金钱收入的“经济人”。作为复杂的社会系统成员，金钱并非激发工人积极性的唯一动力，他们还有社会、心理方面的需求，因此社会和心理因素等方面所形成的动力，对效率有更大影响。

（2）正式组织与非正式组织互相依存。企业中除了正式组织之外，还存在着非正式组织，这种非正式组织是企业成员在共同工作的过程中，由于具有共同的社会感情而形成的非正式团体。这种无形组织有它特殊的感情、规范和倾向，左右着成员的行为。古典管理理论仅注重正式组织的作用，这是很不够的。非正式组织不仅存在，而且同正式组织是相互依存的，对生产率的提高有很大影响。

（3）提高职工满足度能有效提高工作效率。新型的领导可以通过提高职工的满足度来激发工人的士气，从而达到提高效率的目的。生产率主要取决于工人的士气，即工作的积极性、主动性与协作精神，而士气则取决于社会因素特别是人际关系对工人的满足程度，即他的工作是否被上级、同伴和社会承认。满足程度越高，士气就越高，生产效率也就越高。所以，领导的职责在于提高士气，善于倾听下属职工的意见，使正式组织的经济需求和工人的非正式组织的需求之间保持平衡。这样就可以解决劳资之间乃至整个工业文明社会的矛盾和冲突，提高效率。

梅奥等的人际关系学说的问世，开辟了管理理论的一个新领域，并且弥补了古典管理理论的不足，更为以后行为科学的发展奠定了基础。

2. 巴纳德的合作系统理论

巴纳德（Chester I. Barnard）自1922年起服务于美国宾夕法尼亚贝尔电话公司，是一位具有实务经验的企业家，1938年出版《经理人员的职能》（*The Functions of the Executive*）。他认为，组织是用以协调各项活动的一种制度，而经理人扮演非常重要的角色。巴纳德虽受韦伯影响，但与韦伯的组织机械化观点不同的是，他比较重视组织中的个人所能发挥的价值。他将组织看作一个需要人与人相互合作的社会系统，经理人的主要工作就是要引导与激励部属全力以赴。人员合作是组织成功的重要因素，因此，巴纳德一再强调促成人员合作的重要性。

对于如何促成人员合作，巴纳德首先提出权威接受论。传统的观点认为，员工的服从与合作是经由命令来达成的，亦即权威来自上层，但巴纳德的“权威接受论”认为权威来自下属接受的意愿，经理人的命令只有符合下列条件时才会被接受：①下属了解命令的内容。②下属相信此命令与组织目标一致。③下属相信此命令不违背其个人的利益。④下属有能力执行此项命令。

四、管理理论的丛林

第二次世界大战结束后，资本主义进入黄金发展时期，企业结构发生了巨大的变化，生产的国际化进程加快，加之现代科技迅速发展，生产力快速提升，这一切都给管理工作带来了许多新问题，引起了人们对管理工作的普遍重视。科学技术，特别是运筹学、电子计算机等与管理紧密结合。除管理工作者和管理学家外，其他领域的一些专家，如社会学家、经济学家、生物学家、数学家等都纷纷加入研究管理的队伍，出现了研究管理理论的各种学派。

自20世纪40年代后期，相继出现了系统论、信息论和控制论（简称“三论”）等系统理论。“三论”本身是相互联系渗透的，“三论”自然成为管理系统理论的重要基础理论。到了20世纪70年代又出现了协同论、突变论、耗散结构论（简称“新三论”），这些都为现代管理理论奠定了新的方法论基础。因此，现代管理理论诞生了形形色色的学术流派和思潮，主要有管理过程学派、社会系统学派、决策理论学派、系统管理学派、数量管理科学学派、权变理论学派、经验主义学派、企业文化学派。

1973年爆发中东石油危机，从而引发世界能源危机，世界能源危机结束以后，世界新的政治经济格局开始萌芽。到了20世纪80年代末苏联解体、东欧剧变，经过几年新的调整，世界政治经济格局已定，从原来的第二次世界大战以后以美苏两国为轴心国，变为多个政治经济强国并立的新格局。在微观上，各国的企业同样也面临着新的形势。首先是企业的生存发展环境已经从国内市场转向国际市场，企业的成功主要取决于全球战略的实施情况，从内向管理向外向管理转变。其次是从产品市场管理向价值管理的转变，企业管理的每一过程、每一环节都必须使企业向市场提供的产品和服务升值，从而提高企业的管理效率。最后，企业为了提高竞争力，树立品牌，由行为管理向文化管理转变，即自20世纪80年代后管理思想已由原来的过程管理转向战略管理，加之计算机和信息技术的发展，也改变了管理理论的发展方向，从而形成了全新的管理思想。

正是由于当代管理环境发生了巨大的变化，涌现了许多新的管理理念、理论，当代管理理论具有代表性的有托马斯・彼得斯的管理思想、迈克尔・波特的竞争战略学说、约翰・科特的领导学说、彼得・圣吉的学习型组织理论、戴明和朱兰的质量管理理论、伊戈尔・安索夫的企业战略理论、迈克尔・波特的企业核心能力理论、迈克・哈默的企业再造理论、明茨伯格的经理角色理论、彼德・德鲁克的知识管理理论、萨维奇的第五代管理理论等。

现代管理理论强调用战略的观点进行管理、用市场的观点进行管理、用变革的观点进行管理、用竞争的观点进行管理、用服务的观点进行管理、用专业化和多样化的观点进行管理、用素质的观点进行管理、用开发的观点进行管理、用经营的观点进行管理、用风险的观点进行管理等，这拓宽了管理思想的广度，增加了其深度，与时俱进，推进了管理思想的跨越式发展。

回顾管理思想的发展历史，我们能清楚地看到，管理思想的发展与文化历史、社会生产力的发展水平，以及与人的认识程度和生产方式等因素的发展变化有着密切的关系。由于文化的民族性特点，东西方所形成的相应管理思想也是不一样的，但是东西方的管理思想也和东西方文化一样，是相互交融、相互影响、相互促进的。随着经济全球化和经济一体化的步伐加快，东西方的管理思想也会迅速融合，创造出更加辉煌灿烂的管理思想的明天！

第二节 数字经济与新管理

一、数字经济

当前，我国正处于经济结构转型升级与新一轮科技革命和产业变革迅猛发展的历史交汇期。经济发展依靠资源驱动的老路既行不通也走不远，亟待开辟新的发展路径，新旧动能接续转换的客观需求也日趋迫切。以数字技术为代表的创新多领域、群体性加速突破，实体经济利用数字技术不断发展，新模式、新业态持续涌现，经济成本大幅降低、效率显著提升，产业组织形态和实体经济形态不断重塑，数字经济方兴未艾，发展大幕开启。

（一）数字经济内涵

数字经济是继农业经济、工业经济之后的更高级的经济发展阶段。数字经济是以数字化的知识和信息为关键生产要素，以数字技术创新为核心驱动力，以现代信息网络为重要载体，通过数字技术与实体经济深度融合，不断提高传统产业数字化、智能化水平，加速重构经济发展与政府治理模式的新型经济形态。数字经济概念蕴含丰富内涵，需从多方面深刻认识。

第一，数字经济包括数字产业化和产业数字化两大部分。数字产业化也称为数字经济基础部分，即信息产业，具体业态包括基础电信业、电子制造业、软件及服务业、互联网等；产业数字化，即产业部门使用数字技术而带来的产出增加和效率提升，也称为数字经济融合部分，包括传统产业由于应用数字技术所带来的生产数量增加和生产效率提升，其新增产出是数字经济的重要组成部分，具体见图 1-1。

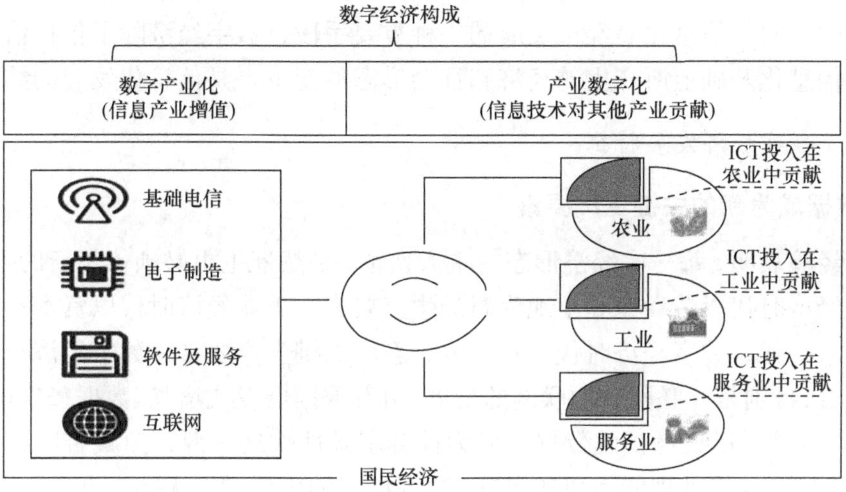

图 1-1 数字经济构成

注：ICT 是指信息与通信技术（information and communications technology）

第二，数字经济超越了信息产业部门的范围。20 世纪六七十年代以来，数字技术飞速进步促使信息产业崛起为经济中创新活跃、成长迅速的战略性新兴产业部门。但我们应充分认识到，数字技术作为一种通用目的技术，可以成为重要的生产要素，广泛应用到经济社会各行各业，促进全要素生产率的提升，开辟经济增长新空间，这种数字技术的深入融合应用全面改造经济面貌，塑造整个经济新形态，因此不应将数字经济只看作信息产业。

第三，数字经济是一种技术经济范式。数字技术具有基础性、广泛性、外溢性、互补性特征，将带来经济社会新一轮跳跃式发展和变迁，推动经济效率大幅提升，引发基础设施、关键投入、主导产业、管理方式、国家调节体制等经济社会最佳惯行方式的变革。如伴随互联网与电信技术的快速发展与融合，互联网企业、电信运营商和手机终端设备产业出现跨界竞争现象，移动互联网使互联网不再受办公场所限制，深刻改变了人类的生活方式。数字经济技术范式具有三大特征：①数字化的知识和信息是最重要的经济要素；②数字技术具有非常强的网络化特征；③数字技术重塑了经济与社会。

第四，数字经济是一种经济社会形态。相较于农业经济、工业经济时代，数字经济在基本特征、运行规律等维度发生根本性变革。对数字经济的认识，需要拓展范围、边界和视野，并将之视为一种与工业经济、农业经济并列的经济社会形态。我们需要站在人类经济社会形态演化的历史长河中，全面审视数字经济对经济社会的革命性、系统性和全局性影响。

第五，数字经济是信息经济、信息化发展的高级阶段。信息经济包括以数字化的知识和信息驱动的经济，以及非数字化的知识和信息驱动的经济两大类，未来非实物生产要素的数字化是一种不可逆转的发展趋势，数字经济既是信息经济的子集，又是未来发展的方向。信息化是经济发展的一种重要手段，数字经济除了包括信息化外，还包括在信息化基础上所产生的经济和社会形态的变革，是信息化发展的结果。

（二）数字经济发展特征

1. 数据成为新的关键生产要素

历史经验表明，每一次经济形态的重大变革，必然催生也必须依赖新的生产要素。如同农业经济时代以劳动力和土地为新的生产要素、工业经济时代以资本和技术为新的生产要素一样，数字经济时代，数据成为新的关键生产要素。数字经济与经济社会的交汇融合，特别是互联网和物联网的发展，引发数据爆发式增长。数据每年增长50%，每两年翻一番[①]。迅猛增长的数据已成为社会基础性战略资源，蕴藏着巨大潜力和能量。数据存储和计算处理能力快速提升，数据创造的价值潜能大幅提升。20世纪90年代以来，数字化技术飞速发展，如今人类95%以上的信息都以数字格式存储、传输和使用[②]，同时数据计算处理能力也提升了上万倍。数据开始渗透到人类社会生产生活的方方面面，推动人类价值创造能力发生新的飞跃。由网络所承载的数据、由数据所萃取的信息、由信息所升华的知识，正在成为企业经营决策的新驱动、商品服务贸易的新内容、社会全面治理的新手段，带来了新的价值增值。更重要的是，相比其他生产要素，数据资源具有的可复制、可共享、无限增长和供给的特质，打破了传统要素有限供给对增长的制约，为持续增长和永续发展提供了基础与可能，成为数字经济发展新的关键生产要素。可以说，数据成为新的生产要素，新的技术经济范式（“数字技

---

① “深入学习贯彻十九大精神 加快建设网络强国”专家谈 | 推进数字经济发展，助力社会主义现代化强国建设. https://www.sohu.com/a/203585338_354877，2017-11-10.

② 中国信息通信研究院.中国数字经济发展白皮书(2017年). http://www.cac.gov.cn/files/pdf/baipishu/shuzijingjifazhan.pdf?eqid=c07447c70004039b0000000664363595&eqid=c846757d0008d96c000000056462e1c8，2017.

术–经济范式”）正在形成（图 1-2）。

农业经济 → 工业经济 → 数字经济

$Y = F_1(A_1, L_1, T_1)$ ⇒ $Y = F_2(A_2, K_2, T_2)$ ⇒ $Y = F_3(A_3, D, K_2, L_3, T_3)$

图 1-2 经济形态与生产要素变革

注：Y 表示经济产出；F 表示生产函数；A 表示技术进步；L 表示劳动力；T 表示土地；K 表示资本；D 表示数据

2. 数字技术创新提供源源不断的动力

数字技术创新活跃，不断拓展人类认知空间，成为数字经济发展的核心驱动力。人类经济社会发展从来不是一个渐进的平稳发展过程，少数重大事件决定了历史新阶段的到来。通用目的技术的进步和变革是推动人类经济社会跳跃式发展的核心动力。数字技术的创新进步和普及应用，正是当下时代变迁的决定性力量。区别于以往的通用目的技术，数字技术进步摆脱了线性约束，呈现出指数级增长态势。数字技术能力提升遵循摩尔定律，每 18 个月综合计算能力提高一倍，存储价格下降一半、带宽价格下降一半等产业现象持续印证摩尔定律。连入网络的用户和设备的价值遵循梅特卡夫定律，数字经济价值呈指数式增长，这进一步推动了数字经济的快速成长。近年来，大数据、物联网、移动互联网、云计算等数字技术的突破和融合发展推动数字经济快速发展。人工智能、虚拟现实、区块链等前沿技术正加速进步，产业应用生态持续优化，不断强化未来发展动力。此外，数字技术加速与制造、生物、能源等技术融合，带动群体性突破，全面拓展人类认知空间。

3. 信息产业的基础性、先导性作用突出

每一次科技变革和产业革命中，总有一些产业是基础性先导性产业，它们率先兴起、创新活跃、发展迅速、外溢作用显著，引领带动其他产业创新发展。与交通运输产业和电力电气产业成为前两次工业革命推动产业变革的基础先导产业部门类似，信息产业是数字经济时代驱动发展的基础性、先导性产业。

信息产业早期快速扩张，现今发展渐趋稳定，已成为支撑国民经济发展的战略性部门。1978 年，全球信息产业增加值占 GDP 的比重为 1.5%，2000 年上升为 3.4%，2006 年达到 4.3%。从 20 世纪 70 年代到 21 世纪初，美国信息产业增加值占 GDP 的比重提高了近 1 倍。进入 21 世纪后，信息产业部门增长与 GDP 基本同步，在 GDP 中的占比保持稳定，经济合作与发展组织（Organisation for Economic Co-operation and Development，OECD，简称经合组织）国家基本稳定地维持在 3%～6%①。

信息产业领域创新活跃，引领带动作用强。数字技术是技术密集型产业，动态创新是其基本特点，强大的创新能力是竞争力的根本保证。受此驱动，信息产业成为各

① 中国信息通信研究院.中国数字经济发展白皮书（2017 年）. http://www.cac.gov.cn/files/pdf/baipishu/shuzijingjifazhan.pdf?eqid=c25afab400057f9600000002645b56da&eqid=fcff39e80002d70200000006646571b2，2017.

国研发投入的重要领域。OECD 数据显示，近年来，世界几乎半数主要国家的信息产业领域研发投资占全部投资的比重达到 20%，韩国、以色列、芬兰等几个领先国家甚至超过了 40%[①]。信息产业领域密集的研发投资也带来丰厚的创新产出。以世界平均水平为例，信息产业领域的专利占比达到 39%，金砖国家的这一比例甚至达到了 55%[②]。

4. 产业融合是推动数字经济发展的主引擎

纵观历史，先导性产业部门占经济总量的比重日趋减少，通用目的技术与产业融合越来越成为经济发展的主引擎。在第一次工业革命时期，英国的纺织等先导性产业占经济总量的比重一度超过 40%，到了第二次工业革命时期，美国的化工等先导性产业部门占经济总量的比重下降到 20%左右，如今在数字经济革命阶段，主要国家信息产业等先导性部门的比重稳定在 6%左右[③]。数字经济在其他产业领域的应用带来的效率提升和产出增加已成为推动经济发展的主引擎。近年来，数字经济正在加快向其他产业融合渗透，有利于拓展经济发展空间。一方面，数字经济加速向传统产业渗透，不断从消费向生产、从线上向线下拓展，催生 O2O[④]、共享经济等新模式、新业态持续涌现，提升消费体验和资源利用效率。另一方面，传统产业数字化、网络化、智能化转型步伐加快，新技术带来的全要素效率提升，加快改造传统动能，推动新旧动能接续转换。产业融合利用数字经济带来的产出增长，构成数字经济的主要部分，成为驱动数字经济发展的主引擎。

5. 平台化生态化成为产业组织的显著特征

平台成为数字经济时代协调和配置资源的基本经济组织，是价值创造和价值汇聚的核心。一方面，互联网平台新主体快速涌现。商贸、生活、交通、工业等垂直细分领域平台企业发展迅猛。1995～2015 年，平台企业的市值从 167 亿元上升到 2.56 万亿元，增长超过 150 多倍[⑤]。另一方面，传统企业加快平台转型。传统 IT 巨头向平台转型，微软 2016 年并购职场社交平台领英，将微软的 IT 技术优势与平台融合，打造更为互联、更加智能的生态系统。传统制造企业也开启平台化转型，如传统建筑机械企业三一重工大力开发工业互联网平台——根云平台，截止到 2017 年 12 月已接入超

---

① 中国信息通信研究院.中国数字经济发展白皮书(2017 年). http://www.cac.gov.cn/files/pdf/baipishu/shuzijingjifazhan.pdf?eqid=c25afab400057f9600000002645b56da&eqid=fcff39e80002d70200000006646571b2，2017.

② 中国信息通信研究院.中国数字经济发展白皮书(2017 年). http://www.cac.gov.cn/files/pdf/baipishu/shuzijingjifazhan.pdf?eqid=c25afab400057f9600000002645b56da&eqid=fcff39e80002d70200000006646571b2，2017.

③ 中国信息通信研究院.中国数字经济发展白皮书(2017 年). http://www.cac.gov.cn/files/pdf/baipishu/shuzijingjifazhan.pdf?eqid=c25afab400057f9600000002645b56da&eqid=fcff39e80002d70200000006646571b2，2017.

④ O2O，online to offline 的缩写，即“线上到线下”的商业模式，是指将线下的商务机会与互联网结合，让互联网成为线下交易的平台。

⑤ 中国信息通信研究院.中国数字经济发展白皮书(2017 年). http://www.cac.gov.cn/files/pdf/baipishu/shuzijingjifazhan.pdf?eqid=c25afab400057f9600000002645b56da&eqid=fcff39e80002d70200000006646571b2，2017.

过 23 万台设备，实时采集 5000 多个运行参数[1]，能够为客户提供精准的大数据分析、预测、运营支持及商业模式创新服务。

平台推动产业组织关系从线性竞争向生态共赢转变。工业经济时代，作为价值创造的主体，传统企业从上游购买原材料，加工后再向下游出售产成品，是线性价值创造模式。企业经营的目标是打败竞争对手，并从上下游企业中获取更多利润。在平台中，价值创造不再强调竞争，而是通过整合产品和服务供给者，并促成它们之间的交易协作和适度竞争，共同创造价值，以应对外部环境的变化。这表明，平台在本质上是一个共建共赢的生态系统。不论是新兴平台企业还是传统转型企业，在发展中，都广泛采取开放平台策略，打造生态系统，以增强平台的吸引力和竞争力，如腾讯通过开放平台，吸引了 500 万名开发者入驻[2]，较大程度上提升了平台的价值。

6. 线上线下一体化成为产业发展的新方向

数字经济时代，数字经济不断从网络空间向实体空间扩展边界，传统行业加快数字化、网络化转型。一方面，互联网巨头积极开拓线下新领地。面对科技革命和产业变革大趋势，全球信息网络巨头正在加快战略布局，大规模向实体经济扩展。2016 年以来，阿里巴巴先后入股三江购物，与百联、日日顺合作，成为联华超市第二大股东，与现代物流和实体零售企业结合在一起，共同打造线上线下一体化新零售模式。另一方面，传统行业加快从线下向线上延伸，获得发展新生机。制造业领域的巨头企业，正在基于网络再造公司，通过建立平台生态系统，加快数字化、网络化转型，拓展新时期的生存和发展空间。海尔利用数字技术改造企业全系统全流程，实施互联工厂项目，大幅提升整体效率，产品开发周期缩短 20%以上，交货周期缩短一半以上。

线上线下融合发展聚合虚拟与实体两种优势，升级价值创造和市场竞争维度。工业经济时代，价值创造和市场竞争都在实体空间中完成，易受到物理空间和地理环境的约束。数字技术给人类社会带来的重大变革是创造了一个新世界：赛博空间（Cyberspace）。它为价值创造和市场竞争开辟了一个新的维度。在制造领域，虚拟实体融合重塑制造流程，提升制造效率。依托日益成熟的网络物理系统技术，越来越多的企业在赛博空间构建起虚拟生产线、虚拟车间和虚拟工厂，实现产品设计、仿真、试验、工艺、制造等活动全部在数字空间完成，重建制造新体系，持续提升制造效率。制造业数字化、网络化、智能化转型就是虚拟实体融合制造的典型应用。在流通领域，线上线下融合丰富市场竞争手段，重塑零售模式，提高零售效率。线上交易消除时空

① 中国信息通信研究院.中国数字经济发展白皮书（2017 年）. http://www.cac.gov.cn/files/pdf/baipishu/shuzijingjifazhan.pdf?eqid=c25afab400057f9600000002645b56da&eqid=fcff39e80002d70200000006646571b2，2017.

② 中国信息通信研究院.中国数字经济发展白皮书（2017 年）. http://www.cac.gov.cn/files/pdf/baipishu/shuzijingjifazhan.pdf?eqid=c25afab400057f9600000002645b56da&eqid=fcff39e80002d70200000006646571b2，2017.

界限，释放长尾效应，线下交易丰富用户感知，提升体验，线上线下融合的新零售模式聚合两种优势，可以满足用户多样化多层次需求。

7. 多元共治成为数字经济的核心治理方式

数字经济时代，社会治理的模式发生深刻变革，过去政府单纯监管的治理模式加速向多元主体协同共治方式转变。数字经济是一个复杂生态系统，海量主体参与市场竞争，线上线下融合成为发展常态，跨行业、跨地域竞争日趋激烈，导致新问题层出不穷，老问题在线上被放大，新老问题交织汇聚，仅依靠政府监管难以应对。将平台、企业、用户和消费者等数字经济生态的重要参与主体纳入治理体系，发挥各方在治理方面的比较优势，构建多元协同治理方式，已成为政府治理创新的新方向。平台成为数字经济时代协调和配置资源的基本单元，对平台上出现的各类经济问题，平台负有治理责任和义务，也有治理优势。将平台纳入治理体系，赋予其一定的治理职责，并明确其责任边界，已经成为社会各界的共识。数字经济时代，激发用户和消费者参与治理的能动性，形成遍布全网的市场化内生治理方式，可以有效解决数字经济中分散化、海量化的治理问题。

（三）数字经济产生的影响

数字经济能够降低实体经济成本、提升效率、促进供需精准匹配，使现存经济活动费用更低，并激发新业态、新模式，使传统经济条件下不可能发生的经济活动变为可能，推动经济向形态更高级、分工更精准、结构更合理、空间更广阔的阶段演进。

1. 经济运行成本大幅降低

一是大幅降低信息获取成本。数字经济改变传统获取信息的手段和方式，大大降低经济主体获取相关信息的费用。如近年来网络提速降费取得积极进展，2019 年底八项降费举措惠及客户，中国移动流量资费由 2018 年底的 1.35 亿户扩大到 4.1 亿户，流量单价降低 34.7%[①]。

二是大幅降低资源匹配成本。数字经济打通线上线下两个空间，大幅降低资源发现、契约签订、监督实施费用，并解决主体间信息不对称问题。贵州“货车帮”开发“中国公路物流 GPS 运力资源整合平台”，运用互联网和大数据技术，在较大程度上减少了公路物流运输资源浪费，从而使 2016 年前三季度贵州省货车空载率降低 6%，物流成本降低 5%，为企业节省成本 500 亿元（中国信息通信研究院，2017）。

三是大幅降低资本专用性成本。数字经济有效解决企业固定资产或人力资本用于特定用途后，不能经济性用于其他用途的问题。沈阳机床集团依托互联网，实行产品

---

① 关于征求《内蒙古自治区“十四五”数字经济（工业领域）高质量发展课题研究报告（征求意见稿）》意见的函. http://gxt.nmg.gov.cn/zwgk/fdzdgknr/tzgg/202105/t20210511_1454084.html，2021-03-30.

租赁、个性化定制等新型服务模式，客户无须一次性拿出大笔资金购买设备，只需支付部分定金，就可以接单生产，最大限度地摊薄专用性资本购买和使用成本。

四是有效降低制度性交易成本。数字经济为降低企业因遵循政府各种制度、规章而需付出的成本提供有效手段和可行途径。浙江省省长兴县利用“互联网+政务服务”新模式，实现企业证照登记全程电子化，生产许可证从初审时限 5 天压缩至 3 天，内资企业设立从 20 天压缩至 3～5 天，股份公司推行当场办结制度，为项目落户开辟“绿色通道”，降低企业新建门槛。

2. 经济运行效率显著提升

一是不断深化产业专业化分工。专业化带来的效率提升与由此引发的交易费用决定了专业化分工程度。数字经济大幅降低交易成本，导致专业化分工日趋精细化、精准化，产业分工、产品分工、模块分工日趋深化。“众包”改变了以前只有大型物件，如飞机、汽车等才能实现生产分工的情况，把更多过去由企业内部执行的工作任务，以自由自愿形式外包给非特定大众网络，让专业的人做专业的事，通过专业化分工提升运行效率。

二是提升企业间生产协同水平。实体经济通过利用数字经济，将分散生产的实体组织在一起，相互配合、协调一致地工作，以完成单一实体不能完成的任务，实现总体效益优于单独效益之和。内蒙古“网络协同制造云平台”通过实施数控机床设备数字化改造，构建设备智能互联网络，搭建开放共享的协同设计与制造平台，2016 年实现 400 台套数控集装联网规模，并推动 30%联网企业开展协同设计，40%以上联网设备承接网络订单（中国信息通信研究院，2017），在西部地区率先开创“推倒企业围墙、打破区域界限”的现代制造新局面。

三是助力实现供需精准匹配。数字经济能够把市场信号更快、更准确地传递到供给侧，把优质商品信息更高效、更便捷地交换到需求端，从而通过线上的方式实现供需精准匹配。原产地委托加工（original entrusted manufacture，OEM，俗称代加工）模式，将需求与供给精准对接，实现按需生产、个性化定制生产；青岛红领集团有限公司通过互联网，让消费者只需动动鼠标，就能获得个性化正装，真正让企业掌握需求后进行精准供给，大幅提升生产效率，2016 年 1～7 月公司定制业务销售利润同比增长 150%。

3. 经济组织方式创新不断涌现

一是企业新型生产、管理、营销组织模式加速变革。工业革命所带来的规模经济和技术进步导致组织科层化和一体化，而数字革命所带来的交易费用下降促进组织扁平化、分散化。工业经济时代纵向一体化组织开始瓦解，企业间网络、平台生态体系等柔性生产组织方式快速发展，产业组织也开始从寡头、垄断竞争向更加充分的竞争形式演进。二是新型组织形态不断产生和快速发展。数字经济在实体经济中应用日趋深化，产业界积极推动平台化、生态化发展。平台企业加速壮大，全球市值最高的10家公司中，1997年没有一家平台企业，2007年仅有微软1家，2016年已有6家。苹果、谷歌、微软等平台企业的市值超过美孚石油、强生等老牌跨国企业；传统产业加快向平台转型，美国通用电气公司（General Electric Company，GE）打造Predix平台和多样工业App应用，对航空、医疗、风电等智能设备进行远程监控和服务，大幅提升运行效率，并拓展了价值空间；新兴产业迅速崛起，共享经济、智能制造等新业态席卷全球，95%以上独角兽企业属于数字经济的范畴，2008年成立的Airbnb公司估值高达300亿美元，超越百年企业希尔顿。

4. 实体经济形态加速重构

一是智能化基础设施成为国民经济发展的重要支撑。信息网络加快向高速移动安全泛在方向发展，新一代高速光纤网络、高速无线宽带加快普及，5G和超宽带技术研究深入推进；物联网广泛应用，越来越多的设备、终端等接入信息网络；数字经济与传统电网、公路网、铁路网等深度融合，正在形成万物互联、泛在感知、空天一体的智能化综合信息基础设施，这在较大程度上提升了经济活动的网络化、数字化、智能化水平和运行效率，成为支撑经济发展不可或缺的重要基础设施。二是“数字技术-经济范式”加速形成。数字经济与各行业各领域融合渗透，有力地推动传统产业技术进步，引发新工业革命，传统产业发展理念、业务形态和管理模式发生深刻变革，新的技术经济范式加速形成。以智能制造为例，数字经济融合应用促使产品、机器、人从封闭走向开放，从客户需求实时感知能力到产业链、创新链的快速响应，从资源碎片化、在线化、再重组到新技术、新产业、新业态、新模式创新发展，数字经济正驱动新型经济范式加速构建。三是数字经济成为重塑经济发展模式的主导力量。数字化的知识和信息成为驱动放大全部生产力的“乘数型”生产力，成为重塑经济结构和提升生产率的主导力量。近年来，数字经济与传统产业融合创新推动O2O、共享经济等新形态持续涌现，智能制造、工业互联网等新业态快速兴起，精准农业、农村电商等新模式方兴未艾。

二、数字经济对传统管理的影响

（一）对“经典”管理学理论有效性的质疑

21世纪全球加快了信息化、智能化的步伐。随着社会生活生产方式、国家战略、企业经营模式的深刻变革，企业界、学术界对工业化时代形成的管理学（简称“传统管理学”或“经典管理学”）的有效性产生了质疑，甚至认为互联网将颠覆经典管理学。比如，用友集团在《企业互联网化2015年发展报告》中指出：“企业原有的生产方式、管理模式、商业规则逐步被颠覆，……规模化大生产、科层制组织、自上而下的生产管控方式等工业时代的范式、规律和模式都将逐步被以‘云+网+端’为特征的互联网新基础设施和网络化、智能化新模式所取代。”（张小红和黄津孚，2019）比较有代表性的质疑包括：

（1）消费者主权论。不少人认为，在多数商品供大于求和竞争日趋激烈的情况下，由于互联网特别是移动互联网大大降低了信息流通的成本，生产者极力提供有关商品的信息，加上网络平台提供消费者评价数据，消费者选择商品的自由度大大提升。因而国内专家预言：在互联网时代消费者导向和消费者价值将完全占主导地位。《意愿经济》一书就以“大数据重构消费者主权”为其副标题。

（2）社会化大生产转向分散化小生产，挑战企业理论。《第三次工业革命》《零边际成本社会：一个物联网、合作共赢的新经济时代》的作者、美国经济趋势基金会主席杰里米·里夫金在描述“互联网信息社会”时预言：“未来所有的物质生产会变成私人化，比如 3D 打印技术会使我们坐在家里完成自己的生产。……所有年轻人家里（准备）一台 3D 打印机，（届时）能源自给，材料免费，就能制造出所需要的各色东西，包括复杂的 iPhone。”（杰里米·里夫金，2014）。万科高级副总裁谭华杰认为，“如果有一天，出现一个类似淘宝这样的消费者平台，形成一个供应者平台，我们会发现，企业真的需要存在吗？事实上，通过一个大平台，在社会上通过一种较为临时的合伙关系的建立，企业原来所有的职能部门、分支机构都可以被取代。当有一个业务的时候，通过这种方式来聚合；这个业务做完，可能大家又各回各家。这样的方式，有可能会取代原来固化的企业形态，成为未来整个经济当中最主流的一种组织方式”，“互联网时代的社会交易费用急剧下降，这意味着企业合理边界在迅速向内收缩。……自耕农经济会卷土重来，成为未来整个经济结构一个非常重要的，甚至是最主要的一个组织形态”（谭华杰，2016）。

（3）个性化挑战标准化理论。有研究报告称，通过智能制造和互联网渠道，柔性的、定向的、单件的、优质的、小批量的，同时又是高度分散和高度协调的生产，成为生产方式的主流；现在的 B2C（business-to-consumer，即企业对消费者）模式，将完全被 C2B（customer to business，即消费者到企业）所取代。

（4）虚拟化挑战科层组织理论。《连线》杂志创始主编凯文·凯利在其著作《失控》中断言：“机器正在生物化，而生活正在工程化”，人类正进入“新生物文明”“传统的组织结构将置企业于死地，未来的企业组织会更类似于一种混沌的生态系统”，该书的副标题是“全人类的最终命运和结局”。海尔管理模式受到追捧，自组织、自激励、自创新成为时代新概念。

（5）整合理念挑战核心竞争力理论。网络化时代整合者得天下的观点被广泛传播。周晓波（2015）认为，移动互联时代，企业所关注的不再是员工的生产效率和所创造的价值，而是关注如何通过移动互联这个新的渠道获取更多的社会资源，从而创造更多的利润。有人还认为，现在谁有本事整合谁就能得天下。

（6）知识经济、共享经济挑战传统资本和产权理论。工业化时代企业资本主要是厂房、设备、原辅材料、资金等物质形态的资本，市场上劳动者寻找拥有物质资本的雇佣者；知识经济时代出现拥有专业知识和技能的劳动者“雇佣资本”的现象，市场上资本寻找创业者或合伙人；共享经济圈的企业，主要经营性资产，如共享汽车、共享单车、共享酒店既非购置也非租赁，不求所有、但求所用，资本利用者与所有者形成不同的生产关系，对传统的产权理论提出了挑战。

（二）挑战传统管理学的互联网思维

著名的预言家凯文·凯利在1998年出版的书《新经济，新规则》中首先提出了互联网时代的10条法则。一是拥抱集群：去中心化的力量；二是回报递增：胜利连着胜利；三是普及，而非稀有：丰富产生的价值；四是追随免费之道：唯有慷慨才能在网络中胜出；五是优先发展网络：网络繁荣带来成员繁荣；六是不要在巅峰逗留：成功之后，回退；七是从地点到空间：制造巨大的差异；八是融洽不再，乱流涌现：找寻失衡状态中的持续性；九是关系技术：始于技术，终于信任；十是机遇优于效率：与其解决问题，不如寻求机遇。

凯文·凯利的预言为后来形成的“互联网思维”打开大门。2010年开始，以小米、阿里、腾讯为代表的一批新锐企业为互联网思维提供了佐证，2013年开始影响到社会的主流意识，随后各行各业都提到要用互联网思维来改变自己所处的行业，从而改变整个世界。学者们对互联网思维进行了理论归纳，以李海舰研究员等提出的互联网精神—互联网理念—互联网经济最为系统。其中，互联网精神包括开放、平等、协作、共享；互联网理念包括虚拟实体打通、时空约束打破、一切都极致化、一切都模块化，利用大众力量、用户本位主义；互联网经济包括交易技术层面的长尾理论、交易结构层面的市场均衡理论、交易绩效层面的消费者主权论。根据互联网思维，传统企业必须进行再造，其方向是打造智慧型组织，其特征为网络化生态、全球化整合、平台化运作、员工化用户、无边界发展、自组织管理。

传统管理学必须重构。社会各界对传统管理学的质疑，企业界和学术界提出的网络化思维并非毫无根据或一时冲动。1989～2019年，管理学整个体系包括战略管理、运营管理、营销管理、财务管理、人力资源管理等领域，在智能互联背景下都发生了深刻变化。在战略管理领域，智能互联改变了资源和能力结构，改变了产业格局，促进了行业融合，改变了创新模式和竞争模式；在运营管理领域，智能互联改变了供应链结构、制造模式、设备管理模式；在营销管理领域，智能互联改变了消费者行为，创新了商业模式，提供了新的服务能力；在财务管理领域，智能互联改变了融资方式、预算管理、资金管理和会计核算流程，提供了合规审计、风险控制的新手段；在人力资源管理领域，智能互联全面介入人员招聘、培训、绩效考核等业务环节。

（三）管理学理论重构的进化论思维

“进化”是一个生物学术语。进化是生物属性基因遗传与突变、量变与质变相结合的过程。智能互联时代管理学必须重组是确定无疑的。然而这个重组是颠覆性的还是渐进性的，这是一个值得研究的问题，因为它涉及管理学变革的方向、尺度和节奏。我们认为，最好用进化论思维理解和指导当下管理学理论的变革与重组，至少有以下三个理由。

1. 传统管理学理论不能一概否定

人类社会的历史虽然发生过多次颠覆性的革命，但是从整体看，是一个带有显著遗传痕迹的进化过程。农耕社会带有采集狩猎社会的痕迹，工业社会带有农耕社会的痕迹。管理变革之所以是一个进化过程，是因为以下几个原因：①管理是人的有目的性行为，是人的本质属性和行为规律，如人的多元化、发展性需求具有强烈的遗传进化特性；②管理面对的组织通常是社会技术经济生态和治理系统，智能互联不会颠覆整个系统的运行规律，如科学规律硬约束、科技成果产业化、分工协作与市场竞争、责权利相统一、生态平衡、制度与文化治理等规律将继续发挥作用；③从事管理变革的人需要学习、试错等，因而是一个进化过程。因此，我们并不认同互联网（或者互联网+智能化）将颠覆传统管理学的提法。工业化时代形成的许多管理学理论在智能互联时代仍然具有有效性。从管理原理的视角看，在可以预见的未来，至少以下理论仍然是有效的。

（1）管理范畴的有效。企业作为商品生产和经营组织者的本质没有变；为实现预定目标而设计构建组织、发挥系统效应的管理本质没有变；通过计划、组织、激励、协调、控制、领导等手段，配置资源、建立秩序、营造氛围以达成目标的管理任务没有变。

（2）管理使命和准则的有效。企业创造价值的使命不应该变，科学管理、以人为本、权变创新、系统优化的准则没有变，也不能变。

（3）管理职能及其机制的有效。管理还是通过计划、组织、领导、激励、协调和控制职能实施的。每项职能的基本任务，如计划要完成预测、决策、规划与落实三项任务，要明确目标、任务、政策、步骤、责任主体及预算六要素的要求没有变；企业组织建立产权、运营、作业体制的三个任务没有变；控制的立标、测评、修正的三个基本任务没有变。每项管理职能的核心机制，如决策机制、组织机制、领导机制、激励机制、协调机制、控制机制似乎也没有变；决策的有效性由决策者、决策对象、决策标准、决策信息、决策方法、可选方案等六要素相互作用的机制没有根本改变，如此等等。这些就是传统管理学的遗传基因。正因为如此，假如把智能互联作为信息文明的核心内容，我们应当接受工业技术与信息技术、工业化生产方式与智能互联生产方式、工业文明与信息文明的交互镶嵌和“两化融合”的现实。

2. 智能互联进化过程中的管理学理论的共存和交互镶嵌

智能互联时代是科技和产业变革逐步推进的时代。例如，支撑智能互联的技术，从互联网到移动互联网、物联网、工业互联网；智能化从弱智能到强智能，再到超智能是一个逐步推进的过程。智能互联的产业变革也是一个逐步推进的过程，大数据的应用从商业预测到城市交通管理、普惠教育和医疗，再到信用体系的建立、国家安全治理等涵盖多个领域。因而管理学理论也会出现互联网思维与传统管理学的共存和交互镶嵌的情况。

（1）个性化与标准化的共存与交互镶嵌。严格地说，个性化是需求导向的，标准化是供给导向的。智能互联一方面为顾客提供了更多选择空间，另一方面为制造商提供了柔性生产的技术手段，个性化是一种互联网思维，标准化是质量成本导向的工业化思维，结果形成了分别针对不同市场需求的个性化生产与标准化生产共存，以及反映两种思维相互套叠镶嵌的规模化定制的柔性供给体系。

（2）共享理念与所有权理念的共存与交互镶嵌。共享、分享、合作、众筹是代表信息文明的互联网思维；保护产权、契约精神、法治、竞争是代表工业文明的工业化逻辑。互联网思维可以使资源得到比较充分的利用，工业化逻辑是激发创新精神的需要，其实两者都是社会进步的需要，并非永远对立，可以有机融合。智能互联系统的精心设计，可以通过分享减少信息不对称情况，提升契约的可靠性；可以为大数据提供原始信息，并保护隐私和专利权。

（3）中心化与去中心化的共存与交互镶嵌。中心化与科层化组织相对应，属于工业化思维，是实现规模经济效率目标的要求；去中心化是与平台化组织相对应的互联网思维，是创新经济效率目标的要求。由于产业不同，业务结构不同，企业规模及发展阶段、面临的矛盾也不同，有的企业需要加强中心化，如国家电网、大唐集团、中石油、中国北车集团等一些国企，属于行政划转合并组建的大型企业集团，需要集中管理权力。还有一些企业面向快速变化的市场，原来的管理体制削弱了基层部门和员工的积极性和创造性，因而利用智能互联思路，建立高度授权的去中心化体制，如海尔探索建立了自主经营体、创客型组织。因此，产业界出现了中心化组织与去中心化组织的共存局面，出现了自创新、自控制、自激励的去中心化业务单元与统一配置战略资源、建立和贯彻管理标准、建设统一创新文化的权力中心相互嵌合的格局。

（4）专业能力与整合能力的共存与交互镶嵌。强调专业化分工、以专门技术知识为核心竞争力是工业化思维，强调协同整合、以活跃生态圈为核心竞争力是互联网思维。事实证明，专门技术知识是中小企业生存之本，也是协同整合的基础，协同整合是专门技术知识扩大应用市场的有效途径，也是平台型组织发展之路，结果形成专业能力企业与整合能力企业共存的局面，以及类似于华为、苹果、腾讯、三星、阿里等专业能力与整合能力相互嵌合、跨界经营的大鳄。

（5）烧钱、眼球、粉丝、圈地、长尾目标与现金流、资本回报、可持续经营等的共存与交互镶嵌。烧钱、眼球、粉丝、圈地、长尾目标是典型的互联网思维；现金流、资本回报、可持续经营是典型的工业化目标思维。许多创业者运用互联网思维在短短几年内成为独角兽，甚至出现亚马逊、京东、滴滴打车、特斯拉类型企业与沃尔玛、上汽集团、耀华玻璃类型企业共存的局面，以及烧钱投资于种子业务与高盈利的金牛业务相结合的谷歌、百度等企业。

除了上述几种形式外，还包括风口理论与机遇–风险控制理论的共存与交互镶嵌、企业家精神与工匠精神共存与交互镶嵌等形式。

3. 管理学变革要反映不同类型组织的管理需要

管理学理论价值的重要尺度在于其普适性，因为不同产业、不同规模、不同技术基础企业智能互联转型的速度和水平存在显著差别，管理理论需要兼顾不同类型企业管理的需要。

（1）不同产业的转型差异。康荣平（2019）研究发现，智能互联背景下产业变革的速度与两个参数有关，一个是产品的芯片密集程度，另一个是个性化程度，从而把产业分为快产业和常产业。另外，我们通过观察不难发现，消费品行业管理变革快于工业品行业。例如，组织变革，为适应个性化需求，去中心化在消费品行业表现活跃，而在工业品行业特别是能源、材料等基础行业就不甚活跃。比如，日本的阿米巴、中国的海尔和小米都属于消费品行业。信息依赖程度较高的产业管理变革快于物质依赖程度高的产业。例如，游戏行业、唱片行业、媒体行业、金融行业管理变革快于矿业、机器制造业等。制造业按产品制造工艺过程特点总体上可划分为离散型制造和流程型制造。离散型制造的生产过程，是由多个零件经过一系列的加工最终装配而成的，如机床、电器、汽车等都属于该类型。流程型制造的特点是，被加工对象通过连续或半连续装置，完成化学或物理变化而得到产品，如化工、制药、冶金等行业都属于该类型。相比较而言，目前 ICT 对流程型制造业的影响比较小，制药业甚至还提出了反摩尔定律的主张。

有关研究发现，互联网自身和互联网跨界融合的发展进程以及互联网向外扩张和渗透，与被融合对象的“离网距离”和“触网频率”密切相关，通常是距离最终用户越近的行业越早发生变革，开放程度越高的环节与互联网融合得越紧密。通过对各重点行业企业互联网化指数进行对比和分析可以发现，2015 年电子、石化、交通设备制造行业企业互联网化指数相对较高，均超过 33，此外，医药、食品行业企业互联网化指数也超过了全国平均水平，轻工、纺织行业企业互联网化指数与全国指数接近，机械、冶金、建材、包装、废弃资源综合利用等行业企业互联网化指数相对较低（张小红和黄津孚，2019）。不同行业智能互联化水平有显著差别。

（2）不同规模企业的转型差异。由于中小企业与大型企业之间存在信息鸿沟、知识鸿沟、人才鸿沟，以及存在规模差异、经验差异、资本差异等，因而智能互联变革的速度和深度也会有所不同。例如，中国线下实体零售商，不具有亚马逊、沃尔玛这样的技术研发储备能力和资金能力，也很难引领前沿技术研发、应用。以基础的线上线下融合系统为例进行说明，如果要自身开发一套打通线上线下库存、会员、商品的系统，需要投入多少？亿级规模、数百人的开发团队，相当于一家软件公司的规模了。有哪些实体零售商是有能力、意愿在零售业务之外投入组建一家软件公司的？因而多数实体零售商在零售业的变革面前处于被动局面。正如亚马逊创始人杰夫·贝佐斯所说，“零售技术不是每个企业都能玩的”。

（3）不同营商环境下企业转型差异。虽然企业管理变革是大势所趋，但是实际变革是由多种因素决定的，除了管理对象属于不同行业，具有不同规模和实力、不同的发展历史和企业文化，企业所在的营商环境，以及管理者的觉悟、魄力和能力等也都是影响因素。社会变革总是发端于少数企业，后来大量企业跟进，当大部分企业用新的模式代替旧的模式时，整个企业的生存环境就变了，这就是量变引起质变的过程。例如，推动工业化转型的科学管理运动就经历了一个多世纪。智能互联必然是一个渐进的历史过程，所以管理学必然是适应工业化需要的理论与适应信息化需要的理论长期共存、相互嵌合、此消彼长的进化过程。

三、新管理

21 世纪是数字经济时代，是不同于工业经济时代的新时代。判断一个经济时代是否是新的、是否可以替代原来的经济时代，其根本的一点在于看这个经济时代是否产生了一种新的生产方式。我们的社会经济正在产生与发展一种新的不同于工业经济时代的生产方式，即以网络技术为支撑的大规模智能化定制生产方式。这一生产方式不同于工业经济时代的大规模机器生产的生产方式。以网络技术为支撑是指现代网络技术集信息平台、交易平台与生产平台于一体；智能化是指以智能计算机为生产经营决策的支撑；定制是指完全按照每个人的需求爱好来制造产品，而且可以做到大规模、低成本。这样的新生产方式已经诞生并且正在发展。例如，柔性制造的进一步发展；戴尔公司可按照客户需求定制个人电脑；Lee 公司为任何人生产独一无二的牛仔衣或裤子；等等。这些都属于新的生产方式。新经济时代的到来、新的生产方式的形成，对我们的社会组织和企业产生了重大的影响，对传统的管理理念、管理模式、管理经验产生了重大冲击，新管理随之而产生。

（一）新管理的本质

著名管理思想家丹尼尔·A. 雷恩（2000）认为，“管理的根源在于有效率又有效益地利用资源的经济必要性”。同样，对新管理的把握，就需要从现代企业的资源投入和目标要求两个方面加以认识。

（1）现代企业知识性资源的特质。管理范式既受制于资源输入，也受制于企业目标。从资源输入角度看，我们认为，现代企业作为知识型企业，知识资源或者知识资产是其配置主体，因此，在广义上新管理就必定属于知识配置的范畴。但是，现代企业知识资源又有自己的特性，瑞士洛桑国际管理学院教授巴特·维克托根据企业生产特性的不同，将知识划分为四种（图 1-3）。显然，对于现代企业来说，手工或共同配置中的不可言传知识（或隐性知识）是其知识资源的核心。换句话说，正是不可言传知识已成为现代企业知识资源输入的主体，才使现代企业与传统企业明显区别开来。因为从知识角度来看，虽然传统企业也是一个知识体系，但是根据巴特·维克托的分析，其知识体系可以体现为能够清晰表达知识（实践知识或结构知识）。我们认为，传统企业的知识体系尽管也需要知识配置，但是这种知识配置不需要上升为新管理的范式，而只需要在旧管理范式中加以解决，事实上，旧管理能够解决传统企业的知识配置问题。对于现代企业的知识资源特性，野中郁次郎认为，新管理的实质就是“从无序到概念”，或者说，“知识创新是一个通过隐喻、类比和模型，将隐性知识显性化的过程。理解了这一点，企业就可从中得到启发：应该怎样设计组织结构？怎样界定管理职能和管理责任？这便是知识创新型企业的内部机制所在，正是这种结构和规则，将企业的远见变成创新的技术和产品”（德鲁克，1999）。显然，现代企业的知识资源特性，决定了现代企业的知识配置需要一种新机制，来解决诸如隐性知识显性化或者实现在组织内部共享等问题，从而使之上升为新管理范式。

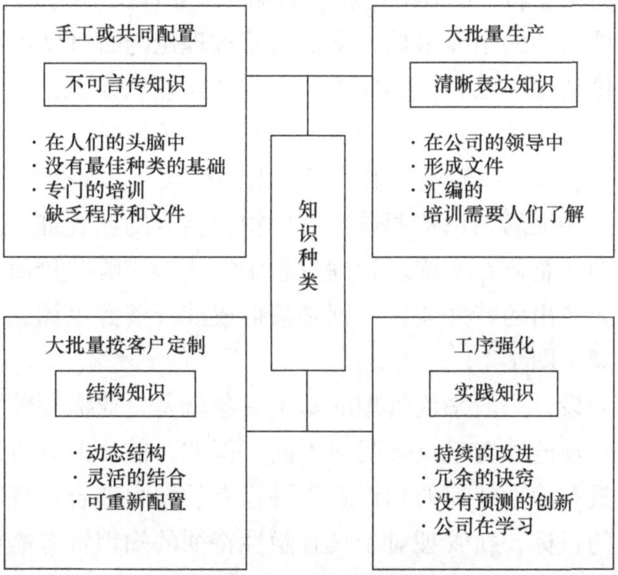

图 1-3 企业知识分类

资料来源：芮明杰. 再论 21 世纪企业新管理. 上海财经大学学报，2006（2）：41-48.

（2）现代企业运行的目标要求。上述分析表明，现代企业的知识资源特质需要新管理的产生，那么，新管理能够实现现代企业的目标要求吗？这里主要涉及两个问题，一个是现代企业目标特征，另一个是新管理的功能问题。众所周知，现代企业目标特征集中在高速度和知识创新上，可以说，能够实现高速度和知识创新，是企业被定义为现代企业的标志。

那么，要实现现代企业目标要求，其知识配置机制需要具有什么功能呢？托马斯·科勒普罗斯认为，这种机制关键在于两点：一是减少组织对过去经验的依赖，增强组织依赖智力进行反应的能力；二是将智力从中心权威的位置推广到整个组织，使智力的反应成为普遍的反应，因此这种反应变成了直觉性的反应（芮明杰，2006）。或者说，这种机制就是法人直觉。托马斯·科勒普罗斯认为，直觉是面对新情况作出新反应的能力，它不依赖于过去，但依赖于理解现实情况发生原因的能力，以及运用洞察力和理智作出最有效反应的能力。

再从这种知识配置机制或新的管理范式能够实现的功能来看，尽管我们对新管理的运行机制不十分了解，但根据管理一般功能特性（即效率和效益）和现代企业知识链构造的特点（即遵循如下发展轨迹：知识获取→知识吸取→知识记忆→知识转移→知识创造→知识产出），我们可以断定，新管理定能加快知识的创新。

因此，我们认为，新管理是与现代企业相适应，旨在实现快速知识创新目标，对现代企业具有隐性特征的知识资源进行有效智力整合的一种全新管理范式。

（二）新管理的基本假设

美国管理学家弗莱蒙特·E.卡斯特和詹姆斯·E.罗森茨韦克（2000）认为，“价值观是指导决策和其他活动的主要基础，从而为管理理论与管理实践的发展确立了基本框架”。多萝西·伦纳德·巴顿（2000）认为，“技能和知识，无论是存在于员工、物理系统还是管理系统，都展示了一个特征：它们严重依赖于公司的价值观念。……它们（价值观）是一系列相关假设，组成了和谐的模式”。那么，作为一种管理范式，对现代企业具有隐性特征的知识资源进行有效智力整合的新管理，需要提出的基本假设是什么？或者说现代企业在实施新管理过程中需要形成哪些价值共识？如果我们把企业认定为资源投入产出的特殊装置，则必须形成涉及资源主体、机制、动力和发展等假设的核心价值观（图1-4）。

（1）资源主体假设。一般来说管理的基本对象就是企业需要配置的资源。在此基础上，旧管理和新管理的配置重点却明显不同。例如，前面的分析已经表明，新管理主要是对现代企业具有隐性特征的知识资源进行有效智力整合。现在的问题是，为了实现知识快速创新的目标，新管理对于具有隐性特征的知识资源需要形成怎样的价值假设。事实上，不同的资源主体其价值假设是不同的，也就是说资源价值假设不具有同一性。例如，当管理偏重物质资源时（比较典型的是汽车产业），有关物质资源特

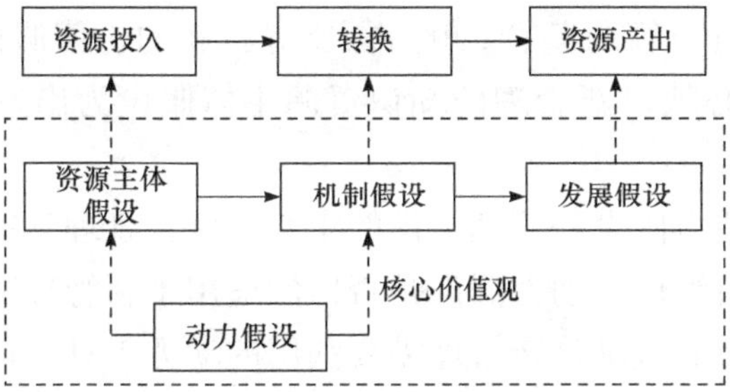

图 1-4 企业核心价值观体系

性或功能等方面的假设至关重要，因为物质资源特性或功能等方面的假设决定了其产出的效率和质量；当管理偏重金融资源时（比较典型的是金融行业），有关流动性、安全性和收益性等方面的假设成为重点，因为只有在确保流动性、安全性和收益性基础上的产出才有意义。那么，在物质资源和金融资源方面形成的基本价值观是否适用于具有隐性特征的知识资源呢？显然，这是不可能的，因为物质资源的特质决定了其假设必然与特性和功能相关，金融资源的特质也同样决定了其与流动性、安全性和收益性密切相关。这就给我们启发，要确定对于具有隐性特征的知识资源的基本假设，必须从其本身具有的特质来思考。值得一提的是，对知识资源主体假设的确定，是新管理系列假设的基础，什么样的资源主体假设将决定什么样的机制、动力和目标假设。

（2）机制假设。多萝西・伦纳德・巴顿（2000）认为，对机制的假设是一种小价值观。“小价值观不是关于人性和人际关系，而是着眼于技术选择。……针对特定技术的价值观对企业的战略技术很重要，它是不同企业之间相互区别的依据。”例如，在柯达公司，与胶卷相关的化学技术被强调了许多年。很显然，公司对它的重视远远超过对机械设计技术的重视。原因也不复杂，柯达公司的领先技术是均匀分布卤化银乳液，显然，该技术和化学的关系比机械要密切得多。机制假设对能力的提升和经验的积累具有重大影响，其程度甚至会令人惊讶。因此，历史长久的公司都有其深远的技术根源。

迈克尔・波特在机制假设方面作出了重大贡献，他提出了价值链的假设，这种假设已成为一个诊断竞争优势、揭示创造力并保持优势的基本工具。波特指出，在战略实施过程中，研究管理组织单元和创造间的联系是非常重要的。那么，这种价值链的假设是否适用于新管理呢？戴布拉・艾米顿（1998）的看法值得我们思考，“今天，价值链思想已经过于简单而且不合时宜。尽管起初在定义线性关系和具体活动时，它是有用的，但它不能为现代创新战略提供坚实的框架。因为现代创新战略强调的是利用网络和以知识为基础的企业能力，而价值链思想难以为瞬息万变的市场提供所需要的实时决策，也不能从整体的观点进行最优的资源集成。相互依存的知识经济需要一个更灵活的管理系统，以使经营决策具有高影响力。”因此，新管理对具有隐性特征的知识资源进行智力整合，就必须要寻找新的价值假设。需要注意的是，这种价值假设的寻找，必须以新管理的知识资源主体假设为出发点，并最终落脚于目标假设。

（3）动力假设。动力假设是管理假设的中心问题，管理学家一直致力于动力或激励问题研究。那么，旧管理的动力假设是否依然适用于新管理呢？我们认为，尽管对人的经济和社会等方面的激励是新管理需要利用的动力工具，但是，由于旧管理的动力假设主要是在相对稳定环境下解决产出的效率和质量等问题，因此，还不能完全解决新管理所需要的创新动力问题，德鲁克把这种创新定义为“改变资源的产出”。德鲁克把企业系统的创新分为七大来源，即意外之事、不一致之事、基于程序需要的创新、产业和市场结构上的改变、人口统计数据、认知和情绪及意义上的变化、新知识——科学和非科学的知识。他还认为，由于每一个来源都有自己的独特属性，因此，这七个来源需要单独进行分析。显然，仅仅用旧管理对人的经济和社会等方面的激励来解释和涵盖新管理创新的动力问题，还不能是最根本的。

（4）发展假设。旧管理对发展假设的认识一般是突出其发展方式。必须指出，旧管理的发展假设是建立在现有产业体系基础之上的，是适用于传统企业在现有产业体系中的发展假设。对于现代企业来说，这种发展假设还没有抓住现代企业发展的本质特征。因为现代企业是建立在新经济产业基础上的，而涉及高新技术、生物技术等产业在内的新经济产业，其未来的演化空间很大，因此，现代企业区别于传统企业之处是其更注重在未来产业中的拓展。换句话说，新管理要实现快速知识创新的实质，正是为了促进现代企业在未来产业中的拓展，即实现产业领先。

（三）新管理与旧管理的不同

一份研究纲领应该包含两个部分的内容，一是有一个形而上学的“内核”，二是有一个附属假设的“保护带”。从新管理的研究范式来看，其“内核”是实现快速知识创新，而其“保护带”则涉及以人为本、合作创新、自我超越，那么从这种“内核”和“保护带”出发，新管理的具体特征，或者说与旧管理的区别是什么呢？

1. 新旧管理的比较维度

众所周知，新管理是建立在整合具有隐性特征的知识资源基础之上的，而旧管理整合的资源主体特征，则正如查尔斯·M.莎维奇所说，主要与资本有关。显然，这是比较新旧管理的基本出发点。根据企业投入产出链的一般特点，选定不同的资源主体基础，可以发现，新旧管理范式的主要比较维度集中在两个方面（图 1-5）。

从图 1-5 可以看出，不同管理范式的比较，主要体现在构造维度和效应维度两个方面。之所以会得出这样的结论，主要与管理的功能有关。管理的功能主要是指管理过程的效率和有效性。因此，不同管理范式的差异其实就是管理过程的效率和有效性

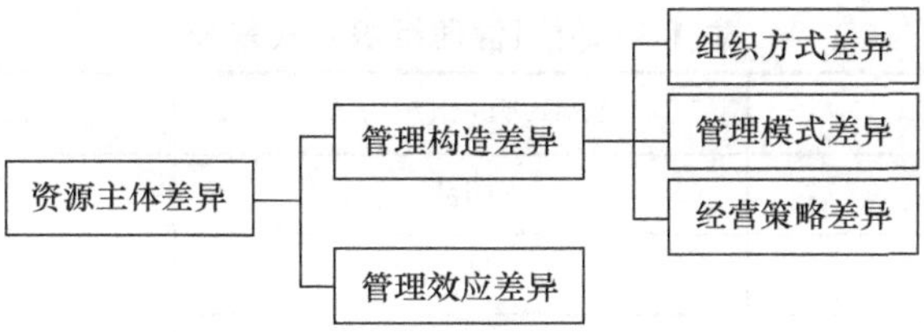

图 1-5 新旧管理比较维度

的差异。由于不同管理范式是建立在不同的资源主体基础之上的，这种管理过程的效率和有效性的差异就必然可以进一步区分为管理过程和管理结果的差异。

2. 新旧管理的构造维度差异

（1）组织方式的差异。组织方式是体现管理构造特征的重要方面，也一直是管理学研究的重点内容。作为管理要素的组织方式，必然涉及三个方面，即组织结构或组织的基本构造、组织构造运行的动力、组织整体的反应能力，而这三个方面又都是建立在资源主体特征的基础之上的。

就新管理而言，从整合具有隐性特征的知识资源基础出发，我们认为，现代企业的最小组织构造单位应该是团队，因为正是团队成员的成长张力和团队成员之间的密切合作，才更有利于知识的传播、学习、放大和创新，从而较好地适应现代企业对知识链运行的要求，从而使团队能力明显大于科层制下的分工能力之和。同时，团队还是转移、交流隐性知识的有力媒介。

新管理通过学习机制来实现知识的最终整合，其内在的动力机制又是什么呢？我们的观点是，只有依靠以创新为核心的现代企业文化，才能真正推动学习的深入、创造学习的环境。正如欧文·拉兹洛所说，在企业的进化中，企业文化是企业系统进化（即现代企业出现）阶段的核心。另外，在团队和学习型组织的结构状态下，借助创新的企业文化，现代企业就必然呈现出较高的组织智商。通过组织智商的外在表现，现代企业就能够综合运用组织素质所调节的各项知识要素，来快速、准确地处理复杂性的知识问题。

就旧管理而言，从整合资本或物的基础出发，体现物在时间和空间上有效分布和运行的职能机构就构成了旧管理的组织构造的基础，通过科层链为构架的职能机构整合就成为传统企业的组织形态。显然，这种组织形态的动力就是所谓的“权威”，并最终体现出较低的组织智商。因为在传统企业中，企业的组织素质往往体现在物资资产的所有及新增程度上。传统企业组织素质的这种物质刚性，使得传统企业应对外界变化的快速反应能力比较迟缓，即传统企业的组织智商较低。概括起来，新旧管理组织方式上的差异见表 1-1。

表 1-1　新旧管理组织方式差异

项目	新管理的组织方式	旧管理的组织方式
构造单位	团队	职能机构
组织形态	学习型组织	科层组织
动力机制	企业文化	权威
组织智商	高	低

（2）管理模式的差异。企业的组织方式主要是通过企业的构造来体现管理的特征，在这种构造的基础上，实际的管理活动有些什么特征呢？事实上，管理活动可以认为是管理主体作用于管理客体的具体过程。而管理主体作用于管理客体的具体过程，必然涉及管理主体与客体之间的关系，以及管理主体对管理客体的认识、管理的重点、管理主体运用的管理方法等方面。

就新管理而言，众所周知，管理的客体主要是与具有隐性特征的知识资源集合相关，因此，管理主体在作用于管理客体的过程中，就必然会形成自己的管理模式，或者说其管理理念、管理方向、管理重点和管理方式上会具有自身的一些特征：①从管理理念上看，新管理需要对现代企业具有隐性特征的知识资源进行有效智力整合，以实现快速知识创新的目标。②从管理方向上来看，新管理强调通过共同愿景来调整与隐性知识载体（主要是知识员工）的关系，通过共同愿景，使所有成员共同具有发自内心的意愿，激发所有成员为企业这一愿景而奉献的精神，从而形成巨大的凝聚力。③从管理重点上看，在新经济时代，现代企业的竞争优势将会转移到一种与过去截然不同的动力资源上，一种比土地更加难以积累和管理的资产，即人力资本。④从管理方式上看，新管理强调的是全员激励。因此，现代企业必须根据自身创造价值的特点，建立全新的组织与知识性员工的博弈规则。如果说企业是一系列契约的中心缔约者，那么现代企业缔约的一个重点就体现在组织与知识性员工的盟约上，即全员激励。就旧管理而言，我们认为，由于其管理客体物的性质，其管理理念已呈现出很强的线性和封闭的特征。建立在这种线性和封闭的管理理念基础上，其管理方向是由管理主体主观单向决定的。如果说旧管理的管理方向是单向的，则其管理重点必然是“以物为本”，并最终采取有限激励的做法。新旧管理模式上的差异见表 1-2。

表 1-2　新旧管理模式差异

项目	新管理的管理模式	旧管理的管理模式
管理理念	“混沌”生态理念	“线性”和封闭理念
管理方向	双向的共同愿景	单向的管理主体意愿
管理重点	以人为本、自我管理	以物为本
管理方式	全员激励	有限激励

（3）经营策略的差异。建立在组织方式基础上的管理模式，其根本目的应该是为实现企业的可持续发展寻求竞争优势。按照管理活动和经营活动的两分法，企业寻求竞争优势的活动大部分与市场或者说价格有关，即属于企业的经营活动。科斯指出，经营意味着预测和通过签订新的契约、利用价格机制进行操作。管理则恰恰意味着仅仅对价格变化作出反应，并在其控制之下重新安排生产要素。因此，比较经营活动的特征，就成为区别不同管理范式的重要方式。那么，如何衡量寻求竞争优势的经营活动的特质呢？我们认为，可以通过竞争优势的形成过程来加以分析。企业竞争优势的形成过程见图 1-6。

图 1-6 企业竞争优势的形成过程

从图 1-6 中可以看出，企业竞争优势的形成过程主要涉及三个方面，即企业竞争优势来源、稳固竞争优势的动力和竞争优势产业取向。对待这三个问题的不同处理方式，就构成了不同的经营策略，即现代企业的经营策略，如图 1-7 所示。

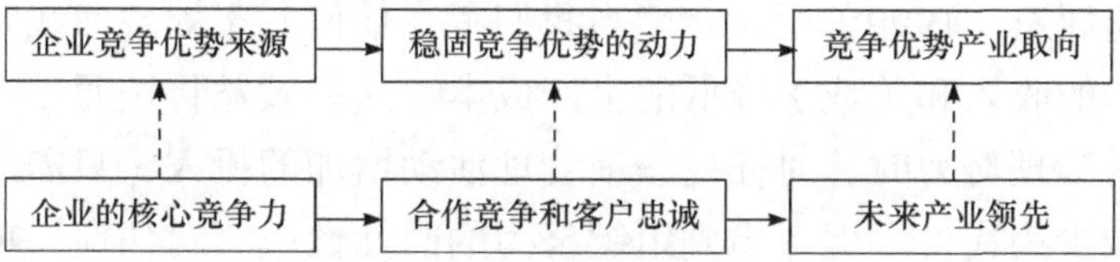

图 1-7 现代企业的经营策略

从图 1-7 中可以看出，现代企业把核心竞争力作为企业竞争优势的来源。通过核心竞争力，现代企业能够实现作为企业竞争能力和竞争优势基础的多方面技术、技能和知识的有机组合，并最终实现客户看重的知识价值。要避免核心竞争力成为核心刚度，将必须设法使核心竞争力成为动态性能力，即寻找核心竞争力的动力机制。事实上，这种动力机制关键是要解决两方面的问题：一是补充现代企业的知识资源，增强竞争者的不可模仿性；二是强化知识性产品与客户知识消费的对接，提升客户的知识价值。由于知识的非线性扩张和系统效应，现代企业发现单靠自身的积累很难跟上技术发展的步伐，必须不断地学习，甚至只有通过合作才能高效地获取并利用企业经营所需要的资源。现代企业要获取利润，仅靠善于发现机会是不够的，企业的经营优势在很大程度上还来源于从新产品构想到其推向市场的时间。速度是如此重要以至于等不及企业从内部建构好所有的资源，企业需要外部资源的配额，这就需要企业间的合作。与此同时，客户忠诚可以实现知识共同配置，使得企业在一个长时期内能够持续地满足客户的知识学习需要，随着客户知识学习需要的变化而变化，其价值也智能化地、一次次地与客户的要求联结在一起。在某种意义上，在知识协同配置方式下，客户变成了生产者的伙伴，只要产品或服务平台能继续增长并适应客户的需要，这种伙伴关系就能保持下去。值得注意的是，现代企业利用动态竞争力，其发展取向是什么呢？我们的结论是争取未来产业领先。就传统企业而言，其经营策略可通过迈克尔·波特在《竞争优势》中的论述加以概括。迈克尔·波特认为，企业的竞争优势来源于两个方面：一是产业的长期盈利能力及其影响因素所决定的产业的吸引力，二是决定产业内相对竞争地位的因素。企业竞争优势的动力机制是成本优势和差异优势，企业的竞争优势取向则是现有产业的竞争优势。现代企业与传统企业经营策略差异见表 1-3。

表 1-3 现代企业与传统企业经营策略差异

项目	现代企业的经营策略	传统企业的经营策略
竞争优势来源	核心竞争力	产业地位领先
竞争优势动力机制	合作竞争和客户忠诚	成本和差异领先
竞争优势取向	未来产业领先	现有产业领先

3. 管理的效应维度差异

管理效应主要考察管理成本、管理产出的走势。旧管理认为，管理效应是递减的。正如迈克尔·迪屈奇（1999）所说：“当我们考察任何一条效益曲线时，增加的管理活动会引起增加的收入和（或）降低的生产成本。这些效益将按照一个递减率发生。当处于低水平的管理努力时，对任何一项管理活动增加的投入，只需以其他管理活动中‘少量的’减少为代价。但考虑到组织努力的凸性性质，对任何一项管理活动相续增加的管理投入，将会在其他管理活动中造成越来越大的效率下降。”那么，对新管理来说，其管理效应具有什么性质呢？尽管对新管理的研究还有待进一步深入，但是对照管理需要实现的“快速知识创新”的目标要求，我们可以初步推断，创新能力是新管理效应的本质，而创新的经济意义其实正是要改变递减的管理效应，实现和强化递增的管理效应。事实上，我们已经看到，一些现代企业的知识创新产生了明显的管理递增效应。此外，整合知识的管理创新也产生了巨大的效用。

第三节 新管理实践：海尔

曾被誉为“近世以来最伟大的历史学家”的阿诺德·约瑟夫·汤因比在《展望 21 世纪》一书中指出：惯于暴力征伐的西方世界无法引领人类未来文明，21 世纪将是中国人的世纪，中国文化是人类走向全球一体化、文化多元化的凝聚力和融合剂。改革开放以后，无数中国企业在艰难困苦的环境下创立、转型和成长，从为发达国家的企业代工、代销草创起家，筚路蓝缕、披荆斩棘，不断模仿、复制和移植西方企业先进的管理理念、制度和方法。泰勒、法约尔、韦伯、德鲁克、韦尔奇等提出的西方管理理论和方法成为中国企业争相学习的对象。令人惊异的是，正是这些中国企业，以锐意进取、开拓创新的企业家精神不断创造着一个个后来者居上甚至并购国际行业巨头的发展奇迹，成为中国经济腾飞和国家崛起的一股核心力量（胡国栋，2018a）。

在这个历史关口，有没有一个中国企业能够代表中国时代、展现中国自信，为互联网时代管理的范式创新提供中国智慧和中国方案呢？世界500强企业的榜单表明，中国目前已涌现诸多世界级的领先企业。但是，一个企业经济指标上的领先并不能说明它同时是一个伟大的企业。德鲁克在《管理的实践》一书中指出：利润不是企业和企业活动的目的，而是企业经营的限制性因素。也就是说，在经济绩效之外，伟大的企业还应该承担更多与人类命运相关的使命、责任与担当。因而，新时代历史转折点上代表性的标杆企业不必是经济体量最大的中国企业，也不必是市值增长最快的中国企业，更不是其创业者富可敌国、风光无限的中国企业，而是在企业发展史和管理思想史上契合历史规律、引领时代潮流、服务人类福祉且具有中国时代的标志意义和模式内涵的企业，是在企业经营道路、管理基础理论、组织根本制度和企业核心文化等维度全面展现中国自信和贡献中国方案的企业。如若寻找这样一个代表性的企业，海尔集团当在其列。

一、海尔的“大爆炸式创新”：中国管理模式的浮现

1984年被视为中国企业元年，在这一年张瑞敏就任青岛电冰箱总厂（海尔前身）厂长。他从“不准在车间里大小便”等13条管理规定开始，以带头砸毁有质量问题的76台冰箱为标志，义无反顾地开启了海尔漫长而无间断的管理创新之路。从“激活休克鱼”“相马不如赛马”“日清体系”到“自主经营体”“倒三角”“人人都是CEO”，从“人单合一”“网络化战略”“平台型企业”到“物联网时代的商业模式”“用户乘数”“智能互联工厂”，鲜有一家企业像海尔一样持续地进行自我否定和管理创新，也鲜有企业家像张瑞敏那样对时代格局和管理思想如此敏感，不断地通过管理模式创新来推动着企业的转型升级和稳步增长。

2018年3月初，在哈佛商学院的课堂上，张瑞敏指出：“当年我们砸了冰箱，现在我们砸了组织，我们砸组织这个举动比当年砸冰箱要艰难得多，而且意义深远得多。”国际战略管理大师加里·哈默多年跟踪研究海尔“人单合一”模式的创新实践，从一开始的不可思议到郑重得出其结论：“海尔进行的商业模式和组织管理模式变革，是对西方经典管理理论的颠覆。”“颠覆”“颠覆式创新”“大爆炸式创新”在海尔并非危言耸听，而是国内外学者对于海尔人单合一模式达成的基本共识。

在海尔，“创造性破坏”的企业家精神已经充斥每个角落，经典管理理论的组织设计原则、领导与激励理论在这里已无踪影。其实，与熊彼特的企业家精神仍旧强调企业家的英雄作用不同，张瑞敏在海尔打造的企业家精神更进一步，他希望每

个海尔人都能成为企业家，倡导去中心化的企业家精神。在这种思想指导下，海尔成功地推行了一系列“大爆炸式创新”，颠覆了许多经典管理学中的基本组织原则和管理原理。商学院的学者初次走进海尔，会发现这是一个内部没有管理中层，外部没有组织边界，人人创业、自我驱动的光怪陆离的新世界，“部门”“科室”“经理”“员工”等经典管理概念已然消失，萦绕耳边的是“平台”“小微”“创客”“引爆”“竞单”“对赌跟投”“用户付薪”“用户乘数”“生态价值”“二维点阵”等新鲜词汇。

海尔管理模式的中国元素也深获国内学者认同。中国人民大学教授、华夏基石董事长彭剑锋认为，海尔模式是中国管理的原创性创新，是互联网时代管理创新在传统企业的最优实践。多年来，在各种质疑声中，张瑞敏不断地“自以为非”，从内部改变自己，推动着海尔进行一次次的自我革命。因其在管理哲学与组织模式创新上的卓越贡献，张瑞敏已经成为管理思想史上的坐标式人物。2017 年 11 月 14 日，张瑞敏入选了被称为管理界奥斯卡奖的“全球最具影响力的 50 大管理思想家”（Thinkers 50）。2018 年 3 月 7 日，张瑞敏在哈佛大学商学院公开讲授“创建物联网时代的商业模式”。

在收获盛誉的同时，海尔集团管理模式创新所带来的经济效益和世界影响力也逐步显现。2017 年海尔集团实现全球营业额 2419 亿元，同比增长 20%；全球利税总额达 301 亿元，其中经营利润同比增长 41%。得益于人单合一模式在全球各个市场的推广和复制，海外市场收入占全球总营业额 40%以上。在高端家电领域，高增长、高单价、高份额构成的“三高”表现成为海尔产品的新特征。此外，在向物联网时代转型的进程中，海尔通过用户社群生态圈搭建的触点网络已经开始产生较强的经济效应，2017 年海尔平台上互联网交互产生的交易额首次超过 1 万亿元，同比增长 273%。美国时间 2017 年 12 月 6 日，中国海尔 COSMOPlat 探索的大规模定制成为国际四大标准组织之一、美国电器与电子工程师协会认定的国际标准，这是全球首个由中国企业主导制定的智能制造标准，是继中国产品和中国品牌之后，全球制造舞台上首次出现中国方案和中国模式。

“虽千万人，吾往矣。”（《孟子·公孙丑上》）从最初被质疑、被否定到现在被学习、被模仿，无论外界如何评价，海尔都始终如一地行走在转型变革的创新道路上。张瑞敏把互联网思维融入企业战略与组织中，在物联网即将引爆之际，率先走出了一条改造中国制造业和治愈世界大型企业病的转型之路。

二、海尔制：由实践模式到理论范式的历史跃迁

“范式”一词最早由美国科学哲学历史主义学派创始人托马斯·库恩在《科学革命的结构》一书中提出，其基本含义是：在科学实际活动中某些被公认的范例，包括定

律、理论、应用以及仪器设备等在内的范例，并为某一科学研究传统的出现提供模型。某一学科的学科属性及其成熟程度便由其理论范式所决定。依据库恩的理论，“管理范式”可以被界定为从事管理学研究的研究者所共同拥有的关于组织与管理的世界观、基本假设、理论焦点、研究方法的共识或约定。结合拉卡托斯的科学哲学理论，范式进而可以从“硬核”与“保护带”两个维度来分析。在拉卡托斯看来，“硬核”代表着影响一个科学研究框架的领导者们的纯属形而上学的信仰，而环绕“硬核”的辅助性假设是可检验理论的“保护带”。厘清张瑞敏在管理思想史上的坐标，首先需要梳理以人单合一模式为代表的海尔管理实践创新有无冲击到西方管理学主流理论范式的“硬核”与“保护带”。

尽管实践是理论的来源与检验标准，但是管理的实践模式与管理的理论范式之间依然存在天然的鸿沟。管理实践是生动多样和具有个性化色彩的艺术，管理理论则是具有严谨性、规律性和普适性的科学。在实践层面，海尔毫无疑问已经取得了针对以往管理模式的“颠覆性创新”，但在理论层面，海尔人单合一模式究竟颠覆了西方经典管理理论的哪些原则？它揭示了物联网时代的哪些管理规律呢？这种规律在人性假设、理论焦点、基本原则、研究逻辑等理论范式的“硬核”方面与西方主流管理理论有何不同呢？

通过审慎的比较研究，我们发现，海尔的人单合一管理实践模式具备了塑造和开发新时代新管理理论范式的潜力。这一潜力在海尔与管理思想史上重要企业的比较中得以彰显。海尔之前的管理思想史，曾经在管理思想演化与创新的过程中留下浓墨重彩之笔的企业有伯利恒（钢铁公司，贡献了泰勒制）、福特（汽车公司，贡献了“福特制”）、丰田（汽车公司，贡献了“丰田制/后福特制”），具体对比，如表 1-4 所示。

表 1-4 管理思想演化与创新差异

项目	泰勒制	福特制	丰田制	海尔制
形成时间	1911 年	20 世纪二三十年代	20 世纪七八十年代	2005 年
产生公司	伯利恒钢铁	福特汽车	丰田汽车	海尔集团
市场需求	低价+单一品种	低价+单一品种	低价+多品种	用户体验+个性化定制
生产方式	单一品种、小件生产	单一品种、大批量生产	多品种、大批量生产	多品种、大规模个性化定制
生产组织	分工（生产工序分割）+标准化	标准化+流水线（生产工序串联）	精益生产+持续改进（生产工序局部集成）	智能互联工厂（生产工序成为“并联生态圈”）
管理控制	等级管理、制性控制	等级管理、制性控制	团队协作、全质量管理	人单合一、共创共赢
组织结构	科层制	科层制	科层制+工作团队	平台型+小微
员工价值	高工资	高工资	参与权（授权）	自我实现（创业）
激励方式	经济报酬	经济报酬	高福利+情感认同	价值创造+自我实现

续表

项目	泰勒制	福特制	丰田制	海尔制
人性假设	经济人	经济人	社会人	自主人
企业假设	企业是在稳定、统一的市场环境中生产和销售产品的效率系统	企业是在稳定、统一的市场环境中生产和销售产品的效率系统	企业是在具有较强不确定性、超常规竞争的市场环境中满足多样化需求的适应系统	企业是在具有较强不确定性、超常规竞争的市场环境中进行内外互动、价值创造的生态系统
时代属性	工业社会+工业经济	工业社会+工业经济	信息社会+知识经济	物联网社会+社群经济

丰田制是泰勒制之后管理思想演化的重要里程碑。它契合了丹尼尔·贝尔“信息社会”（后工业社会）以及德鲁克“知识经济”的时代特征，将和谐、合作、信任等东方思维植入组织管理之中，标志着日本管理模式的产生。丰田挑战了泰勒制、福特制关于人性假设、企业本质、时代属性、员工价值、管理原则等理论论证，并在组织结构、激励方式、控制途径等领域生成了高度聚焦的理论保护带，标志着一个新管理范式的产生。丰田制的兴起与日本企业的崛起息息相关。20 世纪 70 年代，日本一跃成为世界第二大经济体和最大债权国，它的汽车、电子、电器等产品在世界市场上取得超越美国的竞争优势。以美国为代表的西方社会密切关注日本经济奇迹背后的管理因素，随后威廉·大内的《Z 理论——美国企业界怎样迎接日本的挑战》、理查德·帕斯卡尔和安东尼·阿索斯的《日本企业管理艺术》、特伦斯·迪尔和艾伦·肯尼迪的《企业文化——企业生活中的礼仪与仪式》、汤姆·彼得斯和罗伯特·沃特曼的《追求卓越——美国最成功公司的经验》四部企业文化理论的经典著作陆续出版，人的社会属性尤其是情感归属、文化信念在管理理论中得以充分彰显，丰田制推动组织管理理论进入日本时代。

然而，以丰田制为代表的日本管理理论依然存在不足，如片面强调高福利和情感认同，导致员工唯尊者是从、唯上级是从，重视资历和权威，在增加运营成本的同时削弱了企业内部竞争动力和外部市场反应能力。此外，丰田制的运行依然建立在科层制组织结构之上，团队协作只是提高了部分员工的工作热情，整个组织仍旧在部门分割和等级序列下进行资源配置，柔性制造也只是在生产过程中通过掌握顾客需求对市场进行有限的变通，而且搜集和分析差异化的市场需求需要大量的成本。总之，在丰田制中，员工是受到关怀的被控制者，依然未能解放自身，顾客在这一管理体系中依然是消极被动的存在者和分析对象，科层组织的固有刚性限制着它进一步提升效率的空间。丰田制的这一切弊端在物联网时代的海尔制那里得到了有效解决。

海尔制产生于互联网技术蓬勃发展的 21 世纪初（以 2005 年“人单合一”模式的提出为标志），它最突出的特征是与时俱进、迭代创新。正如张瑞敏所说，没有成功的企业，只有顺应时代的企业，所有的企业都要跟上时代的步伐才能生存。海尔制首先建立在新的时代属性预判基础之上，在多年打造互联网企业之后，张瑞敏指出，物联网是移动互联网之后下一个最重大的经济活动。它最核心的内容是实现社群经济。社群经济就是根据每一个人的需求为他提供场景服务。与此相适应，海尔制突破以往管理范式“经济人”“社会人”的假设，将企业家精神遍植于每一个员工，从而发展出“自主人”假设，并将企业预设为：具有较强的不确定性、超常规竞争的市场环境中进行内外互动、价值创造的生态系统，而不是丰田制单向而有限地满足市场多样性需要的适应系统。与这些关于管理的世界观、基本假设、理论焦点相适应，海尔制将共享、开放、创新、创业等管理原则根植于组织之中，通过智能互联工厂进行多品种、大规模的个性化定制，强调用户体验和员工自治，消除组织部门隔阂，解散中层管理人员，打破员工与用户之间的界限，将原来的自主经营体发展为一个个独立核算、自主经营“小微企业”，使海尔整个组织转型为整合社会资源、孵化创业小微的生态平台。在员工激励方面，海尔制则改变了丰田制片面强调高福利、情感归属和对绩效重视不够的方式，转而通过人单合一模式以价值创造为标准，将员工报酬、顾客价值和企业目标有机结合在一起，鼓励员工自我实现、自我驱动和自我领导。

承载着新的时代基因与中国智慧的海尔制，在时代属性、人性假设、企业本质、管理原则，以及组织结构、激励方式等领域，全面超越了日本的丰田制。海尔制彻底改变了自泰勒制以来的科层制等级控制体系，将企业的适应能力、创造能力和生产规模结合在一起，将组织经济绩效、员工自我实现和用户个性化需求有机融合，通过智能互联工厂连接组织社群中的所有资源，淡化了企业与市场之间的界限，通过持续、动态的内外交互消除组织边界并获取生态价值。与福特制、丰田制在管理思想史上更多专指制造企业的生产组织形式不同，海尔制在智能互联工厂之外，还包含从管理哲学到战略、组织、领导等更为丰富和完整的理论内容，其内涵与外延在组织与管理理论的几乎所有维度均超越了福特制（美国管理）与丰田制（日本管理）的范畴，触及了经典管理理论范式的人性假设、哲学基础、管理原则等硬核，冲击了传统理论范式的组织、控制、领导、激励等理论保护带，已经孕育出新时代管理理论发生新的范式转移的基本元素。

未来可以预期的是，对海尔实践模式的总结提炼是丰田制之后管理思想演化史上又一里程碑式的理论突破。继福特制、丰田制之后，作为企业管理的第三次革命，海尔制承载着丰富的时代精神和中国智慧，在人类组织演化史和中国企业史上具有更为丰富的理论内涵和现实意义，也在管理思想史上留下熠熠生辉的篇章。

第二章

决　　策

管理的核心是决策，决策的环境是变化的，变化的环境需要适宜的决策方法。本章内容首先介绍决策的概念以及决策的类型、特征和方法，解析决策过程及其影响因素等决策基础理论；其次重点阐述四力模型、前景理论、三参照点理论（tri-reference point theory，TRP）、群体决策理论和大数据驱动的决策理论等决策前沿理论及实践；最后呈现综合案例，以期帮助读者理解所阐述的理论内容。

第一节　决策理论基础

决策是管理的核心。诺贝尔经济学奖得主赫伯特·西蒙（Herbert Simon）甚至强调，管理就是决策，决策贯穿于整个管理过程。决策在管理中的重要地位可见一斑。本节解析决策特征及分类、决策过程、影响因素和决策方法，以提升读者对基础管理决策体系的认识，为后续决策前沿理论与运用奠定基础。

一、决策特征及分类

在现实生活中，做正确的事比正确地做事重要得多。选择做正确的事情，正是决策的任务。决策贯穿于各个管理环节。对于决策的定义，不同的学者有不同的看法。狭义的决策是一种行为，是在几种行动方案中作出选择。如果只有一个方案，就没有选择的余地，也就无所谓决策。决策要求提供可以相互替代的两种以上方案。广义的决策是一个过程，包括在作出最后选择之前必须进行的一切活动。首先，决策的前提，是为了解决某个问题，实现一定的目标；其次，决策的条件，有若干可行性方案可供选择；再次，需要对方案进行分析比较，确定每一个方案对目标的贡献程度和可能带来的潜在问题，以明确每一个方案的利弊；最后，确定决策的结果，即在众多可行方案中，选择一个相对满意的行动方案。总之，决策是指为实现一定的目标，在多个备选方案中选择一个方案的分析判断过程。

（一）决策特征

1. 目标性

任何决策都包含着目标的确定。目标体现的是组织期望获得的结果。目标本身也是对决策方案进行评价与检查的标准和依据。目标是组织的追求，决策则引导组织成员在一定时期的行动方向。若目标不具有先进性特征，那么就意味着失去了组织追求的价值。从某种意义上说，组织目标的先进程度决定着组织的先进程度，组织只有在追求先进目标的过程中才能够不断进步，超越竞争对手，实现组织变革和发展。

2. 可行性

任何决策方案的实施都离不开资源的支撑,要充分考虑其实施条件与资源的限制。决策方案需要与组织的能力和资源相吻合，与组织的环境状况相适应。若决策目标定得太高，会造成计划失效，相应的惩罚措施无法落实，组织面临进退两难的尴尬处境，更严重的是会挫伤组织成员的积极性。若决策目标定得较低，未能充分发挥资源效益，很容易实现目标甚至超额完成计划，相应的奖励无法发挥其应有的作用。

3. 动态性

从权变理论角度看，没有一成不变的、普遍适用的、最好的管理理论和方法，一切应取决于当时的既定情况。决策也是一样。组织的外部环境在不断变化中，决策者应密切监视并研究外部环境及其变化，从中发现问题或找到机会，及时调整组织的活动，以实现组织与环境的动态平衡。组织不是静态的，其内部环境也在不断地发生变化，决策的标准和方法不能固定不变。因此，决策要充分分析变化的管理背景和要解决的主要问题，及时调整研究思路和方法，灵活运用基本的管理理论，解决困难，实现不断创新。

4. 整体性

整体性有两层含义：一是决策涉及组织全体成员，决策方向和具体方案实施是组织全体成员共同的责任；二是决策内容要兼顾组织各个方面，确保组织各部门和单位彼此在工作上的均衡与协调。决策是一个系统工程，所要处理的每一个问题都是系统中的问题，只有统筹兼顾、综合考虑，才能妥善地处理组织中的每一个问题。

5. 创造性

任何决策都需要不同程度的创造性思维。创造性思维过程通常包括四个相互交叉、相互作用的阶段：一是无意识审视，通常要求对问题集中精力，而这一行为可能是在潜意识下进行的。二是直觉，要求人们找到新的组合方式并将各种不同的概念和想法综合到一起。三是洞察力，也就是深入事物或问题的能力，是人通过表面现象精确判断出背后本质的能力。四是验证，需要经过实验测试以检验创新的效度。创造性思维要求运用头脑风暴、集思广益等决策组织方法。

（二）决策类型

1. 根据环境可控程度的分类

根据环境的可控程度，决策问题可分为三种类型，即确定型决策、风险型决策和不确定型决策。

（1）确定型决策。决策者掌握准确、可靠、可衡量的信息，能够确切地知道决策的目标以及每一种备选方案的结果，常常可以很容易地迅速对各个方案进行合理的判断。例如，在其他条件不变的状态下，比较各个供应商提供的价目表作出购买决策，此时的决策问题就是确定型的。

（2）风险型决策。决策者虽不能准确地预测出每一备选方案的结果，但却因拥有较充分的信息而能预知各备选方案及其结果发生的可能性。此时的决策问题就是如何对备选方案发生的概率作出合理估计，选择出最佳方案。但是无论选择哪一个方案，风险都是不可避免的。

（3）不确定型决策。因面对不可预测的外部条件或缺少所需信息而对备选方案或其可能结果难以确切估计，大多数工商企业面对的决策问题都是这种类型。这些不确定性的因素主要来自两个方面：一是决策者无法获得关键信息，二是无法对行动方案或其结果作出科学的判断。决策问题大多是风险型的和不确定型的，面对此类决策，决策者常常处于一种难以取舍的两难境地。管理研究与管理实践中不断发展形成的科学决策方法则在很大程度上使风险型和不确定型问题转化成了确定型问题，从而有利于作出科学决策。

2. 根据决策主体的分类

根据主体的不同，决策可以分为个体决策和群体决策。它们的决策效果各不相同，应根据其利弊在不同条件下加以选择。随着环境的变化，当今世界的重大问题中越来越多地采用群体决策。虽然在许多时间紧迫的关键时刻，群体决策无法取代个人决策，但组织的许多决策都是通过委员会、团队、任务小组或其他群体等形式完成的，因此分析群体决策的利弊及其影响因素具有重要的现实意义。

群体决策具有以下明显优点：第一，有利于集中不同领域专家的智慧，应对日益复杂的决策问题。这些专家可以对决策问题提出建设性意见，有利于在决策方案贯彻实施之前，发现存在的问题，增强决策的针对性。第二，能够利用更多的知识优势，借助更多的信息，形成更多的可行性方案。第三，具有不同背景、经验的不同成员在选择收集的信息、要解决问题的类型和解决问题的思路上往往都有很大差异，他们的广泛参与有利于提高决策时考虑问题的全面性。第四，容易得到普遍的认同，有助于决策的顺利实施。由于决策群体的成员具有广泛的代表性，因而有利于得到与决策实施有关的部门或人员的理解和接受，在实施中也容易得到各部门的支持与配合。第五，有利于使人们勇于承担风险。有关学者研究表明，在群体决策的情况下，许多人都比个人决策时更敢于承担更大的风险。

但是，群体决策也可能存在一些问题。一方面是速度、效率可能低下。群体决策鼓励各个领域的专家、员工积极参与，力争以民主的方式拟定出最满意的行动方案。但在这个过程中，也可能陷入盲目争论的误区之中，既浪费了时间，又降低了速度和决策效率。另一方面是有可能为个人或子群体所左右。群体决策之所以具有科学性，是因为群体决策成员在决策中处于同等的地位，可以充分发表个人见解。但在实际决策中，很可能出现以个人或子群体为主发表意见、进行决策的情况。同时不可否认，群体决策中也有可能出现更关心个人目标的情况。在实践中，不同部门的管理者可能从不同角度对不同问题进行定义，管理者个人对与其主管部门相关的问题更加敏感。例如，市场营销经理往往希望较高的库存水平，而把较低的库存水平视为有问题的征兆；财务经理则偏好于较低的库存水平，而把较高的库存水平视为问题发生的信号。因此，如果处理不当，很可能发生决策目标偏离组织目标而偏向个人目标的情况。

二、决策过程

决策过程包括了许多工作。决策的核心是在分析、评价、比较的基础上，对活动方案进行选择；选择的前提是拟定多种可行性方案。要拟定备选方案，首先要判断调整组织活动、改变原先决策的必要性，制定调整后应达到的目标。所以，决策过程包括研究现状、明确问题、目标制定、比较和选择方案等阶段。在从事这些工作的过程中，决策者会受到组织文化、时间、环境、过去决策以及他们自己对待风险的态度等多重因素的影响。

1. 识别机会或诊断问题

认清事件的全过程，确定问题所在。发现问题是决策工作的出发点，从情况的突然变化中发现问题、根据计划的执行情况发现问题、从外界的批评中发现问题、从竞争中发现问题、从顾客的反馈中发现问题，管理者应该根据既定的目的，积极地搜集和整理情报并发现差距，确认问题。

2. 确立目标

确立目标是指在一定的环境和条件下，在调研预测的基础上，拟定出达到目标的各种办法和方案，并根据目标确立的标准仔细衡量，分析和拟订各种可能采取的行动方案，预测可能发生的问题并提出对策。

3. 制订方案

制订方案往往同作出抉择一样重要，必须注意以下几点，即方案的可行性、方案的多样性、方案的层次性。在制订比较方案时，越能了解和找出对达到所要求的目标起限制性和决定性作用的因素，就越能清楚地拟订出各种可行性方案。

4. 方案的比较和选择

在实际决策工作中，方案的拟订、比较和选择往往是交织在一起的，因为方案的拟订不是一次性完成的，需要不断地完善。这种完善往往需要在与其他方案的比较中，受到其他方案的启发。但是为了理论研究的方便，我们需要把这两种工作区别开来叙述。

要进行选择，首先要了解各种方案的优势和劣势，为此，需要对不同方案加以评价和比较。评价和比较的主要内容包括以下几个方面。①方案实施所需的条件是否具备，筹集和利用这些条件需要付出何种成本。②方案实施能够给组织带来何种长期和短期利益。③方案实施中可能遇到的风险、活动失败的可能性。

根据上述比较，就能找出各方案的差异，比较出各方案的优劣，在此基础上，不仅要确定能够产生具有综合优势的实施方案，而且要准备好备用方案。制订备用方案的目的是对可预测到的未来变化实施必要的弥补措施，以避免临时应变可能造成的混乱。

5. 执行方案

方案的执行是决策过程中至关重要的一步。在方案选定以后，就可制订实施方案的具体措施和步骤。通常而言，执行过程应做好以下工作：实施相应的具体措施，保证方案的顺利执行；确保有关决策方案的各项内容被所有的人充分接受和彻底了解；运用目标管理方法把决策目标层层分解，落实到每一个执行单位和个人；建立重要工作报告制度，以便随时了解方案进展情况、及时调整行动。

6. 检查处理

有时一个决策方案的执行需要较长的时间，在这段时间中，情况可能会发生变化，因此必须通过定期的检查评价，及时掌握决策执行的进度，将有关信息反馈到决策机构，决策者应依据反馈来的信息，及时跟踪决策实施情况，并采取积极措施纠正相关行为，以保证既定目标的实现。客观条件发生重大变化、原决策目标确实无法实现的，则要重新寻找问题所在，确定新的目标，重新制订可行的决策方案并进行评估和选择。

以上步骤表明，决策的实施在本质上是一个有一定顺序的、条理化的过程，而不是在瞬间选定某一方案。确实，如果所有可能的方案都已被设计好，决策者的工作便是从这些备选方案中挑选方案。但事实上，决策者需要作大量的调查、研究和预测分析工作，然后确定目标，找出可行性方案，并进行评价、权衡和选择，最后再付诸行动。这些步骤结合起来组成了一个完整的决策过程，在这个过程中，每一阶段都可能相互影响。

三、决策的影响因素

作出决策是一个复杂的过程，受多种因素的影响。这些因素包括组织所处的环境、过去的决策、决策者对风险的态度、组织文化以及决策时间对决策的影响。厘清了这些因素，决策将会更加有效。通常影响决策的主要因素主要包括以下五个方面。

1. 环境

环境对组织决策的影响是不言而喻的。这种影响是双重的：首先，环境的特点影响着组织的活动选择。比如，就企业而言，市场稳定，今天的决策主要是昨天决策的延续。如果市场急剧变化，则需要经常对经营方向和内容进行调整。其次，对环境的习惯反应模式也影响着组织的活动选择。即使在相同的环境背景下，不同的组织也可能作出不同的反应。而这种调整组织与环境之间关系的模式一旦形成，就会趋向固定，限制着人们对行动方案的选择。

2. 过去决策

过去决策对目前决策的制约程度，主要受它们与现任决策者的关系的影响。如果过去的决策是由现在的决策者制定的，而决策者通常要对自己的选择及其后果负管理上的责任，因此决策者一般不愿对组织活动进行重大调整，而倾向于把大部分资源投入到过去方案的执行中，以证明自己的一贯正确；相反，如果现在的主要决策者与组织过去的主要决策者没有很深的渊源关系，则决策会易于发生重大改变。

3. 决策者对风险的态度

组织及其决策者对待风险的不同态度会影响对决策方案的选择。愿意承担风险的组织，通常会在被迫对环境作出反应之前就采取进攻性的行动；而不愿承担风险的组织，通常只对环境作出被动的反应。愿意冒风险的组织经常进行新的探索，而不愿承担风险的组织，其活动则要受到过去决策的严重制约。

4. 组织文化

组织文化制约着组织及其成员的行为以及行为方式。在决策层次上，组织文化通过影响人们对变化的态度而发生作用。在偏向保守、怀旧的组织中，人们总是根据过去的标准来判断现在的决策，总是担心在变化中会失去什么，从而对将要发生的变化产生怀疑、害怕和抵御的心理与行为；相反，在具有开拓、创新气氛的组织中，人们总是以发展的眼光来分析决策的合理性，总是希望在可能产生的变化中得到什么，因此渴望变化、欢迎变化、支持变化。显然，欢迎变化的组织文化有利于新决策的实施，而抵御变化的组织文化则可能给任何新决策的实施带来灾难性的影响。因此，决策方案的选择不能不考虑到为改变现有组织文化而必须付出的时间和费用的代价。

5. 时间

美国学者威廉·R. 金和大卫·I. 克里兰把决策类型划分为时间敏感决策和知识敏感决策。时间敏感决策是指受决策时间的影响要求必须迅速而尽量准确作出的决策。相反，知识敏感决策对时间的要求不是非常严格。组织关于活动方向与内容的决策，基本属于知识敏感决策，这类决策着重于抓住可利用的机会而不是避开威胁，着重于未来而不是现在。

四、决策的方法

为了保证影响组织未来生存和发展的决策尽可能正确，必须运用科学方法。决策方法可以分为三类：第一类是环境分析法；第二类是活动方案生成方法；第三类是在既定方向下从事一定活动的不同方案选择的方法。由于管理决策方法主要是在研究企业经营决策的过程中不断产生的，因此，下面主要介绍企业决策中常见的几种方法。

1. 环境分析法

1）一般环境分析方法

一般环境分析中最常见的是 PEST 分析方法。PEST 分析是指宏观环境的分析，P 是政治（politics），E 是经济（economy），S 是社会（society），T 是技术（technology）。在分析一个企业所处的外部环境的时候，通常是通过这四个因素来分析企业所面临的状况。可见，该方法实际是将众多的宏观环境因素概括为政治环境、经济环境、社会环境、技术环境四个方面，也有人把人口问题从社会环境中单独列出来。一般环境分析的主要方面及其内容，如表 2-1 所示。对一个特定的组织而言，在特定的时期内进行一般环境分析，还需要具体地识别各方面的特定内容。

表 2-1 一般环境分析的主要方面及其内容

主要方面	主要内容
人口	人口的地理分布、就业水平、收入水平、年龄、文化差别等
经济	增长率、政府收支、外贸收支及汇率、利率、通货膨胀率等
政治	环境保护、社会保障、反不正当竞争法以及国家的产业政策等
社会	公民的环保意识、消费文化、就业观念、工作观念等
技术	高新技术、工艺技术和基础研究的突破性进展等

资料来源：Hitt M A，Ireland R D，Hoskisson R E. Srategic Management. 2nd. Cincinnati: Cengage Learning，1996.

一般环境的改变对组织的影响是通过具体环境对组织产生作用力表现出来的。对企业来说，就是分析一般环境中与所在行业密切相关的因素，这实际上是企业在浩瀚的一般外部环境因素中识别出对本行业和本企业有意义的一组因素，从而大大缩小了企业分析一般环境的范围。

PEST 分析通常要借助各种经济、社会以及其他相关学科已有的研究成果，但在这些成果的基础上有必要对与组织有关的问题进行进一步研究。由于一般环境分析需要借助许多相关学科的知识，而每个组织的情况又有很大差别，因此 PEST 分析没有通用的和一般性的方法，需要具体问题具体对待。

2）行业环境分析方法

行业环境对组织的影响更直接、更频繁，因而是组织分析外部环境的焦点。在这方面，迈克尔·波特提出的五种力量模型是一种有效的分析方法。迈克尔·波特发现，在企业经营环境中，能够经常为企业提供机会或对企业产生威胁的因素主要有五种，即现有企业间的竞争、潜在竞争者、替代产品生产企业、买方的议价能力和卖方的议价能力，如图 2-1 所示。

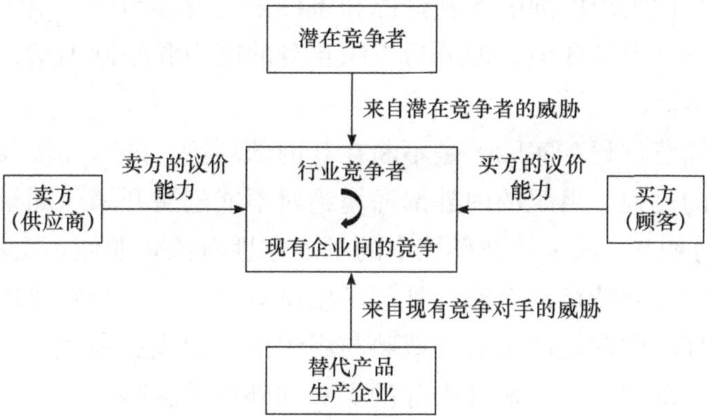

图 2-1 波特五种力量模型

资料来源：姚顺波，王博文. 企业管理学. 北京：科学出版社，2009.

分析潜在竞争者，是指从进入障碍的角度来进行潜在竞争者分析。进入障碍，是指行业外部的企业进入这一领域时必须承担，而行业内企业无须承担的一笔损失。显然，进入障碍越大，潜在竞争者的威胁越小。除进入障碍之外，行业的吸引力、行业发展的风险和行业内企业的集体报复可能性等，都影响着进入所受威胁的大小。

分析替代产品生产企业，即识别替代威胁。替代，是指一种产品在满足顾客某一特殊需求或多种需求时取代另一种产品的过程。替代产品的存在增加了顾客的选择余地。短期看，一种产品的价格和性能都受到替代产品的限定；长期看，一种产品或行业的兴起有可能导致另一种产品或行业的消失，如随着微电子工业的发展，打印机基本取代了打字机，电子计算器完全取代了计算尺。

分析买方和卖方的议价能力，即分析买方和卖方掌控交易价格的能力。企业与顾客和供货方之间既存在合作关系，又存在利益冲突。交易双方在交易过程中总希望争得对自己有利的价格，而价格的变化使一方获得超额收益的同时，直接导致另一方的损失。在具体的交易活动中，影响议价实力的因素有很多，如交易洽谈的地点、人员素质、日程安排等，但这些都是运作层面的因素。从行业层面看，交易双方的议价实力受到一些行业特征的制约。通过这些特征，人们能够更好地认清企业如何建立与外部环境相适应的关系。

分析现有企业间的竞争，即对现有竞争对手的分析。同种产品的制造和销售通常不止一家，多家企业生产同种产品，必然会采取各种措施争夺用户，从而形成市场竞争。因此，组织要从行业内部分析主要竞争者的基本情况、对本企业构成威胁的原因以及分析竞争对手的发展动向。

迈克尔·波特的五种力量模型既适用于企业，也适用于其他类型的组织。这一模型能帮助人们深入分析行业竞争压力的来源，使人们更清楚地认识到组织的优势和劣势，以及组织所处行业发展趋势中的机会和威胁。

3）内外部环境综合分析方法

管理要通过利用组织内部的各种资源和条件来实现。因此，组织在分析外部环境的同时，必须分析其内部环境，即分析组织自身的能力和限制因素，找出组织所特有的优势和存在的劣势。

任何组织的经营过程，实际上是不断在其内部环境、外部环境及经营目标三者之间寻求动态平衡的过程。组织的内外部环境绝对不能割裂开来。如果一个企业能力很强，竞争优势十分明显，那么外部环境中的不确定性对该企业便不会构成太大的威胁。相反，不具有任何经营特色的企业，外部环境再有利，也不会有快速的发展。因此，应综合分析外部环境中存在的机会和威胁与组织内部的优势和劣势，以便充分发挥组织的优势，把握外部的机会，避开内部的劣势和外部的威胁。

SWOT 分析是最常用的内外部环境综合分析技术，是由哈佛大学的安德鲁斯等提出的一种分析方法。SWOT 分析是优势（strengths）、劣势（weaknesses）、机会（opportunities）、威胁（threats）分析法的简称。这种方法把环境分析结果归纳为优势、劣势、机会、威胁四部分，形成环境综合分析矩阵（表 2-2）。

表 2-2 环境综合分析矩阵

	优势（S）	劣势（W）
	（1）较强的技术能力 （2）管理能力强	（1）缺乏深层管理 （2）分销渠道少
机会（O） （1）该产品消费增加 （2）竞争者的市场份额下降	SO 策略： （1）保持技术优势 （2）雇佣更强的员工	WO 策略： 不断满足目标市场所需求的竞争力
威胁（T） （1）可能受到市场法规的限制 （2）竞争者能力增强	ST 策略： （1）进行技术开发 （2）不断提高员工技能	WT 策略： （1）避免管理乏力 （2）设法减少竞争者的威胁

资料来源：《管理学》编写组.管理学. 北京：高等教育出版社，2019.

SWOT 分析之所以能被广泛地应用于各行各业的管理实践中，成为最常用的管理工具之一，原因在于：首先，它把内外部环境有机地结合起来，进而帮助人们认识和把握内外部环境之间的动态关系，及时地调整组织的经营策略，谋求更好的发展机会。其次，它把错综复杂的内外部环境关系用一个二维平面矩阵反映出来，直观而且简单。再次，它促使人们辩证地思考问题。优势、劣势、机会和威胁都是相对的，只有在对比分析中才能识别。最后，SWOT 分析可以形成多种行动方案供人们选择，加上这些方案又是在认真对比分析基础上产生的，因此可以提高决策的质量。

2. 活动方案生成方法

（1）5W2H 法。决策方案的生成，类似于谋划行动路线图。作为指挥和协调组织活动的工作文件，决策方案要清楚地告诉人们做什么、何时做、由谁做、何处做及如何做等。5W2H 法由美国陆军兵器修理部首创，诞生于第二次世界大战中，由于易记、应用方便，曾被广泛用于企业管理和各项工作中。5W2H 都是英文的第一个字母，即通过设问来诱发人们的创造性设想，发问的具体内容可根据具体对象灵活应用。

主要问题有：why，为什么需要改革，为什么非这样做不可；what，目的是什么，做哪一部分工作；where，从何入手，何处最适宜；when，何时完成，何时最适宜；who，谁来承担，谁去完成，谁最适合；how，怎样去做，怎样做效率最高，怎样实施；how much，要完成多少数量，成本多少，利润多少。

（2）头脑风暴法。这是一种定性的方法，由美国 BBDO 广告公司的奥斯本首创，该方法主要由价值工程工作小组人员在正常融洽和不受任何限制的气氛中以会议形式进行讨论、座谈，打破常规，积极思考，畅所欲言，充分发表看法。无限制的自由联想和讨论，目的在于产生新观念或激发创新设想。在群体决策中，由于群体成员心理相互作用影响，易屈从于权威或大多数人意见，形成群体思维。群体思维削弱了群体的批判精神和创造力，损害了决策的质量。为了保证群体决策的创造性，提高决策质量，管理学界发展了一系列改善群体决策的方法，头脑风暴法是较为典型的一个。

（3）德尔菲法。德尔菲是古希腊阿波罗神宣布神谕的所在地。20 世纪 50 年代，美国兰德公司与道格拉斯公司协作研究通过有控制的反馈，更可靠地收集专家意见，最后用“德尔菲”命名这种方法。德尔菲法依靠专家背靠背地发表意见，各抒己见，管理小组对专家们的意见进行统计处理和信息反馈，经过几轮循环，使分散的意见逐步统一，最后达到较高的预测精度。运用该技术的关键：选择好专家，决定适当的专家人数（10～50 人）；拟定好意见征询表。该法的不足之处是时间较长，费用较高。

3. 选择活动方案评价方法

确定了活动方向和目标以后，还应对可以朝着同一方向迈进的不同活动方案进行选择。选择是以比较为前提的，比较不同方案的一个重要标准是它们能够带来的经济效果。由于任何方案都需要在未来实施，而人们对未来的认识程度不尽相同，因此方案在未来实施的经济效果的确定程度、人们评价这些经济效果的方法也不相同。根据这个标准，可以把评价方法分为确定型、风险型、非确定型三类。

1）确定型评价方法

运用这种方法评价不同方案的经济效果时，人们对未来的认识比较充分，了解未来市场可能呈现某种状况，能够比较准确地估计未来的市场需求情况，从而可以比较有把握地计算各方案在未来的经济效果，并据此作出选择。

确定条件下的评价方法也很多，如量本利分析法就是一种较为典型的确定型评价方法。其中，量本利分析，也叫保本分析或盈亏平衡分析，是通过分析生产成本、销售利润和商品数量这三者的关系，掌握盈亏变化的规律，指导企业选择能够以最小的成本生产最多产品并可使企业获得最大利润的经营方案。

2）风险型决策方法

风险型决策方法主要用于人们对未来有一定程度认识但又不能肯定的情况。这时，实施方案在未来可能会遇到好几种不同的情况（自然状态）。每种自然状态均有出现的可能，人们目前无法确知，但是可以根据以前的资料来推断各种自然状态出现的概率。在这些条件下，人们计算出的各方案在未来的经济效果只能是考虑到各自然状态出现的概率的期望收益，与未来的实际收益不会完全相等。因此，据此制定的经营决策具有一定的风险性。

风险型决策的评价方法也很多，我们主要介绍决策树法。决策树法是一种用树形图来描述各方案对未来收益的计算、比较以及选择的方法。决策树的基本形状，如图 2-2 所示。

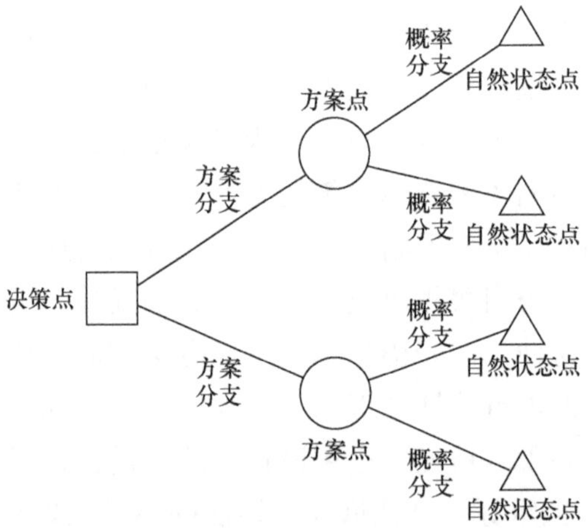

图 2-2 决策树

注：□表示决策点，由决策点引出的两条直线叫方案分支，表示决策时可采取的不同方案；○表示方案点，由方案点引出的直线叫概率分支或状态分支，表示方案在未来执行时可能遇到的几种不同的自然状态；△表示自然状态点，引出收益值

资料来源：姚顺波. 现代企业管理学. 3 版. 北京：科学出版社，2015.

用决策树的方法比较和评价不同方案的经济效果，需要做好以下工作。①根据可替换方案的数目和对未来市场状况的了解，绘出决策树形图。②计算各方案的期望值，首先计算各概率分支的期望值，即用方案在各自然状态下的收益值去分别乘以各自然状态出现的概率；其次将各概率分支的期望收益值相加，并将数字记在相应的自然状态点上。③考虑各方案所需的投资，比较不同方案的期望收益值。④剪去期望收益值较小的方案分支，将保留的方案作为备选实施方案。

如果是多阶段或多级决策，则需重复②③④项工作。

3）非确定型决策方法

这种评价方法适用于人们只知道未来可能呈现出多种自然状态，但对其出现的概率全然不知，那么在比较不同方案的经济效果时，就只能根据主观选择的一些原则来进行。

一是乐观原则。如果决策者比较乐观，认为未来会出现最好的自然状态，不论采用何种方案均可能取得该方案的最好效果，那么决策时就可以首先找出各方案在各种自然状态下的最大收益值，然后进行比较，找出在最好自然状态下能够带来最大收益的方案，并将之作为决策实施方案。这种决策原则也叫最大收益值规则。

二是悲观原则。与乐观原则相反，决策者对未来比较悲观，认为未来会出现最差的自然状态，因此企业不论采取何种方案，均只能取得该方案的最小收益值。所以在决策时首先计算和找出各方案在各自然状态下的最小收益值，即与最差自然状态相应的收益值，然后进行比较，选择在最差自然状态下仍能带来最大收益（或最小损失）的方案，并将之作为实施方案。这种方法也叫小中取大规则或最小最大收益值规则。

三是折中原则。这种方法认为应在两种极端中求得平衡。决策时，既不能把未来想象得非常光明，也不能描绘得非常黑暗。最好和最差的自然状态均有出现的可能。因此，可以根据决策者的判断，给最好自然状态一个乐观系数，给最差自然状态一个悲观系数，两者之和为 1，然后用各方案在最好自然状态下的收益值与乐观系数相乘所得的积，加上各方案在最差自然状态下的收益值与悲观系数的乘积，得出各方案的期望收益值，最后据此比较各方案的经济效果，作出选择。

四是最小最大后悔值规则。决策者在选定方案并组织实施后，如果遇到的自然状态表明采用另外的方案会取得更好的收益，企业在无形中就已经遭受了机会损失，那么决策者将为此而感到后悔。最小最大后悔值规则就是一种力求使后悔值尽量小的原则。根据这个原则，决策时应先算出各方案在各自然状态下的后悔值（用方案在某自然状态下的收益值减去该自然状态下的最大收益值），然后找出每一种方案的最大后悔值，并据此对不同方案进行比较，选择最大后悔值最小的方案，并将之作为实施方案。

第二节 决策理论前沿

随着时代的演变，在企业经营管理过程中面临更多的是不确定性情境的经济和社会形势，如何在有限的条件下，让决策者行为更加科学，决策效率更加高效，成为组织领导和研究者所关注的焦点。影响领导者制定决策的因素是多方面的，有外部的环境、政策、法律、技术等因素，同时也涉及决策者自身的性格特征。为此，本节重点介绍决策四力模型、前景理论、三参照点理论、群体决策理论和大数据决策范式理论等前沿理论。

一、决策四力模型

1. 基本内容

影响管理者制定决策的因素是多方面的，有外部的环境、政策、法律等因素，同时也涉及决策者自身的性格特征。Rowe 和 Mason（1987）提出了影响决策的四力模型，他认为决策的制定及决策执行过程中，决策者会受到四种力量的影响，分别为外部环境(external environment)、组织需要(group demands)、任务要求(task requirements)及个人需求（personal needs）。

2. 理论模型

决策的四力模型，如图 2-3 所示。外部环境指与组织有关的宏观环境，组织需要是指同一组织中的共事者之间的共同目标，任务要求是指执行任务时所需的不同的技能、经验、知识和技术等，个人需求是指决策者个人的背景、经验、价值观、人格特质等。

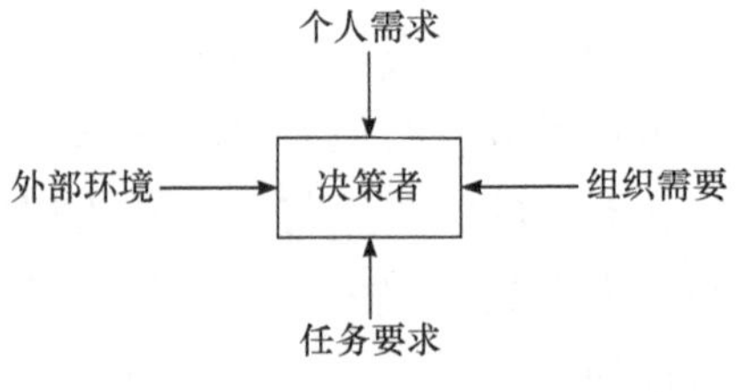

图 2-3 决策的四力模型

这四个要素在决策过程中会对决策者产生刺激与反应，组织对决策者产生的刺激是工作压力。而这种刺激所产生的反应是交际能力，如倾听、沟通、与人相处解决冲突等。外部环境对决策者产生环境因素的刺激，包括市场竞争情况、公司获利情况等；这种刺激所产生的反应是形势敏感度，指决策者为了应对环境因素所采取的策略性反应。个人需求对决策者所产生的刺激为资历特质，反应则是自我形象的产生，包括价值观、信念等。任务要求是指决策者对员工产生工作表现的要求。这四个要素的刺激与反应构成一个多向四要素模型，如图 2-4 所示。

在实际作决策时，决策问题本身以及决策程序又呈现出多样化的特点。Rowe 提出的四力模型着重于分析影响决策的外部因素，即抛开决策问题本身看待社会宏观、企业微观以及个人特征对决策的影响，比较清晰地提出了一套分析决策影响因素的模型。此后，后人依照此模型对决策风格进行了大量的分析研究，增加了“先决条件”因素，构成了五力模型（图 2-5）。

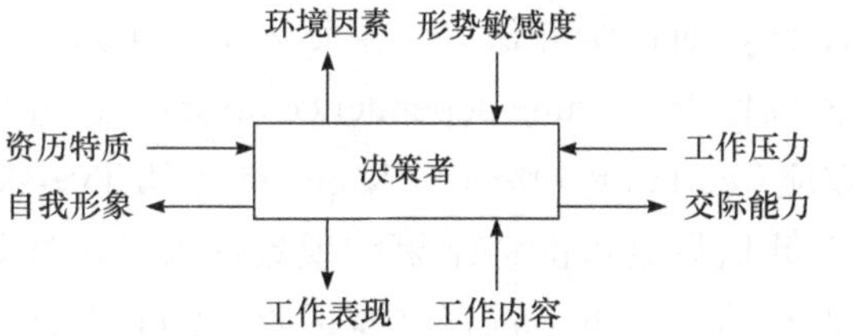

图 2-4　多向四要素模型

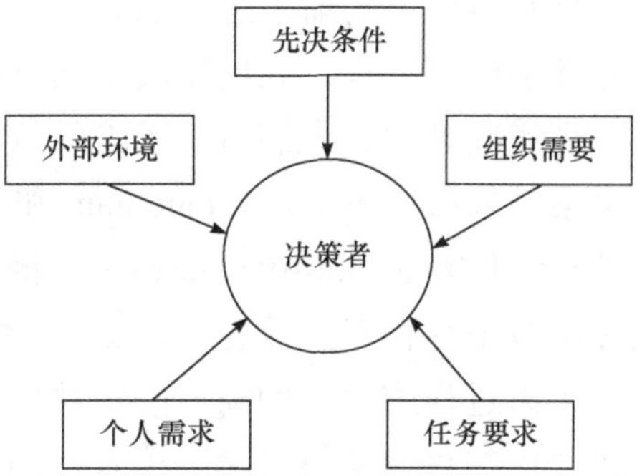

图 2-5　决策五力模型

二、前景理论

1979 年，Kahneman 和 Tversky 在《计量经济学》（*Econometrica*）杂志上发表了《前景理论：风险决策分析》，正式提出了风险决策修正理论。从理论发展的角度来看，前景理论已经经历了原始前景理论（original prospect theory，OPT）、累积前景理论（cumulative prospect theory，CPT）和第三代前景理论（third-generation prospect theory，PT3），进入了理论完善阶段。由于前期理论的提出是建立在实验数据基础上的，因此如何建立理论模型成为前景理论发展的重要课题。

1. 原始前景理论

为修正和弥补传统经济理论对于理性假设的不足，前景理论以心理学实验为基础，直接将常人的决策行为以及个人的心理感知等因素融入决策行为分析中。

1）基本内容

Kahneman 和 Tversky（1979）提出的原始前景理论的基本内容为：人们所处的盈利状态或亏损状态会使得自身在相同的环境下作出不同的反应。根据实验数据，经济行为个体对于亏损的敏感度要高于对盈利的敏感度，即盈利额度和亏损额度相同的情况下，盈利所带来的满足程度小于亏损所带来的沮丧程度。《前景理论：风险决策分析》还指出，与冒风险实现利润的最大化的比较中，经济行为者更愿意冒风险去避免亏损。在利润存在时，多数经济个体是风险的厌恶者（risk-averse）；而在发生亏损时，多数经济个人则成为风险的承担者（risk-takers）。在面对确定的赚钱机会时，大部分经济个体是风险的厌恶者；而在面对确定的赔钱状况时，大部分经济个体则成为风险的承担者。Kahneman 和 Tversky 提出的前景理论将人的决策过程分为编辑（editing）阶段和评估（evaluation）阶段。编辑阶段是指事件的发生以及人们对于事件的有关信息进行收集整理的过程，在编辑阶段中，为了评估阶段的需要，往往需要对数据进行整合简化，主要的操作有编码、结合、分离和抵消；评估阶段是指人们运用所掌握的相关信息对该事件的前景进行估算并最终选择估值最高的前景。

心理学研究发现，人们作决策的过程并不像传统理论中所假设的那样是完全理性的。在现实决策中，人们对于风险的认识以及最终的决策结果往往与传统经济理论的最优决策结果有所偏离。Kahneman 和 Tversky 通过研究认为，实际风险决策过程中存在着直觉偏差（intuitive biases）和框架依赖偏差（frame dependence biases），并提出实际决策中存在三大效应：一是确定性效应（certainty effect）。Kahneman 和 Tversky 将风险决策过程中存在的高估确定性结果而低估只具可能性结果的现象称为确定性效应。该效应的存在使得风险决策者在同等收益的条件下会选择规避风险，同时在同等损失的条件下会选择风险偏好。二是孤立效应（isolation effect）。人们在分析各种待选的前景过程中，往往会忽略与之前前景相同的部分。在风险决策过程中，个体差异造成对所忽略部分的不同认识，会导致最终决策差异。三是反射效应（reflection effect）。人们在面临负前景时，表现出风险偏好；而在面临正前景时，表现出风险规避。两者之间呈镜像反射的特点，因此被称为反射效应。

2）理论模型

前景理论用权重函数（weighting function）和价值函数（value function）来描述人的主观总体价值（overall value）。权重函数 $\pi(p)$ 描述的是前景中的各单个事件的概率变化所带来的总体效用的变化；价值函数 $v(x)$ 则是直接描述前景与人的心理满足状况的相互关系。Kahneman 和 Tversky 提出了价值函数和权重函数的模型（图 2-6）。然而他们对价值函数和权重函数的基本理解还处于初期概念阶段。价值函数反映的是相对于参考点发生的变化量，而该参考点的选取则取决于决策者的个人主观印象。通过实验数据得出，价值函数呈 S 形，在盈利时呈凸形，在亏损时呈凹形，且亏损时的凹形比盈利时的凸形更陡峭。前景理论很好地解释了人们选择行为反映出来的确定性效应、孤立效应和反射效应。人在决策中面对获得时表现为风险规避，面对损失时追

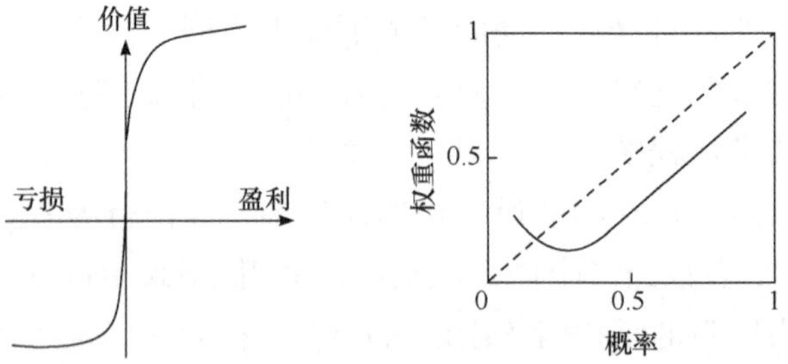

图 2-6　原始前景理论中的价值函数、权重函数曲线图

求风险偏好，并且对于损失的敏感程度要远大于等量的获得。基于权重函数的表达式和形状，其概率函数是非线性的，表现出的主要特性是人会高估小概率，低估中大概率。而当概率无限接近两个极值（即 0 和 1）时，个体对于概率的认识将发生重大变化。

2. 累积前景理论

随着前景理论不断被学者所认知和探讨，该理论的不足之处逐渐暴露出来。原始前景理论针对个人的心理进行研究，所得结论能够解释个体在经济社会中的某些经济行为，然而对于社会总体的解释力值得商榷。基于上述认知，在 Kahneman 和 Tversky 提出前景理论之后，许多学者又提出了累积的函数（cumulative functional）形式，将原来的个体概率（individual probability）扩展到累积概念。在该理论模型中，价值函数一般被假设为凹的或线性的，但权重函数却不再完全是线性的、凹的或凸的，而是可以构造如反 S 形的混合权重函数形式。

Tversky 和 Kahneman（1992）运用此研究成果并进行一系列的实验，随后提出了累积前景理论，此理论中价值函数用权重函数和价值函数共同表示，同时盈利和损失情形下的函数形式是不相同的。累积前景理论可以很好地解释随机占优等现象。在此理论中，通过容量概率的引入，部分解决了强势占优及其多个结果的处理问题，使前景理论得到了本质的提升，较大程度上拓宽了该理论的应用范围并提高了其解释力。它同时考虑不确定风险的前景，并分别考虑损失和收益，较好地解释了人们在选择实验中反映出来的结构效应、偏好的非线性、资源依赖、追求风险偏好和规避损失。随着前景理论的不断发展，价值函数的具体表达形式成为众多学者研究和探讨的对象。比如 Rieger 和 Bui（2011）在研究中发现，经典的前景理论的价值函数不能描述简单抽奖中的非常风险厌恶问题。

3. 第三代前景理论

Schmidt 等（2005）在解释偏好逆转现象中第一次提出了第三代前景理论的概念；随后 Schmidt 等（2008）又将此理论进行了完善。第三代前景理论相比此前的前景理论而言，不仅保留了该理论的预测能力，还拓宽了相关理论的具体适用范围。该理论表明，当决策权重被指定为序依赖时，允许参考点不确定。第三代前景理论与之前的前景理论相比，主要在对参考点的盈利和亏损的定义，以及构建决策权重模型等方面有所改进。相对于参考点的盈利和亏损的定义，Schmidt 等采用在事件上的偏好进行定义的方法，随机参考点被建模为某个特殊事件，盈利和亏损被定义为客观状态。

累积前景理论中所推导的所有参数形式都能够在没有任何附加参数的条件下，且参考点不确定时使用，该结论对于解决实际问题具有重要意义。在众多文献中，学者们通过不同实验手段，提供了大量前景理论的参数和不同效用值。第三代前景理论可以使用相关理论参数解决不确定参考点条件下的决策问题，其在理论上对于前景理论进行了补充，同时也被实验数据所证实。第三代前景理论通过不确定参考点的扩充，弥补了传统前景理论的缺陷，在不确定性和风险决策研究中起到推动作用。

前景理论的四个基本结论：①大多数人在面临获利的时候是风险规避的（确定效应）；②多数人在面临损失的时候是风险喜好的（反射效应）；③大多数人对得失的判断往往是由参考点决定的（参照效应）；④大多数人对损失比对收益更敏感（损失效应）。

简而言之，人在面临获利时，不愿冒风险；而在面临损失时，人人都成了冒险家。人们对损失的痛苦比获得所带来的喜悦更敏感，而损失和获利是相对于参照点而言的，改变评价事物时的参照点，就会改变对风险的态度。

三、三参照点理论

以单一决策模型分析深度不确定性问题，难以符合问题的要求，应使用多个模型（模型簇）集成描述问题（胡笑旋等，2011）。因此，在 Rowe 和 Mason（1987）提出的决策四力模型的基础上，Wang 和 Johnson（2012）提出了三参照点理论。

1. 基本内容

三参照点理论是一种用于解释一系列风险感知和风险决策行为的全新方法。三参照点理论将决策主体的行为依据提炼为三个标准：底线、现状和目标，并据此将价值划分为四个部分：低于底线为失败、底线与现状之间为损失、现状至目标范围为获益、高于目标则表示成功。三参照点理论的核心在于，当客观价值位于不同区域时，决策主体的感知强度不同。具体而言，失败带来的痛苦最强烈，成功带来的喜悦次之，接着是损失，获益的心理感知程度最弱。与期望效用理论相比，三参照点理论能解释阿莱悖论、框架和反转效应等，而与前景理论和累积前景理论相比，三参照点理论丰富了行为决策的比较标准，不仅仅依赖于单一的参照物，而且还原了事件发生概率的真实性。

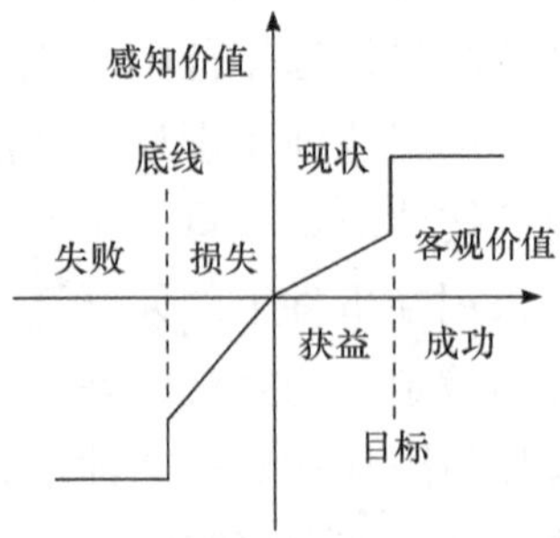

图 2-7 三参照点模型的价值函数

资料来源：王宗润，何瑭瑭. 基于三参照点理论的结构性产品购买行为. 控制与决策，2020（3）：677-685.

2. 理论模型

把参照点作为定值，即投资者在一次投资活动中的底线、现状和目标是固定的，得到感知价值函数，如图 2-7 所示。

在参照点分类的基础上，将投资收益的价值划分为四个区间：失败为低于底线；损失为底线与现状之间；获益是现状至目标之间；成功则是高于目标。图 2-8 显示了决策的三个参照点和四个结果功能区，A-B、B-C 和 C-D 的等距离的价值变化，在没有参照点的情况下，三者的效价也相等。但在引入三个参照点后，则 AB > CD > BC。

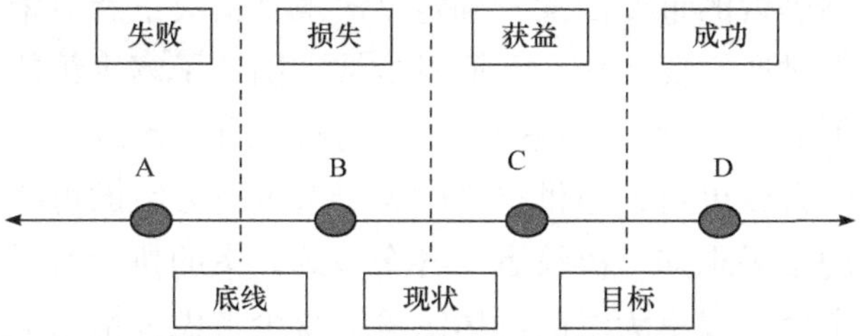

图 2-8 三个参照点和四个结果功能区

四、群体决策理论

1. 群体决策概念

环境信息、个人偏好、方案评价方法是判断一个决策好坏的关键。而这些又与个人的经验和对问题的理解有关，特别是对于复杂的决策问题，不仅涉及多目标、不确定性、时间动态性、竞争性，而且个人的能力已远远达不到要求，为此需要发挥集体的智慧，由多人参与决策分析，这些参与决策的人，我们称为决策群体，群体成员制定决策的整个过程就称为群体决策。随着科学技术的发展，信息量急剧膨胀，亟待解决的问题逐步复杂化。单个决策者拥有的知识相对缺乏、掌握的信息不够完备，通常很难考虑到问题的所有方面，难以避免在决策过程中存在主观随意性。群体决策能够充分利用多个专家的经验智慧，发挥知识结构不同的优势，弥补单个决策者的不足，使决策结果更加客观和贴近实际。群体决策是一个完整的过程，其重要环节影响决策结果的科学性和合理性。

2. 群体决策的影响因素

影响群体决策的因素有很多，一般认为，这些影响因素包括决策问题种类、群体成员构成、群体决策机制、群体内人员控制情况、群体气氛是比较重要的影响因素，如图 2-9 所示。

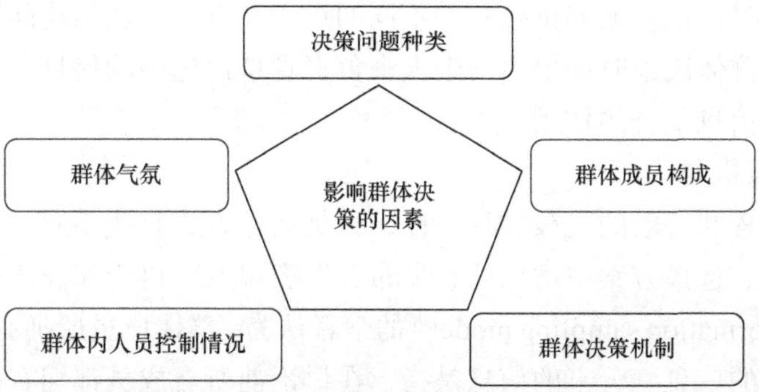

图 2-9 群体决策影响因素

1）决策问题种类

决策类型是影响决策的重要因素。确定型决策是指决策者对未来的情况有比较确定的了解，掌握决策时所需要的信息，而且能够准确地了解决策的必然结果。非确定型决策是指决策者不能预先确知环境条件可能有哪几种状态或各种状态的概率无从估计，解决问题的方法大致可行，但供选择的若干个可行方案的可靠程度较低，决策过程模糊，方案实施的结果未知，决策者对各个备选方案的执行后果难以确切估计，决策过程充满了不确定性。以事为主的群体决策通常少考虑人情与关系，更关注事物本身因素，结果的可预测性较强；以人为主的决策，一般既考虑人又考虑事，评价主体与客体不同，结果差异较大，结果的可预测性差。

2）群体成员构成

在决策群体中，群体行为受群体成员的个体行为的影响，但并非个体行为的简单叠加。群体行为是群体成员们的价值准则、群体结构等多种因素的相互作用，以及群体中的个体相互影响的结果。一个决策群体的功能好坏，直接取决于该群体的成员结构、组织形式和结构是否合理。关于群体构成特征的描述方式有许多，其中群体大小和成员差异性是最易考察的，也是其最重要的特征。

（1）群体大小对群体决策的影响。群体大小影响群体决策方面，尽管众多学者的观点和结论不尽统一，但几乎均提到了群体大小，而且将群体大小列为第一要素。总结 Gallupe 等（1992）的理论研究工作可得出这样的结论：在人数少于 5 的群体中，对任务负责任的人少，个体讨论较多，成员参与水平较高，而在人数多于 7 的群体中，成员参与机会减少，受少数人支配的可能性增加、群体更容易分裂成小群体。随着群体增大，可用资源增加（有利于提升群体绩效），但沟通和协调问题随之加剧（有可能会抑制群体绩效）。

（2）成员差异性对群体决策的影响。盖伊·拉姆斯登和唐纳德·拉姆斯登（2001）认为，团队成员在诸如年龄、性别、专业知识、地位等方面的差异正是形成高效团队的一个必备因素，团队常常因为这种差异性而获益。盖伊·拉姆斯登和唐纳德·拉姆斯登（2001）还指出，当具有各种不同经历和背景的成员加入一个团队，并全力以赴去面对一个问题时，他们能够贡献各种不同的点子和方法，从而使问题得到解决。许多研究者认为，群体决策时如果由一个人来负责管理讨论中的信息，可以促进群体的交流，同时起到信息整合的作用。

3）群体决策机制

群体决策过程和一般的决策过程一样，只是运作方式有些不同，一般情况决策团队会在分析方案、选择方案中增加信息发布、发表观点、讨论和表决的内容。提出信息取样模型（information sampling model）的学者认为，群体成员所拥有的信息有两类：分享的和不分享的信息。分享的信息是指，在讨论前所有成员都拥有的信息；而不分享的信息是指，每个成员所拥有的独特信息。研究认为通过决策焦点问题讨论，讨论得越充分，决策结果越趋于客观公正。群体决策机制中群体决策方法是影响决策绩效的重要因素。

群体决策的表决方式一般有两种：一是现场举手表决/口头说明（口头说明一般是人数比较少的情况下选择，其形式、特征与举手表决基本一样，我们合到一起考虑）；二是表决票表决。现场举手表决/口头说明由于彼此看到表决结果，一般心里有所顾忌，非常容易产生从众行为，举手表决一般遵循少数服从多数的原则。表决票的表决方式分为记名与无记名两种方式，这两种主要区别是是否可追诉责任。表决票根据决策事件的重要程度，有两种选择标准，即少数服从多数（≥1/2）和服从绝大多数（≥2/3）。群体表决方式，如图 2-10 所示。

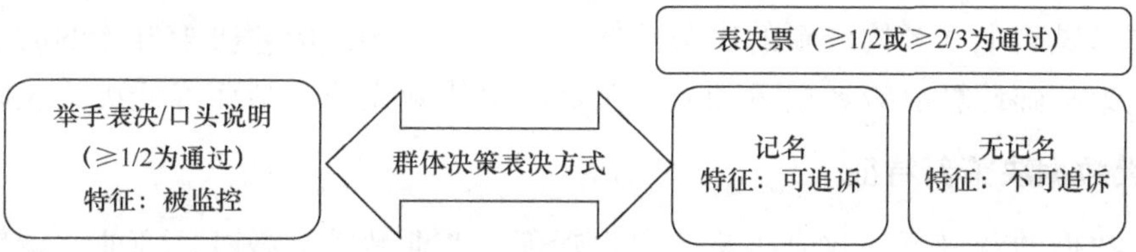

图 2-10　群体表决方式

4）群体内人员控制情况

群体决策之所以具有科学性，原因之一是群体决策成员在决策中处于同等的地位，可以充分地发表个人见解。但在实际决策中，这种状态并不容易达到，很可能出现以个人或子群体为主发表意见、进行决策的情况。此外，对于容易产生“羊群效应”的群体，领头羊的意见会成为主导意见；对于容易产生“马太效应”的群体，最先提出的意见和少数权威者的意见常常被强化。

5）群体气氛

群体气氛影响着群体及其成员的行为和行为方式，它对决策的影响也是通过影响群体行为方式进而影响决策内容的。涣散、压抑、等级森严的群体气氛容易使人们对群体的事情漠不关心，不利于调动群体成员的参与热情；团结、和谐、平等的群体气氛则会激励人们积极参与群体的决策。

3. 群体决策的原则

（1）群体决策参考信息搜集全面、准确、及时、有效。在群体决策之前，对各种有价值的参考信息进行及时、全面、准确的汇总、整理、加工，对参与者作出正确决策具有举足轻重的作用。因此，决策者要致力于解决信息搜集的片面性问题，减少由信息偏差和信息不对称造成的负面影响。

（2）群体决策过程规范、民主、严谨、高效。要达到提高群体决策水平这个总目标，我们必须严格控制群体决策的现场。在群体决策的过程中，必须严格遵循一定的议事规则和行为规范，坚持个人利益服从集体利益，局部利益服从全局利益，放弃个人得失，每个参与者都严格要求自己，切实做到认真依照规章制度行事。

（3）群体决策后期跟踪督办及时、灵活、严格。群体决策后期的跟踪督办对群体的决策事项能否有效落实具有一定的影响。因此，我们必须通过各种措施和办法，建立健全群体决策的督察督办机制，形成及时、灵活、严格的跟踪问责制度体系。

五、大数据决策范式理论

大数据时代的到来使得突发事件发生后社会公众得以通过社交媒体等渠道参与到决策过程中来，他们的评论会形成海量数据，从而影响决策结果，证据推理可以得出公众对备选方案的风险效用值，大数据技术能在这些效用值的基础上识别风险偏好，进而筛选出风险中立者构成新的决策群体，再次聚类得出应急决策群体的成员组成结构，以此为基础计算决策者权重和应急预案的最终效用值，从而降低决策风险。

1. 大数据决策新特征

在大数据的背景下，政府决策、宏观管理、产业政策、教育、商业、金融、运作等管理活动大都呈现出高频实时、深度定制化、全周期沉浸式交互、跨组织数据整合、多主体决策等特性。在经济与社会层面上，大数据的发展使得经济与社会系统的运行、政府决策、政策评估等日益依赖于数据在社会主体之间的流动和利用；在行业层面上，行业内外部大数据的融合对众多行业均造成了巨大的冲击，甚至重构，特别是互联网大数据使得商务、金融等领域的新兴模式不断涌现；在人和组织等个体层面上，大数据的发展使得线上与线下的行为日益走向全面融合、广泛联系和高频互动；在信息技术层面上，面向管理决策的大数据呈现出规模巨大、分布广泛、动态演变、模态多样、关联复杂、真伪难辨等一系列特性；在计算理论层面上，面向管理决策的大数据呈现出不规则、非随机获取、具有异化结构等特点。

2. 大数据决策所需条件

（1）收集数据，“摸清情况再行动准则”（look-then-leap rule）。在作决策前，需要先设定一个收集数据的“观察”期，在这段时间里，无论可选项多么令人心动，都只能观察，不要仓促决定；在“观察”期结束之后，就进入决策的“行动”期，这时只要遇到第一个比观察期好的选项，就要马上作出决定，不再犹豫，这就是经典的37%阶段决策理论，与“麦穗理论”殊途同归。实践表明，这是目前效果相对较好的一种决策方式。先进行单纯观察，在规定时间过后才开始选择，最大限度地保证理智挑选，不犹豫也不后悔。不得不说，使用大数据统计和研究出来的决策算法，帮助很多人解决了生活中的难题。

（2）分析数据。虽然数据收集和统计能够在很大程度上帮助我们决策，但真正的决策，并不仅仅只看数据、表格，它还包含了逻辑分析等推理论证过程。因而在实际决策过程中，我们不能光看统计数据，只有全面考量问题因素，才能够科学利用统计，进行正确决策。

（3）独立思考。研究表明，人有一种“损失厌恶”的心理本能。对于新时代的商家来说，大数据收集变成了他们能够向消费者个性化推荐商品的得力助手：首先假意制造恐慌等负面情绪，煽动误导人们缺乏某样东西，将造成人生不完整的焦虑；其次借用损失厌恶的心理，营造出价格让利的氛围，让我们有占到便宜的心理愉悦感，从而丧失警惕，不由自主按照精心设计的人工智能大数据推荐页面，去一个个下单购买被处心积虑推荐的商品。在遇到问题时，让我们出现下意识反应的直觉本能，在某些场景下，可能会误导我们。但是正确决策的核心，正是要拥有独立思考的能力。对于能够独立思考的人来说，面对一个会遭遇潜在损失的负面新闻或处于被动时，他们并不会轻易被自己的坏情绪绑架着作决定，换句话说，理性的人可以超越自己的“损失厌恶”本能。

3. 大数据决策思维

以下 10 种数据分析思维可能不会瞬间升级你的思维模式，但说不定会为你以后的工作带来“灵光一闪”的感觉。

（1）分类思维。日常工作中，客户分群、产品归类、市场分级等都需要有分类的思维。关键在于，分类后的事物，需要在核心关键指标上能拉开距离。也就是说，分类后的结果必须是显著的。

（2）矩阵思维。矩阵思维是分类思维的一个延伸，矩阵思维不再局限于用量化指标来进行分类。许多时候，没有数据作为支持，只能通过经验进行主观推断时，可以把某些重要因素组合成矩阵，大致定义出好坏的方向，然后进行分析。

（3）管道/漏斗思维。这种思维方式已经比较普及了，漏斗分析分为长漏斗和短漏斗。长漏斗的特征是涉及环节较多，时间周期较长。常用的长漏斗有渠道归因模型、AARRR[①]模型、用户生命周期模型等；短漏斗是有明确的目的，时间短，如订单转化漏斗和注册漏斗等都属于短漏斗。漏斗的环节一般不应超过 5 个，漏斗中各环节的百分比数值，量级不要超过 100 倍（漏斗第一环节从 100%开始，到最后一个环节的转化率数值不要低于 1%）。若超过了这两个数值标准，建议分为多个漏斗进行观察。

（4）相关思维。观察指标，不仅要看单个指标的变化，还需要观察指标间的相互关系。现在的很多企业管理层，面对问题时并不是没有数据，而是数据太多，有用的数据却太少。相关思维的其中一个应用，就是能够帮助我们找到最重要的数据，排除掉过多杂乱数据的干扰。如何执行呢？可以计算能收集到的多个指标间的相互关系，挑出与其他指标相关系数都相对较高的数据指标，分析它的产生逻辑，对应的问题，

---

① AARRR 是用户获取（acquisition）、用户激活（activation）、用户留存（retention）、获得收益（revenue）、推荐传播（refer），五个单词首字母的缩写。

若都满足标准，这个指标就能定位为核心指标。

（5）逻辑树思维。一般说明逻辑树的分叉时，都会提到“分解”和“汇总”的概念。为了使其更贴近数据分析，我们将之称为“下钻”和“上卷”。下钻，就是在分析指标的变化时，按一定的维度不断地分解；而上卷是反方向的汇总。下钻和上卷并不是局限于一个维度的，往往是多维组合的节点，进行分叉。当进行分叉时，我们往往会选择差别最大的一个维度进行拆分，若差别不够大，则这个枝丫就不再细分，能够产生显著差别的节点会被保留，并继续细分，直到分不出差别为止。经过这个过程，我们就能找出影响指标变化的因素。

（6）时间序列思维。很多问题，我们是找不到横向对比的方法和对象的，那么和历史上的类似状况相比就变得非常重要。其实很多时候用时间维度的对比来分析问题，便于排除掉一些外在的干扰，尤其适合创新型的分析对象。时间序列的思维有三个关键点：一是距今越近的时间点，越要重视；二是要作同比；三是异常值出现时，需要重视。

（7）队列分析思维。随着计算机运算能力的提高，队列分析这一方式逐渐崭露头角。从经验上看，队列分析就是按一定的规则，在时间颗粒度上将观察对象切片，组成一个观察样本，然后观察这个样本的某些指标随着时间的演进而产生的变化。目前使用较多的场景就是留存分析。队列分析中，指标其实就是时间序列，不同的是衡量样本。队列分析中的衡量样本是在时间颗粒上变化的，而时间序列的样本则相对固定。

（8）循环/闭环思维。循环/闭环的概念可以引申到很多场景中，如业务流程闭环、用户生命周期闭环、产品功能使用闭环、市场推广策略闭环等。其中业务流程闭环是管理者比较容易定义出来的，列出公司所有业务环节，梳理出业务流程，然后定义各个环节之间相互影响的指标，跟踪这些指标的变化，能从全局上把握公司的运行状况。

（9）逻辑思维。逻辑思维，即明白价值链、各项数据之间的关系，也就是因果关系。该方法的关键在于，要明白其中的关系就要求你对这项工作了解、熟悉，并且要清楚充分性和必要性的关系。实际上就是说你需要哪些数据，如何获得这些数据，数据之间的关系如何。

（10）指数化思维。许多管理者面临的问题是“数据太多，可用的太少”，这就需要“降维”了，即要把多个指标压缩为单个指标。指数化思维就是将衡量一个问题的多个因素分别量化后，组合成一个综合指数（降维），来持续追踪的方式。指数化的好处非常明显：一是减少了指标，使得管理者精力更为集中；二是指数化的指标往往都提高了数据的可靠程度；三是指数能长期使用且便于理解。指数的设计有三个关键点：一是要遵循独立和穷尽的原则；二是要注意各指标的单位，尽量用标准化来消除单位的影响；三是权重和等于 1。

4. 大数据决策范式

互联网时代的到来，在很大程度上促进了物联网和大数据的发展，并进一步刺激了信息技术的变革。在此背景下，云计算、人工智能、移动互联网等迅速兴起，并在广泛应用的过程中逐渐成熟，其对企业的经营决策产生了巨大影响。大数据在推动经济社会发展、政府科学精准决策、商业顺利运营等方面发挥了不可或缺的作用，同时也呈现出高频实时、深度定制化、全周期沉浸式交互、跨组织数据整合、多主体协同等新特性，亟待我们探索新的管理决策思想和手段，以驾驭其动能、开发其价值（冯芷艳等，2013；徐宗本等，2014）。大数据环境下，管理决策正在从关注传统流程向以数据为中心转变，管理决策中各参与方的角色更趋于多元、信息流向更趋于交互，使新型管理决策范式呈现出大数据驱动的全景式特点，并在信息情境、决策主体、理念假设、方法流程等决策要素上发生了深刻的转变（图 2-11）。

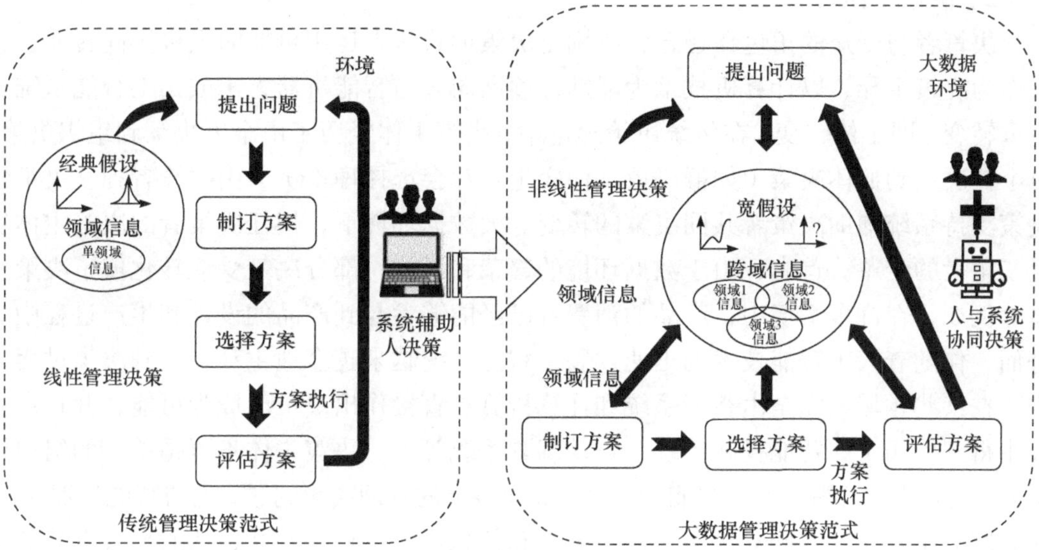

图 2-11 管理决策范式转变

1）信息情境“跨域转变”

决策所涵盖的信息范围从单一领域向跨域融合转变，管理决策过程中利用的信息从领域内延伸至领域外，即“跨域转变”。在决策理论发展演化过程中，建立决策模型所要考虑的信息逐渐增多。早期的期望效用理论忽略了人的个体差异以及环境因素。随后发展起来的行为决策理论引入了对个体行为信息的分析，动态决策方法则开始重视对环境信息的采集，而决策支持系统的提出则进一步考察了决策者与外部信息环境的交互关系。尽管情境信息逐渐丰富，但传统的管理决策仍然聚焦于将直接相关的特定情境，如要解决的问题作为输入信息，经信息分析过程形成最终的管理决策。例如，在市场投资规划中，基于市场定价和交易信息刻画投资者偏好，依据企业年报内容评估投资价值及风险；在疾病检测中，以治疗为核心收集并分析患者的诊疗记录，通过病原和病理分析提取疾病特征；在公共安全管理中，结合历史活动经验和调查记录设计应急预案，借助现场监控数据进行突发事件初步分析；等等。

在大数据环境下，许多管理决策问题从领域内部扩展至跨域环境，公众以及其他决策相关者的信息也被纳入考量范围。这些跨域信息的补充使决策要素的测量更完善可靠，进而提升了管理决策的准确性（Davenport et al.，2012；McAfee and Brynjolfsson，2012）。首先，领域外大数据与领域内传统信息的结合，使决策要素的测量更完善可靠，进而提升管理决策的准确性；其次，领域外大数据的引入，使得在经典模型中添加新的决策要素成为可能，对于不能完全用领域内信息刻画和解释的现实问题，大数据融合分析可以有效地突破领域边界，为管理决策提供开阔视野。在管理活动的各个具体领域当中，面向各种实际问题，大数据环境下的决策研究与实践逐渐形成了立足于跨域信息环境的决策范式。支撑管理决策的信息，从单领域延伸至多领域交叉融合。

2）决策主体转变

决策者与受众的角色在融合，特别是决策形式从人运用机器向人机协同转变，从人作为决策主导、以计算机技术为辅助，逐渐向人与智能机器人（或人工智能系统）并重转变，即主体转变。在传统决策理论中，决策主体经历了由个人决策到组织决策、由个体决策到群体决策（如群决策、博弈论、社会选择理论）、由决策者独立决策到决策支持系统辅助决策者共同决策的转变。大数据环境下，担任决策者的决策主体发生了重大的变革。首先，由于数据环境的繁荣和开放，部分决策受众转化成了决策主体。例如，在许多情境中，产品的消费者已经能够参与到产品的设计和生产过程中。进而，伴随着人工智能技术的迅速发展，智能系统越来越多地主动参与到决策过程之中。在某些领域，完全由智能系统和计算机算法直接作出决策已成为可能，并且在实践中得到应用（如智能投顾系统、自动驾驶系统等）。决策主体不再是单一的组织或个人，而是人、组织与人工智能的结合。面向特定的管理决策问题，人与智能机器人/智能系统分工合作，共同对决策目标、方案和信息进行分析和判断，从而形成有效的决策。在这样的转变中，智能机器人/智能系统所扮演的不仅是决策支持者的角色，而是拥有部分直接决策权，甚至在某些情境下拥有完全直接决策权的主体决策者的角色。

决策主体的转变也使得智能化技术在管理决策中的作用范围延伸到了管理决策的全过程，既包括方案的制订和选择，也涵盖了效果跟踪、评估与反馈等其他关键环节。在传统决策理论中，Simon（1984）提出决策者是“有限理性”而非“完全理性”，主要指的是决策者无法在决策之前获取全部备选方案和全部信息。而在大数据的环境下，稀缺的关键性资源不仅是数据本身，还包括处理和利用这些数据与信息的能力。一方面，大数据的可得性使得更多的决策要素能够被纳入决策方案的制订过程中，使得智能化决策变为可能，可以较大程度上提高决策过程效率，并产生更高的一致性与透明度；另一方面，人工智能分析方法和技术可以根据完整数据集综合分析，并提供智能建议，将决策结果量化展示，在很多情形下可以避免决策者个人的主观理解和解释偏差。随着机器行为学研究的深入（Rahwan et al.，2019），以及人机协同理论与应用的进一步发展，新型管理决策范式将人与智能机器人/智能系统共同作为决策主体，逐渐趋向于管理决策全过程的主体智能化。

3）理念假设转变

决策时的理念立足点从经典假设向宽假设，甚至无假设条件转变，支撑传统管理决策方法的诸多经典理论假设被放宽或取消，即假设转变。在传统管理决策中，通常需要基于领域内的经典理论假设构造模型，进而提出并解决具体的现实问题。例如，在理解消费者行为时，假设消费者的行为决策完全理性、其对商家营销的反馈遵循归因理论；在分析金融市场环境时，假设各资产收益间线性相关、价格变动遵循有效市场假说、市场主体依据效用函数进行博弈；在管理产品库存时，假设供给稳定、需求连续发生且服从某种先验分布；等等。这些假设在决策理论的演化过程中也在发生着变化，如期望效用理论中的客观概率逐渐被主观概率替代，传统理性决策中效用最大化的假设被有限理性假设替代。但总体而言，传统管理决策长期采取的是强假设范式，大部分决策分析模型都需要较强的理论假设作为依托。

在大数据环境下，管理决策对于理论假设的依赖大幅降低。首先，大数据所提供的新途径、新手段能够帮助我们识别经典假设与现实情况之间的差异。相较于仅依据经典假设来建模和求解问题，结合大数据分析结果的管理决策则更加准确和有效。例如，通过大数据分析拟合出产品需求的真实复杂分布情况，可以有效取代那些借助经典分布的先验假设来动态制订生产计划的方法。其次，大数据有助于放宽或消除那些为了简化问题而设置的经典假设。传统管理决策中，人们已经意识到这些假设的局限。例如 Simon 在决策过程中引入个人的态度、情感等行为要素，即是试图突破理性人假设对决策理论的制约，但由于观测手段和数据可得性的限制，传统决策理论仍然难以摆脱这类基础假设的限制。直到大数据环境的形成，更丰富信息的可测可获，才使得这些局限被打破、视角被放宽。例如，基于竞价行为数据，可以构建可迭代更新的决策模型，以改变市场主体效用函数的不准确性和不可观测性。

4）方法流程转变

决策从线性、分阶段过程向非线性过程转变，线性模式转变为各管理决策环节和要素相互关联反馈的非线性模式，即流程转变。传统管理决策通常遵循线性的过程展开，按照目标制定、信息获取、提出方案、选择方案、评估方案等环节按步骤生成解决特定问题的决策结果。在决策理论发展历程中，对决策过程的划分不断细化。早期的观点将决策的过程分为“初步讨论”“深入讨论”“解决问题”三个前后衔接的阶段（Hansson，1994）。在此基础上，许多学者对决策过程模型进行了扩充和修正，代表性学者有 Simon（1960）、Brim（1962）和 Mintzberg 等（1976）。尽管这些学者们的模型在各个决策阶段的划分和名称上有所不同，但学者们都认为决策是一个线性、分阶段的过程，这些理论也一直在管理决策实践中被广泛应用。例如，在分析消费者行为时广泛采用的“营销漏斗”理论（Elzinga et al.，2009），根据行为数据判断消费者所处购物阶段，进而依次在其各后续阶段实施有针对性的营销；在实现健康管理时，结合患者入院后的临床记录和面对面交流内容依次对其进行疾病诊断和治疗，再基于诊疗效果提供院外护理建议。

在大数据环境下，线性流程的适用性和有效性显著降低。首先，大数据及其融合分析方法使全局刻画成为可能，现实情境常具有多维交互、全要素参与的特征，且涉及的问题往往复杂多样，使实现多维整合并能针对不同决策环境进行情境映现和评估的非线性流程更为适用，如通过综合患者各方面健康信息为其在疾病前、中、后期制订不同的健康管理方案。其次，大数据“流”的特性支持对现实场景中各要素间动态交互的刻画，从中我们能发现非线性、非单向的状态变化并对管理决策进行相应的动态调整，因此信息的实时捕捉和反馈令新型范式更及时有效，如根据灾害现场的实时信息监测和措施反馈动态生成应急疏散路线。为提升管理决策范式在新情境下的效能，出现了面向连续、实时、全局决策且允许信息反馈的非线性流程转变。

第三节 决策理论前沿实践

一、前景理论的理论实践

前景理论被广泛地应用到各种决策分析中，特别是被应用于企业管理领域。Simon认为，管理就是决策，决策行为贯穿于企业管理的各个方面。下文我们将从财务决策与会计、人力资源管理、产品需求与定价、企业融资等方面系统地梳理国内外学者对前景理论在企业管理中应用的经验和理论研究成果。

1. 财务决策与会计

传统的财务决策更多地以期望效用理论为基础，实际上人们在作决策时会受到复杂的心理机制或环境因素的影响，仅仅用期望最大化来解释企业的财务决策是不合理的。更多的学者试图从心理学角度出发研究决策问题，前景理论的出现就提供了一种新的思考思路，并且对传统的财务决策方式产生了如下的影响（周达勇和张正勇，2009）：①当企业的收益达到一定程度后，更应注意收益的稳定性。②注重价值函数原点的设置，在价值函数原点附近斜率的绝对值较大，即人们对收益和损失的敏感度很强，所以企业在原点附近的财务决策更要慎重，特别是价值函数为负值时，此时微小的损失都会给股东带来较强的负面心理效应，打击股东的信心。同时，企业要利用好价值函数的原点，合理设置参照点，根据参照点的设置调整股东对损失和收益的感受，从而在原点附近采取更加积极的管理措施。③巨额亏损后的风险决策，在企业经营中，初期的亏损的确会给股东造成较强的负心理效应，但当损失增加到一定程度后，处置效应使得决策者会更偏好风险，此时高风险高收益方案的通过率往往比较高，这时决策者更应冷静沉着，不能人云亦云地选择过高的风险方案。当然，在损失达到一定程度后，股东逐渐对损失不敏感，一些巨额亏损的企业利用股东这种心理，短期内让企业亏损，而在长期内进行资金的积累从而扭亏为盈，大大提高投资者的效用水平。

2. 人力资源管理

（1）企业高管薪酬。对企业高管来说，契约薪酬是否能够满足自己的心理需求，不仅取决于高管当前的财富水平，还会受到同行的平均收入水平、上一年同期水平等因素的影响。其中，同行平均收入水平的影响作用尤其明显，但这一影响作用在以往的研究中经常被低估（Ezzamel and Watson，1998），现在人们逐渐认识到当事人的行为心理因素在薪酬制定过程中的重要作用。Hart 和 Moore（1990）建立了契约参照点的理论模型，证明了契约是一个为缔约方判断是收益还是损失的基准，Hart 和 Moore（1990）认为，企业的薪酬委员会在制定薪酬契约时，更倾向于把薪酬水平锚定在一个参照区间，实际上，这一参照区间更多的为企业同行竞争对手的薪酬水平。

（2）员工监督与激励。人力资源管理的一项核心工作就是设置适当的机制，以激励员工努力工作。组织通过实施监督来了解员工的努力程度，但这种监督是有成本的。所以组织要在监督带来的绩效提高与监督成本之间进行权衡。刘存（2011）将前景理论中“人们总是厌恶损失”的思路带入该博弈中，并对博弈进行适当调整，得到一些可以应用到实际管理中的结论：如果员工具有规避损失的心理特性，则该员工更倾向于努力工作，此时管理者不需要太多的监督，这样可以节约监督成本，减轻负担，因而管理者可以灵活采用各种奖励、惩罚措施来设计激励机制。前景理论及修改后的博弈结果证明，收益给员工带来的效用程度是逐渐降低的，所以采用纯粹的经济激励并不一定总是带来好的效果。此外，由于员工对于损失的敏感性更强，为了避免给自己带来较多心理伤害，员工会按照组织的要求行动。前景理论认为，在参照点附近的收益变动带来的效用变化是最大的，所以组织应考虑在这一区间内设置相应的激励机制。

3. 产品需求与定价

古典经济学认为，消费者的需求受产品价格的影响，并描绘了一条向下倾斜的需求曲线。价格直接影响消费者的需求量或购买量，即企业的卖出量。事实上，价格的作用已远超出其作为采购成本的意义，价格的呈现方式及变化会影响消费者的心理感受，进而影响消费者对价格的评价和消费行为。所以，企业在制定产品价格时，不仅要考虑产品的成本，还要考虑消费者心理因素在其中所起到的重要作用。张全成等（2012）基于前景理论对企业产品定价策略的研究中发现，企业可以利用锚定效应、框架效应等，改变消费者的内在价格参照点，提高消费者对价格的感知价值；改变支付方式、组合产品定价方式，提升消费者价格支付的幸福感。林济铿等（2009）还具体研究了基于前景理论的发电厂商最优报价问题，并提出了最优报价策略和模型。

4. 企业融资

企业在整个生命周期中时刻都需要资金的支持，除了企业自身积累的资金外，更多的企业需要在资本市场上融资以支持企业运营。我国企业，特别是中小企业，融资困难是一个屡见不鲜的问题。我国银行的贷款往往集中在大企业，中小企业较难获得银行的认同。殷孟波和贺国生（2003）、吴国培和陈福生（2010）用前景理论解释了这一现象。他们提出了以下观点：①前景理论中损失厌恶效应表现在金融市场上，就是人们宁愿选择低收益或零收益的方案，也不愿意选择有亏损、哪怕亏损只有一点的方案。在信贷市场上，与大企业相比，中小企业财务信息获取成本高、规模小、经营风险大，给银行带来损失的主观感受更强烈。银行也存在厌恶损失的心理，也会对损失产生过度反应，在考察中小企业时首先考虑的不是信贷收益问题，而是规避损失的问题，这样就会造成银行对中小企业的放贷率低。②前景理论认为，人们在心理上通常会把极不可能的事件视为不能（即权重函数的值为 0），而把极可能的事件视为确定（即权重函数的值为 1）。受市场环境及以往的经验影响，银行认为中小企业能按时还上贷款的可能性较小，在信贷决策时就会把这种极小概率事件认为必然发生，即把中小企业能还上贷款的权重赋值为 0，而把大企业能按时还贷的大概率事件赋值为 1，其结果就是银行会集中给大企业贷款而忽视向中小企业放贷。

二、三参照点理论实践

1. 三参照点理论在风险管理上的应用

假设公司 1 和公司 2 同一行业的两家主要的企业。两者的业绩目标和底线基本相同，但是由于近一年来经营策略的不同，公司 1 的现状好于公司 2，也就是说参照点之间距离不同。假如公司 1 和公司 2 都对各自的两个项目（一个亏损，一个盈利）进行了评估，并需要进一步作出与盈利和亏损有关的抉择。第一个决策涉及在两个增益的方案之间作出选择，第二个决策则涉及在两个止损的方案之间作出选择。对公司 1 来说现状到目标的距离较短，而到底线的距离较长。在获益情境下，公司 1 应当选择低变动性（风险回避）的选项（方案 A），因为它肯定能达到目标而不会有任何风险。在损失情境下，公司 1 应该再次选择风险回避的低变动性的方案 A，因为它没有跌破底线的危险。相反，公司 2 在获益和亏损的情境中都应该选择带有风险寻求性的高变动性的方案 B。在获益情境中，方案 B 提供了唯一的获得成功的机会（达到目标）。在亏损的情况下，方案 B 则提供了公司 2 唯一的避免失败的可能（保持在底线之上），如图 2-12 所示。

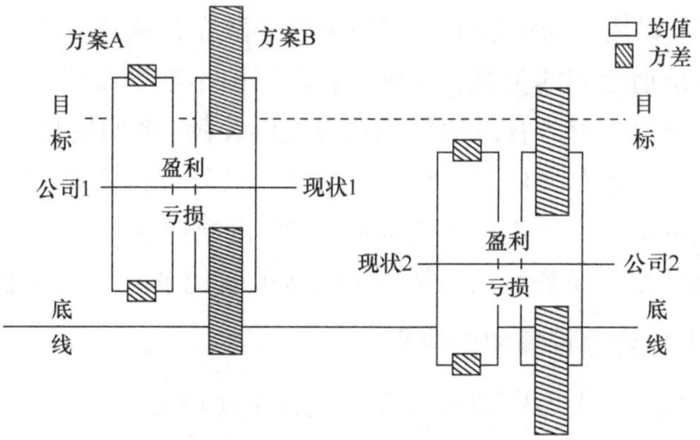

图 2-12 参照点之间距离对于风险选择的影响

2. 三参照点理论在人力资源管理上的应用

有研究对 63 名人力资源经理作了一次问卷调查（王晓田和王鹏，2013），要求这些职业经理人对于该地区的应届大学毕业生的薪酬期望值作出判断。他们分别估计了应届大学毕业生对于在上海的第一份薪酬的理想要求和最低要求，并对为这些毕业生设计的固定薪酬和浮动薪酬方案进行比较、作出选择和推荐。人力资源经理们估计的毕业生薪酬的最低要求的均值为每月 2200 元，理想要求为 4500 元，如果月固定工资为 3000 元（底线之上）且浮动工资的范围在 1500～4500 元，则 73%的经理人推荐固定工资。而当固定工资为 10 000 元（目标之上）而浮动工资的范围在 8000～12 000 元时，推荐固定薪酬的人力资源经理相应减少（55%）。但是，问题在于人力资源经理们预估的参照点和应届毕业生自估的参照点之间有明显差异。应届毕业生的最低要求的均值为每月 2600 元，理想要求为 6200 元。因此，在制定薪酬标准之前了解应聘群体的薪酬底线和目标，这将有助于设计出更为经济而又有吸引力的薪酬方案。

三、大数据决策理论实践

1. 大数据在财务管理决策中的应用实践

在传统的企业常规信息之外，企业决策者引入了外部机构市场研究报告、新闻媒体、社交网络、行业/地区年鉴等多渠道非官方数据，并通过跨域信息的融合分析挖掘传统范式中不可测量的企业潜在价值，从而有效提升企业价值评估和增强投资管理决策的可靠性和准确性。在传统的投资管理决策中，企业财务报表等官方发布的内容是主要的决策参考信息。传统范式采用的财务三张报表（即资产负债表、现金流量表和利润表）旨在反映企业的运营能力、偿债能力和盈利能力。投资者根据对企业经营现状的判断来制定多种投资决策。然而，滞后的财务记录和传统的财务视角往往无法及时捕捉业务变化。此外，互联网环境中积累了关于用户特征、忠诚偏好、交易记录、商誉口碑等的动态大数据，基于这些信息引入的“第四张报表”可以更灵敏地反映企业的数据资产和未来价值。以用户为中心的新增报表将分散在各领域、系统中的大数据集合起来并分析其与企业价值之间的关联，具体内容包括但不限于口碑、忠诚度、品牌、公允价值/无形资产等，被视为财务管理决策范式转变的关键。新型的财务管理决策范式将互联网非官方大数据与企业官方信息相结合，综合现状分析和发展预判，形成更为全面有效的价值评估和投资决策。这也标志着成形于 20 世纪初期、主导世界近百年的财务价值测量体系将面临转变，经济活动测量的焦点从绩效记录发展到价值创造。

2. 大数据在人力资源管理中的应用

在人员招聘与配置、人力资源开发和组织文化建设方面，可以通过整合多源数据，挖掘和建立人员评估、管理风险评估、组织文化合理性评估的量化模型，形成基于大数据的智能化人才管理，使得传统的基于经验性、主观性、滞后性的人力资源管理向基于分析性、客观性、前瞻性的新形式转移。如图 2-13 所示，传统的人员招聘与配置过程中主要依靠经验判断与简单的统计分析，存在很强的主观性和模糊性。此外，在人力资源开发过程中也可能存在关注不够及时、了解不够全面等问题，因此管理办法也往往具有滞后性。基于大数据的智能化人才管理，可以利用系统中的数据使人力资源管理形成一个闭环系统。在人员招聘与配置方面，通过基础人工智能包括自然语言处理、深度学习、语音识别等技术，实现智能的简历筛选、智能的人岗匹配、智能的面试评估，从而做到全流程的对整个招聘的智能化改造。在人力资源开发方面，能够科学识别优秀管理者与人才潜力，预判员工离职倾向和离职后影响，并为有针对性的人才获取、培养与保留提供智能化支持。在对组织的文化建设方面，通过分析部门活力和人才结构，能够科学评估组织的稳定性，揭示组织间人才流动规律，为组织优化调整、高效人才激励与促进人才流动提供智能化支持。同时人工智能技术也可以及时呈现组织内外部舆情热点，智能分析外部人才市场状况，为管理者提升公司口碑、提振员工士气提供智能化决策方案。

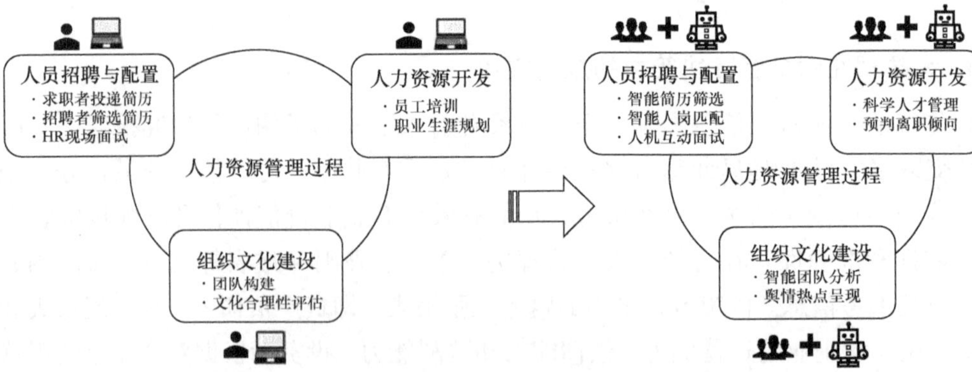

图 2-13 人力资源领域管理决策方式中的主体转变

资料来源：陈国青，曾大军，卫强，等. 大数据环境下的决策范式转变与使能创新. 管理世界，2020（2）：95-105，220.

3. 大数据在运营管理中的应用

对于库存管理等典型运营管理决策问题，可以根据具体问题的情境特点建立不依赖于传统特定假设的新模型，并借助大数据及其分析方法来完成模型求解和影响机理探究，进而提升管理决策效果。如图 2-14 所示，供应链中的企业在其库存管理决策中，需要考虑产品供给、需求、库龄等多种因素，通过构建优化模型并求解来指导现实决策。为使优化模型具有较好的数学形式和性质，进而可计算出显式解，传统范式预先对各因素的属性特征和概率分布进行简化假设（如订货点法），但这可能与现实情况和精准决策生成相距较远。例如，传统的订货点法假设供给已知且稳定、库龄统一、需求连续发生且符合先验分布等，但在实践中产品的特殊性可能导致供给不可靠、需求分布可变、多库龄共存等。在大数据驱动的新型管理决策范式中，领域大数据的获取使库存管理优化模型得以纳入上述更多的可测因素，大数据分析方法和技术也能够支撑更复杂模型的求解。

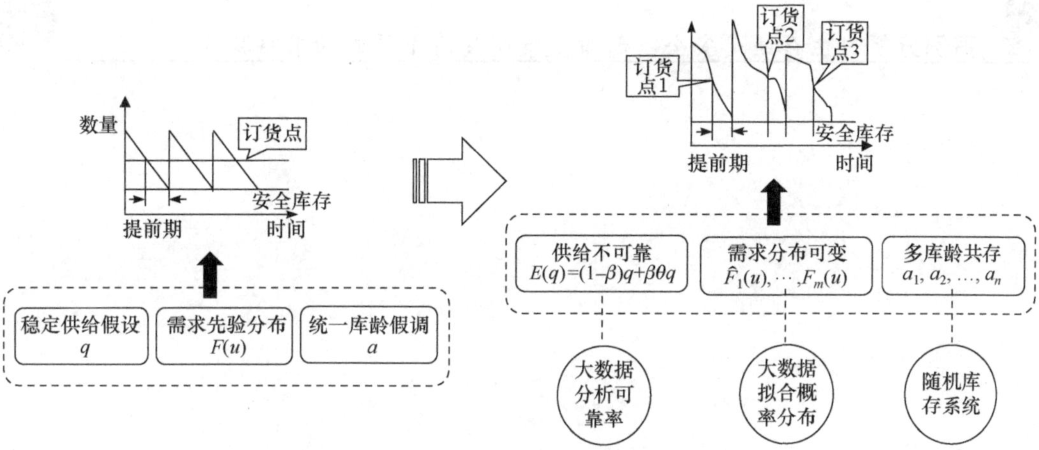

图 2-14 库存管理领域决策范式中的假设转变

4. 大数据在营销领域中的应用

传统营销漏斗理论的“意识—考虑—购买—忠诚—宣传”模式对应着“吸引—转化—销售—保留—联系”的线性步骤和策略。而在大数据环境中，可以构建以消费者为中心的消费市场大数据体系，通过对其线上购物行为的全景式洞察形成面向消费者全生命周期、非线性的市场响应型营销管理决策新模式。如图 2-15 所示，这种传统的线性管理决策流程往往导致被动、滞后的营销策略生成，且因缺少对消费者所处购物场景的全局洞察而具有较低的灵活性和准确性。大数据分析结果表明，消费者在营销漏斗的各个阶段间的转换率和转换方向具有高度随机性，因此通过实时分析技术可以显著缩短信息获取和处理周期，令数据融合、全景洞察、智能策略、长效评价等各环节迭代执行，对动态信息进行即时判断和实时响应，并通过决策结果与消费者的最新交互反馈回流来修正模型中有关阶段转换概率的假设和分布，从而通过新型非线性流程准确分析消费者行为、优化管理决策效果。

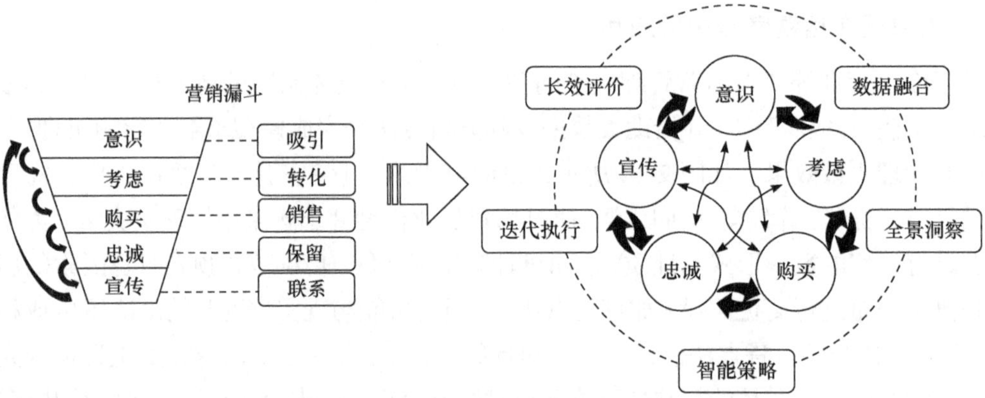

图 2-15　营销领域管理决策范式中的流程转变

案例分析　生存还是安全：新希望集团疫情下复工的艰难抉择

第三章

计　　划

计划是将决策选择的内容在时间上和空间上展开，计划是针对未来的，变化的环境需要适宜的计划方法。本章首先介绍计划的概念、类型、特征和方法，解析计划过程及其实施方法等计划基础理论；其次重点阐述企业战略思维理论、企业环境战略理论和企业资源计划系统理论等计划前沿理论及其实践；最后呈现综合案例分析，以期帮助读者理解本章所阐述的理论内容。

第一节　计划理论基础

计划是指为了实现决策所确定的目标，预先进行的行动安排。本节阐述计划特征及分类、计划编制过程、计划编制方法、计划实施的目标管理和战略管理过程，为后续计划前沿理论研究与运用奠定基础。

一、计划特征及分类

计划是关于组织未来的蓝图，是对组织在未来一段时间内的目标和实现目标途径的策划与安排。一般地，人们从动词和名词两种意义上使用“计划”一词。从动词意义看，计划（planning）是指为了实现决策所确定的目标，预先进行的行动安排。从名词意义看，计划（plans）是指用文字和指标等形式所表述的、组织以及组织内不同部门和不同成员在未来一定时期内关于行动方向、内容和方式安排的管理文件。

（一）计划特征

（1）未来性。未来的情况是不断变化的，尤其是在当今信息时代，世界正处在急剧的变化之中，社会在变革，技术在进步，观念在更新，一切都处在变化之中。而计划就是面向未来的，因此在计划编制过程中，人们就必须对各种变化进行合理预期，以及预测各种变化对组织带来的影响。计划编制者在编制计划时，通常要依据历史和现状信息对未来的变化作出预测与推断，并根据这些预测与推断制订出符合未来发展变化的计划。计划编制中的这些工作能够大大地降低未来不确定性所带来的风险。

（2）普遍性。一切有组织的活动，不论涉及范围大小、层次高低，都必须有计划。计划工作是渗透到组织各种活动中的普遍性管理工作。另外，各级管理人员实际上都要担负或多或少的计划工作，计划的制订是管理人员参与最普遍的工作之一。

（3）基础性。一方面，一切管理活动都是为支持和保障计划目标的实现而展开的。另一方面，计划工作是一切管理活动的前提，通常只有有了计划，人们才能开展其他管理活动。例如，一个企业如果没有生产经营计划，则它的任何组织管理、资产管理、控制管理等都会成为盲目的行为。

（4）效率性。在计划编制过程中，有一项很重要的工作是进行综合平衡。这项工作的目的是使未来组织活动中的各个部门或个人的工作负荷与资源占有都能够实现均衡或基本均衡。这种计划综合平衡工作可以减少未来活动中的重复、等待、冲突等低效行为。

（5）秩序性。管理者在计划制订出来之后就可以依据计划进行指挥了。这种指挥包括依据计划向组织中的部门或人员分配任务，进行授权和定责，组织人们开展活动、有序行动。

（6）强制性。管理者在计划的实施过程中必须按照计划规定的时间和要求指标，去对照检查实际活动结果与计划规定目标是否一致，如果存在偏差，管理者就必须采取控制措施去消除差距，从而保证按时、按质、按量地完成计划。没有计划，控制便无从谈起。

（二）计划类型

（1）按照计划的期限划分。按照计划的期限划分，可将计划分为短期计划、中期计划和长期计划。人们习惯上将 1 年以内的计划称为短期计划，2～5 年的计划称为中期计划，5 年以上的计划称为长期计划。

（2）按照计划的广度划分。计划的广度，即指计划的内容牵涉组织的面的程度，具体可分为战略计划、行动计划。战略计划是指应用于整体组织，为组织设立总体目标和寻求组织在环境变化中的长远规划。行动计划则指为了战略计划的实现，分阶段、分职能、分部门对组织的资源进行调配以更有效率地实施战略计划、实现战略目标的过程。

（3）按照计划的明确性程度划分。按照计划的明确性程度划分，可分为指导性计划和具体计划（也称为指令性计划）。指导性计划只规定一般性的指导原则，不把管理限定在具体的目标或是特定的行动方案上。而具体计划则有着明确规定的目标和一套可实行的操作方案。组织通常根据自身所面临的不确定性和可预见性程度的不同，选择制订不同类型的计划。

（4）按照制订计划的组织层次划分。按照制订计划的组织层次划分，可分为高层管理计划、中层管理计划和基层管理计划。高层管理计划是由组织中的高层管理人员来制订的，一般以整个组织为目标，着眼于组织整体的、长远的安排，一般属于战略规划；中层管理计划是由中层管理人员制订的，一般着眼于组织中各部门的定位及相互关系的确定，既可能包含各部门的分目标等战略性质的内容，也可能包含各部门的工作方案等作业性质的内容；基层管理计划是由基层管理人员制订的，着眼于每一个岗位、每一个员工以及每个工作时间单位的工作安排，是属于作业性的内容。

（5）按照组织的职能业务划分。按照组织的职能业务划分，可分成生产计划、营销计划、财务计划和人事计划等。企业组织要从事生产、营销、财务、人事等方面的活动，就要相应地为这些活动和职能业务部门制订计划；否则，就有可能使某些问题或某些工作被忽视。

二、计划编制过程

为了保证编制的计划合理，确保决策的顺利落实，在计划编制过程中必须采取科学的方法。科学的计划编制过程包括五个阶段的工作：收集资料的准备阶段；目标或任务分解阶段；目标结构分析阶段；综合平衡阶段；编制并下达执行计划阶段。

1. 收集资料

计划是为确保决策的顺利落实而制订的，了解决策者的选择，理解有关决策的特点和要求，分析决策制定的环境特点和决策执行的条件要求，是编制行动计划的前提。由于计划安排的任务需要组织内部不同环节的组织成员利用一定的资源去完成，因此计划的编制者还需收集反映不同部门和环节活动的信息，以及外部有关资源供应情况的资料，为计划编制提供依据。

2. 目标或任务分解

目标或任务分解是将决策确定的组织总体目标分解落实到各个部门、各个活动环节，将长期目标分解为各个阶段的分目标。通过分解，确定了组织的各个部门在未来各个时期的具体任务以及完成这些任务应达到的具体要求。分解的结果是形成组织的目标结构，包括目标的时间结构和空间结构。目标结构描述了组织中较高层次的目标（总体目标与长期目标）与较低层次目标（部门、环节、个人目标与各阶段目标）相互间的指导（如总体目标对部门目标、长期目标对阶段目标）与保证（部门目标对整体目标或阶段目标对长期目标）关系。

3. 目标结构分析

目标结构分析是分析较低层次的目标对较高层次目标的保证能否落实，即分析组织在各个时期的具体目标能否实现，从而能否保证长期目标的达成；组织的各个部分的具体目标能否实现，从而保证整体目标的达成。如果较低层次的某个具体目标不能充分实现，则应考虑能否采取有关补救措施，否则就应调整较高层次的目标要求，有时甚至可能导致整个决策的重新修订。

4. 综合平衡

综合平衡首先是分析由目标结构决定的或与目标结构对应的组织各部分在各时期的任务是否相互衔接和协调，因此包括任务的时间平衡和空间平衡。时间平衡是要分析组织在各时段的任务是否相互衔接，从而保证组织活动顺利地进行；空间平衡则要研究组织各个部分的任务是否保持合理的比例关系，从而保证组织的整体活动协调地进行。其次，综合平衡还要研究组织活动的进行与资源供应的关系，分析组织能否在适当的时间筹集到适当品种和数量的资源，从而保证组织活动的连续性。最后，综合平衡还要分析不同环节在不同时间的任务与能力之间是否平衡，即研究组织的各个部分是否能够保证在任何时间都有足够的能力去完成规定的任务。组织的内外环境和活动条件经常发生变化，从而可能导致任务的调整，因此在任务与能力平衡的同时，还须留有一定的余地，以保证这种将会产生的调整在必要时有可能进行。

5. 编制并下达执行计划

在综合平衡的基础上，组织即可为各个部门（如业务、人事、财务、供应）编制各个时段（长期、年度、季、月等）的行动计划，并下达执行。

三、计划编制方法

1. 滚动计划法

长期、中期和短期计划必须有机地结合起来，长期计划要对中期、短期计划具有指导作用，而中期、短期计划的实施要有助于长期计划的实现。滚动计划法就是努力保证长期、中期、短期计划相互衔接的一种方法，其目的是增强计划的弹性和适应性，保证计划符合实际情况进而得以顺利实施。这种方法的基本思想是：在编制长期计划时，就应采取“近具体、远概略”的方法，近期计划制订得尽量具体，以便于计划的实施；而远期计划只提出大概要求，使组织成员明确奋斗的方向，然后根据计划在具体实施过程中发现的差异和问题，不断分析原因，并结合对内外环境情况的分析予以修改和调整。在计划的实施过程中将远期计划逐渐具体化，使之成为可实施的计划，进而把长期计划与短期计划，甚至与具体执行计划有机结合起来。这样既保证了计划工作的经济性，又能使计划与实际情况相吻合，提高计划工作的科学性。

2. 项目计划技术

最能反映操作性特点而且有助于提升分析和规划技能的计划当属项目计划。项目不同于一般的常规性工作任务。项目是在固定的预算以及固定的时间内，为了达到某一特定目的而临时组合在一起的一组资源的利用活动。项目具有具体的起始和结束时间，具有特殊性而且只发生一次，一般由具体的个人或团体承担责任，须广泛地使用各种资源和技能。项目计划是对项目的目标及活动予以统筹，以便能在固定的时间内，以最低的成本获取项目预期成果。其工作过程如下：第一阶段是项目的界定。围绕项目的最终成果界定项目的总体目标。总体目标的界定应考虑到可行性、具体化、明确的时间期限等多方面的因素。一般情况下，为使目标更具有指挥协调的作用，还应进一步把总体目标分解成一系列阶段性目标。第二阶段是行动分解。由于项目是非常规性的例外工作，时间要求紧，所以有必要对项目进行更加周密的筹划，对项目作进一步的分解，并进一步分析每项行动的时间、所需要的资源和费用预算等，即明确每项行动何时做、谁来做、如何做，以及花费多少等问题。第三阶段是行动统筹。分析、识别众多具体行动之间的内在联系，合理地筹划，进而将众多的行动重新整合起来。

3. 运筹学方法

这种方法的核心是运用数学模型，力求把相关因素用变量形式反映在模型中，然后用数学和统计学的方法在一定范围内解决问题。将运筹学用于计划工作包括以下步骤：

（1）根据问题的性质建立相应的数学模型，同时界定主要变量和问题的范围。为了简化问题和突出主要影响因素，需要作出各种假定。

（2）根据模型中变量和结果之间的关系，建立目标函数，并将之作为比较结果的工具。

（3）确定目标函数中各参数的具体数值。

（4）进行求解，即找出目标函数的最大值或最小值，以此得到模型的最优解，即问题的最佳解决方案。运筹学方法广泛用于解决有限资源如何合理运用以实现既定目标的问题，典型的运筹学方法当推线性规划法。

4. 网络计划法

网络计划法也称计划评审技术，产生于20世纪50年代末期。杜邦公司为了解决新产品从研究到投入生产所需的日益增长的时间和成本问题，着手开发了一套类似的技术，叫作关键路线法（critical path method，CPM）。网络计划法是在网络理论基础上发展起来的计划控制方法，其核心工具是网络图，即用图形的形式显示项目中各项工作之间的关系。网络计划法的主要内容是：在某项业务开始之前制订周密的计划，并依据计划制订一套完整的执行方案。然后，用方向线、节点、数字等符号把执行方案绘制成网络图，之后便依据网络图进行控制。借助网络图，每个项目成员都能看到自己对于整个项目的成功所起的关键性作用，不切实际的时间安排能够在项目计划阶段被发现并及时调整，所有成员能够将注意力以及资源集中在真正关键的任务上（图 3-1）。

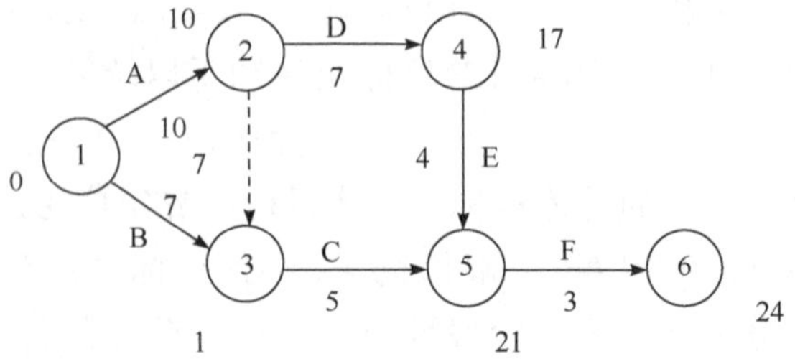

图 3-1　网络计划图

注：字母和数字分别代表工作/工序代号和工作/工序完成所需时间

资料来源：《管理学》编写组. 管理学. 北京：高等教育出版社，2019.

5. 甘特图

甘特图经常与网络计划法同时使用。甘特图是由科学管理运动的先驱者之一亨利·劳伦斯·甘特在第一次世界大战中提出来的。这种工具不仅能清楚地反映出各种行动间的逻辑关系，而且能在图上反映出每种行动的起止时间。更重要的是，借助甘特图可以清楚地看到项目的实际进展情况。一般而言，甘特图上与每项工作对应的横道表示该工作需要的时间，横道上实体部分（即图中横向柱状图）表示工作的实际完成情况，空白的部分表示没有进行的工作（图 3-2）。这样，可以在任何时点上检查工作的实际进展情况。将项目工作层层分解、最终落实到甘特图上，项目的计划便具有很强的可操作性。

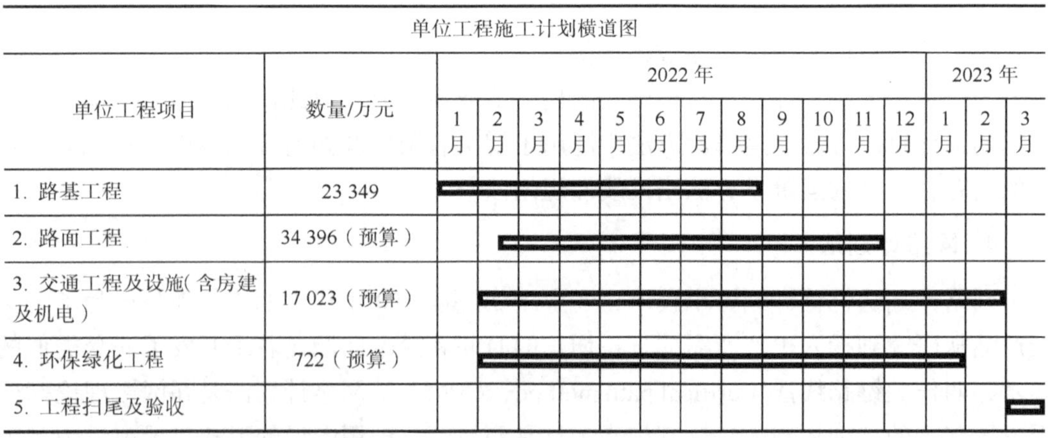

图 3-2　甘特图

6. 预算管理

预算的编制是作为计划过程的一部分开始的，而预算本身又是计划过程的终点。

预算是一种可以转化为控制标准的数字化计划，用财务数字（如在财务预算和投资预算中）或非财务数字（如在生产预算中）来表明预期的结果。预算管理是预测方法的运用。预算是对未来一个时期内的收支情况的预计。作为预测，确定预算数字可以采用统计方法、经验方法或工程方法。预算的预测过程可以概括为：一是“多少”，即为实现计划目标的各种管理工作的收入（或产出）与支出（或投入）各是多少；二是“为什么”，即为什么必须收入（或产出）这么多数量，以及为什么需要支出（或投入）这么多数量；三是“何时”，即什么时候实现收入（或产出）以及什么时候支出（或投入），必须使收入与支出取得平衡。

四、目标管理

计划工作的开展与改进要通过目标管理来实现。目标管理有助于企业或部门更加明确在一定时间内的行动方向，提高士气及员工激情，减少管理压力、提高管理水平。因此，组织必须实施目标管理。目标管理理论假设所有下属能够积极参加目标的制定，在实施中能够进行自我控制。目标管理的重点是让组织中的各层管理人员都与下属围绕工作目标以及如何完成目标进行充分沟通。

1. 目标管理的概念

目标管理（management by objectives，MBO）是德鲁克 1954 年在《管理的实践》一书中提出的。目标管理是一种鼓励组织成员积极参加工作目标的制定，并在工作中实行自我控制、自觉完成工作任务的管理方法或管理制度。

2. 目标管理的特点

（1）实行参与管理。在目标制定与分解过程中，各级组织、部门动员其下属积极参加目标制定和分解，充分发表各自的见解，积极讨论组织目标及个人的目标。这一过程是上下级充分沟通的过程，而不是下属被动服从命令、指示的过程。组织成员通过参与这一活动，可以加深对环境和目标的全面、深刻认识，有利于协调组织目标与个人之间的关系。

（2）重视工作成果而不是工作行为本身。目标管理与其他管理方法的根本区别在于，它并不要求或强硬规定下属如何做，而是以目标为标准考核其工作成果，评价下属的工作成绩。下属可以在保持既定目标的情况下，选择适合自己的方式、方法，从而激发下属的主观能动性和创造性。

（3）强调组织成员的自我控制。目标管理以下属的自我管理为中心。下属可以根据明确的目标、责任和奖罚标准，自我评价工作的标准及进度，根据具体情况，自我安排工作进度计划，采取应急措施和改进工作效率。管理者监督工作量减少了，但并不影响工作目标实现过程中的控制，因为下属可以进行自我控制。

（4）建立系统的目标体系。目标管理通过发动群众自下而上、自上而下地制定各岗位、各部门的工作目标，将组织的最高层目标与基层目标、个人目标层层联系起来，形成整体目标与局部目标、组织目标与个人目标的系统整合。这使得组织目标在内部层层展开，最终形成相互联系的目标体系。

3. 目标制定遵循 SMART 原则

（1）具体化原则。S（specific），即具体明确的，用 5W2H 来明确。

（2）可衡量原则。M（measurable），即能够衡量的，尽量用数字表示，不能用数字描述的要定义清晰，不可含糊其词。

（3）可达到原则。A（attainable），即可以达到的，依据其自身能力、内外可用的资源、当前发展和未来可能的情势，区分阶段，逐步实施。

（4）具有相关原则。R（relevant），即平衡关联的，个人目标与所在公司、部门目标相联系，长、中、短期目标相联系。

（5）明确的时间期限原则。T（time-bound），即设定期限的，设定达成目标的期限，在目标执行过程中，设定中间核查点，强调行动速度与反应时间，依不同期限设定阶段性目标（年度、月份、周别、每日目标）。

4. 目标管理的过程

目标管理是通过一个过程来实现的。这一过程可以分为三个阶段：目标制定与展开阶段、目标实施阶段和成果评价阶段。这三个阶段形成了一个循环过程，如图 3-3 所示。

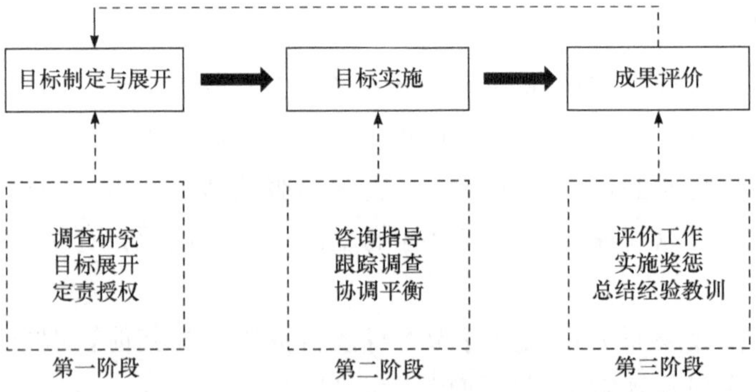

图 3-3 目标管理过程

（1）目标制定与展开是目标管理的第一阶段。这一阶段的中心任务是上下协调，制定好各级组织的目标。具体工作包括三项：

第一，调查研究。制定组织目标要研究组织外部影响因素和内部影响因素。通过对外部影响因素的调研，了解组织在计划期内环境因素变化的可能性，把握关键因素以及这些关键因素对组织所产生的可能影响。

第二，目标展开。目标展开，即把组织的总目标逐级分解落实到每一部门、岗位、个人。上一级组织的实施目标措施，往往构成下一级组织的目标，从而层层展开。在目标的展开过程中并不是强行下达计划任务、指标，而是上级与下属充分协商、共同确定目标。目标的展开纵无“断路”，一直到“底”：横无“短踏”，一直到“边”。在目标展开的工作过程中，应当编写目标管理卡，也称目标责任书，如表 3-1 所示。表 3-1 中的目标管理卡，适用于工作标准化程度比较高、工作进度控制比较严格的组织单位、个人。

表 3-1 目标管理卡

责任单位		责任人			签发者		
目标名称	目标值	权限及保障条件	工作进度				奖惩办法
			一季度	二季度	三季度	四季度	
自我评价			领导评价				

第三，定责授权。依据目标的大小、难易程度，确定相应权限以便授权执行、保证目标的完成。同样根据目标的主要特点，预先确定奖惩标准，明确职责和奖罚条件，便于执行。

（2）目标实施。目标确定之后，组织的各部门都会进入一个新的阶段：各自围绕自己的目标因地制宜、因时制宜地采取措施，以保证目标顺利实现。

（3）对目标管理的评价。在目标管理中，由于员工参与目标的设置，并有充分的自主权，下属更愿意投入到实现组织目标的过程中去。目标管理为员工提供了明确的行动目标、自主工作和创新的组织氛围以及明确的奖惩标准，提高了员工对工作的满意程度。

五、战略管理

在经济全球化、技术日新月异和新的经营方式不断涌现以及信息交流过程发生根本性变革的今天，企业所遭遇的环境比以往任何时候都要复杂多变，因此企业不仅要有能力对企业外部环境的瞬息变化作出反应，而且必须高瞻远瞩、审时度势，保持企业内部条件与外部环境的动态平衡，以求企业的长期生存与发展。企业管理已开始全面进入以战略为中心的时代。当前许多教材普遍认为，战略就是企业为了收益而制定的与组织使命和目标一致的最高管理层的计划或企业经营战略是指企业为了适应未来环境的变化，寻求长期生存和稳定发展而制定的总体性和长远性的谋划。战略管理基础理论主要包括战略管理过程和战略选择。

（一）战略管理过程

战略管理是在充分占有信息的基础上的一个系统的决策和实施过程，它必须依循一定的逻辑体系，包含若干必要的环节，由此而形成一个完整的体系，如图 3-4 所示。

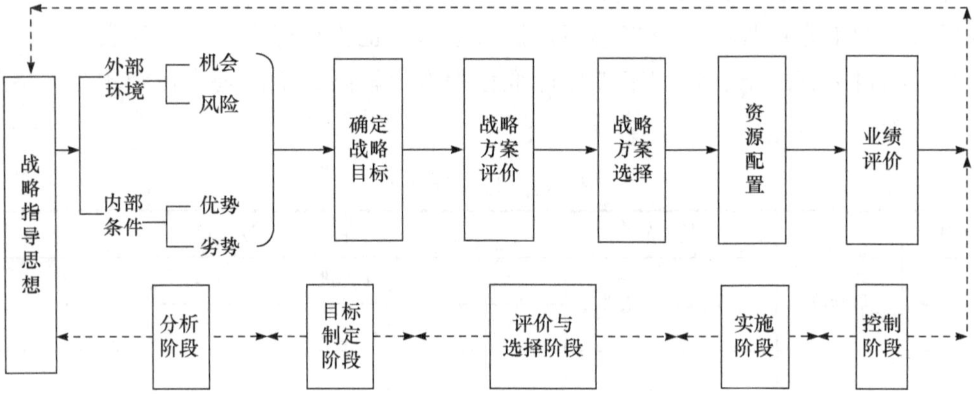

图 3-4 战略管理过程

资料来源：姚顺波，王博文. 企业管理学. 北京：科学出版社，2009.

1. 确立战略指导思想

战略指导思想贯穿于企业战略管理的全过程，它将确定企业在经营过程中的价值观和奋斗方向。企业的战略指导思想必须顺应当时的社会经济发展水平、国家政策、法律法规以及人与人、人与社会、人与企业、企业与社会之间的关系。这些制约因素对于所有企业来说是基本相同的，但在事实上，不同企业的战略指导思想是有差别的。原因在于：一是不同企业自身面临经营形势的差别、同一企业在不同时期面临经营形势的差别；二是企业领导者素质的差别。这两个差别影响着企业战略指导思想的表现方式和强度。所以，影响企业战略指导思想的因素，概括起来有社会制度、市场经济规律、企业的经营形势和企业领导者的素质等。

2. 内外环境分析

由于企业组织是开放性体制，外界环境是企业组织的重要信息源，所以战略管理必须对环境进行分析。通过大量的研究、调查来了解企业目前的状况，并在此基础上判断企业所面临的挑战与发展的机遇。外部环境分析要包括所有可能影响企业行为的现实的与潜在的因素，如国际国内的政治、经济、科技、文化和社会环境等，掌握其变化规律和发展趋势，以及了解这些变化将会给企业带来更多的机会还是威胁，重点是研究市场结构的性质和竞争对手的优势、劣势及其所使用的战略。内部条件分析要着重认识企业自身所处的相对地位，具有哪些资源以及战略能力，还需要了解与企业有关的利益和相关者的利益。

3. 确定战略目标

企业应根据战略指导思想，来确定企业战略目标。战略目标的设定，同时也是企业战略思想的展开和具体化，是企业战略思想中确认的企业经营目的、社会使命的进一步阐明和界定，也是企业在既定的战略经营领域展开战略经营活动所要达到的水平的具体规定。企业战略目标包括市场目标、创新目标、盈利目标和社会目标。确定战略目标的步骤包括：

（1）调查研究。在制定企业战略目标之前，必须进行调查研究工作。对调查研究结果进一步整理研究，把机会和威胁、长处与短处、企业与环境、需要与资源、现在与未来等加以对比，搞清楚它们之间的关系，才能为确定战略目标奠定坚实的基础。

（2）拟定目标。经过细致周密的调查研究，便可以着手拟定战略目标了。拟定战略目标一般需要经历两个环节：拟定目标方向和拟定目标水平。首先在既定的战略经营领域内，依据对外部环境、需要和资源的综合考虑，确定目标方向，然后通过对现有能力与手段等诸种条件的全面衡量，对沿着战略方向展开的活动所要达到的水平作出初步的规定，这便形成了可供决策选择的目标方案。

（3）评价论证。战略目标拟定出来之后，就要组织多方面的专家和有关人员对提出的目标方案进行评价和论证。拟定目标的评价论证过程，也是目标方案的完善过程。因此，企业要通过评价论证，找出目标方案的不足，并想方设法使之完善起来。

（4）目标决断。在决断选定目标时，要注意从以下三方面权衡各个目标方案：①目标方向的正确程度；②可望实现的程度；③期望效益的大小。所选定目标这三个方面的期望都应该尽可能大。目标决断还必须掌握好决断时机。从调查研究、拟定目标、评价论证到目标决断这四个步骤是紧密结合在一起的，后一步的工作要依赖于前一步的工作，在进行后一步的工作时，如果发现新问题，遇到新情况，就需要返回去重新进行前一步或前几步的工作。

战略目标不止一个，而是由若干目标项目组成的一个战略目标体系。从纵向上看，企业的战略目标体系可以分解成一个树形图，在明确企业使命和企业宗旨的基础上制定企业的总战略，为了保证总目标的实现，必须将其层层分解，规定保证性职能战略目标；也就是说，总战略目标是企业主体目标，职能性战略目标是保证性的目标。企业战略目标体系图，如图 3-5 所示。

4. 战略方案的评价与选择

在未来的经营领域里，可以有多种途径和方法来达到战略目标，由此形成多个可能的战略方案，对这些方案进行具体论证，主要是技术上是否先进、经济上是否合理，从而作出综合性的评价，以此比较各个方案的优劣，选择一个比较满意的、切实可行的方案。

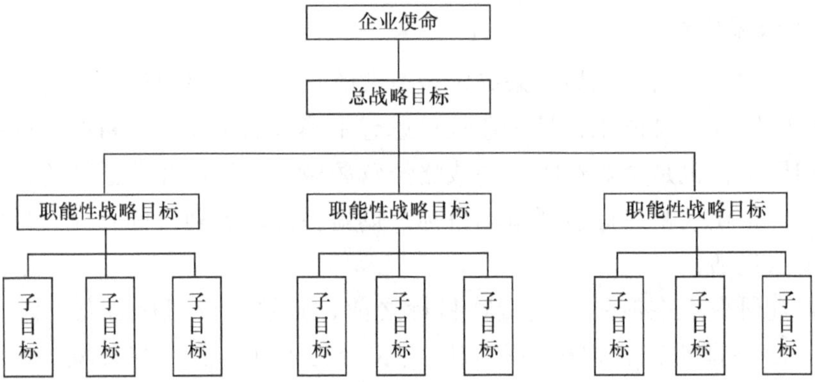

图 3-5 企业战略目标体系图

（1）战略评价的方法。日本战略学家伊丹敬之认为，优秀的战略是一种适应战略，他要求战略适应外部环境，包括技术、竞争者和顾客等；同时，企业战略也要适应企业的内部资源条件，如企业的资产、人才等；此外，企业的战略还要适应企业的组织结构。美国的斯坦纳和麦纳提出了评价战略时应该考虑的六个要素：环境的适应性、目标的一致性、竞争的优势性、预期的收益性、资源的配套性和战略的风险性（李福海，2004）。

（2）影响战略选择的因素分析。在实际工作中，企业管理者往往在经过对各项可能的战略态势进行全面评价以后，发现好几种方案都是可以选择的。总的来说，企业方面的影响因素有：企业过去的战略、管理者对风险的态度、企业对外部环境的依赖性、企业文化和内部权势关系、时期性和竞争者的反应。在战略态势的选择中，还必须分析和预计竞争对手对本企业不同战略方案的反应，企业必须对竞争对手的反击能力作出恰当的估计。在寡头垄断的市场结构中，或者市场上存在着一个极为强大的竞争者时，竞争者的反应对战略选择的影响更为重要。

5. 战略实施

（1）战略实施的模式。在企业的战略经营实践中，战略实施有指挥型、变革型、合作型、文化型、增长型等五种不同的模式，这些模式的特点使企业总经理考虑的是如何激励下层管理人员制定实施战略的积极性及主动性，并为企业效益的增长而奋斗。也就是说，总经理要认真对待下层管理人员提出的一切有利于企业发展的方案，只要方案基本可行，符合企业战略发展方向，在与管理人员探讨解决方案中的具体问题的措施以后，就及时批准这些方案，以鼓励员工的首创精神。采用这种模式，企业战略不是自上而下地推行，而是自下而上地产生。

（2）战略实施的 7S 模型。在实践中，美国学者提出了 7S 模型，这个模型强调在战略实施的过程中，要考虑企业整个系统的状况，既要考虑企业的战略（strategy）、结构（structure）和体制（system）三个硬因素，又要考虑作风（style）、人员（staff）、技能（skill）和共同的价值观（shared values）四个软因素，只有在这 7 个因素相互很好地沟通和协调的情况下，企业战略才能够获得成功。7S 模型，如图 3-6 所示。

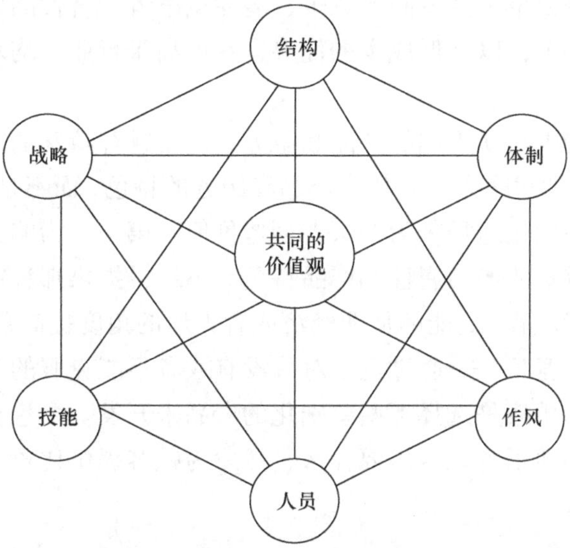

图 3-6 7S 模型

6. 战略控制与评价

战略控制与评价是战略管理过程中一个不可忽视的重要环节，战略控制主要是指在企业经营战略的实施过程中，建立与健全控制系统，是为了将每一阶段、每一层次、每一方面的战略实施结果与预期目标进行比较，以便及时发现战略差距，分析产生偏差的原因，纠正偏差，从而保证全部战略方案的完成。战略实施的评价就是通过评价企业的经营业绩，审视战略的科学性和有效性，它是战略管理的最后阶段，包括重新审视外部与内部因素、度量业绩、采取纠正措施等。

（二）战略选择

1. 竞争战略

1）成本领先战略

企业采用成本领先战略的主要动因有：①形成进入障碍。企业的生产经营成本低，便为行业的潜在进入者设置较高的进入障碍。那些在生产技术尚不成熟，经营上缺乏规模经济的企业都很难进入此行业。②增强企业讨价还价的能力。企业的成本低，可以使自己从容应对投入费用的增长，提高企业与供应者讨价还价的能力，降低投入因素变化所产生的影响。同时，企业成本低，可以提高自己对购买者的讨价还价能力，对抗强有力的购买者。③降低替代品的威胁。企业的成本低，在与竞争者竞争时，仍旧可以凭借其低成本的产品和服务吸引大量的顾客，降低替代品的威胁，使自己处于有利的竞争地位。④保持领先的竞争地位。当企业与行业内的竞争对手进行价格战时，由于企业的成本低，因此可以在竞争对手毫无利润的前提下保持盈利，从而扩大市场份额，保持绝对竞争优势的地位。总之，企业采用成本领先战略可以使企业有效地面对行业中的五种竞争力量（企业间的竞争、潜在竞争者、替代品生产厂家、买方议价能力和卖方议价能力），以其低成本的优势，获得高于行业平均水平的利润。

2）差别化战略

差别化战略是提供与众不同的产品和服务，满足顾客特殊的需求，形成竞争优势的战略。企业形成这种战略主要是依靠产品和服务的特色，而不是产品和服务的成本。一般来说，有四种差别化途径来为购买者创造价值：第一，为购买者提供能够降低其所使用公司产品总成本的产品属性和产品特色。第二，提供那种能够提高购买者从产品中得到的产品性能。第三，能够从非经济或者无形的角度提高购买者满意度。第四，在能力的基础上展开竞争——通过竞争对手没有或者不能克服的竞争能力来为顾客提供价值。战略制定的挑战是选择那些差别化的产品来开发。要想获得成功就要推动差别化，首先必须深刻地了解顾客需要什么，然后为顾客提供比竞争对手更好的服务和产品，以满足其需求。

3）重点集中战略

重点集中战略是指把经营战略的重点放在一个特定的目标市场上，为特定的地区或特定的购买者群体提供特殊的产品或服务。重点集中战略是围绕一个特定的目标进行密集型的生产经营活动，要求比竞争对手能够提供更为有效的服务。重点集中战略往往在下列条件下能够取得较好的效果：①定位于多细分市场的竞争厂商很难满足目标小市场的专业或特殊需求，或者如果满足这个市场的专业化需求的话，代价往往是比较大的；②没有其他竞争厂商在相同的目标细分市场上进行专业化经营；③整个行业中有很多的小市场和细分市场，一家公司没有足够的资源和能力进入整个市场中更多的细分市场，因而一个集中型的厂商能够选择与自己的优势和能力相符的有吸引力的目标小市场。

2. 成长战略

随着企业规模的扩大和市场需求的变化，管理人员还必须解决企业如何进一步成长和发展的问题，如下一步应选择哪些领域和行业，在已有的市场内如何扩大企业的市场份额，企业主要通过内部积累还是通过外部收购来寻求增长，企业在发展过程中是将本身的技术还是将市场作为考虑的基点和核心，等等。毫无疑问，成长战略主要涉及战略的可选方向及其实现形式。

1）集约化成长战略

集约化成长战略是指企业在原有生产范围内充分利用在产品和市场方面的潜力来求得成长发展的战略，主要有市场渗透、市场开发和产品开发三种形式。产品开发和市场开发往往是同步或相继进行的，二者有非常紧密的联系。一般说来，技术和生产导向型的企业更乐于通过产品开发来寻求增长，这些企业或者具有较强的研究和开发能力，或者其市场开拓能力较弱。但无论出于何种原因，一旦产品开发获得成功，往往可以给企业带来较丰厚的利润。

2）一体化成长战略

一体化成长战略是指企业充分利用自己在产品、技术、市场上的优势，根据物资流动的方向，使企业不断地向深度和广度发展的战略，主要包括后向一体化、前向一体化和水平一体化等形式。其中，水平一体化战略是一体化战略的一种，是指企业以兼并处于同一生产经营阶段的企业为其长期活动方向，以促进企业实现更高程度的规模经济和迅速发展的一种战略。

3）多样化战略

多样化战略的模式包括以下几种：①横向多样化，是以现有的产品市场为中心，向水平方向扩展事业领域，也称水平多样化或专业多样化。②多向多样化，是指虽然与现有的产品、市场领域有些关系，但是通过开发完全异质的产品、市场来使事业领域多样化。多样化经营的一个非常重要的战略利益就是通过减少企业利润的波动来达到分散经营风险的目的。一般来说，企业应选择在价格波动上是负相关的产品组合，这样最有利于分散风险。实施多样化经营战略的企业拥有更多的市场力量，多样化的企业可以通过三个机制来获得市场力量：掠夺性价格、互利销售和相互制约。

第二节 计划理论前沿

非线性变化、拐点、颠覆性技术和理念的层出不穷导致市场环境呈现出动荡、不确定、复杂和模糊态势。企业要想在这种环境中赢得生存和发展，管理者就必须正确理解环境变化，制订有效的计划。为此，本节重点阐述企业战略思维理论、企业环境战略理论和企业资源计划系统理论等计划前沿理论。

一、企业战略思维理论

自 20 世纪 90 年代以来，企业战略思维逐渐受到学者关注。学界从不同视角理解战略思维。部分学者甚至依循“思维”焦点对战略思维进行了更精确的界定。Bonn（2005）认为，战略思维是将理性的、收敛性的战略方法与创造性的、发散性的思维过程结合以解决战略问题的途径。

1. 战略思维的理论基础

1）博弈理论

博弈理论从数学上描述了一个参与者的行为影响另一个参与者的行为的社会互动现象。当参与者正确地预测他人会做什么并选择效用最大化的策略时，才被认为是处于均衡状态。学者通过建构博弈游戏来探究参与者如何运用战略思维来进行决策，如著名的“智猪博弈”“囚徒困境”等都属于此类。然而由于实践中的认知存在限制性，参与者难以纯粹从思维考量中获得平衡战略。所以，理论研究者开始将传统的博弈理论扩展至认知层次理论和 K 级模型，并据此构建更为复杂的战略思维推理模型以解释战略选择行为。

2）胜任力理论

胜任力意指个体领导者完成工作所必需的知识、技能、能力、动机、态度等。胜任力理论被广泛用于组织招聘、选拔、绩效评估、潜力开发等人才管理工作。在战略研究中，准确解释战略领导者的胜任力内涵，可以帮助理解企业组织的行为逻辑。战略思维是战略领导者必备能力之一，有些学者运用胜任力理论对其内涵进行了研究。比如，Palaima 和 Skarzauskiene（2010）认为战略思维胜任力的内涵包括获得远见、整体视角、获得洞察力、注重创造力、务实主义、保持客观性、获得相对优势和持续聚焦等八个方面。Nuntamanop 等（2013）验证了战略思维胜任力包括七个要素，分别是概念思维能力、远见思维、分析思维能力、综合力、客观性、创造力和学习能力。

3）高阶理论

卡内基学派的理论家认为，复杂的决策在很大程度上是行为因素的结果，而非对经济的机械追求。从这个视角而言，有限理性、多元冲突目标、无数的选择、不同的意愿水平等都会在技术经济基础上限制复杂决策的制定。基于此，Hambrick 和 Mason 提出了高阶理论框架。该理论是以有限理性为前提，即人类在访问、处理和使用信息方面存在局限性。由于存在这些限制，高层管理者的认知基础、价值和人格特质会影响他们对所面临的战略形势的视野（注意的方向）、感知（关注什么）和解释（如何理解），进而会影响其战略选择，最后影响企业绩效。Hambrick 后来增加了对外部环境因素、执行工作需求因素的考虑，从而对该理论进行了丰富和完善。在实际操作过程中，他坦言高层管理者的认知基础、价值不便于测量，甚至不适合直接测量，所以选取了可观察的管理特征，即将人口统计变量因素作为替代品，如通过年龄、组织中的任期、职能背景、教育、社会经济基础和收入状况等进行测量。

2. 战略思维的测量

战略思维的测量方法有四种。第一种是属性测量法，它根据战略思维的属性内容设置相应测验项目，最终形成战略思维量表。第二种是 Daghir 和 Al Zaydi（2005）提出的认知逻辑测量法。他们认为在认知逻辑中，思维活动依赖于信息的收集和评估。信息收集方面涉及直觉（intuitive）和知觉（sensation），信息评估方面涉及逻辑（logic）和感觉（feel），相互组合可得出四种思维模式，即知觉–感觉思维模式（S-F）、知觉–逻辑思维模式（S-L）、直觉–感觉思维模式（N-F）、直觉–逻辑思维模式（N-L），战略思维恰是这四种思维模式相互作用的产物。该方法的测量内容包括 20 个问题，每个问题有 2 个答案可供选择，每个答案选择有 5 个刻度，平均分配到四个思维模式中的均值是 50。根据置信水平值 0.95，平衡点在所有四个维度上的计算结果都是 31。因此，所有答案都落在这个区域的便代表了战略思维，如图 3-7 所示。第三种是著作文本测量法。著作文本测量体现了一个人的思维过程，其中的关键字、词和语句可以侧面反映著者的战略思维。第四种是实验测量法。此类研究通过一系列的实验任务来验证运用战略思维的效果。

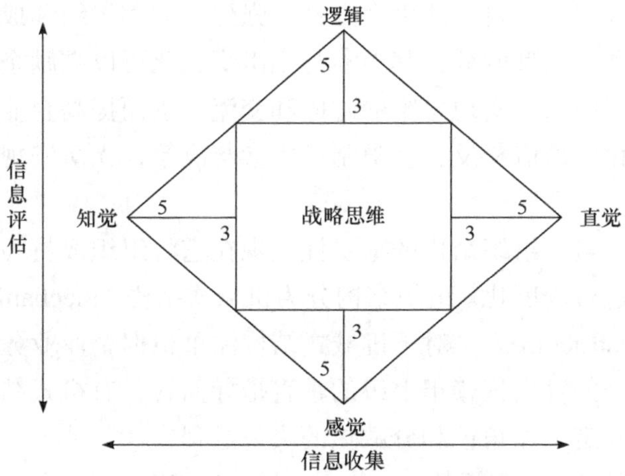

图 3-7　战略思维的认知逻辑测量框架

3. 企业战略思维的前因变量

企业战略思维的前因变量总体上包括内部个体层面和内部组织层面两类变量（图 3-8）。

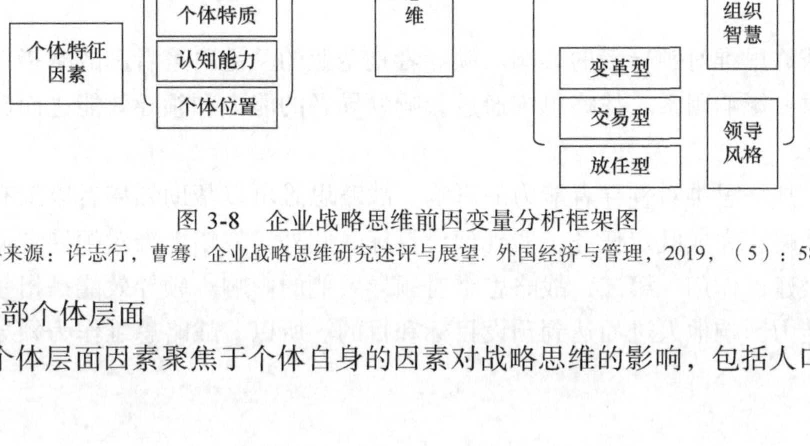

图 3-8　企业战略思维前因变量分析框架图

资料来源：许志行，曹骞．企业战略思维研究述评与展望．外国经济与管理，2019，（5）：58-73.

1）内部个体层面

内部个体层面因素聚焦于个体自身的因素对战略思维的影响，包括人口统计学变量、个体特征因素两个方面。①人口统计学变量。在人口统计学变量中，年龄、性别、教育和工作经验是学者的关注点。②个体特征因素。在战略思维研究勃兴的初期，学者就关注到个体特质、个体认知能力和个体位置等个体特征因素对战略思维的影响。

2）内部组织层面

内部组织层面则包括以下几点。

（1）组织文化因素。组织成员的共同价值体系和共同遵守的行为规范，它使组织独具特色，一旦形成就有了自己的生命力，并强烈影响着组织和成员的行为。组织文化可以分为参与型和专制型两种，其中参与型组织文化可以鼓励企业不同层面的员工积极参与到决策过程中来，实现思维的碰撞和交流，进而提高企业员工的战略思维水平；专制型组织文化则恰恰相反，会限制员工参与决策，无法实现员工思维的碰撞和交流。

（2）组织结构因素。组织结构的重要性表现在它将组织成员间的互动交流、分工协调和权力关系等进行制度化。组织结构分为机械式结构（mechanistic structure）和有机式结构（organic structure）。对于机械式结构注重根据企业业务设置稳定的层级式管理部门、任务指令的发出依赖于上级的垂直指导而言，有机式结构则是强调较少的分级层次、松散地界定工作角色和分散化的决策过程

（3）组织智慧因素。组织智慧（organizational intelligence）因素包括组织经验、知识和感知等。组织智慧的缺失可能导致对环境的无意识或者错误理解，进而降低组织对环境的回应性。

（4）领导风格。领导是在组织活动中指导、促进和影响追随者的行为。领导风格是影响追随者行为的一种重要因素，它包括变革型领导、交易型领导和放任型领导。

4. 战略思维的效应

1）个体层面

（1）战略思维对个体创业的影响。创业的本质是创业者建基于创新和创造性态度的特质，运用市场中既有和所需之间的机会来进行创造性破坏。所以，创业归根结底是个人的行为。创业者越运用系统思维，他们的冒险、创新和积极主动性倾向就越强烈。

（2）战略思维对领导者的影响。领导者是企业的关键决策者和战略指挥者，是企业生存的重要影响因素。战略思维通过影响领导者的能力和领导效能进而影响整个企业的发展。

第一，战略思维对领导者能力的影响。战略思维可以帮助领导者以最有效的方式制定正确战略，完成既定任务，实现预设目标。此外，战略思维对领导者的其他能力也具有积极建设作用。第二，战略思维对领导效能的影响。领导效能是指领导者成功运用个人能力影响他人进而达到预设目标和目的。所以，战略思维作为领导者的核心

能力之一，必然影响领导效能。

2）组织层面

组织层面主要包括以下几点。

（1）战略思维对智慧组织的影响。智慧组织是指能够采取有效行动以应对未来挑战的组织，它们摆脱日常工作视野的限制，关注如何将自身的优势和动力转化为长期可持续的业绩，以及寻求提供高水平的服务的路径。

（2）战略思维对产品创新的影响。产品创新或者产品研发被认为是组织成功、生存和更新的重要功能。它是一个基于先例的推理认知过程，即在产品创意产生过程中，设计者会利用他们的背景经验和技能，并将可利用的内外部刺激联系起来。而战略思维的系统思维、反思和重构恰是三个重要的认知过程，它们支持领导者运用概念术语来形象地揭示事件和理解问题，进而更好地解决问题。因此，战略思维必然影响产品创新。

（3）战略思维对企业绩效的影响。战略思维与企业绩效之间的关系引起了学者的关注。有学者验证了战略思维对企业绩效的积极影响。比如 Bonn（2001）基于 1982 年和 1993 年对澳大利亚大型制造厂的高级管理者进行的追踪研究，发现 35%的大型制造工厂的高级管理者缺乏战略思维，成为影响企业绩效的主要因素。

5. 企业家战略思维三层模型

战略思维是一种科学的世界观与方法论，其本质就是着眼全局，从历史中总结经验，把握事物发展的整体趋势与方向。企业家的战略思维的形成与其文化层、实践层和分析层的思维活动相关（图 3-9）。这些层面的思维养成分别来源于企业家所成长的文化环境、实践活动和所接受的系统教育。

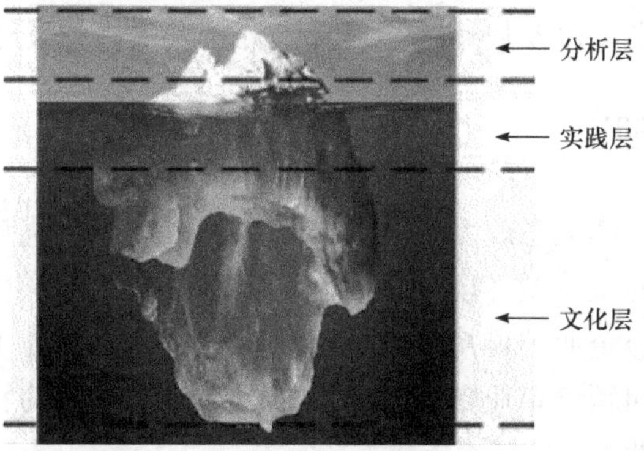

图 3-9 战略思维三层结构模型

资料来源：周乐欣，李烨，许为宾. 由“文化思想”到“工具分析”：一个本土企业家战略思维理论框架. 暨南学报（哲学社会科学版），2022，44（2）：56-72.

1）文化层：价值思维

文化系统中普遍存在超越界概念及其战略价值思维，人类不同的文化系统，构建起了不同的观察人类系统和自然系统的超越界。中国文化中，儒家的“仁”和道家的“道”均居于超越界的位置。道家学说核心概念是“道”，“道可道，非常道”表明真理无法在有限的时间和空间范围内穷尽，“道”存在于人们的日常生产、生活中，但“道”又不仅止于人们一时一地看到的、感受到的和可以把握的一切，人类行为只能通过感悟和努力不断接近“道”、亲近“道”，而“名可名，非常名”表明能说清楚的事物和状态，并非事物的本来状态，事物的本来状态由随时间变动的无数关系决定，“道”的概念体现了人具有高度的辩证统一性和整体把握系统价值的能力。中华优秀传统文化讲仁爱、重民本、守诚信、崇正义、尚和合、求大同的精神具有时代价值，成为涵养当代社会主义核心价值观的重要源泉。

2）实践层：突破思维

从实践层面来看，管理活动强调“整体论”，关注人们的微观实践活动以及这些活动与宏观社会结构或现象之间的关系，指出了社会结构对人的实践活动的约束，也指出了人通过实践发挥能动性而促使社会结构发生变革的可能性。依据《道德经》的定义，与道并行的是“德”，是具体的、顺应道而产生的本然规律，也即人类社会在实践中所应该遵循的根本规律。企业家就是在这样的规律制约中开展实践活动的，并在实践中不断提升自己的认知能力和水平，增强对战略特征及规律的感知，从而在实践中不断提升对战略特征（如战略的周期性、战略的动态性和战略的可塑性）的感知思维能力。

3）分析层：工具思维

企业家战略思维是一个持续的过程，就具体战略方案的形成而言，涉及评估公司的业务、所在行业和竞争对手等，并通过设定目标和战略的管理方式，有意选择不同的活动来提供独特的价值组合。在分析层面，战略制定被划分为内外部环境分析、使命陈述、长期目标确定，以及战略路径设计、评价和选择等几个阶段。

二、企业环境战略理论

随着外部环境的持续动态改变，企业在获取可持续竞争优势的过程中不断受到环境的威胁，消极被动的反应型环境战略已经不能解决企业的环境危机，只有积极主动地面对环境问题才能为企业的可持续发展带来转机。因此，为了保证企业在市场中的竞争地位，化解环境问题给企业带来的不良影响，越来越多的管理者开始认识到企业环境战略转型的重要性。

1. 企业环境战略转型的基本内涵

企业环境战略的最初产生通常伴随着一定的强制性，是环境规制下的一种被动反应，此时企业通常无法预见到内外环境的变化，也不需要进行环境信息披露以及对环境优先事项进行控制。但随着自然环境对于企业发展的制约不断加重，越来越多的管理者意识到前瞻型环境战略对于企业可持续发展的重要性。但是由于各个企业在资源和能力等方面存在差异，环境战略的转型进程与结果也各有不同，因此本书选取了在实际环境战略转型过程中比较有代表性的三种转型路径对环境战略转型进行详细阐述，如图 3-10 所示。

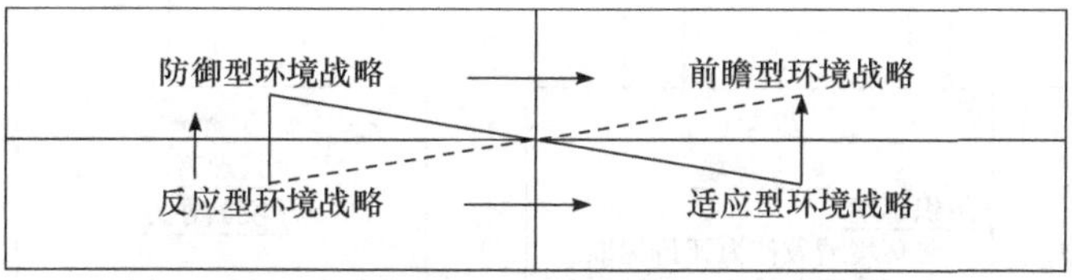

图 3-10 企业环境战略转型路径模型

注：虚线表示企业在实际经营过程中很难实现的环境战略转型路径

资料来源：田虹，王宇菲. 动态环境下的企业环境战略转型研究综述与基本框架构建. 科技管理研究，2020，（5）：233-242.

很多企业在环境战略转型的过程中都会经历反应型环境战略—防御型环境战略—适应型环境战略—前瞻型环境战略四个阶段。在这四种环境战略中，反应型环境战略通常会尽可能地规避企业环境责任，且在环境战略的演进过程中几乎没有任何的自由裁量权或控制权。与之相似，运用防御型环境战略的企业也不会表现出较强的主动实施环境战略的意愿，虽然高层管理人员会参与到企业环境战略的制定，但只有在环境问题出现时才会在企业内部得到重视。相比之下，适应型环境战略在环境问题的处理效率及其积极性上都有了质的提升，在管理者参与的同时还加入了员工的环境培训和内部报告等，但在外部报告方面还有所欠缺。最后，前瞻型环境战略作为环境战略的高级阶段，弥补了环境战略制定和执行层面的绝大部分不足，实施前瞻型环境战略的企业会尽可能寻求将环境管理系统集成到业务策略框架中的方法，并通过这种方式对公司环境绩效的方向和速度进行控制，同时对环境优先事项作出关键判断。

2. 不同要素对企业环境战略转型的驱动作用

企业通常处于一个瞬息万变的动态环境中，为了系统地体现出企业环境战略转型的过程，本书从企业战略导向、外部环境、动态能力、内在环境、转型目的及时机、管理者环境领导力六个角度来研究不同要素对企业环境战略的驱动作用，如图 3-11 所示。

（1）企业战略导向对企业环境战略转型的作用。企业战略导向，即企业内战略制定过程中的风向标，能够激励企业进行环境战略转型并帮助管理者充分了解环境管理系统的价值及其对企业的益处。环境伦理的价值导向会驱使管理者将企业的环境管理体系与现行的环境规制进行匹配，并对环境优先事项作出决定性判断。积极推进环境战略转型的企业会采取一系列举措以减少公司的生态足迹，促使企业在生产、运营和战略决策方面作出改变，具体包括减少能源浪费、环境保护、利用生态可持续资源等。

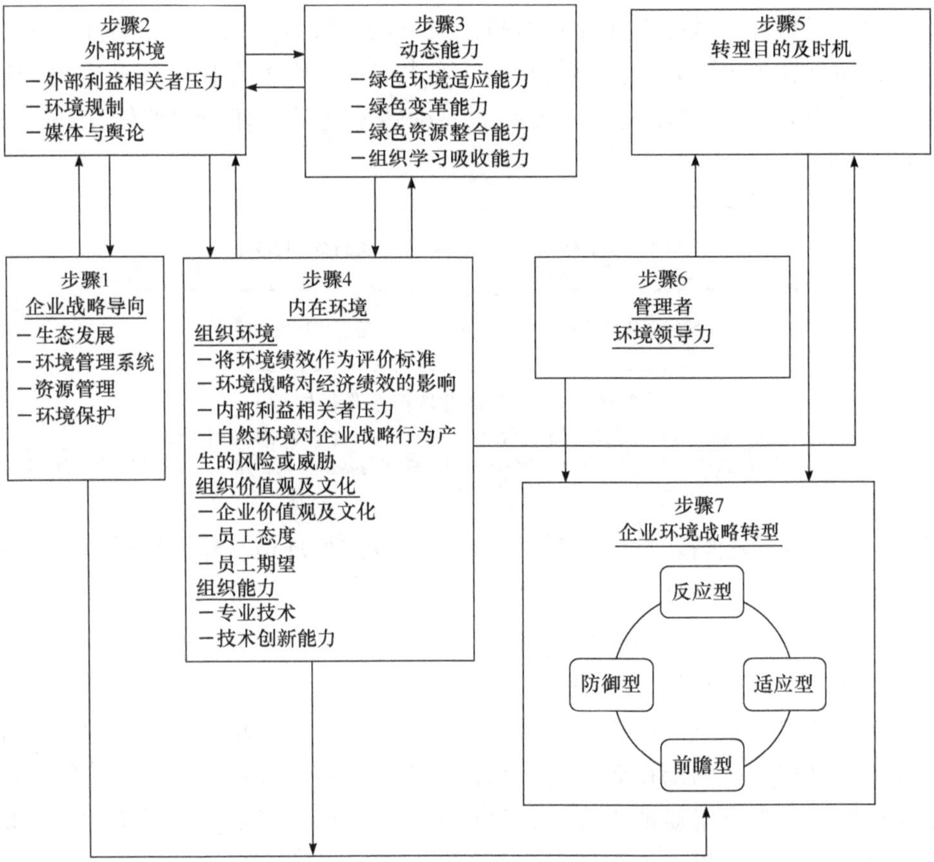

图 3-11 不同要素对企业环境战略转型的驱动

资料来源：田虹，王宇菲. 动态环境下的企业环境战略转型研究综述与基本框架构建. 科技管理研究，2020，（5）：233-242.

完善的环境管理系统可以引导企业找到减少环境影响的方法，并进一步提升企业在环境责任方面的社会价值。

（2）外部环境对企业环境战略转型的作用。在外部环境中，对企业环境战略影响最大的就是利益相关者。利益相关者是指能够影响到企业目标实现，或者会受到企业实现目标的过程所影响的任何个人和群体。为了维持良好的企业形象，管理者会更加注重企业与利益相关者之间良好的公共关系。外部环境规制的作用主要体现在其具有一定的强制性，处于战略决策阶段的公司大都会自愿调整环境战略以符合环境规制和行业惯例的要求。相比较而言，媒体与舆论一直在外在环境中处于一个相对弱势的地位，但是媒体与舆论会直接影响到企业的信誉和口碑。

（3）动态能力对企业环境战略转型的作用。在动态环境中，为了获取可持续竞争优势，企业就必须在资源的拥有和整合上占得先机，如果想要尽可能地先于同行业竞争者作出动态性战略应答，企业就必须在战略制定和战略执行等方面有所转变。基于这种理念，动态能力被定义为公司整合、建立和重新配置内在及外在资源以适应动态环境的能力。但伴随着近年来自然环境和谐发展的呼声愈演愈烈，很多学者将绿色发展的理念引入到动态能力的框架中，衍生出了“绿色动态能力”这一概念。绿色动态能力是指企业为了应对组织环境变化通过组织学习的方式对包括绿色资源在内的组织内外部资源进行重新组合，突破原有路径依赖形成新的组织惯例，以实现商业发展与生态环境的和谐统一，以及经济、环境和人类社会的可持续发展。在对绿色动态能力进行深入研究时，又有学者对绿色动态能力的维度进行了划分，将其分为绿色环境适应能力、绿色变革能力、绿色资源整合能力和组织学习吸收能力。

（4）内在环境对企业环境战略转型的作用。其中，组织环境中，对环境战略转型起到主要推动作用的包括股东、管理者、员工、供应商及消费者等在内的各个利益相关者。其中，内部利益相关者主要是指股东、管理者、员工等利益群体，相比于关注企业外部评价的外部利益相关者，他们更关注企业能否在绩效等方面获得实质性提升。在组织能力方面，由于环境战略转型涉及企业内部资源和能力的重置与整合，因此企业所拥有的技术能力、管理能力、持续创新能力、污染防治能力以及与利益相关者关系等企业可支配的资源能力水平都会影响到企业环境战略类型的选择。在对影响企业环境战略转型的因素进行分析时，不仅要考虑到组织环境、组织能力等实质性因素，还要涉及企业价值观及文化等情感因素。组织行为学领域的学者认为，在企业内部，能够与员工产生共鸣的价值观和文化会让员工对组织产生强烈的信任和依赖，即员工对于环境积极性和环境文化的感知会直接影响到企业内部的亲环境行为，而员工环境行为的效果也会帮助管理者判断企业环境战略转型的意义和价值。

（5）转型目的及时机对企业环境战略转型的作用。进入 21 世纪之后，很多企业之所以能够在企业环境责任方面受到认可就是因为他们能够主动进行环境信息披露并公开企业社会责任报告，这种行为能够帮助企业树立更好的形象以获得政府和消费者的普遍认可。而在动态环境中，由于信息具有复杂性、多变性和多元性等特点，更好地掌握战略转型时机的企业往往更能在市场中获得先动优势，形成行业领先。最后，明确环境战略在企业整体战略框架中的角色和位置能够帮助管理者厘清动态环境中的复杂信息，通过对绿色动态能力“行为惯例”的强化，以达到环境战略转型的目的。

（6）管理者环境领导力对企业环境战略转型的作用。优秀的管理者是企业未来合理发展的保障，可以确保公司在战略行为没有按计划进行时仍然保持正轨。公司的高层管理者有权在企业内建立战略优先级，确定未来发展方向，合理分配资源并影响企业文化。管理者的环境领导力通常表现为对环境保护的关注和对企业可持续发展的重视，而管理者的这种特质也会影响到员工态度、组织承诺、环境绩效和组织绿色化等一系列组织产出。不仅如此，管理者环境领导力还可以从管理者的角度激励员工参与到企业环境战略的转型过程中，积极履行企业环境责任，实施环境行为。

3. 企业环境战略转型效果

企业环境战略之所以能够成为学者近年来研究的热点，一个重要的原因就是它不仅有利于环境保护和预防污染，还能够提高企业的资源生产率、改善利益相关者关系、提升企业绩效，帮助企业获取可持续竞争优势，实现可持续发展的最终目标。企业环境战略转型能够对企业的所有产出及其效果产生直接影响，并关系到企业在未来市场中的竞争地位。基于这样的观点，田虹和王宇菲（2020）构建了企业环境战略转型效果模型，如图 3-12 所示。

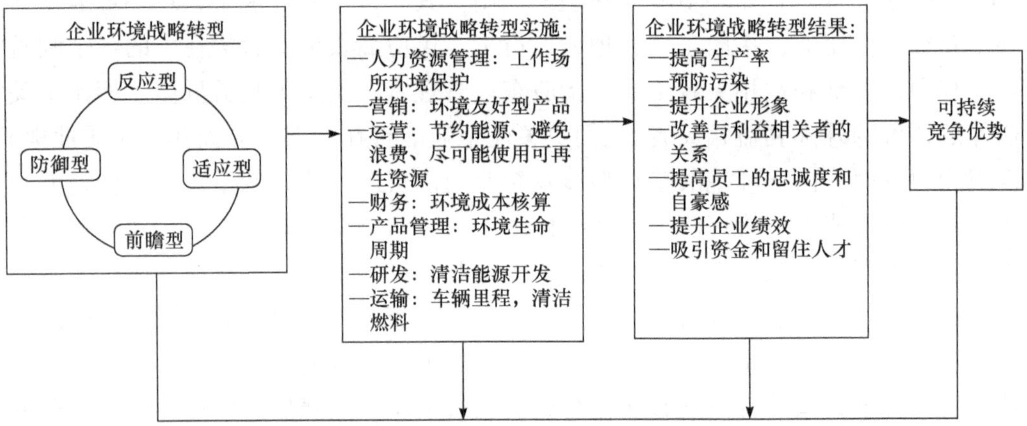

图 3-12 企业环境战略转型效果模型

资料来源：田虹，王宇菲．动态环境下的企业环境战略转型研究综述与基本框架构建．科技管理研究，2020，（5）：233-242.

1）企业环境战略转型实施

企业环境战略转型实施通常体现为人力资源管理、营销、运营等方面。在人力资源管理方面，芦慧等（2016）将工作场所环境保护视为企业环境战略转型的重要结果，具体行为包括对塑料包装或纸质用品的重复利用、在办公室自觉维护环境清洁、不给保洁人员制造清洁困难以及积极参加公司组织的环境宣传教育活动和环境保护活动等；在营销方面，为了更高效地对产品的可持续性进行权衡，企业会在最终检验时对产品的概念、设计研究和开发进行商业化和可持续性的双重检验，使得新产品和服务能够在原有基础上在环境性能方面有所提升，保证企业的产品和服务在环境设计、精益生产、生命周期评估、碳足迹（carbon footprint）、水足迹（water footprint）以及工业生态学方面满足自然环境对于企业可持续发展的需求，并尽量减少对环境的影响；在运营方面，企业环境战略转型的实施主要体现在节约能源、避免浪费、尽可能使用可再生资源等方面。

2）企业环境战略转型结果

建立主动型环境战略管理体系的企业不仅可以提高生产率、预防污染，还可以提升企业形象。而良好的企业形象也会提升员工的忠诚度和自豪感，满足他们的社会情感需求，提升员工的工作参与度，增强员工对于组织的忠诚度和自豪感，而员工对于组织的满意和信赖会驱使他们为了组织可持续发展的目标而努力。除此之外，企业环境战略还是企业改善与利益相关者关系的一种手段。针对环境问题及时沟通、制定环境优先事项、允许利益相关方实时跟踪企业在公司环境目标上的进展情况等，这些举措都会帮助企业更好地权衡不同利益相关者之间的利益诉求，缓解各利益相关者之间的利益矛盾，寻求一个解决环境问题的最优解。企业环境战略转型还会促使企业提升绩效。其中，在经济绩效方面，通过提高生产效率可以节约成本；在环境绩效方面，企业将自然环境问题整合到战略计划过程中的能力会对企业的环境绩效产生显著的正向影响；在社会绩效方面，学界普遍认为运用前瞻型环境战略的企业会在利益相关者整合、组织学习和绿色创新等方面投入更多的精力，这种做法在解决环境问题的同时也会为企业带来初始成本优势和良好的社会声誉。

3）可持续竞争优势

随着资源基础观和动态能力理论的产生，更多的学者开始关注外在环境对于企业发展的影响，并提出竞争优势是企业对抗同行业竞争者最有效手段的观点。由于近几年来，自然环境的不断恶化对企业的生存和发展形成了很大的考验，因此能否在不破坏自然环境的情况下实现可持续发展成为衡量企业能否基业长青的重要指标。从资源与能力的角度来看，为了获得竞争优势，企业必须尽可能地让其内部拥有的特异资源和能力具备四个特性：①价值性；②稀缺性；③不完全可模仿性；④不完全可替代性。而企业环境战略转型意味着要形成一种全新的商业与自然环境协调共荣的模式，这是企业为减少生产经营过程中对自然环境的负面影响而主动采取环保措施的过程。在企业环境战略转型过程中，学者们普遍认为实施前瞻型环境战略的企业比竞争者更容易获得核心竞争力和可持续竞争优势。不仅如此，运用前瞻型环境战略的企业还会主动评估产品在材料选择、生产、分销、包装、使用到废弃物处理等过程中产生的环境压力，主动承担企业环境责任，对自然环境提出的挑战作出及时性应答，这种从污染防治到产品生产全过程的环境管理是企业可持续发展、赢得可持续竞争优势的重要途径。

三、企业资源计划系统理论

企业资源计划（enterprise resource planning，ERP）系统，由美国高德纳咨询公司（Gartner Group）公司于1990年提出。企业为了提高理论价值核心竞争力和管理水平争而实施企业资源计划。

1. 企业资源计划系统的概念

企业资源计划系统是由美国计算机技术咨询和评估集团高德纳咨询公司提出的一种供应链的管理思想，是指建立在信息技术基础上，以系统化的管理思想，为企业决策层及员工提供决策运行手段的管理平台。

企业资源计划是在制造资源计划（manufacture resource plan，MRPⅡ）的基础上通过前馈的物流和反馈的信息流、资金流，把客户需求和企业内部的生产活动以及供应商的制造资源整合在一起，体现完全按用户需求制造的一种供应链管理的功能网链结构模式，即一个制造业对所有资源编制计划，并进行监控与管理。企业资源计划除了具有生产管理、制造管理、财务管理、销售管理、采购管理等功能外，企业资源计划还具有质量管理，实验室管理，业务流程管理，产品数据管理，存货、分销与运输管理，人力资源管理等功能。企业资源计划跳出了传统企业的边界，从供应链范围去优化企业的资源，是基于网络经济时代的新一代信息系统。它主要用于改进企业业务流程以提高企业核心竞争力。

2. 企业资源计划系统的功能

企业资源计划系统包括以下主要功能：供应链管理、销售与市场管理、分销管理、客户服务管理、财务管理、制造管理、库存管理、工厂与设备维护、人力资源管理、报表管理、制造执行系统（manufacturing execution system，MES）、工作流服务和企业信息系统等，此外还包括金融投资管理、质量管理、运输管理、项目管理、法规与标准和过程控制等补充功能。企业资源计划是将企业所有资源进行整合集成管理，简单地说就是将企业的三大流，即物流、资金流、信息流进行全面一体化管理的管理信息系统。它的功能模块已不同于以往的物资需求计划或制造资源计划的模块，它不仅可用于生产企业的管理，而且在许多其他类型的企业，如一些非生产、公益事业的企业也可导入企业资源计划系统进行资源管理。在企业中，一般的管理主要包括三方面的内容：生产控制（计划、制造）、物流管理（分销、采购、库存管理）和财务管理（会计核算、财务管理）。这三大系统本身就是集成体，它们互相之间有相应的接口，能够很好地整合在一起来对企业进行管理。值得一提的是，随着企业对人力资源管理重视程度的提高，已经有越来越多的企业资源计划厂商将人力资源管理纳入到企业资源计划系统。

3. 主要特点

企业资源计划把客户需求和企业内部的制造活动以及供应商的制造资源整合在一起，形成企业一个完整的供应链，其核心管理思想主要体现在以下三个方面：①体现对整个供应链资源进行管理的思想；②体现精益生产、敏捷制造和同步工程的思想；③体现事先计划与事前控制的思想。

（1）面向销售，能够对市场快速响应。它将供应链管理功能包含了进来，强调了供应商、制造商与分销商间的新的伙伴关系，并且支持企业后勤管理。

（2）更强调企业流程与工作流，通过工作流实现企业的人员、财务、制造与分销间的集成，支持企业过程重组。

（3）纳入了产品数据管理（product data management，PDM）的功能，增加了对设计数据与过程的管理，并进一步加强了生产管理系统与CAD①、CAM②系统的集成。

（4）更多地强调财务管理，具有较完善的企业财务管理体系，这使价值管理理念得以深入人心，资金流与物流、信息流得到更加有机的结合。

（5）较多地考虑人的因素在生产经营规划中的作用，也考虑了人的培训成本等。

（6）在生产制造计划中，企业资源计划支持物资需求计划与准时制生产（just in time，JIT）混合管理模式，也支持多种生产方式（离散制造、连续流程制造等）的管理模式。

（7）采用了最新的计算机技术，如客户/服务器分布式结构、面向对象技术、基于Web技术的电子数据交换、多数据库集成、数据仓库、图形用户界面、第四代语言及辅助工具等。

第三节 计划理论前沿实践

一、企业战略思维理论实践

华为从创业开始，其显著区别于其他企业走向卓越的根本原因是其具有竞争力的企业文化，从创业开始时的“华为”名字源自“心系中华，有所作为”及以后的坚持，到形成自己的“基本法”、构建起独特的股权结构及“让一线呼唤炮火”的以客户为中心的经营哲学，再到进入无人区后的“开放地吸取宇宙能量”，无不体现出任正非基于文化层的思考，这些在华为各阶段的战略探索中起到了区别于一般企业的重要作用。农村包围城市、床垫文化、红军蓝军策略、选拔“李云龙、赵刚”式干部、自我批判的民主生活会、“备胎计划”、“深淘滩，低作堰”等无不使得华为在实践中形成了一定的战略发展方向。同时，在走向全球后，管理系统和分析工具的应用推进了企业治理标准化，处于战略分析层的管理者在华为构建标准化体系和战略制定科学化过程中起到了重要作用

在海尔由一家濒临倒闭企业到成长为一家全球性企业的过程中，在文化层，张瑞敏善于把《道德经》《孙子兵法》等中国典籍作为其管理企业的重要思想来源，构建起一套管理企业的“道术势”的思想，如将《孙子兵法》中“善战者，求之于势”“激水之疾，至于漂石者，势也”中“势”的概念引申到企业的竞争战略上，在海尔近40年的发展历史中，通过善于造势使得海尔在多个紧要关头领先于同行，首先是质量超前，1985年海尔以一把大铁锤砸出了高质量。其次是品牌超前，1988年开始，海尔积累品牌资产，逐步成长为知名品牌。最后是服务超前，1995年以后，高效的服务成为

① CAD即计算机辅助设计（computer-aided design）。

② CAM即计算机辅助制造（computer-aided manufacturing）。

海尔领先对手创造更优顾客价值的关键。在实践层和分析层，张瑞敏作为勇于创新和实践管理理论的企业家，在结合实践和西方经济学分析方法的基础上，海尔总共经历了六个阶段的战略转型：品牌战略阶段、多元化战略阶段、国际化战略阶段、全球化品牌战略阶段、网络化战略阶段和生态品牌战略阶段。

作为一家全球领先的汽车玻璃供应商的掌门人，曹德旺在领导福耀集团的过程中，在文化层面，坚持做一个非狭隘的民族主义者，追求创立先进的民族工业，同时奉行开放、包容，向一切先进者学习的态度，这确保了其战略视野的广阔性和思维方式的开放性。在实践层，曹德旺将产品经营上升为品牌经营，创办“福耀管理学院”，并树立以人为本、以人才促发展的管理理念，主动通过国际质量体系 QS9000 认证来推动公司产品质量和技术水平达到国际标准等，这些在实践中的深层次变革为福耀玻璃前期的高速成长积蓄了巨大能量，奠定了支撑未来较大发展的战略核心竞争力。在分析层面，基于我国经济增速放缓及社会供需结构不断调整的市场前景，福耀玻璃提前布局海外市场，凸显了福耀玻璃市场战略定位的前瞻性，产生了以汽车玻璃为核心的全产业链协同效应，并不断巩固福耀玻璃的行业领跑者身份。

二、企业环境战略理论实践

海信一直都有针对性的战略，从理念层面、经营层面、发展模式层面、目标层面等都有，但是战略需要提炼、需要规划，更要有严格的执行和定期的评估。落实战略，需要灌输思想使其成为深入到骨髓的思维，需要大家讨论，提高认识，落实到职责与工作中，需要在行动中不断总结学习，从而提高管理者的推动与贯彻能力，需要相应工具与方法以提高战略落地的效率。为了全过程地抓好战略落实工作，海信决定成立战略管理部，按照战略管理的规律及其重要性做好相应的工作。

早在 2010 年前，海信就公布了“智能化战略”，当时海信预测：智能意味着物理空间与信息空间趋于一致，意味着无处不在的人机互动，意味着信息交换带来的便捷、愉悦和生命延展，人与工业产品走向共生。

在 2010～2020 年，海信从单一产品智能化到全套智能化解决方案再到智慧生态，从场景到情景，从互联网到移动互联网再到 AIoT[①]，家庭和城市被重新想象，今天和未来相互交融。很荣幸，海信见证了这场巨变，并对未来有了新的思考。

海信认为，智慧生活，必然是多元、全域且全面的，必须是完全打通家庭、社区和城市的全场景、全业态、全智能的新生活方案，是智慧城市、友好社区与品质家庭的无缝连接与融合。海信智慧新生活战略可以简单地概括为：“1×3×N”，即一屏、三域、全业态。

① AIoT（人工智能物联网）=AI（人工智能）+IoT（物联网）。

所有的智慧生态产业，本质上都是家庭和人的有效时间、使用体验、数据资产和入口的争夺。5G+边缘计算带来的全新应用场景之下，电视将成为家庭单位的控制中枢和人工智能中台，成为智慧家庭的核心。

如今是智慧生活时代，海信总裁贾少谦认为，海信将制定智慧新生活战略目标，全面启动“1 × 3 × N”智慧新生活战略[①]，“以生态屏构建屏幕之网”彻底打通家庭社区和城市，为用户提供至简、品质、有爱的智慧新体验。关于智慧新生活战略，很多企业提出了规划和布局，但是海信在智慧新生活战略方面与其他产业是不同的，海信经过多年产业布局调整与技术攻坚，已经成为唯一一家同时在智慧社区、智慧城市领域的实际应用和技术储备上深耕已久且持续领跑的企业。海信也正是基于这种独特的产业和技术优势，始终认为智慧生活不只是智慧家庭，真正属于人类未来的智慧生活必然是走出客厅、卧室和厨房，走向社区与城市，无时无刻无处不在。真正属于未来的智慧生活必然是多元、全域且全面的，必须是完全打通家庭、社区和城市的全场景、全业态、全智能的新生活方案，是智慧城市、友好社区与品质家庭的无缝连接与融合。

三、企业资源计划系统理论实践

2000 年 3 月开始，海尔集团内部逐步实施企业资源计划管理系统——R/3 系统，实现了企业管理生产流程的再造，海尔集团也由此走上了腾飞的道路。

1. 海尔企业资源计划的准时生产理念

准时生产，即“只在需要时，按需要的量，生产所需的产品”，通过有效的计划和控制，追求零库存、零浪费、零不良、零故障、零灾害、零停滞，持续不断地提高生产效率。

2. 业务流程再造

1999 年海尔开始实施并逐步完善以市场链为纽带的业务流程再造模式，从根本上对原来的业务流程进行彻底的重新设计，把直线职能型的结构转变成平行的流程网络结构，优化管理资源和市场资源配置，实现组织结构的扁平化、信息化和网络化，从结构层次上提高企业管理系统的效率，并增加其柔性。通过市场链把终端客户的满意度，无差异地传递给每一个业务流程和岗位，以 SST[②]为手段，以订单为凭据，体现出了市场链管理流程中部门与部门之间、上道工序与下道工序之间互相吻合的关系，使每一个流程都有自己的直接顾客，每一个流程都与市场零距离。流程的工作方式是针

---

① 海信公布“1×3×N”战略描绘未来智慧生活场景. https://tech.gmw.cn/2020-11/05/content_34342454.htm，2020-11-05.

② SST：市场链就是上下工序、上下岗位之间通过“索酬、索赔、跳闸”形成市场关系、服务关系，也叫“两索一跳”，依据索酬、索赔、跳闸汉语拼音的第一个字母，也可叫作 SST。

对顾客的要求主动做，而不是待向上级请示后再做，从而快速满足顾客的个性化要求，为“看板管理”奠定了基础，以此强化了企业的市场应变能力，促进了企业的可持续发展。海尔企业市场链的内容包括信息→制造→售前→售中→售后→信息。

3. 财务同步

财务管理是企业的核心，企业一切的物流都要伴随资金流和信息流的发生，这也是企业资源计划的主要思想之一。海尔的财务同步管理是由三大模块，即销售与分销模块、财务管理模块和管理会计模块实现的。其中，销售与分销模块主要功能就是在销售的整个流程中，由单据跟踪整个销售，并进行单据间的转换，正如流程再造中提到的以订单为凭据，连接业务流程中的每一个步骤，具体流程如下：产品报价→建立初步订单→信用审核→库存查询→建立正式订单→订单处理（修改、撤销、跟踪）→发票开出→开出发货单→货物发运。企业资源计划的单据跟踪功能最大限度地减少了单据间转换所需的时间和填写单据时所发生数据错误的可能性，大大提高了销售的效率。同时由单据跟踪销售的全过程，企业可以很好地掌握每一件商品任何时间所处的状态。

4. 企业资源计划 生产计划管理——看板管理

“看板管理”是丰田公司20世纪50年代创造的一种新型的管理模式。在企业资源计划的基础上，海尔的看板管理制度又有了新的发展。以前纸制的看板被计算机系统所取代，由计算机系统去完全控制生产的每一道工序，由于企业资源计划系统的财务同步功能，计算机掌握了所有的即时销售信息，当销售单正式确立时，便可直接转化成制造单，传到最下游的制造中心，下游的制造中心直接去上一个制造环节提取物料进行生产，而在提货的同时，企业资源计划系统也将通知上游生产中心进行生产，由此生产信息按照生产流程从最下游一直传到最上游，全程的各种信息都由企业资源计划系统所掌控，也由其负责调节生产能力和配发物料。配发物料是利用物料清单资料，同时考虑现有库存可用量等信息，计算物料需求，进行调配。企业资源计划使得看板管理的效率大大提高，而且精确度更加准确，强化了市场应变能力。

5. 企业资源计划扩展

海尔企业资源计划的扩展主要表现两个方面：供应链管理与网上采购系统。

1）供应链管理

海尔企业资源计划新供应链流程为客户定制产品→根据销售量补充进货→只生产市场需求的产品→根据精确的生产需求在线购买生产原料，以前的旧供应链则为购买物料→制造产品→把货物运到市场→通过零售商进行销售。新的供应链管理模式，由需求驱动生产，使得客户和供应商可以结成伙伴一起实现缩短响应时间、增加灵活性、提高生产率和服务质量、降低成本等目标，而且长远的目标是通过削减重复劳动和供应链中各个环节之间的信息共享赢得并保持竞争优势。

2）网上采购系统

海尔建立的自己的网上采购系统 BBP①，实现了企业的电子商务运作，使得客户和供应商、供应商和分销商之间建立起了交互式关系，BBP 为产品和服务的买卖行为提供了以信息为基础的交易渠道。海尔是采用订货点法实现准时生产采购的，供货商得到相应的授权，可以直接登录到海尔的内部网站，察看海尔的物料存储情况，如果低于采购点，供货商直接可以向海尔发送货物，在较大程度上节约了采购时间，同时其他企业也可以登录海尔的网站，在网上对海尔的工程和计划进行投标。而 B2C②则体现了个性化需求方面的创新，任何客户均可以在海尔的电子商务网站上按照一定规则，自行设计出符合个人要求的 DIY 产品。由于海尔的数字化生产和看板式管理，个性化并不会增加成本，但却大大提高了顾客的满意度，形成了以顾客为导向的生产销售模式。

案例分析 “好想你”：小红枣的可持续发展之道

① BBP（business-to-business）：这是商业领域中的一种常见缩写，指的是企业与企业之间的商业活动和交流。

② B2C 是指电子商务的一种模式，也是直接面向消费者销售产品和服务商业的零售模式。

第四章 组 织

互联网时代的到来加速了企业外部环境变化，信息技术的应用促使组织严格的层级概念逐渐淡化，新型的组织结构不断涌现。本章首先梳理传统组织结构理论、人力资源管理、组织变革的动因及其管理等；其次，阐述信息技术下出现的一些组织类型，因环境问题和应对外部环境不确定性而出现的绿色人力资源管理和柔性人力资源管理，来自动态和组织种群视角的组织生命周期理论和组织生态学理论等；再次，介绍了数字经济下组织结构建设和人力资源管理的实践，以及物联网环境的企业组织结构变革；最后，讲述顾渚景区乡村民宿的组织变革过程，以期帮助读者了解组织结构适应环境变化的调整过程。

第一节 组织理论基础

作为名词时，组织（organization）是指为了某种特定的目标，经由分工合作、具有不同层次的权力和责任制度而构成的人的集合；当作为动词时，组织（organizing）则是管理的职能之一，指通过分派任务与责任、协调人员与资源、建立组织结构来完成共同目标。换言之，组织就是通过设计组织内的结构并维持相互之间的关系，以使组织成员能为实现组织的目标而有效协调工作的过程。

理想的组织结构须发挥三大作用：一是使各级管理者能适时获得资讯，以减少他们决策时的不确定因素；二是每个组织成员拥有足够的职权，顺利且有效地推动他们的工作；三是组织结构能规范成员间的关系，以确保所有的重要任务能井然有序地得以分派、督导和完成。

一、组织结构与设计

管理学家所确立的组织设计基本要素是管理者可以遵循的组织结构原则。下面将介绍组织结构设计的六种基本要素：工作专门化、部门化、指挥链、管理幅度、集权与分权以及正规化。

1. 组织结构的基本要素

1）工作专门化

工作专门化又称劳动分工，是指把工作活动分成多个单个任务，为了提高产出或工作效率，每个人专门从事工作的某一部分而不是整项工作。

工作专门化高效地利用了员工所拥有的各项技能。在大多数组织中，一些任务要求高水平技能，一些任务则可以由技能水平低的员工来完成。如果所有员工都从事某一生产流程的所有步骤，那么他们就需要具备所有必要技能以完成最需要高水平技能和最不需要高水平技能的工作，因此，除了完成要求高技能或高度复杂的任务，员工还将从事低于他们技能水平的工作。此外，技能型员工通常拥有比非技能型员工更高的工资，由于工资反映的是技能的最高水平，所以所有员工都将获得高技能水平的工资，而事实上他们却做着简单的工作，致使组织资源被低效利用。

在 20 世纪早期，工作专门化的普及带来了生产效率的大幅提高。但物极必反，在劳动分工达到某种程度之后，劳动分工所造成的人的非经济性（如厌倦、疲劳、低生产率、糟糕的质量、频繁的旷工和高的离职率等）就会超过原有的经济优势。因为劳动分工可以帮助员工提高效率，所以当今的多数管理者仍将工作专门化视为重要的组织机制。

2）部门化

在决定每个工作任务由谁来完成之后，共同的一些工作需要组合在一起，以使工作可以以一种协调一体化的方式完成。工作岗位组合到一起的方式称为部门化。通常有五种部门化的类型，见表 4-1，多数大型组织采用表 4-1 中的大多数或所有这些部门化类型的结合形式，但一个组织也可以开发自己独特的划分标准和形式。

表 4-1　部门划分类型

类型	做法
职能部门化	根据职能组合工作岗位
产品部门化	根据产品线组合工作岗位
顾客部门化	根据特定的、独特的顾客组合工作岗位
地区部门化	根据地区组合工作岗位
流程部门化	根据产品或客户的流动组合工作岗位

当今部门化有以下两种流行趋势：一是顾客部门化，因为顾客对于企业的成功至关重要，而这种方法因强调监控和回应顾客需求的变化而行之有效；二是跨职能团队，即来自不同职能领域的个体组成工作团队。

3）指挥链

指挥链（chain of command）是指从组织的最高层延伸到最底层，用以界定汇报工作渠道的职权链。它与职权和职责紧密相关。

职权指的是某个管理职位本身所具有的发布命令和让命令得到执行的权力。指挥链中的管理者被赋予职权以开展他们的工作，即协调和监管其他人的工作。当管理者利用他们的职权向员工分配工作时，这些员工就承担了履行这些任务的义务，履行任务的义务就是职责。职权可以往下授予更低层级的管理者，但在赋予他们某种权力的同时，需要对这些权力的实施范围施加某种程度的限制。

早期的管理者区分了两种形式的职权：直线职权和参谋职权。直线职权（line authority）是指管理者指挥其下属工作的权力，拥有直线职权的管理者有权指导下属人员的工作，并且可以不征求他人意见而自主作出某些决策。在指挥链中，每一位管理者也同样要服从其上级的职权。当组织规模扩大并变得更为复杂后，直线管理者发现他们没有足够的时间、能力或资源使他们的工作得以顺利进行，为此，他们创建了参谋职权（staff authority），即向拥有直线职权的管理者提供支持、帮助和建议的职权，并从总体上减少他们的一部分信息和情报负担。

早期的管理理论家认为，指挥链、职权、职责至关重要，但是今天，信息技术使得这些概念并不是那么重要了。员工可以在几秒内获得过去只有管理者才能知晓的信息。如果各方都能管理好沟通、冲突等，那么指挥权、职责等就远不如以前重要了。

4）管理幅度

管理幅度（span of control）指组织中上级主管能够直接有效地指挥和领导下属的数量。组织中管理职位等级的数目被称为管理层次（级）。一个组织管理层次的多少，受组织规模和管理幅度的影响。在管理幅度给定的条件下，管理层次与组织的规模成正比，即组织规模越大，员工数量越多，其所需的管理层次越多。在组织规模给定的条件下，管理层次与管理幅度成反比，即每个主管所能直接控制的下属人数越多，所需的管理层次越少。

任何组织在进行结构设计时，都必须考虑这样一个问题，每个主管人员直接指挥与监督的下属人数以多少为宜。一般来说，即使在获得成功的同一组织中，每位主管直接管辖的下属数量也不一定相同。有效管理幅度受到管理者本身的素质及被管理者的工作内容、能力、工作环境、工作条件等诸多因素的影响，每个组织都必须根据自身的特点来确定适当的管理幅度和相应的管理层次。

当今的管理幅度并没有所谓的“神奇”数字，近些年的趋势朝着管理幅度扩大化的方向发展，这与管理者提高决策速度、增强灵活性、更贴近顾客、向员工授权和降低成本的努力相一致。管理者逐渐意识到，当员工充分了解他们各自的工作和组织流程时，管理者可以应对更大的管理幅度。

5）集权与分权

“应在什么层次作决策”是组织职能须回答的问题之一。集权（centralization）是指决策权在多大程度放在组织上层，分权（decentralization）则是指下层管理者提供信息意见或实际作出决策的程度。集权与分权不是一个非此即彼的概念，只是程度上的不同，也就是说，没有绝对的集权，也没有绝对的分权。

在集权组织中，决策权在较大程度上向处于较高管理层次的职位集中；在分权组织中，决策权则在较大程度上分散到在较低管理层次的职位。对于具体组织来说，必须区别不同情况，有针对性地采取集权与分权的做法，但令人遗憾的是几乎所有的组织都普遍存在集权倾向。过分集权存在以下三个方面的弊端：一是降低决策的质量。大规模组织的主管远离基层，基层发生的问题经过层层请示汇报后再作决策，这不仅影响决策的及时性，还影响决策的正确性。二是降低组织的适应能力。过分集权的组织可能会使各个部门失去自适应和自调整的能力，从而削弱组织整体的应变能力。三是降低组织成员的工作热情。权力的高度集中使得基层管理人员和操作人员的积极性、主动性、创造性下降，从而使组织的发展失去基础。

分权虽然是必要的，组织中也存在许多有利于分权的因素，但同时也存在着不少阻碍分权的因素。从促进分权的角度来看，组织规模的扩大、组织活动的分散化，以及培养后备管理队伍的需要，都会对分权提出要求；而组织中维护政策与命令一致性的要求、缺乏分权所需的合格管理人员的现实，又使得组织的高层管理者不愿分权。通常，分权可以通过改变组织设计中的权力分配权（即制度分权）和主管人员在工作中授权两种途径来进行。

管理者通常会选择能够促使最好实施决策和实现组织目标的集权或分权。然而，在一个组织中发挥作用的集权程度，并不意味着一定会在另一个组织中发挥作用，所以管理者必须为各自的组织及其中的每一个工作单位确定最合适的分权程度。

6）正规化

正规化（formalization）指的是组织中各项工作的标准化程度以及员工行为受规则和程序指导的程度。高度正规化的组织拥有清晰明确的组织描述，大量的组织规章制度以及涵盖各项工作流程的明确程序，在这样的组织中，员工几乎无权决定做什么、何时做以及怎样做。而在正规化程度低的组织中，对于怎样进行工作，员工有更大的自主权。

尽管一定程度的正规化对于组织的一致性和控制是必不可少的，但今天的许多组织越来越少地依赖严格的规章制度和标准化来指导与规范员工的行为。考虑到许多情况下规章制度可能过于严格，很多组织给予员工一定的自由度，让他们可以自由地作决策，但这并不意味着可以抛弃组织中所有的规则，因为有些规则是员工必须遵守的，有的规则是让员工根据情况灵活把握的。

2. 机械式组织与有机式组织

根据以上组织结构基本要素设计的不同，组织形式可分机械式组织和有机式组织两种，这两种不同组织形式的比较见表 4-2。

表 4-2 机械式组织与有机式组织

维度	机械式组织	有机式组织
工作专门化	高度的专门化	跨职能组织
部门化	严格的部门化	跨层级团队
指挥链	清晰的指挥链	信息的自由流动
管理跨度	狭窄的管理跨度	较宽的管理跨度
集权与分权	集权化	分权化
正规化	较高程度的正规化	较低程度的正规化

资料来源：斯蒂芬·罗宾斯，玛丽·库尔特. 管理学. 13 版. 刘刚，程熙鎔，梁晗，等译. 北京：中国人民大学出版社，2017.

机械式组织是一种僵化和严密控制的组织设计。在机械式组织中，指挥链原则上确保了一种正式的职权等级，使得每一位员工都有上级进行控制和监督。随着组织最高层与最底层之间距离的不断拉大，高层管理者会采用更多的规章制度来施加影响。

有机式组织是一种具有高度适应性的组织设计。在有机式组织中，员工往往是技术过硬的专业人士，所从事的工作并不是标准化的，职业准则指导他们的行为。有机式组织也存在劳动分工，但专业程度较低，高层管理者很可能缺乏制定必要决策所需的专业知识。

3. 常见的组织结构类型

尽管从理论上说，组织结构的形式可以有无数种，但在组织中实际采用并占主导地位的则仅仅是其中的几种，即直线制、职能制、直线职能制、事业部制、企业集团组织形式等。当然，各类组织形式没有统一的优劣之分，不同的环境、不同的企业、不同的管理者，都将有其最为合适的组织形式。

1）直线制

直线制形式（图 4-1）是最古老的一种企业管理组织形式，多见于规模较小、技术简单的生产组织中。其特点是企业的一切管理工作，均由企业的厂长（或经理）直接指挥和管理，不设专门的职能机构，至多有几名助手协助厂长工作，企业日常生产经营任务的分配与运作，都是在厂长的直接指挥下完成的。

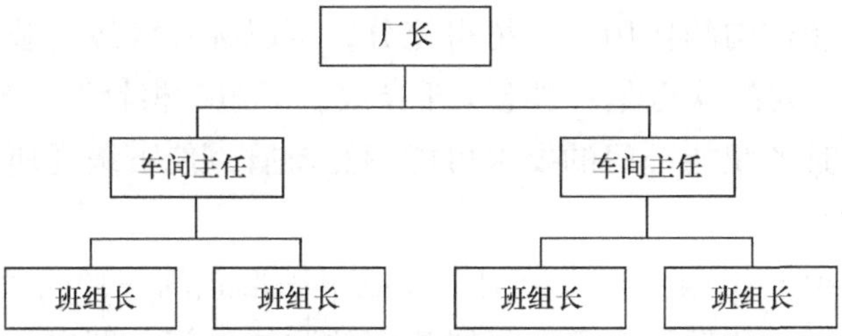

图 4-1 直线制组织形式

资料来源：姚顺波. 现代企业管理学. 3 版. 北京：科学出版社，2015.

直线制组织的优点是管理机构简单，管理费用低，厂长的指挥命令系统单一，命令统一，决策迅速，责任明确，指挥灵活，直接上级和下级关系清晰，维护纪律和秩序比较容易。这种组织形式要求企业的领导者精明能干，具有多种管理专业知识和生产技能知识。但是，这种管理方式也有明显的不足：一是专业水平低。由于该种组织实行垂直领导，每个层级的管理者需要承担部门的所有工作，所以专业化程度低。二是缺乏横向沟通。组织中的成员只注意上情下达和下情上达，缺乏横向沟通通道，造成了成员之间横向联系差。三是对管理人员要求高。因为直线制组织中的管理者需要全方位负责本部门的工作，所以要求每一名管理者都通晓部门的所有事务，这势必造成人员配备的困难。

2）职能制

职能制组织形式（图 4-2）是在直线制组织的基础上发展起来的。为弥补直线制的缺点，军队组织开始设置参谋职位，职能制组织就此产生。职能制组织形式采用专业分工的管理者代替直线制的全能管理者，在组织内部设立职能部门，各职能机构在自己的业务范围内，有权向下级下达命令和指示，直接指挥企业的生产经营活动；各级负责人除了服从上级行政领导的指挥外，还要服从上级职能部门在其专业领域的指挥。

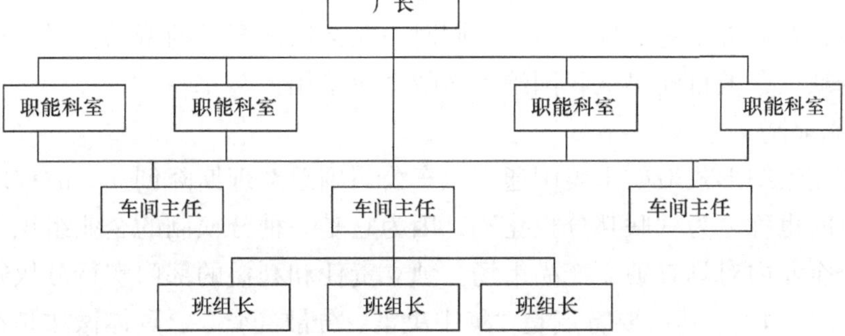

图 4-2 职能制组织形式

资料来源：姚顺波. 现代企业管理学. 3 版. 北京：科学出版社，2015.

职能制的主要优点是专业化程度高，能够减轻管理人员的压力。由于每个管理者只负责一方面的工作，因而有可能发挥专家的作用。专业管理工作做得较细，对下级工作指导具体，职能机构的作用若发挥得充分，可以弥补各级行政领导人管理能力的不足。这种职能制主要的缺点是："上头千条线，下边一根针"，容易形成多头领导，削弱统一指挥。有时各职能部门的要求可能相互矛盾，使下级无所适从。

3）直线职能制

直线职能制组织形式（图 4-3）是对职能制组织形式的一种改进，是以直线制组织形式为基础，在各级行政领导之下，设置相应的职能部门，即在保持直线制组织统一指挥的原则下，增加了参谋机构。它的特点是只有各级行政负责人才具有对下级指挥和下达命令的权力，而各级职能机构只是作为行政负责人的参谋发挥作用，对下级只起到业务指导作用。有些职能机构（如人事、外事、财务等部门），只有当行政负责人授予他们直接向下级发布指示的权力时，才拥有一定程度的指挥职权。

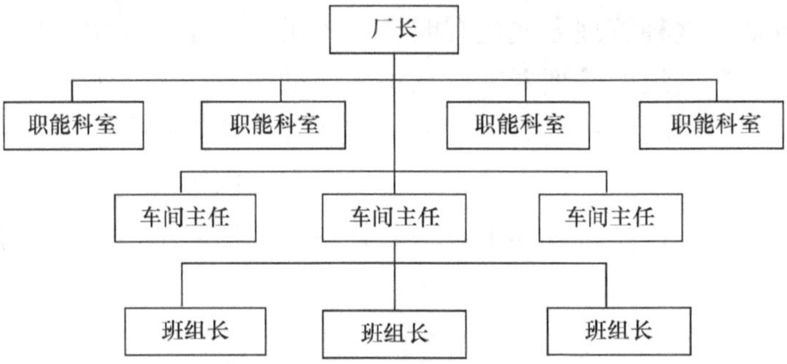

图 4-3 直线职能制组织形式

资料来源：姚顺波. 现代企业管理学. 3 版. 北京：科学出版社，2015.

直线职能制综合了直线制和职能制的优点，既保证了集中统一指挥，又能发挥各种专家业务管理的作用。它的缺点是各职能单位自成体系，不重视信息的横向沟通，工作容易重复，职能单位之间出现矛盾和不协调时，效率不高，进而对组织运作产生不利影响。如果授权职能部门权力过大，容易干扰直线指挥命令系统。另外，职能部门缺乏弹性，对环境变化的反应迟钝，同时，还会增加管理的费用。尽管这种组织形式还有不少缺点，但目前仍被我国绝大多数企业采用。

4）事业部制

事业部制组织形式最初由美国通用汽车公司副总经理斯隆创立，故称之为"斯隆模型"，有时也称之为"联邦分权化"，因为它是一种分权制的企业组织形式。事业部制是一个企业内对具有独立产品市场、独立责任和利益的部门实行分权管理的一种组织形式（图 4-4）。其主要特点是"集中决策、分散经营"，具体做法是在总公司下面按产品或地区划分为许多个事业部或分公司，它们都是独立核算、自负盈亏的利润中心。总公司只保留预算、重要人事任免和方针战略等重大问题的决策权，其他权力尽量下放。事业部在不违背公司总目标、总方针的前提下，充分发挥主观能动性，自行处理日常经营活动。

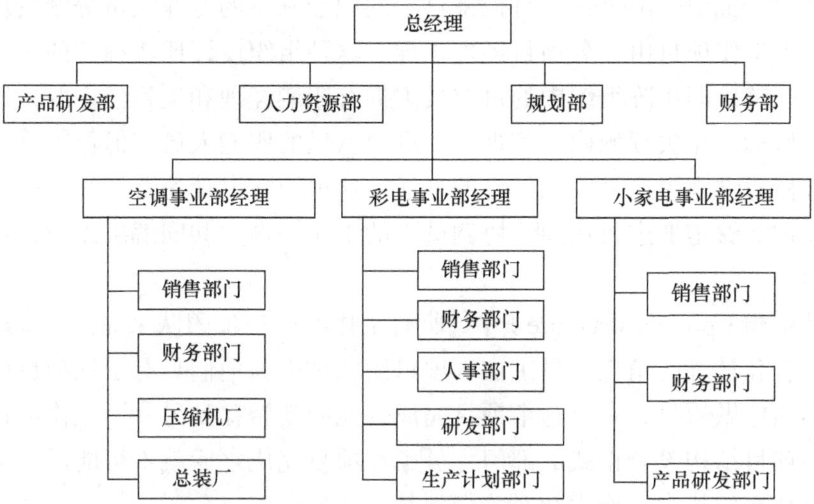

图 4-4 事业部制组织形式

资料来源：姚顺波. 现代企业管理学. 3 版. 北京：科学出版社，2015.

事业部制组织的优点是公司能把统一管理、多种经营和专业分工更好地结合起来，公司和事业部的责、权、利划分得比较明确，能较好地调动经营管理人员的积极性，提高了组织对环境的适应能力；通过各个事业部门独立进行生产经营活动，对经营结果负完全责任，可以为公司不断培养出高级管理人才。

事业部制组织的主要缺点是公司需要许多素质较高的专业人员来运作和监督事业部的生产经营活动；整个公司的管理机构较多，管理人员所占比重较大，致使管理成本上升；由于分权可能出现架空公司领导的现象，从而削弱对事业部门的控制；各事业部门都有本部门独立的经济利益，相互间竞争激烈，容易滋生本位主义。

4. 适应性强的组织设计

管理者发现传统的组织设计往往不适合当今日益复杂多变的环境，在当今的环境下，组织必须精干、灵活和富有创造精神，也就是说，需具有有机式组织的特征。在下文，笔者首先介绍当代的组织设计，接着讨论组织如何通过工作上的协同、灵活的工作安排和灵活就业的员工队伍来应对这些需求。

1）当代组织设计

（1）团队结构。团队结构（team structure）是指整个组织由多个工作小组或团队组成的一种组织结构。在这种组织结构中，员工授权至关重要，因为并不存在从组织最高层延伸到最底层的管理职权链。员工团队以他们认为最佳的方式来设计和完成工作，但这些团队也承担他们在各自领域中完成所有工作绩效的责任。在大型组织中，团队结构通常是职能结构或事业部结构的一种补充，使得组织在拥有科层结构高效性的同时，也具备了团队结构的灵活性。

（2）矩阵结构与项目结构。下文，笔者将分别介绍这两种结构。

矩阵结构（matrix structure）是把来自不同职能领域的专业人员分派去从事各种工作项目，每个工作项目由一名项目经理领导。这种组织设计比较独特的是，它创造了一种双重指挥链，即矩阵组织中的每位员工拥有职能经理和项目经理两位经理。项目经理在项目目标的相关领域内，管理着项目团队里的职能人员，但员工晋升、薪酬管理、年度考核通常来说还是职能经理的责任。这种矩阵设计违背了统一指挥的原则，如果两位经理能够定期进行沟通，协调员工的工作要求并共同解决矛盾，这种结构是行之有效的。

在项目结构（project structure）中，所有工作都由员工团队来完成，管理者扮演协助者、指导者和教练的角色。员工加入项目团队是因为他们具有了该项目所必需的技能，员工不断地做项目，一旦这个项目完成，他们就转移到另一个工作项目。与矩阵结构不同，项目结构没有正式的部门，员工在项目完成之后就不可能返回部门，员工要把自己所特有的技术、能力和经验带到其他项目中。

（3）无边界组织。无边界组织（boundaryless organization）是一种不被各种预先设定的横向、纵向或外部边界所定义或限制的组织。这个术语是通用电气的前董事长杰克·韦尔奇（Jack Welch）最早提出来的，因为他要消除通用电气内部纵向和横向的边界，消除公司与顾客和供应商之间的障碍。当今许多成功的组织发现，保持灵活性和非结构性可以达到最佳的运作效果，对它们而言，理想的组织结构是不存在僵化的、有边界的和预先确定的结构的。

边界一般分为两种类型：一类是内部边界，即工作专门化和部门化所形成的横向边界以及把员工分成组织层级和等级的纵向边界；另一类是外部边界，即把组织与其顾客、供应商以及其他利益相关者分隔开的边界。为了模糊，甚至消除这些边界，管理者可能会采取虚拟组织或者网络组织的设计方式。虚拟组织（virtual organization）由少数全职核心员工和临时聘请来做项目的外部专业人员组成。网络组织（network organization）指的是利用内部员工完成部分工作的同时，也利用外部供应商网络提供其所需要的其他产品部件或工作流程，这种组织形式有时被制造企业称为模块组织，其可以使组织专注于其最擅长的领域，而把其他业务外包给其他最在行的企业。

（4）学习型组织。学习型组织（learning organization）指的是具有持续学习、适应和改变能力的组织。当今管理所面临的挑战在于，如何有效鼓励并使知识工作者有能力解决日常工作中那些无法预料到的问题。在学习型组织中，员工不断获取和分享新知识，身体力行，并将这些知识应用于决策和执行工作，组织的这种能力，即学习及在组织工作中运用所学知识的能力，也许是竞争优势唯一的可持续来源。

彼得·圣吉（Peter Senge）提出经过以下五个方面的修炼，管理者和员工会不断培养出全新的思维方式，从而使得企业转变成学习型组织。第一，系统思考。系统思考的关键在于具有系统观点和动态观点，它的艺术就是要看穿复杂现象背后所引发变化的结构。第二，自我超越。自我超越是一种愿景，也是实现愿景的过程，目的是将“不断突破极限”深化到组织成员的潜意识之中。第三，改善心智模式。心智模式是深植于人们内心的思维逻辑。改善心智模式要求组织成员不断反思自己的心智模式和对他人的心智模式进行探寻，以提高组织的适应能力。第四，建立共同的愿景。组织在持续不断鼓励发展个人愿景的同时，将个人的愿景整合成组织的共同愿景，驱使员工为之而奋斗和奉献。第五，团体学习。团体学习是发展组织成员整体合作与实现共同目标能力的过程，只有将个体的力量整合为整体的力量，提高集体的能力才能达到组织学习的目的。

在学习型组织中，员工在整个组织范围内跨越不同的职能领域，甚至在不同的组织层级上，分享信息、相互协作。授权式的工作团队如果具有学习型组织结构的重要特征，则获得授权的员工和团队几乎不需要“上司”来实施管理，领导的职责就是促进组织共同愿景的达成，并确保组织成员朝既定的目标努力。

以上组织设计的优缺点见表 4-3。

表 4-3　当代组织设计优缺点

组织结构	优点	缺点
团队结构	员工参与和员工授权的程度较高，各个职能领域之间的障碍较少	没有清晰的指挥链，团队承受工作压力
矩阵结构与项目结构	流动灵活的设计能提高组织对环境变化的反应	为各个项目指派合适的人员很复杂，任务与个性会有冲突
无边界组织	拥有高度灵活性和快速响应能力，能够有效利用在任何地方挖掘到的人才	缺乏控制，沟通比较困难
学习型组织	实现整个组织范围内的知识共享，拥有竞争优势的持续来源	由于担忧失去权势，有些员工不愿意共享知识

资料来源：Robbins S P, Mary C. Management. 13th ed. Chennai: Pearson India, 2017.

2）弹性工作方式

（1）灵活的工作安排。由于科技的发展，现在人们可以在任何时间、任何地点完成工作。组织需要调整自身的结构设计以适应新的形势，因此，我们发现有更多的组织采用了灵活的工作安排，包括远程办公、压缩工作周、弹性时间、工作分享等，这些工作方式不仅充分利用了科技的力量，而且可以使组织随时随地根据需求配置员工。

远程办公（telecommuting）是员工在家工作并通过电脑与办公场所联系的一种工作安排。当然，并非所有的工作都适合远程办公。过去，在家工作曾被认为是少数幸运员工才享有的“轻松活儿”，并且这种安排不会经常得到允许；现在，很多企业都认为远程办公必不可少，因为远程办公可以使公司节约固定的办公场所、设备或停车场等固定成本。尽管远程办公有很明显的吸引力，但许多管理者还是不愿留意让他们的员工成为“笔记本电脑游民”。他们认为，员工很可能会将时间浪费在浏览网页或网络游戏上，而不是用在工作上，并且将完全失去工作场所中的社会交往。

管理者有时发现他们需要采用弹性工作安排来对工作进行重新设计。常用的弹性工作安排有三种：第一种方式是压缩工作周（compressed workweek）。员工每天工作时间延长，但每周工作天数减少，最常见的是每天工作 10 小时，每周工作 4 天。第二种方式是弹性工作时间（flexible work hours），员工被要求在一周内工作一定的时数，但可以在不同的时间段工作。在弹性工作制下，公司会要求所有员工在某些重要时间段在岗，而开始、结束、午餐时间可以自行安排。第三种方法是工作分享（job sharing），即让两人及两人以上员工分担一份全职工作。该种工作设计可以吸纳那些想工作却又不希望承受全职岗位所带来的各种要求和麻烦的人士为组织服务。

（2）灵活就业的员工。灵活就业员工（contingent workers）指的是临时工、自由职业者或合同工，其工作岗位取决于组织对其服务的需要。管理者必须认识到，灵活就业的员工不是传统意义上的员工，他们没有正式员工那样的工作稳定性和安全感，可能对组织缺乏认同感、奉献精神和干劲。然而，如果有良好的沟通，灵活就业的员工也能成为像正式员工一样有价值的资源。管理者必须意识到其职责就是激励所有的员工，包括正式员工和灵活就业员工，全身心地工作，并把工作做好。

5. 影响组织结构选择的因素

高层管理者通常绞尽脑汁以寻求一种合适的组织结构，而合适的组织结构通常取决于五种影响因素：环境不确定性、战略、技术、规模和组织生命周期。

1）环境的不确定性

环境的不确定性是由两种因素构成的：环境复杂度和环境变动度。环境复杂度是指在环境当中存在的影响组织运作因素的数量，数量越多，复杂度越高。如果一个企业必须同时考虑技术条件、原材料供给是否短缺、市场是否成熟等，则这样的企业面临的环境复杂度比那些只需要考虑技术条件的企业面临的环境复杂度高。环境变动度是指各因素改变的程度，比如，若顾客偏好变化速度快，则环境变动度高。环境复杂度和环境变动度共同影响着组织环境的不确定性。在简单稳定的环境中，机械式组织可能更有效，不确定性程度越高，组织越是需要有机式组织设计所具备的灵活性。

2）战略

在确定组织战略后，组织必须采取适当的组织设计落实战略，著名的企业史学家艾尔弗雷德·D. 钱德勒（Alfred D.Chandler）提出“结构追随战略”，主张组织设计应该视战略而定。当组织采取低成本战略时，由于低成本战略强调标准化，重视作业控制，因而强调标准化的机械式组织能够支持低成本战略的实施；当组织采用差异化战略时，由于差异化经常需要创意支持，因此强调给予员工自由决策空间的有机式组织更为合适。

3）技术

技术是指组织用来生产产品或提供服务的知识、工具、设计及工作技巧，包括技术复杂度和技术相依度两个维度。技术复杂度是指生产产品或提供服务过程中机械化的程度，高技术复杂度代表大部分的工作是由机械完成的。关于技术复杂度影响组织结构的研究最早可以追溯到英国的社会学家琼·伍德沃德（John Woodward），她对南部的一些小型生产商进行研究，以确定哪些组织结构设计要素与组织的成功相关联。她根据技术复杂度将企业的技术分为单件小批量生产、大批量生产和流程生产三类，研究表明，技术是决定组织结构的一项重要因素。不同技术复杂度下的组织结构特征见表 4-4。

表 4-4 各种生产技术下的组织结构特征

组织结构特征	单件小批量生产	大批量生产	流程生产
管理层级/层	3	4	6
高层管理幅度/人	4	7	10
基层管理幅度/人	23	48	15
工人：参谋	8：1	5.5：1	2：1
规范化程度	低	高	低
集权化程度	低	高	低
总体结构	有机式	机械式	有机式

资料来源：Woodward J.Industrial Organization: Theory and Practice. New York: Oxford University Press, 1965.

整体而言，单件小批量生产由于标准化程序较少，依靠弹性的生产方式或具有高度手艺技巧的工匠在从事生产，因此组织结构是有机式的。大批量生产是依靠标准化及生产化的工作程序，因此组织结构式是机械式的。流程生产是由于每一个生产步骤的专业程度都相当高,必须将生产过程中的部分决策权交由负责实际运作的员工完成，因此组织结构偏向有机式。

技术依存度是指组织中不同部门为执行活动而必须交换信息及物料的程度。单件小批量生产、大批量生产和流程生产的技术依存度依次为聚合相依、顺序相依和交互相依。聚合相依指组织中的个别单位独立运作，但各单位产出对组织目标达成都有重要影响，组织主要使用正式化的规则和程序协调不同单位。顺序相依是指组织中某单位必须完成其工作，下一单位才能执行某工作的情形，组织除了正式化的规则及程序之外，还需要设定生产排程计划，才能有效协调不同单位。交互相依是指组织中各单位互为产出投入的情形，在交互相依的情形下，组织必须同时使用正式的规则及程序、生产排程计划，单位间必须互相调整，才能有效协调。

4）规模

当组织规模扩大之后，同样的事务会不断出现，针对不断出现的同样事务，如果未能制定出一套标准的规章制度来解决，则这些事务就被个别对待，这将降低组织处理这些事务的效率。比如，在组织规模仅有5人时，可以不必有员工请假规定，是否准假由最高主管决策即可；但当员工人数多到5000人时，请假频率增加，不可能由最高主管一一核准是否准假，就需要将请假规定、准假与否的标准明确界定出来，以便取得组织内的一致性。规章制度的出现代表组织设计的正式化程度提高。

组织规模扩大后，更多的部门及层级出现，使得组织的复杂度提高，而复杂度提高会伴随着更多的整合需求的出现，因而会有参谋单位的出现。另外，组织规模扩大之后，最高层不可能再对组织中层或基层事务一一过问，就会将部分例行性事务的决策权下放，因此组织分权化的程度提高。

5）组织生命周期

组织如同生物一样，会经历诞生、成长、成熟、衰退、死亡等阶段，组织在不同的阶段会呈现不同的组织结构设计方式。哈佛大学教授拉瑞·格瑞纳（Larry E. Grenier）提出的组织生命周期理论，将组织分为创业、聚合、规范化、成熟、再发展或衰退五个阶段，每个阶段的组织特征不尽相同。

处在创业阶段的组织，其创立者具有高度的企业家精神，此时的组织重点在于为新产品找到市场以求生存，组织内部不会有太多明文规定，正式化程度较低，由于组织规模小，也没有明确的分工，主要的决策是由组织的创始人决定的。进入聚合阶段的组织会发展出较为明确的目标和方向，组织开始出现部门化及正式分工的现象，但结构及沟通还是非正式化的，主要决策由群体共同决定。进入规范化阶段的组织通常已有相当规模，对主要的专业领域（如财务、制造等）进行了部门化，也有更多正式化的规则及程序，控制系统更为集中。成熟阶段的组织通常会出现过度官僚化的现象，当组织进入再发展阶段时，必须设法去除过度的官僚化，因此决策会较为分权。

二、人力资源管理

随着组织结构的建立，管理者需要寻找合适的人来填补空缺的岗位，或者在商业环境下解聘员工，这就是人力资源管理发挥的作用。这是一项重要的工作任务，涉及安排正确数量的正确人选在正确的时间处于正确的位置上。对于管理者来说，人力资源管理的一项重大挑战就是确保自身所在的公司拥有一支高质量的员工队伍，而获得和留住有能力、有才华的员工对每一组织的成功都起着至关重要的作用，因此，每一位管理者做好组织管理的工作之一就是作好人力资源管理。

但凡组织内部与人有关的事情都可以说是人力资源管理的工作，本部分把人力资源管理的主要工作分为工作设计与工作分析、招聘与甄选、培训、绩效管理与薪酬四项。

1. 工作设计与工作分析

人力资源管理的第一步是工作设计与工作分析。任何一个组织都有不同的工作，每项工作应该包括哪些任务，这就是工作设计要考虑的问题。通过一定的程序，新的工作可能被创造出来，旧的工作可能被调整或消除。

1）工作设计

20 世纪初期，在泰勒科学管理学派的影响下，许多制造业都对生产流程进行任务分析，希望能设计出最有效率的工作安排。随着企业经营环境与观念的改变，工作设计逐渐超越生产流程的范畴。工作设计（job design）是指为了有效地达到组织目标、提高工作绩效，对工作内容、工作职责、工作关系等有关方面进行变革和设计。工作设计所要解决的问题是组织如何向其成员分配工作任务和职责。例如，一个会计人员要如何记账、结账等就属于工作设计的范畴。由于大部分企业的工作都已有一定的程序与规范，所以工作设计的主要意义在分析现有工作并加以重新设计。工作设计有三种不同方法，即机械法、生物法和激励法。

机械法源自科学化管理，其所设计的工作通常属于劳动密集型工作，如生产线工人、快餐店的服务员、搬运工人的工作等。机械法的主要理念是把工作切割成多项任务，每项任务都有标准动作与规则，工作人员可以很容易地被训练，也可以很容易地被替换。生物法主要通过设计机器设备使其符合人体工学的需求。例如，合理的办公家具或办公室设计，可以提高员工生产力，也可以降低对员工的职业伤害。激励法是针对员工的心理需求来设计工作的方法。根据 Hackman 与 Oldham 的研究，在技能多样性、工作认同性、工作重要性、工作自主性和工作回馈性上的改善，可以提高员工对工作的认同感，进而提升员工的工作动机、满意度和出勤率。表 4-5 说明了工作特征对员工心理状态及员工工作结果的改变。

表 4-5　工作特征对员工心理状态与工作结果的改变

核心工作特征	关键心理状态	结果
技能多样性	体验到工作的意义	高出勤率 低离职率 高满意度 强工作动机 高品质工作绩效
工作认同性		
工作重要性		
工作自主性	体验到对工作成果的责任	
工作回馈性	了解到工作活动的实际结果	

资料来源：Hackman J R, Oldham G R. Motivation through the design of work: Test of a theory. Organizational Behavior and Human Performance, 1976, 16(2): 250-279.

在激励法的工作设计下，组织经常用三种方式来提高员工的工作满意度与素质，即工作轮换、工作扩大化和工作丰富化。工作轮换是指员工每隔一段特定时间就换另外一个工作。通过工作轮换的方式，员工可以增加不同的工作经验，学习从不同的角度思考问题，同时也增加组织的用人弹性。工作扩大化是把工作水平式地扩张，也就是说，让一位员工有更多同一性质或等级的任务。工作丰富化则是指将工作垂直式地扩张，即让员工有更多的责任与自主权。无论是工作扩大化还是丰富化，都可以促使工作变化或提高工作的意义，但另一方面，也可能增加工作负担，进而造成员工的不满。

2）工作分析

工作分析（Job analysis）指的是描述与记录工作行为与内容的过程。大致而言，工作分析所要分析的内容包括某一工作的主要职责、工作内容、在组织内的隶属关系、与组织内其他部门的互动关系等。一个工作经过工作分析后，就会产生工作说明书，而工作者所需要的知识、技能与能力，即工作（职位）要求。一般而言，组织中各职位的工作要求会在说明书上呈现。例如，一个财务经理需要具有一定的财务会计相关知识，同时需要具有良好的财务报表制作技能，以及良好的沟通能力。

2. 招聘与甄选

每个组织都需要有人来从事组织经营所必须做的工作。组织如何获得这些人员呢？更重要的是，如何确保获得能干、称职的人员呢？因此，人力资源管理就包括招聘和甄选等工作内容。

1）招聘

招聘是指发现、识别和吸引合格求职者的行为。不论是新创组织还是既有组织，都需要不时地招聘员工。基本上，企业的经营策略、经营模式以及文化都会影响企业的招聘策略与方法。招聘分为内部招聘和外部招聘。

（1）内部招聘。内部招聘是一种从组织内部填补空缺的方式。常用的渠道有两种：

一是组织内部员工的生涯管理机制。员工的生涯管理机制通常建立在完善的人力资源管理系统之上，当组织内部出现一些空缺职位时，该系统就会搜索符合条件的员工来填补所空缺的职位。该种招聘渠道的优点是快速找到符合资格的职位候选人。但组织内部的人力资源管理系统仅能登记客观的信息，如学习经历、语言能力等，而对于主观上的信息，如人格特质、思维判断力等，则一般不会呈现。

二是内部晋升。这是组织内部遴选员工最常用的方式之一，特别是规模较大的组织中一些非管理岗位的空缺，该种渠道被普遍使用。一般来说，采用这种渠道来遴选员工的组织，大多会定期公布所需填补的职位，并公告每项空缺所需要的资格与条件，只要符合资格条件的员工就可以提出申请，然后由人力资源管理部门在组织内部进行晋升考核。该种招聘渠道的优点是公平的遴选方式有助于员工作好职业生涯规划；但其缺点是遴选成本较高，可能阻碍部门主管心目中的人选晋升。

（2）外部招聘。外部招聘常用的渠道有以下四种：

一是员工推荐。员工推荐，即组织通过员工协助来寻找合适的人选到组织任职。被推荐的人选若正式来组织工作，推荐员工通常可获得一些奖励。该种招聘渠道的优点是被推荐的员工倾向于有较好的表现，且流动率较低；其缺点是员工可能推荐与其相似的人，进而使得组织内部的人员逐渐趋于同质化，此外，公平性也会受到怀疑。

二是广告招聘。组织将所需职缺的性质、人数、任职条件等信息刊登在相关媒体，如报纸、杂志、网络上。该种招聘渠道通常可以在短时间内获得较多的求职者，进而从中遴选出较佳的人选。广告招聘通常会使一些不合格的人抱着试一试的心态寄来简历，增加行政人员的工作负担。

三是职业介绍所。职业介绍所先担负起招聘与遴选求职者的任务，再将合适的人选推荐给有人力资源需求的组织作为参考。职业介绍所通常分为公立职业介绍所、私立职业介绍所和猎头公司。公立职业介绍所所提供的职位空缺，大多属于文员或蓝领阶层的工人。私立职业介绍所通常会收取服务费，所填补的职位空缺大多属于公司文员、蓝领阶层以及基层管理者。猎头公司主要招聘薪资较高的中高级经理人员。

四是校园招聘。校园招聘，即组织到高等院校校园中直接招募毕业生的做法。校园招聘是组织获得初级专业员工以及管理类员工的一个重要来源。校园招聘通常有两种形式：一种形式是直接与学校的就业服务机构或相关院系取得联系。这些机构帮助推荐优秀毕业生，然后要求这些被推荐者直接到用人单位参加面试，以及其他甄选测试。另一种形式则是用人单位选择合适的时间在校园中召开公开的宣讲会，向有意向来就业的学生讲解本组织的发展历史、主营业务、组织文化及人力资源管理政策等。校园招聘可以起到两方面的作用：一是在组织确实需要招聘和雇用新人的时候，帮助组织获得恰当的候选人；二是通过校园招聘活动来宣传自己，从而提高组织在学生中的知名度，为组织未来的招聘活动打下良好的基础。

2）甄选

通过招聘活动选出一批求职者之后，接着便进入甄选程序。甄选过程决定了组织所可能拥有的人力资源，对组织未来的人员结构影响重大。人员甄选是一个理性的决策过程，通常包括以下几个步骤：工作申请、雇佣测验、面试、甄选决策、体检和结果通知。

（1）工作申请：工作申请的第一步，即要求求职者填写工作申请表格。一份好的申请表格应包括求职者的基本信息、求职者的权利、雇佣合约范围。

（2）雇佣测验：雇佣测验是辅助甄选决策过程的工具。借由这项测验可测量求职者的某些特质，如智商、人格特质等。不论选择用什么方法来进行人员甄选，组织都必须确认信度与效度的信息。信度是指在各种测量情况下，都能得到稳定的测量结果。效度是指在甄选的过程中评估的技术是否能预测求职者在未来工作上的成绩。大体上，常用的雇佣测验有下列几项：

第一，专业知识测验。专业知识测验是雇佣测验中效度较高的方式之一。当所要甄选的职缺需要专业知识或技能时，如甄选文书撰写人员、计算机程序设计人员、质量管理工程师等职缺，即可使用这项测验来进行甄选。专业知识测验是比较客观的甄选工具，不会有歧视问题，至于能否甄选到合适的人员，则因测验内容的鉴别度而定。

第二，性向测验。有些职缺的工作者无须具备专业的知识，如一般行政人员，则可进行性向测验。性向测验包括学习能力测验（scholastic aptitude test，SAT）、成人智力测验、心理成熟度测验。

第三，实操测验。对一些操作方面的职缺，可以通过实操测验的方式来进行甄选，如驾驶员、打字员等。实操测验包括操作与体能测验两项。对一些需要体力负荷的工作，还需体能测验来筛选合适的人员。

（3）雇佣面试：面试是最常用来与求职者接触的甄选方式，有效的面试需具备两个条件：一是面谈内容要有信度与效度；二是面试人员应具备较强的面试技巧。面试的种类有结构性面试与非结构性面试，结构性面试有预先确定的题目与程序，非结构性面试则无。一般而言，结构性面试无论有无特殊形式，其信度与效度都优于非结构性面试。不过，非结构性面试可以收集到求职者相当有用的数据，如以往的工作经验、未来的职业生涯目标、个人的喜恶等，这些信息很难由其他渠道获得，却可能对甄选结果有较大的影响。

（4）甄选决策：面试结束后，面谈者应将面谈的相关数据填入面试表格，趁印象还清楚的时候评估面试过程，作出正确的甄选决策。值得一提的是，由于面试前，面试者都有事先看过求职者的相关资料，这容易使面试者过度注意负面资料的评估而影响其评估的客观性。

（5）体检：体检，即指一般的健康检查，这是甄选过程的最后一个阶段。通常健康检查需等到求职者通过各项测验与面试后才来进行。健康检查可以达到下列目的：了解求职者的体能状态，并得知其是否适合某项职缺；可以作为求职者健康状况的记录以及将来保险的证明；找出健康的问题后，可以降低员工发生意外的概率。

（6）甄选结果通知：不论录用与否，都应尽快通知求职者。录取者的通知应采取正式的书面形式，除了告知录取的消息外，还应涵盖开始工作时间、地点、职位、薪酬等信息。未录取者，则应撰写一封婉转客气的通知函，表明会将其资料建档，往后若有适当的职缺将视情况优先通知。

3. 培训

成功完成招聘与甄选工作之后，组织就拥有一支具有一定专业技能的员工队伍。但是，拥有一定技能还不能保证员工能够顺利进行工作。新员工一定要适应组织文化，他们必须经过培训并以一种与组织目标相一致的方式来进行工作。人力资源管理部门通常采用上岗培训和员工培训来帮助员工适应环境和提高技能。

1）上岗培训

应聘者一旦被录用，组织就得向其介绍工作岗位和组织情况，这种介绍被称为上岗培训（orientation training），其主要目的如下：减轻新员工在开展新工作时的焦虑；帮助新员工熟悉工作岗位、部门乃至整个组织；帮助他们从“外部人”向“内部人”

转变。上岗培训一般包括两种类型：一是组织上岗培训，让新员工了解组织的目标、历史、经营理念、规章制度以及相关的人力资源政策，如工作时间、薪酬制度、加班要求以及福利待遇等。二是工作部门上岗培训，让新员工熟悉工作部门的目标，明确自身工作如何为工作部门的目标作贡献，也包括向新员工介绍新同事。

很多组织都有正式的上岗培训计划，也有组织采用了相对非正式的方式，通常是管理者安排工作群体中资历较深的员工向新员工介绍周围的同事，以及向新员工介绍工作中的一些重要事项。成功的上岗培训会使得新员工尽快完成从外部角色到内部角色的转变，使其感到适应并有效进行自我调节，降低不良工作绩效的可能性，同时也降低了新员工在入职一两周内突然离职的可能性。

2）员工培训

员工培训（employee training）是一种旨在持久改善员工工作能力的学习经历。随着工作要求的改变，员工技能也不得不随之改变。决定员工需要什么类型的培训，什么时候需要培训以及应该以怎样的形式开展培训，都是管理者的职责所在。大多数员工培训都是在工作岗位上进行的，然而在岗培训可能会干扰工作，可能会在培训期间增加工作失误，如果有些技能培训很复杂以至于不允许边干边学，这时候就应该进行脱产培训。

虽然可以通过一些传统的方式来开展员工培训，但因为基于技术的培训方式在传播信息上更具便利性、经济性和传播性，因此许多组织越来越依赖这样的培训方式。表 4-6 对管理者可能采用的多种传统培训方式和基于技术的培训方式进行了描述。在这些培训方式中，组织将日益依赖于电子化学习和移动应用软件来传达重要信息和开发员工技能。

表 4-6　培训方式

传统培训方式		基于技术的培训方式	
在岗培训	通常是在向员工初步介绍工作任务之后，员工通过实际执行来学习如何开展这些工作任务	CD-ROM/DVD/录像带/录音带/博客	员工视听所选择的传达信息或展示技巧的特定媒介
工作轮换	员工在某个特定领域中从事不同的工作岗位，从而接触各种各样的工作任务	视频会议/电话会议/卫星电视	当传达信息或展示技巧时，员工可以听或参与其中
辅导制	员工跟随一位经验丰富的同事一起工作，该同事向他提供信息、支持和鼓励，在某些特定行业中也称为学徒制	电子化学习	基于互联网的学习，员工可以通过参与多媒体的模拟功能或其他互动模块获得知识或技能
实验练习	员工参与到角色扮演、模拟或其他类型的面对面培训中	移动学习	通过移动设备开展学习
工作手册/指南	员工可以参考培训工作手册和指南，获取相关信息		

资料来源：斯蒂芬·罗宾斯，玛丽·库尔特. 管理学. 13 版. 刘刚，程熙鎔，梁晗，等译. 北京：中国人民大学出版社，2017.

4. 绩效管理与薪酬

一个组织一旦在招聘、甄选、培训上投入了大量的资金，那么它就希望能够留住他们，尤其是高绩效员工。在这方面，有两项人力资源管理活动发挥了重要作用，那就是绩效管理和薪酬。

1）绩效管理

绩效管理是由组织内管理者来评估所属员工行为表现是否符合组织目标的过程。就提升组织的竞争力策略而言，员工的绩效与组织目标密切相关，即组织的策略目标必须结合员工行为的表现，才能达到组织效能。问题是员工的行为表现如何来考评呢。截止到目前，没有一套放之四海而皆准的考评模式。即使如此，对一个组织而言，大多数的人力资源管理活动（如薪资调整、奖金发放、职位调动等）均需参考绩效考评的结果来进行。

通常绩效考核遵循以下步骤：①设立每个职位绩效考核的标准；②确定考核的时间、评估的频率；③评估者收集员工绩效的相关资料；④建立考核委员会，对员工的考核进行讨论；⑤作出考核结果的决策。

在实践中，基于员工个人的绩效考核方法有很多，这些方法大致归为比较法、量表法、描述法三类。

（1）比较法。比较法是一种相对的考核方法，通过员工之间的相互比较从而得出考核结果。这类方法比较简单且容易操作，但对发挥绩效管理作用的帮助不大，不能提供有效的反馈信息，因为这类方法只是靠一种整体的印象来得出考核结果，且无法对不同部门的员工作出比较。比较法主要有以下几种：

第一，个体排序法。个体排序法也叫排队法，就是把员工按照从优到差的顺序依次排列。该方法适用于人员比较少的组织。

第二，配对比较法。这种方式是把每一位员工与其他员工一一配对，分别进行比较；每一次比较时，给表现好的员工记“+”，另一员工记“-”，所有员工都比较过后，计算每个人“+”的个数，依次对员工作出考核——谁的“+”多，谁的名次就排在前面。

第三，人物比较法。人物比较法是在考核之前，先选出一名员工，以他的各方面表现为标准，对其他员工进行考核。

第四，强制分配法。这种方法首先确定出绩效考核结果的等级，然后按照正态分布的原则确定出各个等级的比例，最后按照这个比例，根据员工的表现将他们归入不同的等级中。

（2）量表法。量表法是将绩效考核的指标和标准制成量表，依次对员工的绩效进行考核。其好处是，由于有了客观的标准，因而可以在不同部门之间进行考核结果的横向比较，也可以确切地知道员工都在哪些方面存在不足，有助于员工改进绩效。这种方法的问题是开发量表的成本比较高，只有制定出合理的指标和标准，才能保证考核有效。量表法主要有以下几种：

第一，评级量表法。这种方法是在量表中列出需要考核的绩效指标，将每个指标的标准区分成不同的等级，每个等级都对应一个分数。考核时考核主体根据员工的表现，给每个指标选择一个等级，汇总所有等级的分数，就可以得出员工的考核结果。

第二，行为锚定评价法。这种方法是由美国学者凯恩·史密斯（Kane Smith）和洛恩·肯德尔（Lorne Kendall）在美国护士联合会的资助下于1963年研究提出的一种考核方法。这种方法是在传统的评级量表法的基础上演变而来的，它利用特定行为锚定量表上不同的点进行测评，是评级量表法与关键事件法的结合。在这种考核方法中，每一水平的绩效均用某一标准行为加以界定。

第三，行为观察量表法。该种方法是在考核各个具体项目时给出一系列有关的有效行为，考核者通过指出员工各种行为表现的频率来评价其工作绩效。例如，利用利克特五分量表划分为“几乎没有”到“几乎总是”五个等级，通过将员工在每种行为上的得分相加得到各个考核项目上的得分，最后根据各个项目的权重得出员工的总得分。

第四，混合标准测评量表法。这种考核方法是1965年美国学者布兰兹（Blanz）创立的，在他设计的“混合标准测评量表”中，包含多组概念上相容的描述句（通常是3个一组），用来描述同一考核项目的高、中、低三个层次。这些描述句在测评量表中是随机排列的，考核者只需指出被考核者的表现是“好于”、“相当于”还是“劣于”描述句中所叙述的行为即可。

（3）描述法。描述法是指考核主体用叙述性的文字来描述员工在作业业绩、工作能力和工作态度等方面的优缺点，以及需要加以指导的事项和关键事件等，由此得到员工的综合考核结果。通常这种方法是作为其他考核方法的辅助方法来使用的，因为它提供了对员工进行考核和反馈的事实依据。根据记录事实的不同，描述法可以分为业绩记录法、能力记录法、态度记录法和综合记录法等。

以上各种绩效考核方法都有自己的优缺点（表4-7），组织在进行考核时应当根据具体的情况选择合适的考核方法。

表4-7 绩效考核方法

类型	方法	主要特点
比较法	个体排序法 配对比较法 人物比较法 强制分配法	简单、易操作；适用于作为奖惩的标准；无法提供有效的反馈信息；无法对不同部门之间的员工作出比较
量表法	评级量表法 行为锚定评价法 行为观察量表法 混合标准测评法	具有客观的标准，有利于不同部门之间人员考核结果的横向比较；有具体的考核指标，可以确切地知道员工在哪些方面存在不足，有助于改进员工绩效开发量表，成本高，需要制定出合理的指标和标准

续表

类型	方法	主要特点
描述法	业绩记录法 能力记录法 态度记录法 综合记录法	提供了对员工进行考核和反馈的事实依据 一般只作为其他考核方法的辅助方法来使用

资料来源：董克用，叶向峰. 人力资源管理概论. 2 版. 北京：中国人民大学出版社，2004.

2）薪酬

员工从组织所获得的薪资与福利称为薪酬，员工的薪酬是组织对其工作表现的回馈。薪酬制度的效果，应该既可以增加公司的成本效益，又可以减少员工的离职率。

（1）薪资对员工态度与行为的影响。一个组织的薪资策略会影响组织的人才吸纳、员工纪律以及离职率。大体上，薪资越高，满意度就越高。有研究指出，薪资发放的公平与否比薪资的多寡更能影响员工的行为。根据公平理论，公平由付出与收获两个因素构成，付出指的是个人对工作的努力程度，收获是指个人从工作中所得到的报酬。

个人对自己所得是否公平的概念来自于自己的付出与收获与他人的比较，当比率相近时，就觉得是公平的。被比较的对象称为参考对象，一般来说，一名员工的参考对象来自以下三种：一是同一家公司中做同样工作的人；二是同一家公司中做不同工作的人；三是不同家公司中做同样工作的人。与参考对象相比，当员工的获得/付出比参考对象低时，他们会觉得待遇过低；如果获得/付出较高时，他们会觉得待遇较高。待遇过低时，员工通常会使用以下方法：借由不努力或降低付出来达到公平；试图要求增加报酬，以显公平；试图说服自己与他人的付出报酬相差不大，因为有些事项是不容易比较的；试图改变参考对象的付出与报酬；改变参考对象；选择逃避（如时常请假、辞职）；等等。

（2）建立合理的薪酬水平。在下列情况下，员工会觉得其薪酬是合理的：①同一组织中做同样事情的员工，其薪酬差距不大，即内部一致性；②不同组织中做类似工作的员工，其薪酬差距不大，即外部竞争性；③薪酬反映员工对工作的付出程度，即员工贡献度。

第一，组织内部员工薪酬的一致性：一个组织要达到员工薪酬内部一致性的目标，必须让每一位员工都相信其薪酬的获得是建立在个人的价值基础之上的，也就是说，由薪酬级距可看出每位员工的职位对组织的整体贡献。至于工作的价值如何来确定，则需通过工作评鉴委员会来建立工作评鉴标准，实施工作评鉴的薪酬决定因素，如表 4-8 所示。

表 4-8　实施工作评鉴的薪酬决定因素

薪酬决定因素	评估项目
技能、专业知识	教育程度、过去经验与所需专业上的知识
努力	体力上的付出、精神上的付出
责任	判断/决策范围、错误发生概率、影响深远程度、监督范围、财务责任
工作状况	风险性、舒适度、体力要求

资料来源：Kleiman L S. Human Resource Management: A Tool for Competitive Advantage. St. Paul: West Publishing Company, 1997.

第二，组织外部员工薪酬的竞争性：员工的平均薪酬若比别的公司高，则公司的薪酬就具有外部竞争力，而要达到此方面的竞争力，先要了解其他同性质组织的薪酬制度，再来决定本组织如何制定一套完整的薪酬制度，以提升竞争优势。

第三，员工薪酬与其贡献度的匹配：让员工相信他们所获得的薪酬等同于为组织所付出的努力，则员工贡献的公平感较容易达成。为明确员工贡献度与薪酬的关系，组织必须建立每一级工作的薪酬制度，但每一级工作员工贡献的薪酬会因在职员工与新进员工有所不同。在实践中，组织也根据员工技能来评价员工贡献，进而决定其薪酬等级。

三、组织变革

变革使我们从自己的舒适区中走出来，这是我们很多人不喜欢的事情，但变革是不可避免的，因为一些外部和内部的因素创造了变革的需求，因此组织面临着变革。

1. 组织变革的定义、动因与过程

1）组织变革的定义

组织变革是指组织为了实现自身的目标，根据外部环境和内部因素的变化而对组织现状主动进行的修正、改变和创新的过程。组织变革通常需要一个充当催化剂角色的人来承担管理变革过程的责任，即一位变革推动者。变革推动者可以是组织内的管理者，也可以不是组织内的管理者，比如来自组织外部的一名咨询顾问也可以负责该项工作。对于重大变革，组织通常会聘请外部的咨询顾问来提供建议和援助，相对于内部管理者而言，他们更有可能发动根本性变革，因为在变革实施后他们无须承担变革的后果；而内部管理者可能会更加深思熟虑，但也可能过于谨慎，因为他们必须承担变革的后果。

管理者主要面临三种组织变革类型：结构类型、技术类型和人员类型。结构变革是指组织结构变量上的任何改变，如报告关系、协调机制、员工授权和工作再设计等。技术变革包括工作流程和使用方法及设备的改进。人员变革涉及个体和群体的态度、

期望、认知和行为的改变。

2）组织变革的动因

组织变革已成为组织不得不采取的措施，因为过去组织成功的经验并不能保证未来的生存。组织所处的环境中有众多因素驱动组织变革，对组织造成某种程度的冲击，同时也带来机会和威胁。一般来说，这些因素可以分为外部因素和内部因素两类。

（1）外在的组织变革因素。外在的变革因素包括市场改变、科技进步、社会与政治力量等。市场改变促使组织改变其经营方式，与供应商建立新的合作关系以获得低价、高品质、及时供应的产品与服务。科技进步促使组织加速运用科技以提升竞争力。社会与政治力量则可能促使管理者调整管理风格或方法，以与员工价值观相协调。组织也应该尽量了解社会与政治情况，以掌握最佳的变革时机。

（2）内在的组织变革因素。内在的变革因素包括新的组织战略、员工队伍构成的变化、新设备、不断变化的员工态度等。当管理层重新制定或修正其战略时，通常会产生组织变革。在引进新设备后，员工可能面临工作再设计，同时还要进行培训以操作新设备，或者被要求在工作小组内建立新的协作方式。组织的人员构成在年龄、教育程度、性别、国别等多个方面都在不断地发生变化，在一个管理者任职多年且职位未变的组织里，可能需要重新设计工作以便通过晋升机会来挽留富有进取心的员工，与此同时，薪酬和福利制度也可能需要调整。员工的工作态度（如日益增强的工作不满感）可能会导致缺勤率上升，自动辞职者增加。这些事件反过来常常会带来管理政策和实践的变革。

3）组织变革的过程

组织变革过程可采用“静水行船”和“急流泛舟”两种截然不同的比喻来描述，这两种比喻代表了对组织变革的两种完全不同的理解。

（1）“静水行船”观。“静水行船”观（“calm waters” metaphor）将组织比喻为在平静海面上航行的一艘大船，船长和船员都清楚地知道他们要去往何处，因为此前他们在这片海域航行过很多次，而变革正如旅程中一次偶然的暴风雨，只不过是对一向平静而可预测旅程的短暂干扰。在这一比喻中，变革被认为是正常事态发展过程中的一个偶然干扰。

根据库尔特·卢因（Kurt Lewin）的三阶段变革理论，成功的变革是一个可计划的过程。首先，通过对现状的解冻使得变革达到一个新的阶段。其次，通过再冻结使变革成果持久化。现状被视为一个平衡状态，为了打破这种平衡，解冻是必不可少的，这是变革的必要准备阶段，可以通过增强促进变革的驱动力，减弱抵制变革的抑制力，或两者并行来进行，一旦完成了解冻阶段，变革就可以自发实施了。然而，仅仅引入变革并不能确保变革持续进行下去，这种新状态需要再冻结，以便变革成果能够持久。除非最后这个阶段也完成了，否则员工很有可能回到原来的平衡状态，即原有的工作模式，再冻结的目的在于强化新的行为模式或巩固新的状态。

卢因的三阶段变革理论认为，变革是对现有平衡状态的打破。在平静水域说中，一次偶然干扰（一场“暴风雨”）意味着需要通过计划和实施变革予以解决，然而一旦解决了这一干扰，所有事情都将在新的状态下继续运行。

（2）“急流泛舟”观。“急流泛舟”观（“white-water rapids” metaphor）是将组织比喻为一艘穿越湍急河流的小救生艇，不时遭遇惊涛骇浪，而在救生艇上的是几个从未一起工作过的人，且完全不熟悉这条河流，也不清楚他们最终的目的地在哪里，更糟糕的是，这艘救生艇是在夜晚航行。在这一比喻中，变革是一种不可预见的常态，可以通过一个持续不断的过程对它进行管理。为了便于理解在充满变化的环境中需要什么样的变革管理，不妨假设你进入了一所课时安排长短不一的大学，在你注册时，并不了解每门课会持续 2 周还是 30 周，授课老师也不事先通知什么时候结束课程；更糟糕的是，每次课的时长随时变化，有时 20 分钟，有时长达 3 个小时；下一次上课时间也完全由老师在上课时临时宣布；每次测验都不会事先通知，你得随时做好测验的准备。要在这样的大学里取得成功，你必须具有足够的灵活性以对每次环境变动做出迅速反应。

管理者正逐渐意识到，平静水域说中所认为的稳定性和可预测性并不存在，对现状的干扰不是偶然的，也不是暂时性的，也并非解决了干扰就能恢复原本平静的水域。很多管理者从未走出过那湍急的河流，始终面临着持续不断的变革。这就要求管理者必须时刻作好准备，高效且有成效地管理他们所在组织和工作领域正面临的各种变革。在当今社会中，如果组织还将变革视为对一向平静而安稳环境的偶然干扰，必将岌岌可危。

2. 组织变革的管理

对于组织成员而言，变革可能会是一个威胁，因为组织总是有促使员工抵制现状改变的惯性，即使改变是有益的。

1）员工抵制变革的原因

人类是习惯性的高级动物，依赖于习惯或程序化的反应，当面临变革时，我们会具有沿袭以往方式的习惯性反应倾向。通常而言，大多数人害怕那些在他们掌控之外的变革，因此对于变革的抵制比比皆是。抵制的原因包括不确定性、习惯、对个人损失的关注及认为变革不是组织的最佳利益所在等。变革让不确定性替代了确定性，当组织采用新技术替代原有技术时，有些员工可能担心自己学不会，因而对变革表现出消极的态度。在现有体系中，投入越多的员工，就越抵制变革，因为变革威胁到了他们已经付出的投入，他们害怕失去地位、金钱、权利、个人便利以及他们所看重的其他经济利益。这种恐惧有助于解释为什么老员工比新员工更倾向于抵制变革。如果员工认为变革与组织目标及利益不相容，他就可能抵制变革，这种类型的抵制如果以积极的方式表现出来，实际上是对组织有益的。

2）减少组织变革阻力的方法

组织变革必将打破现状，影响员工的既得权利与利益，也势必引起他们的抵制，如何因势利导或预先防范、化解以将抵制降至最低程度，如何处理变革时遇到的阻力以使组织变革顺利推行，表 4-9 对一些方法进行了简单的表述。管理者应该将其视为解决问题的工具，并根据抵制变革的类型和原因采取最恰当的方法。

表 4-9 减少变革阻力的方法

方法	使用情景	优点	缺点
教育与沟通	当变革阻力是由错误信息导致时	消除误解	当缺乏相互信任时可能效果不好
参与	当变革抵制者的技能对组织贡献较大时	提高参与度和接受度	耗时；可能导致糟糕的解决方案
促进与支持	当变革抵制者出现恐惧和焦虑情绪时	能够促进必要的调整	代价高；不能保证成功
谈判	当抵制来自某个强势群体时	能够“获得”承诺	可能成本比较高；也给予了其他人对组织施加压力的机会
操纵与拉拢	当获得某个强势群体的支持是必要时	成本不高且易于获得支持	可能出现事与愿违的结果，导致变革推动者可信度降低
威逼	当获得某个强势群体的支持是必要时	成本不高且易于获得支持	可能不合法；可能导致变革推动者可信度降低

资料来源：斯蒂芬·罗宾斯，玛丽·库尔特. 管理学. 13 版. 刘刚，程熙鎔，梁晗，等译. 北京：中国人民大学出版社，2017.

教育与沟通通过帮助员工看清楚变革努力的逻辑，从而减少变革阻力。参与指的是让那些直接受变革影响的员工参与决策过程，参与使这些员工有机会表达自己的感受，提高决策过程的质量，以及增强对最终决策的认同。促进与支持指的是帮助员工应对伴随变革而来的恐惧和焦虑，这种帮助包括员工咨询、心理治疗、新技能培训和短暂的带薪休假等。谈判指的是通过进行价值交换以达成协议，从而减少变革阻力。当这种阻力来自某个强势群体时，这种减少阻力的技巧可能会十分有效。操纵与拉拢指的是企图通过各种隐蔽性的手段影响他人对变革的看法，可能包括歪曲事实，从而使变革看起来更有吸引力。威逼指直接对变革抵制者进行威胁或强迫。

3）组织变革的步骤

组织变革是管理者每天都面对的一项持续性挑战，成功的变革并非一蹴而就，而是一个循序渐进、一步一步通过有系统地规划、执行、检视及修订的演化过程。确保在变革过程中的各重要阶段产生实质性成果是组织成功变革的共同特征。在对真正实现变革和只经历短暂改进的企业间差异进行多年研究后，约翰·科特（John P. Kotter）

提出了成功变革的八个步骤[①]。

（1）建立紧张感。变革的领导者必须具有足以克服任何组织或个人惯性的变革动力，这是提高组织紧张感工作的一部分，同时也刺激员工投身变革。

（2）组建有力的指导机构。在紧张感得到加强后，组建变革的支持团队或机构就显得尤为重要。这一机构必须由既有权力又有责任推进变革的成员组成。如果变革过程是受组织中层或底层员工的支持而开展的话，那么获得高管层的支持就非常重要。

（3）提出愿景。愿景即是对组织未来构想的蓝图，它必须超越单纯财务数字层面，全面考虑组织的发展动力。

（4）传播愿景。愿景传播对保证员工对变革的认同极为重要，因为愿景能够激发员工参与变革的主动性和兴奋感。愿景既需要经过头脑，也需要通过心灵来传递。换言之，既要让员工拥有理解变革的理性，同时也要让其拥有投身于变革的热情。

（5）带动他人为愿景努力。在提出和传播愿景之后，变革的指导机构需要发动组织全部的力量投入到变革实施过程中，尽管其中的大部分工作已由具体变革方案规定，但指导机构仍需要对组织结构和体系进行必要改造，以帮助消除变革过程中的障碍。

（6）设计并达成短期目标。变革实施过程可能很漫长，为保持员工对变革的信心和热情，不断达成短期目标并为此庆祝是一个很好的方法。

（7）巩固成绩并推动更多变革。虽然迈出第一步总是很艰难的，但变革在任何节点都可能停滞，比如在初始措施实施后，组织内可能形成了“我们已经成功了”的思维趋势。恢复变革活力（推动改革车轮再次前进，或阻止人们在车轮前进过程中产生“歇一歇”的想法）需要领导者时刻警觉，并全身心投入到变革过程中。

（8）将变革融入组织文化。为保证变革成效，新业务流程、工作机制和价值观需要融入组织架构中，并成为工作惯例。这要求管理层分享新工作机制如何达成业务目标、如何改进现有业务，并将这些价值观和行为规范传递给下一任领导。

3. 组织变革中员工的压力

对很多员工来说，组织变革带来了压力。压力是人们对特别的要求、约束或机会施加的过度压迫感所产生的一种不良反应。尽管人们通常从负面的角度来讨论压力，但压力也可以是正面的，特别是在它提供了某种潜在收益的情况下。例如，在某些至关重要的时刻，压力能促使一位运动员或员工发挥出他们的最高水平。当你在学校参加一门考试或者在工作中进行年度绩效考核时，你会感觉到压力，因为你面临着机会、约束和要求。一个好的绩效考核结果可能会带来职位的晋升、更大的职责和更高的薪酬，但一个糟糕的绩效考核结果可能会使你得不到晋升，甚至被解雇。从潜在的压力变成真正的压力，必须具备两个条件：一是结果存在不确定性；二是结果必须具有重

① 约翰·P. 科特. 领导变革. 徐中译. 北京：机械工业出版社，2014.

要意义。

1）压力的来源

导致压力的因素被称为应激源（stressor），包括与工作相关的因素和个人因素两个方面。

（1）与工作相关的因素。导致员工产生压力的与工作相关的因素有五类：任务要求、角色要求、人际要求、组织结构和组织领导。

任务要求指的是与员工工作相关的因素，包括工作设计（自主性、任务多样性、自动化程度）、工作条件和具体的工作布局。在他们的“工作成果”被其他员工认为是过量的情况下，定额工作量会给员工带来压力。不同员工工作任务之间的相互依赖程度越高，压力产生的可能性就越大，而自主性往往有助于减轻压力。在一个高温、充满噪声及其他条件都很危险或不适宜的环境下工作会增加焦虑感。

角色要求是指组织对员工在特定职位上充当某种角色的要求，以及与此相关的压力，其压力通常来自角色过载和角色模糊。当员工被期待在规定的时间内做更多事情时，就出现了角色过载。角色模糊指的是员工没有清晰地理解组织对自己角色的期望且无法确定自己应当做什么。

人际要求指的是由其他员工所造成的压力。缺乏来自同事的社会支持和糟糕的人际关系会导致相当大的压力，特别是对于那些具有高度社会需求的员工而言更是如此。

组织结构也会增加压力。过多的规章制度，以及员工缺乏机会参与那些对其自身有影响的决策，都是组织结构变量可能造成压力的实例。

组织领导指的是组织管理者的管理风格。有些管理者形成了一种以高强度、恐惧和焦虑为特征的组织文化，他们提出了短期内不切实际的绩效要求，过度地施加严格的控制，且通常会解雇达不到要求的员工。这种领导风格会通过组织逐渐渗入并影响到所有员工。

（2）个人因素。由于员工会将他们的个人问题带到工作中，所以对员工压力的全面认识要求管理者了解这些个人因素。一般来说，导致压力产生的个人因素包括家庭问题、个人经济问题和内在人格特质。

通常员工的内在人格特质可分为A型性格（type A personality）和B型性格（type B personality）两种。A型性格的人长期感觉到一种时间紧迫感和竞争驱动力，难以接受和享受空闲时间，而B型性格的人不会有时间紧迫感和焦虑感。长期以来，人们认为无论在工作中还是工作外，A型性格的人都更有可能感觉到压力。然而，只有与A型行为相关的敌意和愤怒才与压力的消极影响相关，B型性格的人也同样会受到那些容易导致焦虑因素的影响。对于管理者而言，必须认识到即使是在组织和个人应激源都微弱的情况下，具备A型性格的员工更有可能表现出压力的症状。

2）组织变革对员工产生压力的原因

从管理心理学的角度来看，组织变革发生时，如果没有充分的心理准备和能力预期，员工就会对组织变革充满不确定感，而正是这种对变革结果不确定性的感知使得员工在面对变革时遭受心理压力。员工的不确定感主要表现在以下几个方面：

第一，不了解组织变革的目标及其手段。对管理者而言，大多数组织变革的目标都是为了使组织运行得更好，因而会根据具体的目标而采取一些相应的措施来确保目标的实现。对员工而言，他们往往并不了解组织变革的目标以及变革的实施者所采取的手段及其后果，这使他们感到担忧。例如，如果变革是为了减轻企业负担，那么裁员往往就成为一种常用的手段，对员工个人而言，能否保留自己的职位就是一个未知数，从而产生压力感。

第二，担心原有关系网络可能发生变化。组织变革可能涉及组织的合并或重组、组织结构的改变、领导层的更换及个人职位的调整等，这些都可能会给员工的上下级关系带来变化，员工可能会面对新的上司或下属，也可能会面对新的同事或客户，这就意味着原有关系网络的破坏。员工都是社会人，工作的开展离不开一定的工作关系和社会网络的支持，一旦原有的关系网络发生改变，而新的关系网络建立需要一定的时间，这期间员工的工作和社会生活都会受到不同程度的影响，这使他们感到担忧。

第三，对学习新知识和新技术的担心。技术变革也是组织变革的一种重要形式。当前新技术革命浪潮几乎冲击到所有的行业，对企业而言，新技术的及时采用无疑是一条赢得竞争优势的有效途径。因此，许多企业的组织变革中都包含技术变革的内容，如先进生产线的引进、全新的网络和办公系统的建立等都是常见的形式。对员工而言，新技术的采用对他们提出了更高的要求，意味着他们原先掌握的技术已经落后或即将被淘汰，因此，必须学习和掌握新的专业知识和技能，从而给他们带来了新的压力。

第四，担心组织未来发展及自身利益受影响。组织变革的目标一般是为了促进组织运作效率的改进，但在实施的过程中常常会涉及组织结构和人事的变动，而高层变动对企业未来发展影响巨大。如果新继任的CEO能审时度势，顺时而变，则能使企业日益发展壮大；反之，如果他固执己见，逆势而行，则会使企业陷入经营困境。因此，高层领导的变动会让员工对组织未来感到担心，尤其是在员工不了解新领导的情况下，他们的这种担心就会更大。组织变革过程中，有些员工可能担心自身利益受损，甚至被裁员，特别是那些原先掌握组织重要资源的既得利益者，组织变革以后，一旦利益分配格局发生变化或者被裁员，他们遭受的损失就很大，这是他们产生压力的一个重要原因。

总之，以上这些方面的不确定感会给员工带来一系列的心理、生理及行为上的负面影响，进而影响到他们正常的工作与生活，并最终也会影响到组织变革的实施效果。

3）帮助员工减轻压力的方式

由于压力不可能从员工的生活中消失，因此管理者需要减轻导致工作行为紊乱的压力。管理者可以通过控制某些特定的组织因素，减轻与工作相关的压力，并在更有限的范围内帮助员工减轻个人压力。

在与工作相关的因素方面，管理者所能做的首先是员工甄选。管理者需要确保员工能力与职位要求相匹配。当员工面对无法应付的状况时，他们通常会有很大的压力。在选拔过程中，一次符合实际情况的真实工作预览可以降低员工工作期望的模糊性，实现压力的最小化。良好的组织沟通能够将模糊性诱发的压力维持在最低水平。与此类似，目标管理能够清晰阐述工作职责，提供明确的绩效目标，并通过反馈降低模糊性。工作再设计也是减轻压力的一种方式，如果压力来自工作厌倦或者工作超载，那么应该进行工作再设计以增强挑战性或者减少工作量，为员工提供参与决策的机会和社会支持的工作再设计也有助于减轻压力。

来自员工个人生活方面的压力调控会引发两个问题：一是管理者很难直接进行控制；二是存在一些道德上的考虑，主要是管理者是否有权介入员工的个人生活。如果管理者认为这是符合道德标准的，而且员工也欣然接受，那么管理者应该进行适当的干预，如通过员工咨询、时间管理计划、组织赞助员工健康计划等进行干预。员工咨询有助于释放员工压力，员工通常想要向他人倾诉自己的问题，而组织通过管理者、组织内部人力资源顾问、免费或者低成本的外部专业援助，可以满足这一需求。时间管理计划能够帮助那些个人生活缺乏规划的员工解决重要事情的统筹规划问题。组织可以通过提供健身设施或员工健康计划以迎合员工追求健康的需求。

4. 组织变革的方式和不同组织变革方式的比较

事实上每个组织每天都在变化，而这种小的变化可能积累并最终导致大的变革结果的出现。一般来说，组织变革的途径因计划而发生、因应急而发生、因权变而发生、因选择而发生四种。

1）组织变革的方式

（1）计划型变革。计划型变革是研究变革的经典视角，该视角的代表性观点是：存在一种组织变革或组织发展的最佳方式。计划型变革的经典三步骤模型将变革描述为解冻—变革—重新冻结的过程。但是，计划型变革视角因其假设企业所面临的环境是稳定的而遭受越来越多的批评，在动态环境中，很难以一种详细而具体的方式对变革进行事先规划。短期内的巨大损失、较高的反弹可能性、因预见能力有限而产生意外、对关键权变因素的忽略、可能存在的滞后性等都会导致变革在完成之前就已经过时或者缺乏对大规模变革行动的适宜条件。

（2）应急型变革。由于计划型变革不适用于动荡和不稳定的环境，因而产生了应急型变革视角。这一视角认为变革是不可预期的，并将其视为一个适应变动环境的可随时调整的持续过程。由环境所引发的变革通常与外部市场、新技术应用、竞争行为等有关，但以市场诱发的变革可以看作应急型变革视角的主要方面。应急型变革的好处在于可以提高组织的敏捷度和对变革的接受程度、缩短从行动到结果的反馈回路。应急型变革最适合在操作层面实施，不太适合于企业的战略性变革。企业的战略性变革可以借助于积累较小的应急型变革而实现。鉴于其发散和非聚焦的特点，应急型变革不会使组织产生一种转型式的质的转变。

（3）权变型变革。权变型变革将权变理论引入组织的研究中，它将组织视为一个开放的系统，并把组织置于所处环境之中进行研究。权变理论的基本假设是组织必须调整其组织结构以适应特定的环境，有一个变革的权变模型可实现变革行动与环境之间的匹配。由于不存在组织所处环境完全相同的情况，因而权变型变革的运作必然有差别。一个更为实际的观点是要综合运用各种权变因素，同时在一定程度上淡化变革的重要性，因为组织在某种程度上的确可以选择情景变量。

（4）选择型变革。将应急型变革和计划型变革结合起来加以应用的益处日益受到研究人员的关注。应急型变革及其效果能够增强在此之后对计划型变革加以选择性应用的敏锐度，2004 年伯恩斯（Burnes）据此提出了一个二维的四象限矩阵的变革框架，框架中的两个维度分别是环境的稳定性（稳定、动荡）和转型的快慢程度（慢速和快速），这一框架提出了最适合于某一情景的特定变革方式。组织可以选择变革什么、何时变革以及如何变革。选择型变革的视角被视为介于自上而下推行的、有计划的强制性变革和由外部环境触发的自下而上发生的变革这两个极端之间的类型。

2）不同组织变革方式的比较

表 4-10 对不同的变革方式进行了归纳总结。应急型变革能够更好地满足不确定的、不可预测和动态环境的特殊要求。选择型变革根据不同的情况选择不同的变革方式，并把这些方式结合起来加以应用无疑是有益的。组织也需要计划型变革，尤其在必须自上而下地直接推动某一转型变革的情形下更是如此。一个严重的外部事件发生的时间可能决定着组织变革要与此特定情境相匹配。

表 4-10 变革管理方法

	计划型变革	应急型变革	权变型变革	选择型变革
特征	自上而下；强制性；为变革制订详细计划；认为变革是可分析的理性过程； 存在适用于所有组织的最佳方式	自下而上；合作性的且在整个组织范围内分担变革责任；组织是一个开放和易变的系统；权力是变革的关键	存在变革方式与环境的最优配合；存在适合每个组织的最佳方式	可选择； 调整组织结构以适应环境或者控制环境与其他限制条件以适应组织； 可选择变革内容、变革时间和变革方式
假设	稳定而可预测的环境；可以识别变革需求；变革经过清晰的路线从一个稳定的起点到达一个稳定的终点；员工有变革意愿	不可预测的、动态和动荡的环境；变革是对迅速变化环境的持续适应和转换过程；所有员工共同承担变革责任	不断变化的环境；组织结构和绩效依赖于情景变量	环境是可以控制的

续表

	计划型变革	应急型变革	权变型变革	选择型变革
优点	长期建立起来的连贯而有条理的变革途径	缓慢的累加型变革；考虑到变革的政治和权力维度	因高绩效而选择最适合组织结构的行动准则	整合管理人员以进行决策、实施干预
缺点	不适用于大规模变革；不适用于迅速而激进的结构性变革；不适用于需要考虑变革中普遍存在的政治和权力的影响	排除与组织文化的相关性；不适用于迅速而激进的结构性变革；不太连贯的变革途径	难以将组织结构和绩效相联系；对情景变量没有影响或没有选择情景变量	组织可能无法对环境变化作出及时和适当的反应

资料来源：Biedenbach T，Söderholm A. 超级竞争行业组织变革的挑战：文献综述. 李文静，王慧译. 管理世界，2010，12：155-163，167.

第二节　组织理论前沿

一、现代组织结构

自 1947 年“组织理论之父”马克斯·韦伯（Max Weber）提出科层制起，这种金字塔形的结构一直被广泛采用。然而，互联网时代的到来加速了企业外部环境变化，加之用户需求变化莫测，适用于稳定环境下的金字塔形结构的弊端逐渐显露出来，互联网信息技术的应用促使组织严格的层级概念逐渐淡化，新型的组织结构不断涌现。

1. 平台型组织

1）平台型组织的内涵

平台型组织就是企业将自己变成提供资源支持的平台，并通过开放的共享机制，赋予员工相当的财务权、人事权和决策权，使其能够通过灵活的项目形式（也有企业将其称为经营体、小微生态圈、模拟公司等）组织各类资源，形成产品、服务、解决方案，满足用户的各类个性化需求。这一过程中，员工变成了为自己打工的创客（或称创业体），而创客和企业都能够从项目的成功中分享可观收益。

2）平台型组织的构件

平台型组织中的“平台”需要同时具备以下几个构件：

（1）资源洼地：在平台上获得资源的代价低于外部。如果创客选择在某一个平台上创业，可能看中的是，平台需求侧的品牌优势、终端优势、流量（用户）优势，也可能看中的是平台供给侧的供应链优势、生产优势、研发优势、物流送达优势。资源共享越多，裂变出来的创新红利越多，因此最好把“资源”放到云端，将“平台”变成“云平台”。当越来越多的资源上云，企业的各项业务就逐渐以数据的形式实现了在线化、网络化和智能化。因此，组织的各项知识得以被萃取和沉淀，传统的制度、流程、方法论等被转化为模型、数据、基线等，成为企业最宝贵的资源，同样也可能帮助到创业体。

（2）共享机制：创业体在平台上的贡献，能够获得相对外部其他平台和内部金字塔更为合理的回报。这并不是说创业体获得的绝对回报要高于外部，而是回报减去交易成本的综合收益更为合理。有时，如果创业体在外部创业，其能够获得的绝对回报更高，但却更麻烦，面对更高的交易成本，他们就会选择留在企业的平台上创业。

一方面，平台型组织要有前中后台的组织结构，前台的小团队接触用户，获得需求信息，并将组织资源实现交付；中台团队提供各类资源支持，以确保资源即查即用；后台团队负责制定政策、建设资源、塑造文化、规划战略，为企业的发展确定底层逻辑，奠定发展基调。另一方面，要有广义的激励机制，界定分配利益的规则，由于创业体使用平台的资源来形成项目，所以企业和项目之间会形成一种紧密的投资关系，企业需要设计激励机制，说清楚自己和创业体之间如何分利。好的激励机制能够让更多的创业体和项目“冒”出来。此外，为了确保企业的投资不是“闭着眼睛下赌注”，企业还应该根据项目的状况作出策略调整，及时退出止损，这就是平台的风控机制。

（3）价值理念：平台要有共同的使命、愿景、价值观，不同企业的使命和愿景各不相同，但平台型组织的价值观都有其共性，即自由、平等、开放。这种价值观是契约之外的共识，发挥了“非正式治理”的作用，这是组织的一种底层逻辑。一个简单的道理是，契约不可能穷尽一切现实中的情况，一旦出现任何例外情况，双方就必须重新谈判，这显然会降低效率。大家如果有一些基本的共识，就会让契约之外的事宜能够得到快速解决，让大家的合作效率更高。

面对两个资源优势相似的平台，项目和创业体当然更愿意选择信奉“自由、平等、开放”价值理念的平台，因为在这样的平台上创业，团队可以有更大的发挥空间，而不必“早请示，晚汇报”。平台的价值理念并不是刻意被设计出来的，而是需要一些先天条件。如红帽公司的产品开发模式始于开源社区，自然共享这类价值理念；塞氏企业的老板曾经是摇滚青年，自然信奉这类价值理念；华为和海尔的创始人都有早年作为被管理者的经历，看重底层的创造力，自然执着于这类价值理念。

（4）战略内核：企业成长最核心的战略动力源。“战略内核”有两个部分：一是明确企业的核心客群（核心流量）；二是明确企业的核心能力。事实上，只要你基于核心客群的深度需求，提供基于核心能力的解决方案，任何对手都很难进入你的赛道，企业总有自己的“利基市场”。明确战略内核的意义在于，企业的资源总是有限的，只有把资源投入到战略内核的建立和维护上，甚至进行持续的“饱和攻击”，才能获得持续的发展。如果战略内核不清晰，企业就会在非战略领域投入大量的资源，形成“撒胡椒面”一样的布局。只有基于强大的战略内核，平台才具有成长的动力和进退的边界，才能够生生不息。

3）平台型组织的竞争力来源

从经济学的意义审视平台型组织，可以从以下几个方面为组织的发展带来竞争力。

（1）通过数字化基础上的管理创新实现交易成本最优。平台型组织在充分运用数字化和智能化的信息技术背景下，通过内部交易市场化、市场交易内部化的改革，创新性地构建了一种当前效率最高的治理模式——平台治理，实现了内部代理成本和外部交易成本的大幅压缩。

（2）通过组件标准化和组件开放化组合实现规模经济、范围经济与学习效应的综合最优。平台型组织是一种高度集成专业化规模优势和敏捷化柔性优势的组织：它一方面通过专业组件化持续保持了传统企业的专业化、规模化基础竞争力；另一方面又通过组件的智能化和敏捷化重组形成各种随需而变的解决方案，产生较强的范围经济优势。另外，数字技术推进的知识资产的不断沉淀和透明分享，将使企业的学习效应前所未有地凸显出来。规模经济继续维持并不断增强，范围经济竞争力大幅升级，学习效应日益凸显，平台型组织作为新型生产组织的竞争力将远超传统科层式生产组织。

（3）通过平台打造实现强大的网络效应。平台型组织的实质是一个围绕资源池和创业项目的交互型平台，因而它会产生让·梯若尔（Jean Tirole）教授所研究和揭示的平台网络效应。从创业体端来看，平台型组织相关领域的创业项目越多，对其创业体越具有吸引力，因为丰富的创业业务单元可以灵活自由地寻求解决方案，形成更强大的竞争力。从资源池来讲，资源池的资源越丰富多样，对新的外部资源拥有者就越具有吸引力，因为合作资源将产生较强的规模优势和网络协作优势，所以平台型组织会产生明显的网络单边效应。从资源池端对创业体端的影响来看，资源池的资源越丰富多样，对新的创业体的吸引力也越强，因为可以有更丰沛的多种资源投入项目。所以说平台型组织也具有明显的网络双边效应。网络效应将使得整个平台对外部资源拥有者或创业者形成强大的吸引力，而且平台发展时间越长，平台越成熟，对外部相关资源和项目的吸引力就越强，最终将形成明显的马太效应。

（4）通过高度专业化和柔性化实现机会成本和沉没成本依赖最低。平台型组织通过高度开放的模式，最终将形成全球最佳资源和能力的整合型平台，同时，平台型组织的高度柔性化又使得组织能随需而变，因此，其所进行每项选择性投资都将接近最优选择，机会成本最低。由于平台型组织的高度柔性化和允许不断重构的特征，沉没成本依赖对于决策的影响将微乎其微，企业的决策也将更能立足于外部客户视角和未来竞争力视角。最低的交易和委托代理成本，强大的规模经济、范围经济和学习效应的综合，最低的机会成本和沉没成本依赖，日益凸显的网络效应，使得平台型组织将在事实上形成对传统科层型组织的创新性破坏甚至是覆盖性打击。它们通过对产业资源的不断吸引和集聚，最终将成为产业中唯一存在的超级整合者。

4）平台型组织的运作机制

平台型组织在运作机制上，一是能够在需求侧灵敏获取用户刚需，二是能够在供给侧灵活整合各类资源，三是能够用“分好钱”的机制激活个体去整合各类资源以满足用户刚需，形成供需之间的高效连接。

（1）需求侧：以用户为中心。真正的以用户为中心意味着组织的所有活动全部基于用户的需求而发起。用张瑞敏的话来说就是“任何不基于用户交互而发起的生产都应该被叫停”。用户是最微妙的，尤其在互联网时代，对于用户需求的收集和解析能力成为组织最大的核心竞争力。要发现用户需求，组织只有放低身段（不再妄想引导用户）、放下功利心（不只追逐卖货），才能搭建出能够“与用户交互”的界面。第一步，成为用户的粉丝。组织应该去寻找“用户需求的痕迹”。第二步，成为用户的朋友（和用户同样的人），要搭建一种能够与用户平等交互的界面。第三步，要把自己变成用户的一部分（与用户打造共同体），通过数据感知用户需求的变化，此时，用户根本感觉不到有人在观察自己，但他们的需求却尽在企业掌握中。

（2）供给侧：让资源池成为“活水”。资源池是指池里一定是流动的“活水”，不仅池里的水是“活”的（自由流动），还能从外部引入“活水”，且这些“活水”都能够流到每个用户的需求上，快速形成解决方案。首先，要在机制上盘活内部资源。这意味着组织要赋予资源方经营的动力，不仅将财权、人权（用人权）、事权（决策权）下放给资源方，而且赋予资源方经营的风险和收益。在平台型组织中，与用户对接的部门往往拥有较大的权力，它们手握考核权，负责利润分配，其他部门都由它们来调配。其次，要在“接口”上导入外部资源。当组织发展到一定阶段，本地资源就不能满足需求，这就需要组织获取外部资源。能够更有效率地取得资源的组织将具备更大的竞争筹码，所以，组织一旦从一个重度垂直的小市场跳出来，就需要有一些资源的“接口部门”。最后，要用“强 IT 系统”对资源进行编码。不少组织并非内外部资源不够丰富，而是无法将资源“推到”供应链中，变成产品或服务。换句话说，这类组织的资源是无序的，无法“随需调用”。不少眼光独到的企业已经在这方面作出努力，即深耕产业互联网。

（3）连接机制：平台型组织的激励机制。资源是零散的，用户需求是复杂的，只有将资源组合成解决方案才能满足用户需求。在这一过程中，人力资源是最重要的资源，因为平台上撮合供需两端的“连接机制”，实际上就是激活员工让人人都成为自己 CEO 的激励机制。要让员工成为自己的 CEO，必须让其承受市场风险，并享受市场收益。决定激励机制的关键还在于“薪源”——薪酬究竟来自什么地方。因为谁支付薪酬，员工就听谁的。领导支付薪酬，员工听领导的，企业走向官僚导向；而用户支付薪酬，员工就应该听用户的，企业走向市场导向。海尔是用户支付薪酬的先锋企业，“并联”“用户付薪”也是出自它的话语体系。海尔提出要打造“用户付薪平台”，所有人获取薪酬的标准很简单，总的薪酬包就是用户的支付，参与者的薪酬包就是各自工作的价值在终端产品中的比例，类似于占股。华为也启动了类似的激励模式，各职能模块的激励来自“奖金包×奖金分”，奖金包来自增量的利润，而奖金分则是一个分配比例。一句话，用户付钱，按照合同约定分钱。

2. 共生型组织

哈佛大学商学院教授迈克尔·波特的“价值链”理论表明，经济活动中价值链无处不在，上下游组织间存在行业价值链，组织各部门各业务单元之间存在组织内的价值链，价值链上的每一项价值活动都会对组织最终能够实现的价值产生影响。根据美国学者诺萨贝斯·莫丝·坎特（Rosabeth Moss Kanter）提出的“协作优势”观点，具备卓越地建立、保持广泛协作关系的能力对提高公司的竞争力有重要作用。离开协作，任何一个组织都无法独立生存，因为任何组织都处在复杂的产业网络中，不同的组织只有联合起来，才能共同为顾客创造价值。

1）共生型组织的内涵

将顾客的需求与高效的供应体系相连接，利用互联网技术实现合作各方的无缝连接，获得更高效率的问题解决方法，现实的选择带来了一种全新组织逻辑的生成，被称为“共生型组织”。从本质上而言，共生型组织是一种基于顾客价值创造和跨领域价值网的高效合作组织形态，在所形成的网络中，成员实现了互为主体、资源共通、价值共创、利润共享，进而实现单个组织无法实现的高质量发展。共生型组织的生态网络摒弃了传统单线竞争的线性思维，打破了价值活动分离的机械模式，真正围绕顾客价值创造发展，将理解和创造顾客价值作为组织的核心，进而使创造价值的各个环节及不同的组织按照整体价值最优的原则相互衔接、相互融合、有机互动。

共生型组织以共同的价值主张为基础。首先，从价值主张的核心出发，顾客是共生型组织的核心，明确组织向顾客提供的产品和服务价值是命运共同体存在的基础。其次，规划价值组成模块是打造共生型组织的关键。在既定的价值主张下，根据价值创造目标所规划的价值创造方式和所选择的合作伙伴，在很大程度上决定了价值共同体是否可以有效发展。在价值创造过程中的协调能力也不可或缺，它可以一定程度上清除协作过程中产生的不和谐因素。

2）共生型组织的特征

第一，互为主体性。共生型组织的成员间不再是主客体关系，而是彼此互为主体，这就需要每一个成员作出根本性的改变。共生型组织是一种基于合作和价值共创所形成的组织资源共享、利益共赢的群体性有机系统，它打破了组织传统竞争模式体现出的单向线性思维，形成了一个双向或者多向的思维模式，使得有机系统中的组织个体可以基于自身优势、融合共生伙伴资源而实现网状发展。在这个过程中，组织围绕顾客价值进行重构，顾客在价值创造过程中的地位真正得到凸显，由被动接受者和组织商业利润的贡献者转变为组织价值形成的创造者。共生型组织相信互为主体生态网络的力量，且愿意为互为主体的生态网络的建构付出时间和精力。在既定的价值主张下，主体成员根据核心价值逻辑设计独特的价值创造方式，并且能够同心协力共同经营，共同应对来自组织内外部的各项挑战，共同寻找突破性发展的解决方式与战略。

第二，整体多利性。合作是共生型组织的本质特征之一，合作并不否定竞争的存在，但是与传统意义上的相互排斥、相互断杀的竞争不同，共生型组织更加强调合作组织之间的相互吸引与相互补充，最终做到从竞争中产生新的、创造性的合作伙伴。正是这样的合作关系相互激发、高效互动，才产生出更多的价值创造，这些价值创造不仅帮助了合作伙伴，更重要的是也给组织自身带来了超出组织原有能力所创造的价值。共生过程是组织的共同进化过程，组织在共同发展中不但实现了整体的利益追求，而且在更大程度上实现了每个组织的利益追求，从而让组织成员在多个方面获得成长，拥有了更加广阔的视野、更加互动的关联以及更加开放的格局。

第三，柔韧灵活性。正如生物学家查尔斯·罗伯特·达尔文（Charles Robert Darwin）所讲，"在剧烈变化的环境中，能够生存下来的不是那些最强壮的，也不是那些最聪明的，而是那些最灵活的，懂得适时变化（的生物）"[①]。共生型组织在组织内部减少了管理层级，破除了传统组织中自上而下的垂直高耸结构，简化了烦琐的管理层级，将权力下放到基层，让组织成员感受到更多的自主性与发展空间，从而使组织内部更具灵活性和流动性。在组织外部，共生型组织通过更大范围的连接与互动，使得基于顾客价值创造的组合更加高效、更加快捷地响应需求变化。因此，共生型组织是灵活而敏捷的，富有柔性和创造性，能够根据环境的变化迅速作出调整。共生型组织善于接受变化，乐于根据变化作出调整，面对市场时具有能动性，通过有效地调动内外部资源，进行整合和沟通，从而能够迅速、灵活地对外部环境的变化作出反应，这是共生型组织最大的优势所在。

第四，效率协同性。分工使得劳动效率得以最大化实现；分权让组织获得了最大化的效率；分利则充分调动个体，让个人效率最大化。而在组织绩效由内部转向外部的今天，组织需要解决的是整体效率，既包括组织内部效率，又包括组织外部效率，"分工、分权、分利"已经无法满足组织对整体效率的追求，整体效率的实现更大程度上取决于组织间的合作协同程度。共生型组织系统中的组织个体既保留了各自的独立性和自主性，又依赖于彼此之间对资源的获取、分享以及使用能力，由此组织获得了更好地融入环境的方式，以及组织整体效率的提升。

3）共生型组织的四重境界

只有思维方式的调整，甚至境界上的调整，才能生成共生型的组织。共生型组织需要做四件最重要的事，即达到四重境界。这四重境界分别是：

（1）共生信仰。共生信仰是指拥有确信的力量，笃定商业文明及驱动人类进步的价值。人们对合作产生疑虑的原因往往都与不够确信有关，一方面是人们对自己不够

① 陈春花，赵海然. 共生：未来企业组织进化路径. 北京：中信出版社，2018.

自信，另一方面也无法承受不确定性带来的后果。虽然人们认识到如果组织无法独立存在，那么将更加无法应对巨大的环境变化，但是还是很难坦然地与别人合作。相反，如果知道自己的命运与其他成员休戚相关，确信商业文明本身，确信彼此拥有相同的价值观，我们就会不断地努力学习和应变并做到自我提升。因此，当我们的行动有真正的责任感时，合作的效果也会很快达成。这就是为什么共生型组织要以“共生信仰”为首要选择，拥有共同的价值观可以自主驱动组织成员有相同的价值判断，拥有共同的语境以及行为选择。

（2）顾客主义。对于今天的企业而言，互联网技术带来的开放性使得各种围绕企业的资源都处在不断重组和整合之中，甚至我们都不能在一个“稳态”中确定自己的选择。大部分情况下，很多企业是在想办法保持自己组织的“确定”，希望以自己的“确定”来面对外部环境的“不确定”。但是，作出这样选择的管理者并不知道“确定”的来源是什么。第一类管理者为了维护自己企业的“稳态”，依然希望沿着自己已拥有的核心能力方向展开；第二类管理者则希望能够设定边界和“门槛”来守护自己的“领域”；第三类管理者虽然意识到“守”并不是最好的选择，决定开放自己去合作，但是依然按照自己的习惯去选择自认为“舒适”的合作者。这三类管理者的选择，也许可以让他们各自的企业有一段时间的“稳态”，但都无法为其带来根本的解决之道。“确定”唯一真实可靠的来源是顾客，“为顾客创造价值”让共生型组织成员之间很默契地形成一种类似于“盟约”的关系。

（3）技术穿透。技术一直都在推进人类进步，并不断改变着人们的生活方式。今天的技术之所以有如此巨大的力量，是因为技术创新及其普及速度所带来的深刻影响已经渗透到了人类生活的各个领域，甚至影响到人类赖以生存的自然界。今天取得领先地位的公司无不是融合了互联网技术、数字技术或者智能技术。这些企业还有一个更加令人瞩目的特征，那就是围绕着创造顾客价值的中心，沿着提供顾客极致体验的方向，构建了一个不断开放边界的“生态系”。这些企业的快速成长源于它们可以提供一套让更多企业成长的解决方案，而这套行之有效的解决方案，正是技术在其中发挥作用。在共同的技术平台和标准之下，组织成员之间能够形成一致的行为准则、沟通语境以及价值判断，能够快速地分享信息、协同创新以及优势互补，最后获得一种与之前完全不同的成长效率，这套解决方案被称为“技术穿透”。实现技术穿透需要组织中的每个成员愿意放弃自己固有的优势和行为习惯，拥有开放学习的心态和行动，在技术框架下展开沟通、信息共享以及培训学习。

（4）“无我”领导。在共生型组织中，领导者的角色需要从内部转移到外部，需要以更多的努力来构建生态系统，形成更广泛的价值创造集合。这就需要领导者作出转变，而这个转变的核心是“无我”。在共生型组织之中，领导是牵引陪伴、协同管理和协助赋能的过程。牵引陪伴角色就是要领导者帮助自己所在组织的内部成员理解共生型组织所需要的行为准则、发展方向以及可能出现的冲突管理，以帮助自己所在组织的价值判断能够与共生型组织保持一致。协同管理角色就是领导者要整合所有成员共同工作，使各组织成员在协同工作上有所突破，通过协同工作所获得的绩效更高。协助赋能角色就是要领导者能够协助其他组织开展工作，帮助各组织成员培养对于共生系统的了解能力，彼此扶持共享成长。能将牵引陪伴、协同管理和协助赋能三个角色都扮演好的领导者，才能被称为共生型组织的领导者，这样的领导者以“无我”打造出组织大系统的协同价值环境，并为每一个组织成员赋能。“无我”的领导力由坚持共同价值、协同工作、有效沟通构成，领导者借此创造并管理共生型组织的整个大系统。

3. 去中心化自治组织

基于区块链技术实现分布式自治协作的组织系统模式打破了过去传统中心化组织的科层制度与封闭的组织形态，在一定程度上体现着对去中心化的诉求，凸显了更加灵活的微观决策机制，对未来商业模式发展、社群组织形态乃至社会组织形态变化都会产生深远影响。

1）去中心化自治组织的缘起

去中心化自治组织（decentralized autonomous organization，DAO）作为数字经济发展范式下的新兴事物，最早的概念可追溯到2006年奥里·布莱夫曼（Ori Brafman）的《海星和蜘蛛》，其中提出：蜘蛛是靠头部完成“指挥”的，就像人一样，而海星则不同，全身各处都可“指挥”行动，即使断了一处也会长出新的来。蜘蛛象征着中心化组织，海星象征着去中心化组织，这就是去中心化自治组织的理论雏形。2013年，丹尼尔·莱梅尔（Daniel Laimer）提出了“去中心化自组织公司”（decentralized autonomous corporation，DAC）的概念，他将比特币比作一个公司，比特币持有者是公司股东，公司雇员是比特币的矿工。2014年丹尼尔·莱梅尔将这一概念落地，创立了Bitshares。Bitshares是一个基于区块链技术、具有去中心化属性的全球化交易网络，使用区块链自动操作各种业务，无须人工干预。维塔利克·布特林（Vitalik Buterin）描述了一家公司在没有经理人的情况下如何运作，即用一种不能被篡改、不可伪造的数字技术取代人工管理，这种数字技术能够招募和支持工作人员执行有助于公司使命的任务，甚至可以向云服务提供商付费以获得可以操作的计算机程序，从而独立于任何特定的基础设施，成为去中心化的核心技术支撑，这进一步推进了去中心化自治组织的理论构建①。

2016年5月初，“The DAO”作为一个由程序代码管理的自治的风险投资基金诞生，其目标是为商业组织和非营利企业提供一种新的分散式商业模式，至此，去中心化自治组织真正落地。去中心化自治组织是一个以公开透明的计算机代码来体现的组织，它的金融交易记录和程序规则均保存在区块链上，是一个完全自动运行的公司，

① Buterin V. DAOs, DACs, DAs and more: An incomplete terminology guide. Working Paper, 2014(4): 7-18.

任何人都可以随意地加入和退出，股权（代币）是系统中运行的唯一货币，收入、利润等概念完全消失，随着组织生态的发展壮大，通过股权（代币）升值的方式让参与者获利。

2）去中心化自治组织的核心属性

以区块链为底层技术的去中心化自治组织作为一种崭新的组织形式，彻底改变了过去传统组织管理的形态，其具有去中心化、自治化和扁平开放性等核心属性。

（1）去中心化。去中心化自治组织的去中心化属性是基于区块链技术实现的。区块链实现了数据和价值的点对点传输，不需要经过中心化机构的审核或控制，因而以区块链为底层技术的去中心化自治组织同样具备去中心化的特征。这种去中心化特征具有两个显著优势：第一，增强了对外界攻击的抵御能力，降低了中心化机构的风险。传统的集中系统一旦中央服务器出现故障或瘫痪，极易造成整个系统的瘫痪，而在基于区块链的分布式系统里，即使若干节点或服务器发生故障，系统仍能正常运转。比如，基于工作量证明机制（proof of work，POW）的区块链的容错率是 50%，只要不超过 50%的记账节点损坏，系统仍可以工作。第二，在一定程度上打破了以科层制为主要组织形式的官僚制度，增强了微观决策机制的灵活性。与传统公司自上而下的中心化结构、多层次的垂直管理和官僚主义的刚性协调机制不同，去中心化自治组织中的组织节点之间遵循的是平等、自愿、互惠的原则，从而摒弃了传统组织中较为刚性的官僚制度以及随之而来的道德法律风险。同时，通证的激励作用也使得去中心化自治组织能够在没有第三方干预的情况下实现利益调整。

（2）自治化。自治化在一定程度上依靠代码化实现，代码为去中心化自治组织的自治提供了运行规则，当系统中某些预设的条件得到满足时，程序将自动强制执行。传统组织的规则必须有相应的指导原则及相关的解释，在执行过程中易受到人为因素的影响，大多数情况下人为因素可以决定其运行与否。在去中心化自治组织中，规则执行是由智能合约自动完成的，一旦系统开始运行，原则上就不需要人工管理，也不受人为因素影响。在传统组织中，高层管理者的主观判断对系统影响较大，这一过程往往是单向的，缺乏交互性；而去中心化自治组织则是一个自治的交互性系统，有效降低了组织内部的信任和沟通成本，有助于实现组织运转的有序性和科学性。

（3）扁平开放性。传统的组织往往拥有一个相对统一的管理者或中心部门，通过严格的等级制度来保障规则得到执行。去中心化自治组织打破了传统组织金字塔式的管理层级，每个个体都可以发布提议并通过投票来作决策，这种组织形态重新定义了人和人之间、人和组织之间的关系。去中心化自治组织通过制定一套标准规则，打破组织内外边界，让每个个体可以不用考虑地理位置参与工作，因此，去中心化自治组织项目本质上是全球性项目。每个个体可以随时加入或离开组织，组织的运行不会受到个体的影响。

3）去中心化自治组织的运行要件

去中心化自治组织正是因其拥有某些特定的运行要件，而区别于其他中心化的组织。这些运行要件主要有智能合约、通证激励、分布式自治三项。

（1）智能合约。智能合约是一项通过将规则和法规纳入区块链系统而自动运行的技术，规则的执行由代码构成的智能合约自动完成，一旦系统开始运行，原则上就不需要人工管理。在去中心化自治组织的系统中，各参与主体的权利义务经由智能合约确定并执行。智能合约的存在弱化了传统管理者的作用，实现了对所有参与者的规则平等，避免了事先信任。智能合约的特征是自我验证、自我执行、防止篡改，将过去需要人为管理的契约执行过程转变成由程序自动协调的过程，有效避免了中介方的参与，保证了契约执行的客观性与科学性，从而降低了交易成本和执行成本。

（2）通证激励。通证是一种可流通的数字资产和权益证明。通证具有股权属性（可增值、长期收益）、物权属性（代表使用权、商品或服务）和货币属性（在一定范围内可流通）。通证可以在区块链上实现低成本甚至零成本的分割和流通，让不同权利主体享受到权利实现所带来的利益，充分发挥利益的驱动作用，有助于实现大规模的协同合作，优化组织内的资源配置。每一个去中心化自治组织项目都可以发行通证，并且可以根据项目属性和目标，对通证的发行量、流通量、锁仓期、分配方式等相关要素进行调整，进而完善激励和治理模式。由于优质去中心化自治组织的通证内生地具有价值，去中心化自治组织的发展和完善使得通证市场价值不断提升，可以更好地对参与主体形成激励，这也提高了全球原生数字资产的市值，增加了开放式金融抵押品的种类。跨链技术的发展为去中心化自治组织的通证提供了链接各国法定数字货币的接口，因而去中心化自治组织在正式上线之后就不再属于其创始人和开发者，而是由多个利益相关者共同拥有，成为生态内的公共品，真正实现了数字范式下的共享经济。

（3）分布式自治。区块链技术为去中心化自治组织的去中心化、开放性和自治性提供了核心底层技术。中心化的管理模式在数字经济时代面临日益增多的安全、信用、公平等问题，用户数据隐私泄露问题在全球头部互联网企业，如亚马逊、Facebook、腾讯、阿里巴巴中都屡见不鲜。区块链作为一种分布式的数据库系统，不再需要一个传统的集中管理层处理所有交易，而是通过加密算法、共识机制、时间戳等要件在分布式系统中实现点对点交易与协作，由系统内所有记账节点集体维护系统安全和正常运营，为数字范式下的大规模协作提供了较为完整的解决方案。这种机制使得在物理空间上高度分散的各节点对组织治理和任务完成达成共识，从而为解决传统科层制和金字塔式管理架构中存在的逆向选择和道德风险问题提供了解决方案。

4. 水样组织

中国自古以来的贤达哲人多有崇尚水者，而水的自然之道值得管理者学习。陈春花和刘祯（2017）在将中国古典哲学与当代管理实践相互连通的基础上，提出了“水样组织”的概念。

1）水样组织的概念

水样组织是指像水一样可以主动、灵活地应对环境变化的动态组织，它是内部驱动力（价值观、激活个体等）与外部适应力（协同、竞合、共享等）的融合体，呈现出“内在坚韧、外在柔和”的品性内涵。老子认为，“上善若水”，最接近于“道”。水的这些特质与水样组织在组织价值维度上相契合。《孙子·虚实篇》中说，“水因地而制流，兵因敌而制胜。故兵无常势，水无常形，能因敌变化而取胜者，谓之神”。水无常形，时刻在主动适应环境而变化，能因地而制流，这些特质与水样组织在组织形态维度上相契合。

2）水样组织的特征

水样组织具有坚韧性、个体能动性、动态适应性、融合性四个主要特征。

（1）坚韧性。坚韧性体现了组织强大的内部驱动力。老子认为：“天下莫柔弱于水，而攻坚强者莫之能胜，以其无以易之。”水看似无比柔弱，在攻坚克难时却威力无比，无可替代。这是由于水在积蓄势能时具有极其强大的忍耐力，因此能够做到滴水穿石。水样组织也具有这样坚韧不拔的品性，即使面临恶劣的环境，组织仍然可以借助自身的能力突破逆境，获得成长，犹如水滴石穿。水样组织的坚韧性来源于企业的精神、理念、文化所体现的核心价值观，如顾客至上、精诚服务、关怀员工、自强不息、努力不懈、永续前行等理念。这些稳固的价值观构成水样组织持续成长的基因，只有深植于管理者和全体员工的脑海、内心，毫不动摇，才能积蓄成强大的凝聚力和持续的竞争力。

（2）个体能动性。水样组织的坚韧、灵活的组织能力最终来源于员工的个体能动性。个体能动性是指每个员工的行动意愿来自于自我激励和对组织核心价值观的高度认同。当组织形态需要改变时，意味着从领导者到一线员工，全员都需要激活并作出改变。只有激活员工个体才能激活组织，才能真正赋予组织活力，使其成为灵活应对环境变化的主体。在互联网、大数据、人工智能等快速变化的技术环境、人文环境中成长起来的新生代员工尤其适应分布式、自我激励的工作场域。他们就像随意分离又不断变幻、聚合的水分子，赋予组织以动态能力。水样组织需要打破固有的组织内部和外部边界，变身为众多自组织的联盟或平台。例如，海尔将数万员工化整为零，让其组合成细小灵活的经营单元，或者说成为“人单合一”的自组织，每个人都变成“竞单上岗，按单聚散”的“动态合伙人”或者创业者。这些以创造顾客价值为目标的举措，能够较大限度地发挥员工的个体能动性。

（3）动态适应性。动态适应性意味着水样组织是能够积极应对外部环境变化，随环境而发生改变的动态组织。水无定形，随万物之形而不断改变，汇聚成江河湖海各种情状，水样组织也具有这种动态适应性。水的流动性、适应性、非抵抗性这些灵变顺势的特征，显示了水样组织的一种战略柔性和顺势对应，不仅表现在与制度环境的对应上，也表现在企业与业界生态圈的各种伙伴关系和应对市场变化上，包括对企业自身的战略定位、行业选择、市场定位、组织架构等不断进行适应性调整，以及企业在新环境、新市场、新行业下开辟市场、不断探索、不断试错的创业与成长。

（4）融合性。融合性意味着水样组织与内外部合作伙伴之间、顾客之间、竞争对手等利益相关者之间的关系需要和谐相融。河海不择细流，故能就其深。水样组织犹如江海，具有深远广大的包容性。这就需要组织具有更加开放的视野和海纳百川的胸怀，也需要组织在多元、差异的环境中具备不断学习的能力，更需要生态体系的整合能力和竞合、共赢、跨界共享的能力。例如，腾讯就是一家具有卓越融合能力、渗透能力的水样组织，沉稳低调，伏地而行，如水趋下，周流不殆，忠于客户，持续改进。它依托强大的网络社交平台，以微信支付、QQ 钱包为移动支付产品的核心，不断向线上线下商业支付渗透，并不断完善金融应用产品的基础支撑，使其成为支付宝最强劲的竞争对手。

3）水样组织与持续竞争优势

组织形态的变化服从于组织价值的持续成长。当组织外部环境的变化加快，变得日益复杂、越来越不确定时，组织形态的变化可以激发和释放组织价值创造的潜能，使其持续成长。动态环境下的成长逻辑并非复制，而是改变。换言之，在动态环境下，竞争力的来源不是试图去模仿和复制竞争对手，而是让自身发生改变去适应不断变化的环境。

水样组织观认为，组织能否生存和延续，最主要的生态变量不再是年龄和规模，而是可以不断变化的组织自身。依据传统资源基础观的企业统计特征，组织的年龄和规模是最主要的生态变量之一，组织的年龄与规模同时成长，而两者都与死亡率负相关，与小企业相比，大企业更不容易死亡。考察企业竞争力需要看组织的过去积累与传统，小企业由于缺乏一定的基础，存在新生劣势与小型劣势，年轻组织与利益相关者关系不够成熟，从环境获取资源的能力较弱，因而成长困难。水样组织的观点削弱了组织既有资源的权重，更加重视组织应对环境变化的能力。不同规模企业的成长起点归零，不论是大企业还是新创企业，都可能创造或失去竞争力，关键在于自身对于动态环境的适应性。这时，所有企业站在同一起跑线上，小企业则可能更为灵活。因此，水样组织从组织自身的结构和形态视角拓展了资源基础观对企业持续竞争力的思考。

二、现代人力资源管理理论

随着社会各界对环境问题和可持续发展重视程度的不断提高，绿色人力资源管理应运而生，柔性人力资源管理则通过灵活的人力资源管理实践而成为组织在动态环境中获取竞争优势的重要手段之一。

1. 绿色人力资源管理

1）概念的形成

绿色人力资源管理的出现源于“可持续发展”概念的提出。学者们从功利性和非功利性视角对人力资源管理涉及的可持续发展问题进行了研究，把可持续发展的人力资源管理定义为“既满足企业和社会目前的需要，又不对其未来需要的满足构成危害的人力资源管理”，从而形成了一个全新的研究领域，即“绿色人力资源管理”，以期促进企业的可持续发展。绿色人力资源管理鼓励所有的员工参与能够促进企业可持续发展的实践，如电子档案、轮班制、电话会议、虚拟会面、在线培训、节能办公室等，以增强员工对企业可持续发展议题的认知和承诺，从而促使环境友好型人力资源管理举措产生更高的效率、更低的成本，并提高员工的敬业度和忠诚度，以利于企业环境管理战略目标的实现。

2）理论基础

越来越多的企业为了获取自身的经济利益而不惜以牺牲生态环境为代价，为弥补这一不足，企业的自然资源基础观应运而生。自然资源基础观强调企业必须重视环境污染防治、产品监控和可持续发展三种战略能力，合理配置和利用自然资源，提升环境或绿色管理绩效，从而实现可持续发展目标。其中，污染防治重在最大限度地杜绝资源浪费，降低交易成本；产品监控旨在减少产品在整个生命周期中的总成本；可持续发展的战略目标是减少环境问题给企业发展带来的负担，帮助企业构建未来的竞争地位。这三种战略能力对内可以提高企业的竞争优势，对外可以确立企业的合法地位，而以环保为导向的绿色人力资源管理措施正是实现这三种战略能力的重要资源。

3）具体措施

实施绿色人力资源管理的企业采用环境管理战略在招聘、培训、绩效管理、薪酬等方面进行员工管理，有助于企业成功地实施环境管理。

（1）招聘与选拔。很多企业，尤其是跨国企业，倾向于将绿色人力资源管理实践作为企业品牌的一部分，以吸引有环保意识的年轻员工。企业在进行招聘时，在职位说明书中明确绿色议题，在企业描述中加入可持续发展战略，体现企业的环保文化价值观，以向新入职人员提供有关可持续发展的政策和承诺。招聘职位明确体现可持续发展意识，以使员工乐于从事环境管理工作、积极拓展环境管理方面的知识，并吸引有环保知识背景的员工，尤其是那些直接影响环保绩效的职位，更应该如此。在招聘面试过程中，面试问题可以涉及企业绿色发展，以挖掘出在该方面具有潜力的应聘者。

（2）培训开发。培训被认为是关键的绿色人力资源管理干预措施。与绿色人力资源管理相关的培训不仅能够增强员工的环保意识，而且可以提高员工的核心技能，以及企业的生态知识水平和环保知识水平。培训应该针对所有的员工，涉及所有部门和领域，一般来说，员工培训内容应专注于两个方面：一是环保制度和政策以及包含愿景和使命的文化；二是环境管理技能。为了提高培训的效果，培训的环境信息应是简单且相关的，培训会议要以简短的、非正式的和小群体式为主，应把生态维度作为组织文化新的价值维度，并评估培训对员工日常工作的影响。在进行环保培训时，企业要将已经取得的环保绩效作为支撑，并注重保持创新性和主动性。

（3）绩效管理与评估。在绩效管理中纳入环保绩效管理面临诸多挑战，首先是如何衡量绿色绩效，其次是如何获取员工的有效环保绩效数据。环保绩效评价必须与特定环保目标的工作描述相联系，如环境事件、环境责任、减少碳排放量和环保政策等。环保绩效评价计划可以指导员工取得企业所希望的环保绩效，同时保证企业环境管理工作的有效性。企业通过绩效管理系统与各层员工沟通绿色方案，采用具体指标评估资源的获取、使用情况等，利用信息系统追踪资源的流动，从而获得员工的企业环保绩效信息。若在绩效评价过程中纳入绿色产出目标，就须针对没有实现的环境管理目标设立惩罚制度。有效的绩效评估必须向员工提供有用的反馈，并支持企业环保成果的持续改进。

（4）薪酬制度。薪酬制度用于环境管理，可称为环境薪酬，即企业利用基本工资结构来奖励有助于环保目标实现的员工。有些企业的奖励机制针对环境管理而专门设立浮动薪酬。当员工的努力使企业减少了废弃物，或者员工提供了实用的环保建议使企业成本减少时，企业应该用节省下来的一部分成本来奖励员工。以往关于环境薪酬的研究指出，环保绩效良好的企业为高管的环保绩效支付报酬，比对其支付固定工资并偶尔对其环保行为进行奖励更有效。一般来说，企业的薪酬包括货币薪酬和非货币薪酬，企业提供的有助于环保目标实现的非货币薪酬包括带薪休假、停车位优先选择权、礼品券等，更能够激发员工的积极性。企业在环境管理方面对一线员工进行激励时，常常使用“认可奖励”，如在企业范围内对减少浪费的个人、团队和部门进行表彰，给予相关员工参加环保集会和活动的机会等。当员工对本企业的环境管理提出建议时，企业也应给予员工适当的奖励，也可以通过技能工资奖励获得了绿色技能的员工。

（5）员工参与。虽然高层管理人员在环境管理中具有非常重要的作用，但是如果没有员工的广泛参与，环境管理的效果就可能大打折扣。英国和美国的案例研究表明，增强员工授权，使员工心理上得到满足，有利于他们为环境管理提出更好的合理化建议。Simpson 和 Samson（2008）研究后发现，员工在环境管理方面获得授权的程度与环境管理绩效显著正相关，企业应当鼓励员工提供关于环境管理的合理化建议，员工也可以借此得到有关工作场所环境管理的信息。

2. 柔性人力资源管理

1）概念的形成

“flexibility”即“柔性”，拉丁文的原意是可弯曲的或易调整、可变的，Chang

等[①]提出了柔性人力资源管理(flexibility-oriented human resource management)的概念，将其定义为组织为了获取和发展员工的多样化知识与技能，以及有效调配员工而实行的一系列人力资源管理实践。柔性人力资源管理系统有资源柔性导向和协调柔性导向两个维度，前者是指人力资源实践能够使组织获取和开发具有广泛用途人力资源的范围，后者是指人力资源实践能够使企业快速有效地重新部署资源的范围。

2）理论基础

学者们对柔性人力资源管理的理论研究主要聚焦在组织学习理论、动态能力理论和工作适应理论。组织学习理论揭示了柔性人力资源管理可以通过各种灵活的人力资源管理实践来管理个体的学习过程，从而促进组织学习，实现组织绩效的提升。动态能力理论是从能力观的视角揭示了柔性人力资源管理可以通过塑造组织能力来帮助企业获取竞争优势。工作适应理论主要凸显了柔性人力资源管理对人与工作契合的影响。

（1）组织学习理论。组织学习被认为是组织成员的集体学习。虽然个体员工是组织学习的主体，但组织学习大于组织内个体学习的总和。基于组织学习理论，合适的人力资源管理政策是组织学习的基础，它通过制定和实施有助于个体学习的组织学习机制，激发个体学习动机并提升个体学习能力，从而促进整体的组织学习。柔性人力资源管理作为一种灵活的人力资源管理系统，能够提供各种有利于组织学习的人力资源实践，如开展有利于人力资本获取的培训，进行旨在有效协调人力资本的灵活的工作设计来促进组织学习，进而为组织吸收能力的构建、组织产品和流程的创新提供知识基础。

（2）动态能力理论。动态能力是企业获取持续竞争优势的来源。动态能力是企业构建、整合和重构自身内外部胜任力以适应外部快速变化环境的能力。根据动态能力理论的观点，在动态复杂的环境中，仅有资源优势是不够的，还需能够快速建立、整合和重构其内外部资源、技能和能力，才能长久地维持竞争优势。一方面，柔性人力资源管理可以通过给员工提供更多的学习交流互动机会来提高信息传递速度和信息利用率，以及增加企业对环境变化中机会的感知和捕获能力；另一方面，可以通过灵活地调动和利用人力资源及时响应外部需求，提升组织人力资本的利用效率，从而加快企业动态能力的形成，并最终对企业的竞争优势产生重要影响。

（3）工作适应理论。工作适应理论是由特质因素理论发展而来的，它强调人与工作环境的契合，既要求工作环境满足员工的需求，也要求员工的能力满足工作环境的要求。该理论认为，工作对员工的满意度（外在满意）以及员工对工作的满意度（内在满意）相互影响、相互制约，进而达到契合的状态。柔性人力资源管理能够通过广泛的培训和灵活的人力资源配置来促进员工适配工作要求，提高外在满意度。而关于

---

① Chang S, Gong Y, Way S A. Flexibility-oriented HRM systems, absorptive capacity, and market responsiveness and firm innovativeness. Journal of Management, 2013, 39(7), 1924-1951.

内在满意，该理论认为员工总是试图与工作环境保持一致，员工与环境越契合，其工作满意度、工作绩效就会越高，越不易离职。事实上，人力资源管理实践与员工的契合息息相关，组织通过提供与员工期望一致的人力资源政策和实践，提高员工的工作满意度和工作绩效，降低员工离职率。柔性人力资源管理由于强调灵活性，能够更加迅速、有效地提供与员工期望一致的政策和实践，使员工自主分配精力和时间、选择工作方式，从而提高员工与其工作环境的契合程度。

3）具体措施

具体措施包括以下几个方面。

（1）规章制度。建立规章制度是为了保证组织健康、有序、高效地运行，而以往组织建立的规章制度更多的是侧重于对组织员工行为举止以及工作内容等方面的规范，带有很强的强制性和目的性，缺乏灵活性和弹性，让员工感受更多的是对自身的限制和约束，因而容易激发员工的不满情绪，受到员工的抵制。因此，组织规章制度的制定应该更加柔性化，更加富有弹性，随着组织的发展和环境的不断变化适时进行调整，同时规章制度的制定也需要注重员工的广泛参与，集思广益，制定出切实可行、富有弹性的规章制度，进而使员工在轻松的工作制度下高效地完成工作任务。比如，很多企业将员工的工作时间划分为核心工作时间和自由支配时间，这就给予员工充分的自由选择空间，提高了工作满意度。

（2）组织结构。传统的金字塔形组织结构中，上下级之间的交流不畅，信息在传输过程中不仅容易受到扭曲，而且传输的时间也较长，这就使得组织对外界环境的变化反应迟缓。而柔性化的组织结构多采用网状式的扁平化组织结构，强调以市场变化、信息传递和企业员工为核心，注重加强各部门的联系和沟通，发挥各部门的协同作用，它要求组织各部门实现信息共享、团结协作，共同提高组织的运行效率。因此，柔性化的组织结构对外界环境的变化反应敏捷，能够迅速把握市场机会，使得组织更加灵活，发展更加迅速高效。

（3）工作设计。传统上，员工的工作流程和工作内容主要是通过刚性的规章制度来制定和规范的。虽然注重工作流程的标准化和工作内容的完整性可以推动组织效率的提升，但是这种管理模式缺乏灵活性，忽视了员工的主观能动性和创造性。随着知识经济的发展，知识型员工的工作不再仅仅是要求标准化，而更多体现的是创造性和个性化，因而组织的工作设计应该更加柔性化，工作流程和内容的设计不能仅考虑生产效率，还要考虑到员工的个人意愿和价值，避免过于枯燥乏味而无法激发员工的积极性和创造性，尽可能为员工提供发挥个人聪明才智和实现个人价值的机会，以提高员工工作满意度。

（4）激励机制。组织最重要的资源是人力资源，所以必须激发员工的积极性。现代组织的员工大多是知识型员工，他们的需求已不仅仅是物质方面的，而更看重自身的成长、获得的尊重以及自我价值的实现，所以组织的激励机制必须要更加柔性化，不仅要建立起多元化的报酬体系，还要为员工提供宽松舒适的工作环境，实施人性化的工作时间设计，增加对员工的授权，增强员工对于工作的控制感和自主性。此外，对于员工的激励也可以体现在增加培训机会、出国交流机会等涉及个人成长和能力提升的事项上。

三、现代组织变革理论

1. 组织生命周期理论

组织生命周期最早由马森·海尔瑞（Mason Haire）在 20 世纪 50 年代提出，他认为，可以利用生物学中的“生命周期”来看待组织，组织可以像生物的成长曲线一样发展，这就是组织生命周期的起源。组织生命周期通常包括开创期、成长期、正规化、衰退期四个主要阶段。在组织发展的不同阶段，组织结构、领导方式以及管理系统都遵循一个可预测的模式不断变化，如果不能成功地运用这些模式克服在某一阶段遇到的问题，组织的发展就会停滞甚至可能死亡。在组织的不同时期，管理人员应该采取相应的管理方式度过危机，以向更高级的管理阶段过渡。

企业是一种特殊的组织，是一种营利性的经济组织，其成长阶段图见图 4-5。

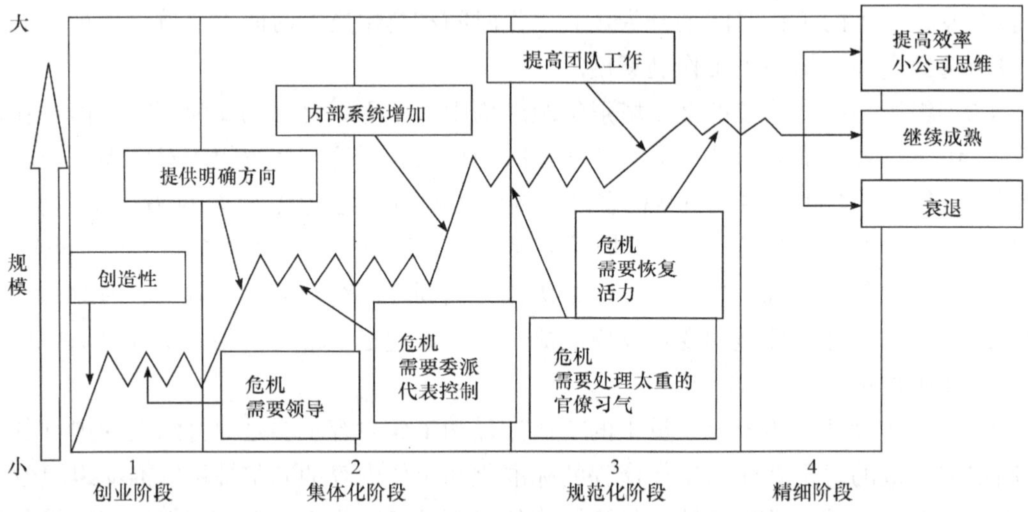

图 4-5 企业成长阶段图

资料来源：王凤彬，李东. 管理学. 6 版. 北京：中国人民大学出版社，2021.

1）创业阶段

当一个企业刚产生时，其重点是在市场中求得生存。企业的创立者将他们所有的精力都投入到生产和市场的技术活动中，企业是非规范化和非官僚制的，员工工作时间往往较长，企业的成长通常从一种产品或服务开始。

随着企业开始成长，不仅员工数量增加会带来问题，而且创造性和技术导向的管理者也面临着管理问题。但是他们可能会倾向于将精力集中于制造和销售产品或发明新的产品和服务上，在危机出现时，管理者必须调整组织结构以适应不断成长的企业。

2）集体化阶段

如果领导危机得到解决，企业将获得有力的领导并开始提出明确的目标和方向，部门也随着权力层级、工作分派及劳动分工而建立，员工对企业使命具有认同感并尽力协助企业成长。每个成员都感到自己是集体的一部分，尽管规范的制度已经开始出现，但沟通与控制基本上仍是非规范的。

该阶段的危机是委派的必要性。如果新的管理阶层形成，那么低层级的雇员就会逐渐发现自己受到“自上而下”领导体制的强大约束，希望有更大的自主权。当高层管理者由于其得力的领导等而使企业获得成功但又不想放弃其职权时，就会发生自主权危机。此时，企业需要寻找一种机制控制和协调各部门而不是接受高层的监督。

3）规范化阶段

规范化阶段包括规章、程序和控制系统的安装与运用。沟通虽不频繁但更为规范，可能需要增加工程师、人力资源专家或其他人员。高层管理通常只关心战略性问题和例外事项，而将企业的经营权留给中层管理者。分权化单位的形成可能会增强协调性，以利润为基础的激励制度保证管理者朝着企业最好的发展方向去努力，新的协调和控制系统通过建立高层管理者与经营单位之间的关系而使企业继续成长。

该阶段的危机是太重的官僚习气。在企业的发展中，制度和规程的繁衍可能开始束缚中层管理者，企业似乎被官僚化，中层管理者可能讨厌制度的干涉，创新受到限制，企业似乎太大、太复杂以至于不能通过规范的程序来管理。

4）精细阶段

官僚习气危机的解决来自合作与团队工作的新意识。企业管理者要提高面对问题和共同工作的技能，社会控制和自我约束降低了增加规范控制的必要性，管理者学会了在官僚制中工作而不助长它，规范制度可以被管理团队和工作人员简化和替代。为实现合作，通常需要公司跨部门形成团队，组织也可以被细分为多重部门以保持小公司的哲学观。

该阶段的危机是更新的需要。在企业达到成熟期，可能进入暂时的衰退期，每10～20年就会产生更新的需要。如果企业不能进行周期性的更新，那么必然会发展缓慢、成长受限，因此必须进行创新，企业才可能得到发展，高层管理者在该阶段也常被更换。企业需要勇敢的领导面对这个阶段的危机，如果成熟的企业不能实现周期性的更新，它们或将衰退，因此，企业需要适当地进行转变，否则其成长会受到限制甚至破产。

2. 变革E理论和O理论

1998年哈佛商学院举办了一次“破解变革密码”（Breaking the Code of Change）的研讨会，专门研究组织变革中的障碍问题。在这个会议中，理论界和企业界专家从变革目的、变革领导、变革关注点、变革过程、变革激励等不同方面探讨了变革的障碍。在此基础上，迈克尔·贝尔（Michael Beer）和尼汀·诺瑞亚（Nitin Nohria）结合哈佛案例库中的经典案例，撰写一篇题为《解决组织变革的 E 理论和 O 理论之间的冲突》的论文，提出了两种组织变革的 E 理论和 O 理论。

E 理论以经济价值的创造——通常表述为以股东价值为目的，假定市场将会惩罚那些不适当考虑员工、顾客和社区贡献却能带来经济价值的企业，经理们在不同决策中进行权衡时只受股东价值的驱动，没有考虑其他目标。它的关注点在于正式的组织结构和体系，其实施主要受高层经理的推动，变革过程是事先计划安排好的。O 理论以提高组织中人员执行战略的能力和从过去有效变革行动中学习的能力为目的，其基本假定是，参与是建立企业员工合作、信任、承诺的核心，也是企业获得长期业绩改善的关键。它的关注点在于发展一种员工高度负责的企业文化，其实施意味着员工的高度参与，变革的驱动力量较少地依靠咨询顾问以及物质上的激励，变革是自然发生的，没有什么计划和程序。

E 理论和 O 理论是从两个不同的视角来解决组织变革的问题的。很多时候，E 变革理论实现了股东价值的最大化提升,但企业并没有形成长期竞争力所需的组织能力。O 理论同样也没有取得理想的效果，因为一个不能为股东创造价值的企业也不能长期存在。实际上，成功的变革一定是两者整合的结果。Beer 和 Nohria（2002）对收集到的企业案例进行分析后，认为较为可行的变革模式有两种：一是同时进行 E-O 理论，两者双管齐下，虽然较难实施，但最有可能成为持续竞争优势的来源。二是先进行 E 型变革，再实施 O 型变革，这种模式需要像杰克·韦尔奇（Jack Welch）那样具备杰出领导才能的管理者来承担，或者选择两位风格互补、理念迥异的 CEO 来按顺序实施，迅速、剧烈、痛苦的变革由作风严厉的 CEO 实施之后，再由管理仁慈的 CEO 来接任。最不容易成功的变革就是实施 O 型变革后，再实施 E 型变革。在长期采用 O 型模式之后，管理层和员工之间建立了良好的信任和承诺关系，公司如果要推行 E 型变革就难以成功。

3. 组织生态学理论

组织生态学（organizational ecology）是在组织种群生态理论基础上发展起来的一门新兴交叉学科。它借鉴生物学、生态学、社会学等学科的知识，结合新制度经济学和产业经济学等理论来研究组织个体的发展以及组织之间、组织与环境之间的相互关系，经过 40 多年的发展，组织生态学已成为组织理论的一个重要分支。完整的组织生态学理论体系包括组织个体生态学、组织种群生态学、组织群落生态学和组织生态系统学等不同的层次。现仅介绍组织成长理论和组织死亡理论的主要观点。

1）组织成长理论

基于组织生态的经典组织成长理论是吉布莱特定律（Gibrat's Law）。它的主要观点是，一个企业的规模在每个时期预期的增长值与该企业当前的规模成正比例，在同一行业中的企业，无论规模大小，在相同的时期内，其成长率是相同的，即企业的成长率是独立于其规模的变量的。吉布莱特定律有两个基本推论：一是企业的成长是一个随机的过程，即有诸多因素影响企业成长，难以对其进行准确预测；二是不同规模的企业，其成长率并不因为各自的规模而有所差异。吉布莱特定律忽视了组织的出生和死亡，对组织自身因素和行业环境因素也缺乏考虑。为了完善吉布莱特定律，学者们研究了企业成长、企业规模和企业生存年龄之间的关系，结果表明：一是企业的生产能力随着规模的扩大而提高，已存活下来的企业成长率随着规模的扩大而下降；二是对于任何一个企业，随着其生存年限的增加，其成长率会有所降低，但生存能力却随之提高；三是随着规模的扩大和年龄的增长，企业成长的可变性降低，企业成长率是自相关的，这意味着如果企业在某年内高速成长，则其在次年高速成长的可能性更大。

在组织种群的动态背景下，组织生态位对组织成长策略的选择具有直接影响。根据 R-K 选择理论，组织成长的策略可分为 R 策略和 K 策略。其中，R 成长策略是一种变态繁殖策略，指的是有利于增大内禀增长率的选择，表现为具有较强繁殖能力的个体通过产生大量后代以适应不稳定的环境。当组织的生态环境不稳定时，组织种群通过生产多种差异化的个体来占据组织群落空间的不同生态位，以保证组织种群实现动态平衡和增长。K 成长策略是一种饱和策略，指的是有利于增加竞争能力的选择，表现为能更有效地利用资源，增强组织种群在稳定环境下的环境容量，以达到更高的饱和密度。当组织生态环境比较稳定时，组织个体通过改进组织内部要素的效率来提高核心竞争力，以保证组织个体能从单项资源中获取足够的成长支持。

2）组织死亡理论

组织生态学将个体组织的死亡视为组织种群的自发调节的结果，当组织数量低于最小能生存种群水平时，现存的组织都将死亡，个体组织的死亡是组织种群的一种自我保护机制和进化机制。

（1）密度效应。密度效应是影响组织死亡的关键因素，最后产量恒值法则（law of constant final yield）表明，不管初始组织密度如何，在一定范围内条件相同时，特定组织种群的最后产量差不多总是一样的。在密度很低的情况下，产量随着组织种群密度的增加而提高，当密度超过一定程度之后，最终产量不再随着组织种群密度而变化；在高密度情况下，个体组织之间对资源的竞争激烈，在有限的资源中个体的成长率降低，规模变小。这表明组织种群中存在明显的自疏现象。如果组织种群密度进一步提高且组织个体继续成长，对资源的竞争不仅影响到个体生长发育的速度而且影响到个体组织的存活率，企业并购就是企业种群通过个体企业的死亡来提高企业种群存活能力的自疏行为。

（2）阿利效应。不同的组织有不同的种群规模适合度，规模低于最低适合度的组织种群不仅不会为个体组织创造宽松的发展空间，最终还会导致该组织种群的灭绝，即阿利效应。阿利效应表明，在客观上存在一个最小能生存的种群水平，单个组织或小组织种群难以应对环境的随机不确定性和波动性。此外，小组织种群常常面对建群者效应，如果建群者数量很少或某个大组织种群由于自然因素等原因而数量锐减，即经历了瓶颈效应的打击，则近亲交配的概率将大大上升，加上遗传变异的作用会导致组织种群遗传多样性的匮乏，最终将关系到该种群的生死存亡。

（3）程序性组织死亡（programmed organizational death，POD）。组织生态学认为，死亡是种群生命周期的一个重要组成部分，对于组织种群来说，组织个体正常的成长和组织数量稳态的维持是依靠种群内个体组织设立和死亡之间的动态平衡来实现的。因此，从组织种群的水平上看，组织死亡具有某种程度的主动性和意识性，这样的组织死亡被称为程序性组织死亡，当生存条件不利时，一部分组织以不影响其他组织生存的方式而死亡：一方面，减少对有限资源的争夺；另一方面，死亡组织自身分解的产物为周围组织进一步提供了部分营养来源，从而为其余个体创造相对“充裕”的生存环境以维持本组织种群的生存。程序性组织死亡的存在使在一定的选择压力下，组织种群的个体数量与生存环境之间可以达到相对的平衡，最具生命力的组织个体能够存活下来，能够形成对应于不同环境的最佳组织数量，从而在自然选择中具有优势，具有更强的适应性，有可能形成较具竞争力的组织种群。

第三节 组织理论前沿实践

一、数字经济下的组织结构

数字经济促使未来的企业组织弱化甚至取消中间层次，中层管理人员和职能管理部门人员将大量减少，严格的层级概念也将逐渐淡化，从而形成一种扁平化的网络组织。企业越来越注重平等、开放、共享、共存的生存发展，组织变革呈现生态化、无界化、平台化、自组织化的趋势。

1. 平台型组织建设实践

中国蓬勃发展的数字化技术为企业家们面向未来的想象插上了翅膀，一些嗅觉敏锐、目光长远的企业家开始充分运用数字化技术构建数字化时代的平台化商业模式，并全面推动组织的开放化和平台化实践。这些企业大体可分为两类：第一类是地位稳固的传统产业领袖，如华为、海尔、平安、万科等；第二类是产业的创新性破坏者，如小米、韩都衣舍、尚品宅配等。

1）传统产业领袖的组织平台化转型

为了突破产业增长的天花板，充分挖掘现有客户的潜力，实现数字化背景下面向未来的转型，这些传统产业的领导者纷纷进行从产品冠军向平台化多产品解决方案进军的战略升级。

（1）华为：平台生态战略和平台型组织的创建。华为由于在涉足的各个领域几乎都已实现全球领先，近年来步入了任正非口中的“无人区”。走进无人区后的华为战略足够简单：成就平台的平台，即聚焦 ICT 技术设施和智能终端，做“全球数字化平台的平台，全球数字化生态的土壤”。

为了确保组织充满活力，华为在之前赋能式组织的基础上创建了由后台、中台、前台构成的平台型组织。后台：集团管控与支持平台，包括人力资源、财经、企业发展、战略 Marketing、质量与流程 IT、公共及政府事务、法务、内部审计等部门。中台：核心能力平台，包括 2012 实验室、供应链/采购/制造、华为大学、华为内部服务等核心能力部门和共享服务部门。前台：业务群平台，包括企业业务组、运营商业务组、消费者业务组三大一级业务部门以及产品与解决方案部，其中产品与解决方案部负责孵化和管理二级以下业务（图 4-6）。

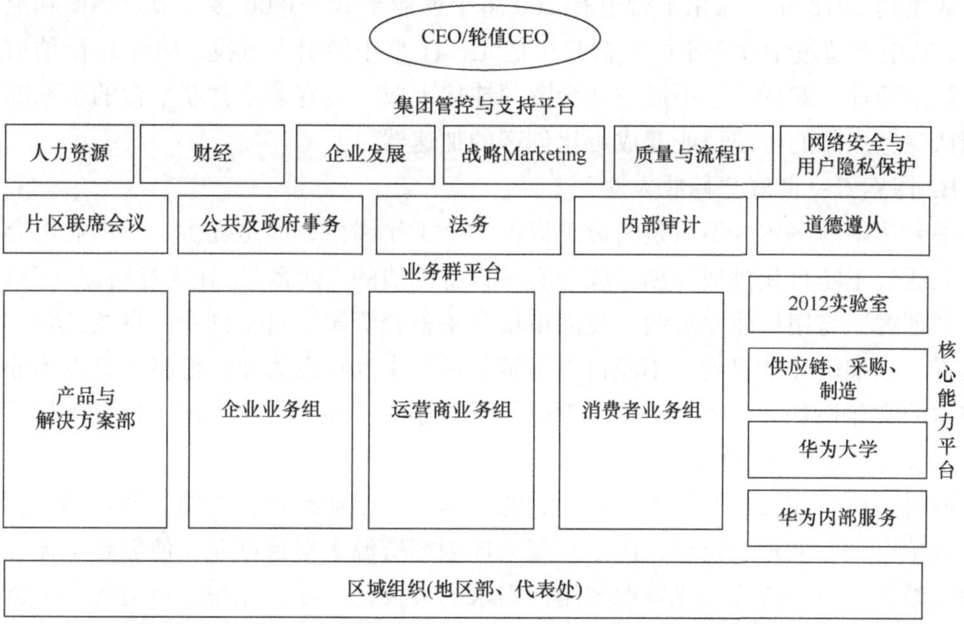

图 4-6　华为的平台型组织结构

资料来源：刘绍荣，夏宁敏，唐欢，等. 平台型组织. 北京：中信出版社，2019.

这个巨大的平台型组织并不是一个静态组织，而是一个随时跟随着战略调整而调整的动态组织。当企业遭遇外部环境挑战时，组织就会收缩并进行叠加，即进行部门、岗位、人员的精减；而环境良好需要扩张时，这个组织就会扩张并进行部门、岗位与人员的增加。无论收缩还是扩张，平台型组织的基本业务流程保持相对稳定。

（2）海尔：搭建海纳百川的平台型组织。2014 年，张瑞敏提出“企业平台化、员工创客化、用户个性化”的探寻路径。

A. 探索一：用户驱动的组织改造

“并联”与“社会化”。海尔将所有的价值创造模块（包括人力、财务）由“串联”流程改造成生态平台下的“并联”，每个模块“找市场算账”，促使后台部门进行用户交互与自身改进。同时，人力、财务、法务等职能部门整合成大共享平台，将资本和各类资源社会化，以小微生态圈为用户，大家共同面对用户，由用户付薪，实现市场化激励。

从“职位”到互联“节点”。互联网的零距离、去中心化、去中介化推动海尔将静态的“职位”变成网络互联中的“节点”，节点之间直接连接。这一颠覆性的变化必然瓦解原先的九层科层组，去中层、去层级，有且仅有平台主、小微主、创客三种人。他们的一切工作都围绕用户需求开展。

小微是海尔平台上的基本创新单元。它不同于过往的利益共同体和自主经营体，而是实实在在拥有决策权、分配权、用人权的公司主体，利用海尔的平台资源快速变现。截止到 2018 年，海尔平台上有 200 多个创业小微、3800 多个节点小微和上百万微店，其中有超过 100 个小微年营收过亿元，41 个小微引入风投，16 个小微估值过亿元（刘绍荣等，2019）。小微与社会资源连接生成了具有多个并联平台的生态圈，海尔则从制造产品的传统企业变成孵化创客的加速器。

B. 探索二：彻底“释放人性”

平台化中的海尔，不只是给员工提供一个工作岗位，而是提供一个创业机会，使每个人通过不断自我挑战与创新成为实现自身创值的“创客”，让人性得以充分释放。每个“创客”与用户建立契约，直面市场自主整合资源、自主创新、自主经营，对用户负责。张瑞敏经常提到，不能自以为是，而要永远自以为非，他将“自以为非”视为海尔的文化根基，鼓励每个员工都应具有企业家精神，自我否定、自我挑战、自我驱动，成为自己的 CEO。

同时，海尔成为创客们人性释放、能力释放、创业精神释放的“能量场”。得益于“人单合一”的理念指导，海尔汇聚全球创客资源来平台创业，使创新个体在海尔平台上繁荣生长，最终形成资源与用户需求的最大化匹配。如海尔打造的一个创业超级链接与服务平台——海创汇，自开创以来，2018 年已聚集了 2000 多个创业项目，4000 多家创业创新孵化资源，并形成多种创业创新模式，成功地使全球创客在海尔平台上加速发展。“世界就是我的人力资源部”，外部人才和资源无障碍进入、与业务需求实时动态交互，构成了海尔开放化、动态化的人才生态。

C. 探索三：组织开放化

张瑞敏提出过一个形象的比喻，“我们不要做海，要做云，海再大也是封闭的，云再小也是开放的”（刘绍荣等，2019）。在网络化战略指导下，海尔的组织一方面整合全球一流的合作资源，持续推进全球化升级，打造强大的平台竞争力；另一方面快速满足互联网时代用户个性化、碎片化的需求，开放用户交互，形成两头倒逼的自演进体系。

海尔通过国际并购将海外的市场、技术、产业链等资源迅速整合，多品牌、跨产业、跨区域的全球化升级使品牌协同效应显现：在本土研发、本土制造、本土销售的“三位一体”战略指导下深入交互全球市场用户需求，进行全球化布局；搭建开放创新平台 HOPE，接入全球一流的设计与研发资源，吸引用户深度参与产品前端个性化设计互动；面向行业和产业发展，打造了一个全面开放的 U+智慧生活平台，站在世界舞台与智能家居同行业者协同发展。

D. 探索四：组织数据化、智能化

要想成功构建一个既充满创新活力，又能聚焦于用户价值而创造巨大的社会与经济价值的平台型组织，数字化、智能化转型势在必行。海尔数据平台建立在对用户的深入洞察基础上，通过打通数据孤岛，将各个分散的数据互通互联，驱动业务更好地服务于用户。如海尔通过全流程互通互联的用户数据平台和全流程并联闭环的用户体验平台，精准识别用户，带给用户极致体验；打通全网用户触点，2018 年已能精准识别用户 1.27 亿人，生成用户画像标签 61 亿个；通过基于智慧服务、精准营销、便捷服务与会员关怀系统及海尔生态社群推进海尔与用户全生态共享增值。

海尔积极投入建设多个智能化的互联工厂，通过汇聚用户个性化需求、以大数据实现大规模定制和个性化生产；自主研发了智能制造云平台，提供知识智慧化、大数据分析等服务；围绕“物联网时代智慧家庭生态平台”的定位，在行业内率先将人工智能应用到智能家电与智慧家庭场景；等等。

2）创新性破坏者的组织平台化转型

在数字化技术的助推下，许多产业涌现出以实现极致化的客户满足为使命的新兴创业企业，它们运用数字科技，创新商业模式，缔造开放、敏捷、扁平的产业平台模式，整合产业资源和专业力量，意图实现产业格局的颠覆和重组。

（1）小米：面向外部伙伴实现平台赋能。小米是一家深度挖掘用户需求、注重用户体验的移动互联网公司。依托强大的硬件销量和 MIUI 等软件系统，从 App、搜索、购物、社交、娱乐等模块积累了庞大的用户数量，大数据的应用呈现出全生态、多样化的显著优势，因而小米称得上是一家大数据公司。目前，小米正抓紧推进“硬件信息化”，加强云平台的建设。2022 年，小米云服务用户数突破了 5.82 亿。小米云分为 Mi Cloud、小米融合云和小米生态云三个部分，其中 Mi Cloud 是手机中的个人中心；小米融合云满足内部 MIUI 互联网服务、小米的大数据、人工智能、内部的运维、研发、测试等需求，是小米的内部云；小米生态云是专为小米生态链公司提供的一站式云服务。

小米强大的供应链优势能支持外部初创公司以极低的成本进入一个硬件领域，创造最低价的优质产品。如小米移动电源以极低的价格抢占市场，小米净化器在 9 个月里把产品线运作起来，都是基于小米强大的供应链赋能。小米会在产品定义和工业设计方面对生态链公司的第一代产品开发给予大力支持；而后小米会鼓励和协助它们培养自己的产品经理和工业设计团队，以获得自身独立发展的能力。小米在产品品质上严格把关，生态链公司的产品出来后，需要经过小米严苛的检测，以确保符合小米或米家品牌的品质要求。小米通过自有资金，如小米金融、小米众筹、米筹金服等投融资平台，以及与外部资本合作的多种产业基金，形成对生态链公司的强大资本支持。如专注于智能商用硬件领域的商米科技在2014年8月获得小米科技A轮融资，2015年5月又获得小米科技B轮融资；小米帮助代步工具开发商纳恩博全资收购平衡车公司Segway；等等。小米拥有包括小米商城、小米京东店、小米天猫店、米家商城等电商平台和上万家小米之家线下销售门店，为生态链上的产品提供了全渠道的销售平台。

总而言之，小米作为小米生态链的领导者，一方面通过大力投资于各项专业能力做强自身的产品领域，另一方面又将这些强大的专业平台能力赋能于联合舰队的成员，最终这支强大的联合舰队将在物联网时代真正到来时成为这一领域的王者。

（2）尚品宅配：从“定制家具”到“定制家”的家具平台领袖。尚品宅配从最开始的一家普通的软件公司，到集尚品宅配、新居网、圆方软件、维意定制、维尚家具五大品牌于一体的集团公司，再到一举推出整装平台——新居HOMKOO整装云，其前进的步伐从未停止。2004年，李连柱和他的3个伙伴组建了尚品宅配，开始推行板式家具的定制化服务模式。其核心在于以从前端到后端的强大软件系统和强大的设计素材库为基础，通过线上网站和门店一线的设计顾问，实现到家量尺和全屋定制。2017年，李连柱进一步升级尚品战略，将尚品宅配从“定制板式家具”升级为“定制家”，其核心包括以下两个部分。第一，全面深化和扩大基于开放平台的全屋家具定制化解决方案，“满足客户未满足的需求”，尚品宅配通过开放平台和平行的建材、家居非竞企合作，进行抱团结盟，在产品品类上实现互补、实现一站式配齐。未来，尚品宅配要做可定制的小型宜家。基于开放的产品平台，尚品宅配2017年解决方案化的另一个着力点是重点推广“我+生活方式”，包含“单身贵族、二人世界、伴你童行、学业有成、家成业就、儿孙满堂”六大生命周期，让生活与产品实现整合。随着消费者个性化需求的增强，做全屋定制不像过去单纯在板件上进行拼凑，以风格、功能来划分产品，而是要上升到生活方式和审美高度。为此，尚品宅配以消费者的不同生命周期的生活习惯、生活方式为主导，重新研读消费者的需求，改变营销和产品设计解决方案，实现更柔性化、个性化的转型。第二，全面构建家居整装整合服务平台。2017年，从软件起家的尚品宅配迈出重要一步，正式切入整装市场。但它不是在全国开装修公司，而是向全国的装修公司输出“全屋定制整装”的全新商业模式——新居HOMKOO整装云，这个由尚品宅配旗下新居网运营的平台，要赋能整装解决方案，让天下没有难做的整装。尚品宅配董事长李连柱为新居HOMKOO整装云设定的目标是：“帮助几千家中小装修企业，从千万级装修公司做到亿级。”从定制板式家具到打造客户定制家的全屋整装和定制平台，尚品宅配不断迭代的战略驱动其持续高速成长，成为家居家装产业最具潜力的未来领袖之一。

2. 共生型组织建设实践

在以互联和数字为特征的时代，人们的生活方式发生了根本性的变化，这就意味着组织需要重新认识顾客在行为和价值判断方面的变化。在《利用群体智慧》一文中，伊丽莎白·拉威尔（Elizabeth Ravel）表示，“无论公司是否喜欢这一点，他们都是一个生态系统的一部分。除非公司承认自己与其‘物种’——包括用户、供应商、合作伙伴，NGO（非政府组织）、创业公司、大学以及学术机构——是互相依存的，否则将越来越难以存活”。组织的价值不是由组织独立创造的，而是由许多成员、合作共同打造的，众多的个体智慧共同构成组织的大智慧。

（1）合作成为共同愿景。任何一个组织从产生初期就开始构建自身的目标和理想，其打造成企业文化和精神将伴随组织的整个成长过程。现在，已经有很多组织把“合作”注入企业文化中，如小米的“每一位员工都是平等的，每一位同事都是自己的伙伴”，京东的“以人为本、互信合作的团队观念”、百度在“百度论语”中强调“你不是孤军”，这样的文化是具有号召力的，但是将这种号召力转化为行动，需要的是组织和成员的共同认可，让合作成为组织和成员的共同目标和理想，这就是“共同愿景”。

2008 年，IBM 提出了“智慧的地球”的愿景，“互通互联”是其三个主要维度之一。但是在刚提出之时，这个观点的价值并没有获得普遍的认可，直到苹果与合作伙伴几乎在一夜之间颠覆了手机行业传统观念，人们才真正意识到合作联合的重要性和迫切性。苹果公司的应用程序 App Store（苹果应用程序商店）是一个合作策略的典型成功案例，通过采取合作策略，App Store 积聚了大量的第三方开发者，截止到 2021 年已引入了多达 250 万个应用程序，巨量的应用程序满足了用户的多元化需求。

华为作为世界领先的通信设备提供商，提出了“开放、合作、共赢”的生态发展理念。华为认为建设更美好的全连接世界，不可能仅靠华为一家实现，而是要靠全行业、合作伙伴及政府共同合作来实现。组织想要更好地拓展市场，就应该采取更开放的策略，谋取共赢之道，通过优势互补实现与产业链上下游组织的多方合作，更务实地推进开放平台建设，与大家一起做大产业链规模，在共赢之中实现自己的发展。

（2）合作提升价值创造。组织管理重在让一个庞大而复杂的合作体系正常运作，体系中的个体不仅代表组织本身，更代表组织中的每一个成员。这就意味着，在个体经济凸显的现在，组织中的任何一个成员都是独立的个体，他们除了拥有雇佣时代的组织属性，也拥有独立性。组织的平稳发展需要成员的协作和配合，进而完成一系列活动。因此，一方面，组织需要承认并且尊重成员的独立性；另一方面，组织需要采取行动，让个体和组织更好地融合。

“我是在生活所迫、人生路窄的时候创立华为的。那时我已经领悟到‘个人才是历史长河中最渺小的’这个人生真谛。我也深刻体会到，企业的力量、众人的力量才是力大无穷的。”任正非认为，企业的力量是可以创造奇迹的，是“15 万名员工，以及客户的宽容与牵引”才有了华为今天的成就①。“我不知道我们的路能走多好，这需要全体员工的拥护，以及客户和合作伙伴的理解与支持。我相信由于我的不聪明，引出来的集体奋斗与集体智慧，若能为公司的强大、为祖国、为世界做出一点贡献，20 多年的辛苦就值得了。”②成员、客户和合作伙伴的支持是华为可持续发展的动力所在，与此同时，华为也为成员、客户和合作伙伴提供了平台，使成员、客户和合作伙伴的价值得以发挥。

在竞争激烈的商业环境中，几乎每个企业都在商业的各个领域建立了生态网络联盟，每个联盟都力图通过建立伙伴关系达到总体大于部分之和的效果。苹果令人震惊的异军突起，一方面源于乔布斯的卓越指引，另外一方面源于苹果创建的包含众多软件开发商的生态网络，它为众多的软件开发商开辟了全新的路径，获得了与用户直接互动的机会。在这种基于市场与技术的优势互补关系中，平台化是重要原动力之一。对软件开发商而言，通过与苹果的合作获得了更多接触用户的机会；对苹果而言，利用软件开发商的创新能力，可以快速而准确地满足用户的需求。这些利益共同体之间，原本是竞争对手的关系，但是它们为了应对挑战而联合到一起，进而寻找到了合作优势。从竞争对手变成共生的价值体，一方面可以尽量减少单独面对竞争的被动，另一方面又可以带来全新的竞争格局。

（3）合作促进组织优化。合作不仅是组织提高自身效率的方式，而且逐渐成为组织进行自我优化的一种途径。组织合作的最终目的还是为了更好地为顾客服务，而合作带来的极致的产品和服务，是组织为顾客服务的基础。在某种程度上，合作甚至成为组织“起死回生”的灵丹妙药。

虽然在 2010 年沃尔玛就将电商提升到了战略的高度，但传统零售巨头的转型并非易事，加之众多新兴电商的迅速崛起，沃尔玛一度面临被亚马逊赶超、被阿里巴巴逆袭的尴尬境地，甚至在 2015 年的投资大会上，沃尔玛市值经历了下跌 200 亿美元的低谷，但是沃尔玛坚持在电商端发力，并通过合作协同的方式最终实现了突破。2016 年 10 月，沃尔玛与达达-京东到家达成联盟，沃尔玛入驻京东到家平台，门店到消费者的配送环节交给专注于快送的达达-京东到家。消费者浏览“京东超市”和“京东到

① 转引自陈春花，赵海然. 共生：未来企业组织进化路径. 北京：中信出版社，2018.

② 转引自陈春花，赵海然. 共生：未来企业组织进化路径. 北京：中信出版社，2018.

家”的网页，看到沃尔玛是其选择之一，“最后一公里”的配送服务由达达-京东到家承担。沃尔玛具有遍布全球的仓储与采购，在传统零售中具有将运营成本降到最低的优势，但是，聚焦于门店的战略却让沃尔玛在门店到消费者的最后一环处于短板。达达-京东到家是由京东旗下“京东到家”与众包物流平台“达达”合并而成的独立公司，截止到 2021 年达达-京东到家（2019 年更名为达达集团）已覆盖中国 1500 个县区。达达-京东到家是补齐沃尔玛短板的最佳选择，由达达-京东到家配送后，沃尔玛的每单配送成本下降过半。随着京东和沃尔玛的合作升级，沃尔玛的线上业务实现了迅猛增加，而沃尔玛带来的海量用户以及强大的上游供应链资源也为京东带来更多的用户流量，以及更加国际化的采购优势。

3. 水样组织的管理实践

水的特征表现在一个组织里，就是组织的开放和弹性，像水一样变换，可以面对环境带来的几乎所有挑战。开放组织是为组织未来的成长布局，开放的组织充满激情和活力，将拥有更好的顾客群和更好的合作伙伴。

1）无印良品：跨领域的价值融合

无印良品是一家受人关注的企业，随着它的产品范围的扩展，人们已经无法简单地界定这家企业的行业属性。2005 年进入中国市场的无印良品，在很大程度上影响了中国大城市新一代年轻人对家居、生活杂货的审美和消费需求。即使这个主打“简单、平实、好用”的日本品牌在中国的发展充满了独特的意味，但是这也丝毫没有影响消费者对它的追随，消费者一边吐槽它的高价格，一边倾注自己的热情。很多人把无印良品定位为服装公司，这无可厚非，因为服装在它的商品结构中占比是最大的，但事实是，“无印良品是一家服装公司”这句话已经被它自身的实践所推翻。2015 年无印良品开始销售书籍，将主题图书和产品进行了功能匹配；2016 年，无印良品全球第一家餐厅 MUJI Diner 在上海营业，把零食和餐饮结合起来，让消费者逛累了可以有一个地方度过闲暇时光；2016 年 11 月，无印良品把自己的业务拓展到整个住宅领域，推出无印良品小屋，贯彻了无印良品的极简风格，并且可以进行私人订制，消费者用 17 万元便可以拥有“我有一个房子，面朝大海，春暖花开”的梦想生活；2018 年全球首个无印良品酒店“MUJI HOTEL”在深圳正式开业、实现了“店铺+酒店+餐饮”的完美结合。然而，无论无印良品做什么样的改变和突破，都是基于核心品牌打造的。无印良品通过跨领域的价值融合，把自己的竞争力持续扩展到相互不连接的领域，进行了全产业的开发。

2）塞氏公司：圆环组织激活个体

塞氏公司（Semco）是巴西最大货船及食品加工设备制造商。里卡多·塞姆勒（Ricardo Semler）子承父业，率领这家濒临灭亡的公司重新走向繁荣。在巴西经济萎缩的大环境之下，塞氏公司在 1980～1992 年的 12 年里利润增长 5 倍，收入增长 6 倍，生产效率增长7倍，成为IBM、通用汽车、福特汽车、雀巢、奔驰等世界级企业学习的对象。

1988年，困惑于组织转型的塞姆勒到加勒比度假，受到海浪的启发，塞姆勒设计了一种更具灵活性的圆环组织来代替传统的金字塔模式。新的组织形态由三个同心圆组成：位于内里圆环的人是公司顾问，包括塞姆勒及公司副总；中间圆环为合伙人，由各业务总监组成；外层圆环为伙伴，指一线员工；圆环之外则是协调人，由职能主管构成。圆环组织的直观特征是层级少、没有头衔、没有组织结构图。借助圆环组织，塞氏公司把层级从12层降到3层，投票权和收入不再由头衔决定，员工的权责、薪水不再由组织结构图来决定，而是由员工自己决定。任何员工都可以在电脑上查到某个员工花了多少钱、收入多少、创造的利润是多少。这种灵活性为人才成长创造了更自由的空间，充分激活了员工个体。

3）专有标签：打破边界激活组织

专有标签是杰克·韦尔奇（Jack Welch）上任时曾决定出售的信用卡业务部，由于没有买家愿意接手，最终只得留在通用电气。然而，在随后的很多年里，专有标签每年增速都在两位数，并成为通用电气净收入最高的部门。其奥秘在于，业务负责人戴维·埃克达尔（David A. Ekedahl）让专有标签变成了一个无边界组织。

首先，埃克达尔与团队打破既有的顾客边界，将顾客由消费者延伸至零售商，并基于满足顾客需要的流程来建立组织。其次，职能部门为寻找顾客解决方案而相互协作，从而打破了水平边界，进而围绕关键流程建立起零售商金融服务部，此后又在零售商金融服务部内部建立起无垂直等级边界的营业中心。营业中心没有经理，唯一的焦点是让零售商变得更加成功。最后，由于美国零售行业的下滑，零售商金融服务部开始跨越地域边界，进入全球消费金融市场，并为此打造新的独立分支GCF①，其规模很快成长为原来母公司的两倍。

4）毕马威：打破僵局重塑形象

与很多百年企业一样，毕马威的发展也离不开有效的组织变革。鉴于审计业务日渐饱和，从20世纪90年代开始，毕马威向担保及战略咨询等新的业务方向转型。当时的毕马威有300名合伙人，每位合伙人都各占地盘，固步自封。公司通过组建“百人团”等全新的工作方式来破除僵化的格局，推动组织变革。当原有的僵局被打破后，员工的激情、想象力和创造力被释放出来，工作小组确定的新型业务成为公司新的增长来源。毕马威也完成了战略转型。新的组织方式带来的不只是收入增长，也不只是新业务的出现，而是毕马威的全新形象：在公司内部，可以看到一位年仅28岁的女审计员在指导许多年长的高级合伙人。这是转型之前没有的现象。

---

① GCF（Global Certification Forum）1999年成立，是由运营商和终端制造商共同成立的一个组织，目的是通过独立的认证过程来确保终端的全球互操作。

企业若要取得成效就离不开组织本身的改变。首先是组织灵活性的提升。无论是塞氏公司的圆环组织，还是新希望的化小业务单元，都显著提升了大型组织的灵活性。其次是个体的激活。毕马威的百人团激活了看似僵化的个体，而海尔的自组织也让个体与顾客紧密结合。再次是组织结构的打破。塞氏公司已经没有组织结构图，海尔的"倒三角"和网络结构则彻底颠覆了传统的组织结构。最后是开放系统的打造。无论是专有标签的不断突破边界，还是乐视生态型组织的构建，都使组织变得更加开放，使组织能力变得更加系统和完整，从而能够更好地服务顾客。

二、数字经济下的人力资源管理

在今天的中国，伴随着不断升级的网络基础设施与智能终端等信息工具，数字经济快速兴起并已经形成燎原之势。在这一浪潮之下，数字化技术持续赋能组织，并在人力资源管理领域催生了大量新实践。例如，在新冠疫情期间，盒马鲜生开发并利用共享用工平台与 40 多家企业共享了超过 5000 名员工，打破了人力资源雇佣的组织边界；天猫无人超市和建行无人银行相继进入大众视野，这些高度智能化的机器人和算法助推着传统劳动力在组织中的价值重构；拜耳中国建立了数字化的激励平台，以期用强社交、游戏化的互动模式来提升员工工作体验。总体而言，数字化技术使得组织活动变得更加高效快速，塑造了新的控制、协调和合作模式，也使人工智能、机器人等数字智能加入到组织内部的互动关系网络中，重新定义了人力资源管理的对象。

1. 培训与开发维度：麦当劳化的人才管理实践

在人才培训与开发方面，数字化技术的发展催生了基于大数据、预测算法、数据挖掘和可视化工具的人才分析实践。通过对员工全面、即时的数据采集和更新，管理者得以掌握员工人格、教育背景等稳定的个体特征，以及资历、个人技能等工作中发生变化的状态特征，甚至个人影响力、员工间互动情况等关系动态，用以指导团队人员配置、人才发展等人事决策。其中，针对个体员工的人才画像和基于组织全局的人才盘点便是人才分析过程中的两大代表性实践。通过对员工个体的人才画像，管理者可以识别学习和培训需求，更好地进行人力资源开发。以亚信公司的人才培训方案为例，该企业搜集员工的核心特质、关键优势和不足等人才信息，通过"360 度个人评价报告"、"述职分析报告"和"访谈记录"建立了员工的人才画像，使得组织对员工有了多面的、细致的了解，并基于这些数据分析、识别和配置员工的培训项目，助力员工成长。除了对人才细致的刻画，数字化技术还促进了组织的人才盘点实践，并使管理者对组织人力资本有全局性的理解。依靠数字化技术，管理者通过定量的数据简单、精练地反映出员工的特征，并据此进行内部的培训发展规划。以德勤的人才管理系统为例，人力资源部门基于各团队领导对下属在共事意愿和未来愿意支付该员工的薪资水平两方面的打分绘制了组织内部的员工分布坐标图，并基于员工在这一坐标系上的分布考虑对其未来的培养。

然而，这一新兴的人才培养和开发模式在实践中也存在一定弊端。它带来了人力资源管理中的“麦当劳化”趋势，使得快餐店式运营的效率、可计算性、可预测性和精准控制逐渐成为组织和社会生活的重要原则。在麦当劳化的组织中，管理者高度重视定量数据，习惯于从大数据中挖掘隐藏模式。然而，一旦管理者将数据视为最客观可靠的事实，他们便会倾向于放弃对工作场所员工行为直接、细致的观察和解读。如果组织将这种定量的、循证的人才分析工具和其结论视为“最高真理”，那么人才分析实践还可能会引发伦理上的争议：它使得组织工作场所日益数据化、不透明，且便利了管理者对员工行为的操纵性引导并潜移默化地改变员工的行为选择和观念。在这样的工作场景中，管理者对员工的刻画是多面的，但也是简化的，员工被归纳为各个维度上定量的数值。员工自身由于难以理解不透明的人才分析逻辑，而无法对自身进行有效的反思，其价值主张、自主选择也面临着威胁。由此看来，组织人才管理的“麦当劳化”对员工持久的成长发展和自我实现提出了严峻挑战。

2. 考核与监管维度：“全景监狱”式的组织规训

在今天的组织内部，人脸/指纹打卡签到、员工的沟通记录追踪、办公场所的视频监控、在公有设备上的操作轨迹监管屡见不鲜。组织通过多种多样的数字化设备搜集了涵盖员工生物统计学信息、文本信息和网络足迹信息等各类数据，了解他们的工作行为顺序和耗时、工作情感和态度。组织甚至可以结合员工沟通记录用机器学习算法或者仿真模型推断员工的工作关系网络结构。这些数据帮助组织掌握覆盖组织活动与员工行为的各方面的细节，从而为组织的人力资源制度建设和决策提供了强大的依据。而对于那些长期在组织边界外部工作的零工工作者，这种单向的、精准全面的记录和评价几乎成为他们和组织联系的唯一途径。诸如 Uber 之类的软件利用全球定位系统和移动通信设备记录所有员工的地理位置、工作行为和顾客的身份信息，且能给出即时、匿名的评价与反馈，以此联系和管理员工。

值得注意的是，数字化的电子设备和网络信息工具为员工营造了一种“全景监狱”式的工作环境，即处于中心地带的某个组织权威拥有同时监视所有人的全景视野，但是被监视者并不知道当下自己是否正在被观察。“全景监狱”隐喻下的数字化考核与监管在学界和实践界都引起了广泛的关注和讨论，因为它毫无疑问营造了一种更为彻底的组织监管环境。研究者通过田野观察发现，美国海军依靠追踪操作记录、推送提醒或者警告、控制信息接入权限等方式引导和限制员工在工作与非工作事项上的注意力分配。传统的管理方式往往通过工作流程的设置和组织规章等方式确保成员对工作和非工作事项的注意力分配，但是借用数字化技术，美国海军对成员进行了时时刻刻的注意力控制。英国《卫报》也曾就数字化监控的“全景监狱”现象评论指出，数字化时代的全景监控有可能成为一种压迫手段，避免这种恶劣结果的方式之一是将高权力地位者也纳入被监控的范畴。

从更抽象的层次来看，上述实践显示了组织监管性质的革新，组织已然从基于生产流程的技术控制、基于组织规则规范和角色分配的官僚控制转变为更加全面、彻底、及时的算法控制。技术控制的代表是自动化的生产流水线，它使得员工活动受制于机器运作和生产流程，塑造了一个个《摩登时代》中只能不停拧紧六角螺帽的“卓别林”。官僚控制将员工置于规章制度的铁笼，通过理性法则最大化工作效率。而算法控制创造了一种新型的、更为彻底的组织监管环境，它一方面使员工时刻处于被注视、被评价的状态中，另一方面它可以随时甚至持续对组织中的员工行为决策提供建议、施加限制，在记录和评价员工行为结果的同时影响员工的行为选择。

3. 奖惩与激励维度：自动化、去人性化的激励机制

在薪资设计上，全面的数据和精巧的算法可以帮助组织实现灵活、动态的设计，并寻求薪资设计的“最优解”。组织通过数字化技术实现了自动化的薪资过程、合理的薪资设计以及有效的薪资沟通三方面的功能，并使管理者更加便利地获取内外部与薪资相关的关键信息，同时通过各类薪资管理工具使薪资相关的信息无时无刻不在管理者和员工之间传递，精简了组织内部的薪资决策流程。例如，谷歌开发了自己的预测算法，通过及时、灵活地调整员工的薪资水平来避免人才流失。根据《金融时报》的报道，英国的大型银行也纷纷建立多水平计算模型来捕捉薪资水平的跨区域变异，从而在不同的地区吸引和保留员工。

数字化技术还被认为能有效促进薪资和奖惩系统的公平性。通过系统的信息搜集与高效的计算，它能为员工制定与其贡献相匹配的薪资水平，促进薪资政策的个体公平；通过组织层面的工作分析和评估，它能优化薪资报酬在不同工种之间的分配，促进组织的内部公平；通过搜寻和加工外部市场的薪资信息，它能使得员工薪资与外部劳动市场的价格相匹配，促进外部公平。诚然，数字化技术是减少组织薪资管理成本、提升奖惩系统有效性的有力工具，但是它过于重视经济成本，忽视员工在激励过程中多样的价值观和偏好，导致奖惩决策的“自动化”和“去人性化”。2019 年 4 月，亚马逊被曝利用人工智能监控仓库工人的工作效率并自动解除巴尔的摩工厂内 300 余名未达到生产率指标的员工，且据公开资料估计，该工厂采纳人工智能决策技术，从而解雇员工的数量超过了员工总数的 10%。亚马逊这一利用算法自动解雇低效率的仓库工人的事件在国内外都轰动一时，引起热议，甚至被批为“只看数字不看人的机器”。由此看来，数字化的奖惩决策既是“铁面无私”的，又是“冷血无情”的，此时员工将面临着更加“去人性化”的奖惩政策环境。但值得注意的是，这类自动化的、基于客观大数据的奖惩决策也许并不能如泰勒制一样提升组织效能。数字化技术使得人力资源管理实践变得更加交易导向而非关系导向，然而当这些实践的去人性化程度升高时，人力资源管理的效能甚至组织的整体效能更有可能随之降低。

4. 组织–员工关系维度：更加松散、失衡的雇佣关系

数字化技术逐渐消解了人力资源管理实践中的时间和空间边界。包括移动电话、电子邮件、Skype 等视讯软件和各类办公自动化系统在内的信息沟通技术克服了员工在时间上任务进程不同步的阻碍，实现全天候的持久联结，并推动了远程办公、零工经济、平台型工作团队、人才云等新型工作模式的兴起。例如，在新冠疫情期间，国内外大量的企业推行居家办公，采用远程沟通与协作替代传统的办公模式。而当时间和空间限制被打破时，组织内的生产目标不再仅仅依靠内部的员工来实现，也可以通过外部的劳动力市场完成。依据任务复杂程度和流程外包环节，人才云利用模式可分为服务商模式、仲裁者模式、聚合模式和管理模式四种。组织可以根据自身需求灵活地采用不同的模式满足自己的生产目的、提升组织效能，且在这四种模式的人才云项目中，组织都不同程度地将生产活动外部化，逐渐开放了组织边界。

这些实践对组织与员工之间的关系产生了深刻影响。

一方面，在日益开放的、无边界化的工作模式下，组织员工经常处于一种边缘地带，在不同组织和客户之间流转，并因此失去了与特定的组织和同事形成持久情感联系的机会。尤其是零工模式下的员工，组织结构环境对员工的影响力变小，临时的劳动关系使得组织也不会对员工进行培训和发展的投资，传统的基于长期、互惠共识的组织–员工关系受到了挑战。与此同时，员工不再受到组织价值观的指引，也不对特定组织产生持久的认同。因而，开放化、无边界化的环境催生了更松散的组织–员工联系，降低了员工对组织工作环境的参与程度。人力资源经理也需要随之转向网络思维，提升跨组织的关系构建能力，并将人力资源看作组织关系网络中所竞争的战略必需品，而非特定组织所控制和拥有的静态资源。

另一方面，在无边界化的工作环境中，传统的员工与组织间的双向沟通被管理者经由数字化设备来记录、追踪、监视、评价和反馈员工的单向沟通所取代，数字化技术在员工与组织之间造成了一种数字距离，闭塞了员工直接向管理者反馈、沟通甚至抗争的通道。根据劳动过程理论，管理者总是希望尽可能控制员工的工作过程，获取员工的剩余价值，并同时模糊化他们实现这一目的的手段和过程。而数字化技术使得平台上工作的零工在工作如何分配、绩效如何评价的问题上基本丧失了话语权，且组织还可以利用信息不对称优势和绩效评价系统的不透明性进一步加强对平台员工的控制。数字化工具的上述特征恰好使得管理者全面地掌握员工的工作过程，又使员工不知向谁抗争。

在这种情境下，数字化技术带来的是组织对员工的去权，它使得员工在他们与组织和顾客之间的权力关系中处于劣势地位，人力资源管理也出现以技术为中心而非以员工为中心的危险倾向。因此，组织需要反思自己对员工的履责方式，在将员工作为消耗品或者投资品之间作出选择。组织应该抛弃传统的将人力资源作为消耗品的思维，不应再将岗位职责和胜任力作为标尺来淘汰雇员，应该转向将人力资源作为投资品的思维，围绕人才打造工作系统以保障组织内部人才的存续和升值，塑造良性的组织–员工关系。

三、物联网环境下的企业组织结构变革

物联网是数字经济时代的基础设施，数字经济是物联网时代的经济形态。物联网是指通过各种信息传感器、射频识别技术、全球定位系统、红外感应器、激光扫描器等各种装置与技术，实时采集任何需要监控、连接、互动的物体或过程，采集其声、光、热、电、力学、化学、生物、位置等各种需要的信息，通过各类可能的网络接入，实现物与物、物与人的泛在连接，实现对物品和过程的智能化感知、识别和管理。物联网是一个基于互联网、传统电信网等的信息承载体，它让所有能够被独立寻址的普通物理对象形成互联互通的网络。物联网在企业组织中被逐步采用并不断升级，其精准实时的对人和“物”的追溯特性和万“物”互联的平台特性，弥补了现有企业组织尤其是大规模联盟组织的结构缺陷，对联盟组织的结构特征及其运作模式产生了全面而深刻的影响。

1. 组织结构的变革过程

物联网系统的追溯性和平台性引发了企业组织架构的变革，其变革呈现两个阶段的发展过程。

1）点—线延伸结构

企业组织的点—线延伸结构是物联网环境下企业组织架构发展的早期形态。物联网追溯技术使得企业组织内部通过采集“物”的状态信息（客户需求、原材料、人员、设备、生产工艺、生产进程、环境安全等），进行实时数据分析，实现采购、生产、销售等生产经营过程的实时决策和智能管理。对组织外部而言，物联网追溯技术强化了企业组织自动化的外溢程度。物联网系统通过追溯技术促使核心企业加强同其上下游企业的物质联系，实现生产经营过程的敏捷调度和集中控制。而物联网基础设施在供应链中的应用和渗透，反过来又增强了核心企业对其上下游成员物料库存、生产调度、运输配送的全面把控能力。

点—线延伸结构的变革，在制造业体现得较为突出。制造商首先进行技术变革，以智能制造设备替代传统制造设备，实现制造设备的更新换代。其后，制造技术的升级（传统制造转向智能制造）和市场需求的改变（大规模生产转向大规模定制），进一步协同引发制造商内部由下而上的技术革新，使智能制造的集成信息平台逐步开发并臻于完善。这种依托智能制造流程的信息平台会对传统的供应链物流进行重组，只是此类智能制造平台不同于跨企业的行业整合平台，还没有全面的“信息垄断”能力，

而是通过较高成本的“订单垄断”或者“追溯链条垄断”向供应链上下游缓慢渗透，之后通过自动仓储、运输追溯、集成研发、智能制造等诸多核心业务，逐步实现对全供应链的物流控制。

总体来说，点—线延伸结构的形成，是先由底层向顶层、再由核心向上下游的链条式演化过程。在这种演化下，供应链组织可能会出现区块对角网络结构形态，即以模块化为特征的链条状形态，在各个模块和链条下实现以智能物流物料管理为核心的智能生产、调度、研发和制造。在实际行业中，重资产的高科技制造行业最有可能呈现出点—线延伸结构的组织变革模式。

2）点—网辐射结构

企业组织的点—网辐射结构是物联网环境下企业组织架构发展的后期形态。在点—线延伸发展充分后，中心节点企业通过物联网平台的多源异构数据管理、智能计算等功能，完成对异质性信息系统或者各类物联网软硬件智能设备的整合吸纳，吸引大量多元信息主体的接入，建立覆盖全供应链的信息交互体系，再通过对内信息共享的方式，打通体系内的各个系统，在体系的层面进行资源的统一调度和集中管理，协调系统之间的复杂交互，促进异质性企业成员的协同合作，最终实现供应链或联盟企业的跨领域互动和管理。

同时，相比于传统互联网平台，物联网系统平台可以吸纳更为多样繁复的主体成员，提供更为透明精确的商业信息，创造更为动态智能的合作流程。多种参与元素在平台作用下迅速聚集并相互作用，形成快速膨胀扩张的物联网生态，催生出全新的组织结构与管理模式。

点—网辐射结构的变革，在供应链组织中较为常见，供应链中间商作为核心企业，首先进行技术变革，发展物联网平台技术，通过“信息垄断”实现对供应链外绝大多数边缘成员的信息流控制。虽然该种模式凭借“垄断信息”入手，但通常会要求边缘成员首先提升智能设备，之后再通过智能设备由下而上逐步地实现信息平台和信息系统的对接。

总体来说，点—网辐射结构的形成，就是先由核心向边缘、再由底层向顶层的网络式演化过程。这种演化下，供应链组织或联盟组织通常会呈现出无标度网络结构形态，即核心企业高度互联，边缘企业之间没有直接交互，但是几乎全部与核心集群相连接，经由平台发生各种信息流的交互。在实际行业中，轻资产型的互联网行业及其供应链组织，最有可能呈现出点—网辐射结构的组织变革模式。

2. 案例：物流业组织结构的演变

在国内智能产业不断扩张的背景下，京东集团开始追寻最新的技术发展方向，在大规模建成自营仓储、配送等基础物流设施的基础上，把战略重点放在了未来智慧供应链的建设上。以京东集团智慧物流的战略发展为例，详细地分析电商物流组织在物联网环境下点—线延伸、点—网辐射的组织结构的变革原理和演化过程。

1）点—线延伸结构

在物流行业，基于物联网系统的物流组织体系架构见图 4-7。物流组织的平台企业、大区物流中心、地区物流中心、终端物流中心处在应用层，大区物流中心是按全国地理方位来划分的，如东北、华北、西北、华东、华中、华南、西南等，地区物流中心覆盖范围按省份划分，而终端物流中心则直接面向顾客，管理数量庞大的社会化物流企业或个体加盟员工。网络层是数字化运营的沟通介质，负责实时数据的传输与管理。感知层由智能感知技术和设备构成，依附于物流组织的各类资源（如员工、交通工具）与货物物品上，负责采集实时数据。物流组织各中心分为两层，即管理层和执行层，物联网感知层从物理组织执行层日常运作中采集实时数据，通过网络层传递给平台企业，平台企业通过网络对各级物流中心进行实时调度与管理。

图 4-7 所示的框架结构，在京东集团提出的智慧物流系统性发展体系中得到了很好的展现。其发展体系自上而下分为三个部分，包括智能化作业、数字化运营和智慧化平台。其中，智能化作业是“四肢”，由感知层的无人智能设备支持；数字化运营是“中枢”，由网络层执行这一任务；而智慧化平台是“大脑”，对应了应用平台层的功能。自 2015 年起，京东集团逐步地实现了预设的战略布局。

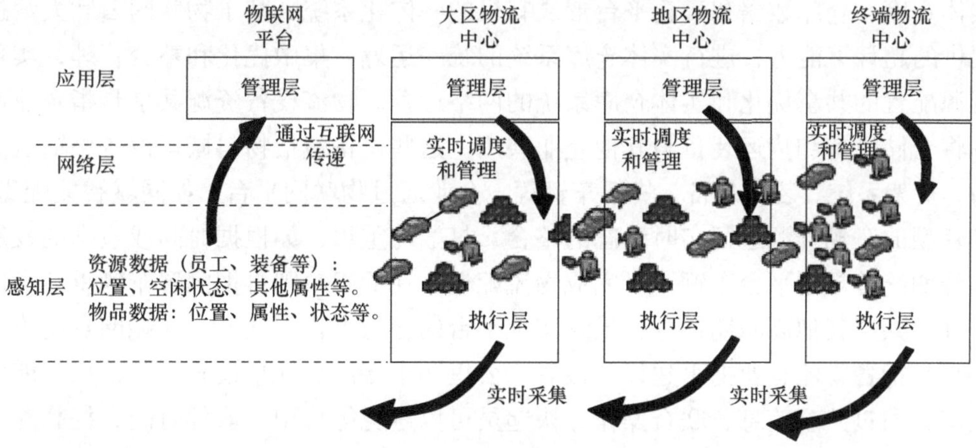

图 4-7　基于物联网系统的物流组织体系架构

资料来源：胡斌，王莉丽. 物联网环境下的企业组织结构变革. 管理世界，2020，36（8）：202-232.

由此可以看出，京东智慧物流的建设是从“四肢”开始的，物联网技术的发展首先推动了京东集团内部的智能设施改革，即感知层的技术革新。而凭借诸如无人车、无人仓、无人机、射频识别技术等智能设备提供的精准追溯能力以及自动化操作能力，京东集团在仓储节点中做到了末端操作自动化和数据采掘规模化。

2）点—网辐射结构

随着基础设施智慧赋能的不断深入，物流组织数据产生、采集、整合的能力也会不断提升。当物联网系统的计算服务能力发展到一定程度，平台企业就可以凭借其优越的信息流程或信息网络管理能力，管控大规模的中段干线企业和终端社会化加盟企业，实现企业集群运作。

2018 年后期，京东集团开始了对“中枢”和“大脑”的改造。京东智联云成立，依托京东集团在人工智能、大数据、云计算、物联网等方面的业务实践和技术积淀，提供包括公有云、私有云、混合云、专有云在内的多云、安全、可信赖的基础云服务；围绕智能供应链的建设，提供数字化、智能化的产业互联网应用云服务。2019 年，京东智联云 Neuhub 平台入选“智能供应链国家新一代人工智能开放创新平台”，进一步提升京东智能供应链对外输出能力，形成了从基础平台搭建、业务咨询规划、业务平台建设到运营维护的科技生态格局。

无人云仓的建成和发展增加了物联网内透明性的“物”，即相关的“物”的质量、位置等信息，或相关产品的服务软件与系统，抑或是硬件的智能设施、设备系统等，可以达到高水平的披露共享。这些透明的信息、软件系统、服务应用或硬件设备公共共享，客观上满足了物联网边缘集群运作的基本需求，即为集群运作提供了公共资源池。不同企业之间存在密切的物流资源共享，最常见的资源共享包括云仓资源共享、物流设备资源共享、末端网点设施资源共享。云仓资源共享是指通过在线互联网平台将广泛分布的仓库管理系统进行整合连接，从而实现实体仓库设施网络的互联互通，使实体仓库、仓库数据和云仓平台形成有机的一体化系统，基于物联网云和大数据分析提供的超计算能力，进行实体仓库系统的统一运筹、集中优化和整合管理，实现仓库资源配置的共享优化和实体仓库系统的网络运营。物流设备资源共享是指企业通过共享将仓储设备和货运装备与其他企业共用。这些设备包括物料搬运设备、输送分拣设备、货架系统、装卸装备、货运车辆等。企业通过物联网平台（如同城智能配送），对碎片型的车辆资源进行实时动态的整合、打散与重组，如根据时间或事态的发展，在高峰期统筹规划平台车辆，以完成物流配送，在低谷时则再把闲置车辆重新交由平台管理，共享其他高峰期任务，最终实现平台的智慧整合与调度。末端网点设施资源的共享是指各物流企业携手建设“最后一公里”末端网点共享设施网络，如智能快递柜共享，通过共享信息、联合操作，快递员可以避免等待用户取件时间，提高配送效率。这些执行层设备设施的资源共享，倒逼物流企业建立在功能上包容性更强大的平台系统，再经由智慧化平台对整个物流行业前端、中段和终端企业进行跨边界动态整合和一体化调度管理，吸纳更多的支持性企业加入，实现全产业的物联网生态构建，其组织结构也完成了由点到网、由核心到边缘的辐射式发展过程。京东集团在物联网环境下点—线延伸、点—网辐射的组织变革过程表明，物联网环境下电商物流行业具有纵横交错、多元混合的组织结构形态。其纵向结构形态中，组织分为三层：智能平台—大规模碎片化企业集群—公共资源池；而横向结构形态中，中层的大规模企业集群呈网络化和扁平化趋势。静态稳固的组织结构特征，被动态发展、多元混合等特征所取代，当外部市场环境出现轻微扰动时（如市场上顾客行为或竞争者行为发生变化），集群组织中的异质性成分就可以随之发生变化，形成新的结构组合，平台管理系统和公共资源池提供的强大计算能力是动态组合得以实时发生的基本支撑，它们可以满足新组合的需求，适应外界环境的变化。

案例分析　为啥咱们的农民"走在前"：顾渚景区乡村民宿组织管理揭秘

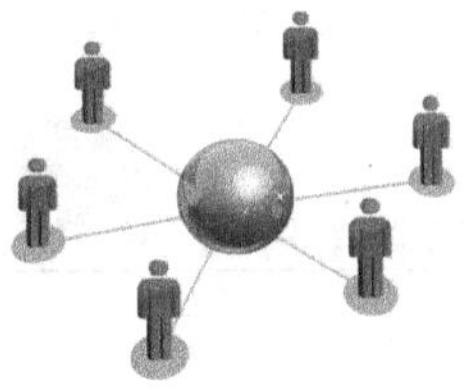

第五章

领　　导

领导是管理过程中的一项重要而独特的职能。领导不是单方面的领导者行为，而是领导者与被领导者之间的相互作用关系和过程，侧重于人的因素及人与人之间的相互作用。领导的行为是否能产生预期的效果，取决于领导者、领导风格、领导情境等因素。有效的领导者要切实了解员工的需要和动机，并通过一定的激励手段和激励过程使个人需要的满足与组织目标的达成同时得到实现。沟通在领导工作中占有非常重要的地位。本章首先介绍了领导、激励、沟通等传统的基础理论，接着重点阐述了变革型领导、量子型领导、竞赛理论、跨文化沟通等领导前沿理论及实践，最后以伊利公司的案例阐释相应理论的应用。

第一节　领导理论概述

本节将在介绍领导内涵的基础上，辨析领导者与管理者的异同，并对相关的领导理论进行系统梳理，从而有助于了解领导的职能及其内容。领导者有效激励的基础在于对人性的认识，在掌握激励机理的基础上调动员工的积极性，从激励内容、行为机制、反馈机制等视角掌握不同的激励理论和方法，能更好地完成工作任务。领导者也会考虑如何有效地与组织中的其他人沟通，掌握沟通的基本模型和策略，以便于克服障碍、实现有效沟通。

一、领导理论基础

在中文里，“领导”一词通常有两个含义：一是作为名词，指从事领导活动的人，即领导者；二是作为动词，指的是领导行为和过程，即领导，领导是管理过程中的一项重要而独特的职能。

（一）领导的内涵

关于领导有很多定义，但它们都围绕着几个关键因素：人（领导者和被领导者）、影响及目标。赫塞和布兰查德认为，领导是一个在特定情境中，通过影响个体或群体的行为来努力实现目标的过程。

1. 领导与管理

在管理学中，领导更着重于研究在目标既定的条件下，如何影响一个组织或群体的成员去实现目标的过程。管理也需要协调他人的工作以达到组织目标，两者在职能范围、权力来源、主要功能等方面存在差异，如表 5-1 所示。

表 5-1　领导与管理

	领导	管理
职能范围	领导是管理的一部分	管理除了领导职能，还包括计划、组织和控制职能等
权力来源	领导的权力可以来源于其所在职位，即组织结构的权力，也可以来源于其个人	管理的权力来自组织结构，建立在合法的和强制性的权力基础之上
主要功能	领导能带来变革	管理是为了维持秩序，在一定程度上实现预期的计划，使事物能够高效地运转
目标制定	注重宏观方面，着重于较长时间范围的远期目标的确立，并为其制定有一定风险性的战略	强调微观方面，通过计划和预算过程，确定几个月到几年的短期目标，安排详细步骤实现计划目标
人力资源配备	通过愿景目标和战略影响组织成员，形成联盟，加强合作，使得整个群体朝着正确的方向前进	按照计划的需要构建组织，安排人员，根据职位的要求挑选、培训专业化的人才，保证组织按照正确的方式做事
计划执行方式	倾向于通过授权和激励等方式鼓舞组织成员迎接挑战，完成任务	侧重于通过详细的监督和控制解决问题，保证计划执行

资料来源：《管理学》编写组. 管理学. 北京：高等教育出版社，2019.

由于管理和领导之间存在着区别，这使得管理者和领导者的特征也存在差异，如表 5-2 所示，管理者更加理性和善于结构化地解决问题，领导者的本质就是组织成员的追随与服从，而下属和组织的其他成员追随与服从的原因，就在于这些被他们所信任的领导者能够满足他们的愿望和需求，巧妙地将组织成员的个人愿望和需求的满足与组织目标的实现结合起来。

表 5-2　领导者与管理者

领导者	管理者
关注未来	关注现在
发展	维护
注重人	注重制度与结构

续表

领导者	管理者
唤起信任	依赖控制
对现状挑战引起变革	保持现状和稳定
打造以共同价值观为基础的文化	实施政策和程序
运用个人权力	运用职位权力
做正确的事情	正确地做事

资料来源：沃伦·本尼斯，伯特·纳努斯. 领导者（纪念版）. 赵岑，徐琨译. 杭州：浙江人民出版社，2016.

2. 领导的权力

1）领导权力的构成

领导者影响个人或群体的基础是权力，其主要来自于两个方面：一是职位权力，这种权力是由于领导者在组织中所处的位置是由上级和组织所赋予的，并由法律、制度明文规定，属于正式的权力，这样的权力随职位的变动而变动，包括法定权力、奖赏权力和强制权力。二是个人权力，这种权力不是由于领导者在组织中的位置，而是由于领导者自身的某些特殊条件才具有的。这种权力不随职位的改变而改变，而且这种权力对人的影响是发自内心的、长远的，包括专长权和参照权。

2）领导权力的运用

加里·尤克尔（2014）认为，任何一种权力基础的领导者都可能会遇到承诺、服从和抵抗三种反应。承诺行为往往发生在下属接受和认同领导者的时候，服从是指下属为了避免惩罚或得到相应的奖励而愿意接受领导者的意愿，抵抗是指下属拒绝或对抗领导者的意愿。在管理中，有效地运用各种权力，尽可能争取下属的承诺，或至少争取到下属的服从以减少抵抗，显得极为重要。领导者运用权力的方法有合法要求、工具性的服从和个人的认同。成熟的领导者必须慎重用权，绝不可滥用权力，必须充分认识公正用权的重要性，坚持工作的公开、公平，必须维护规章制度的严肃性但也有权进行例外处理。

（二）领导特质理论

领导特质理论（trait theories of leadership）的基本假定是，领导者拥有特殊的个人特质、品质和能力等方面的特征，使得他们区别于非领导者，并且能够成为成功的领导者。柯克帕特里克（Kirkpatrick）和洛克（Locke）（1991）总结出领导特质应包括有内在驱动力、领导欲、诚实与正直、自信、智慧、工作相关知识和外向性等 7 个方面。事实上，完全具备上述条件的领导者并不多见，因为有关领导者特质的研究只是在实证基础上所作出的一种理论上的抽象和概括。尽管如此，对领导者特质的研究还是为我们选择领导者提供了基本的标准，也为领导者的教育和培训奠定了基础。从领导理论和历史唯物主义观点看，领导者，特别是具有企业家特质的企业领导，往往也具有一些特殊的特质和才能。

（三）领导行为理论

领导特质理论研究了“成功的领导者应该是什么样的人”，而面对研究结果存在的诸多不足之处，自 20 世纪 50 年代起，研究者们又开始把目光转向“成功的领导者应该怎么做”的问题，即研究领导的行为特征，于是，产生了领导行为理论（leadership behaviors theories）。这种理论的基本观点是，领导行为可以依据个人进行领导的方式来进行分类。其中，比较有代表性的成果主要包括以下三个。

1. 勒温的三种极端理论

心理学家库尔特·勒温（Kurt Lewin）通过研究、实验，把领导方式划分为专制式、民主式及放任式三种基本的领导风格。专制式领导主要是靠权力和强制命令来进行管理，民主式领导与下属商量并且鼓励下属参与决策，放任式领导极少运用其权力而是给下属以高度的独立性。勒温根据实验得出的结论是：从工作效率看，放任式最低，民主式最高；从完成目标来看，民主式能够完成工作目标，专制式通过严格管理能够达到目标，放任式只能达到组织成员的社交目标，但完不成工作目标；从组织成员来看，专制式组织成员没有责任感，情绪消极，士气低落，民主式组织成员之间关系融洽、工作积极主动、有创造性；放任式组织成员各行其是，人际关系淡薄。领导者倾向于采用何种领导方式，往往与他们对人性的认识有关，也要视具体的工作环境而定。

2. 领导行为四分图

1945 年，俄亥俄州立大学的一项研究把领导行为归纳为“定规”和“关怀”两个层面。“定规”层面的领导行为，强调以工作为中心，指领导者以完成工作任务为目的，只重视组织设计、职权关系、工作效率；“关怀”层面的领导行为，强调以人为中心，指领导者强调建立领导者与部属之间的互相尊重、互相信任的关系，倾听下级意见和关心下级。调查结果证明，“定规”和“关怀”这两类领导行为在同一个领导者身上有时一致，有时并不一致。因此，他们认为领导行为是两个层面的行为的具体结合，具体情况如图 5-1 所示。

低关怀高定规的领导者，最关心的是工作任务。高关怀低定规的领导者，大多数较为关心领导者与部属之间的合作，重视营造互相信任和互相尊重的气氛。低关怀低定规的领导者，对组织对人都漠不关心，一般来说，这种领导方式效果较差。高关怀高定规的领导者，对工作、对人都较为关心，一般来说这种领导方式效果较好。

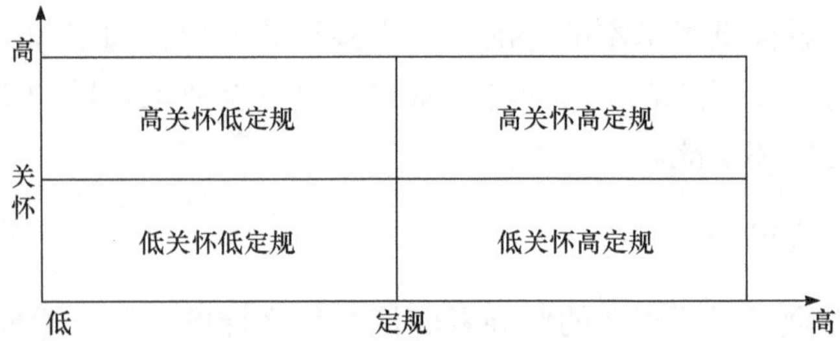

图 5-1 领导行为四分图

资料来源：杨忠，等. 组织行为学：中国文化视角. 3 版. 南京：南京大学出版社，2013.

3. 管理方格图

美国管理学家罗伯特·布莱克（Robert R. Blake）和简·莫顿（Jane S. Mouton）于1964 年设计了一个巧妙的管理方格图，用对人的关心程度和对生产的关心程度的坐标组合形式来描述领导方式的差异，如图 5-2 所示。

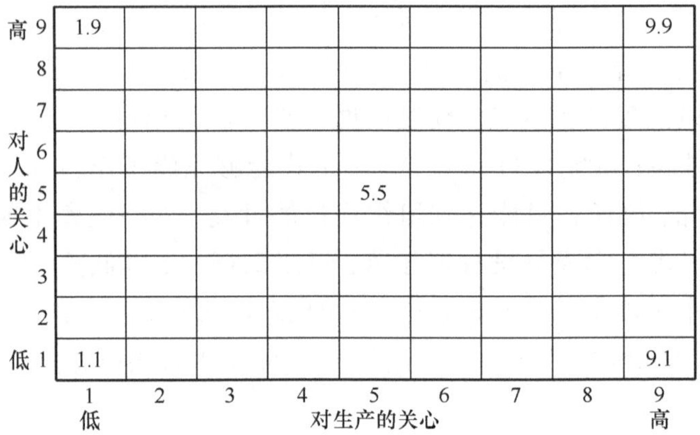

图 5-2 管理方格图

资料来源：布莱克 R R，莫顿 J S. 新管理方格. 孔令济，徐吉贵译. 北京：中国社会科学出版社，1986.

图中横坐标表示领导者对生产的关心程度，纵坐标表示领导者对人的关心程度，每个坐标都划分为 1～9 的九个单位，在坐标系上有 81 个方格。根据领导者对人的关心程度和对生产的关心程度，便可大致确定某个领导者的位置，即领导者奉行的领导方式，其中有五种典型的领导方式。

1.1 贫乏型：领导者对职工漠不关心，领导者本人也只以最低限度的努力来完成必须做的工作。9.1 任务型：领导者的注意力集中在完成任务的效率，但不关心人的因素，对下属的士气和发展很少注意。1.9 俱乐部型：领导者集中注意对职工的支持与体谅，但对任务效率和规章制度、指挥监督等则很少关心。5.5 中间型：领导者对人的关心度和对生产的关心度能够保持平衡，追求正常的效率和令人满意的士气。9.9 团队型：对职工、对生产都极为关心，努力使个人需要和组织目标最有效地结合。他们认为这种类型的领导方式最为有效。应当指出的是，上述五种典型的领导方式仅仅是理论上的概括，都是对较为极端的情况的描述。在实际生活中，很难出现这样一些特殊的领导方式。

（四）领导权变理论

权变理论认为，领导行为的有效性不单纯取决于领导者的个人行为。某种领导方式在实际工作中是否有效主要取决于具体的情景和场合。领导是一种动态的过程，其有效性将随着被领导者的特点和环境的变化而异（即权宜相变）。

1. 菲德勒模型

菲德勒（Fiedler）认为，领导绩效是领导方式和领导情境相互作用的产物，领导权变模型包含以下三部分内容①。

1）确认领导风格

为监测领导者的基本领导风格，菲德勒设计了最难共事者（Least Preferred Co-worker，LPC）问卷。在问卷中，菲德勒要求问题的回答者在与自己共过事的同事中找出一位 LPC，然后对挑出的 LPC 进行评价。如果回答者大多用含敌意的词句评价自己的同事，则该人的领导方式趋向于任务导向型的领导方式（称之为“低 LPC 型”）；如果评价多用善意的词句，则该人的领导方式趋向于关系导向型的领导方式（称之为“高 LPC 型”）。

2）分析情境因素

菲德勒把领导的环境具体化为三种情境因素，包括领导者与被领导者的关系、工作任务的结构及领导者所处职位的固有权力。

（1）领导者与被领导者的关系，是指领导者与其组织成员的关系。如果双方高度信任、互相尊重、互相支持和友好，关系是好的；反之，关系则是差的。

（2）任务结构，是指组织中任务规定的明确程度。如果任务是例行性的、明确和容易理解以及有章可循的，任务结构属于明确的或合理的；反之，则属于不明确的或不合理的任务结构。

（3）职位权力，是指赋予领导者与职务相关联的权力。这种权力并非来源于个人的影响或专长，而是来自于职位权力，也就是职位较高的领导者更容易得到他人的追随。

菲德勒根据三种情境的不同组合，形成了八种不同类型的环境，如表 5-3 所示。他认为，对于各种情境来说，只要领导风格与之相适应，都能取得良好的领导效果。处于有利的情境（1，2，3）及不利的情境（7，8）时，采用“任务导向型”的领导方式，效果较好；处于中间状态的情境（4，5，6）时，则采用“关系导向型”的领导方式，效果较好。

---

① Fiedler F E, Martin M. Chemers, and Linda Mahar, The Leadership Match Concept. New York: Wiley, 1978.

表 5-3 菲德勒权变领导不同类型环境

上下级关系	好				差			
任务结构	明确		不明确		明确		不明确	
职位权力	强	弱	强	弱	强	弱	强	弱
情境类型	1	2	3	4	5	6	7	8
领导所处的环境	有利			中间状态			不利	
有效的领导方式	任务导向型			关系导向型			任务导向型	

资料来源：Fiedler F E, Martin M. Chemers, and Linda Mahar, The Leadership Match Concept. New York: Wiley, 1978.

根据菲德勒的观点，领导行为与领导者的个性是相联系的，所以领导者的风格是稳定不变的。提高领导者有效性的方式仅有两条途径：第一，替换领导者以适应环境；第二，改变环境以适应领导者。

2. 赫塞和布兰查德的情境领导理论

保罗·赫塞（Paul Hersey）和肯尼思·布兰查德（Kenneth Blanchard）提出了情境领导理论（situational leadership theory，SLT），这是一个聚焦于下属成熟度的权变理论。根据赫塞和布兰查德的定义，成熟度指的是员工完成某项具体任务的能力和意愿程度。情境领导理论使用菲德勒模型确定了这两项领导维度，即任务导向和关系导向，他们认为每个维度都有高、低两种水平，从而组合成四种特定的领导风格，如图 5-3 所示。

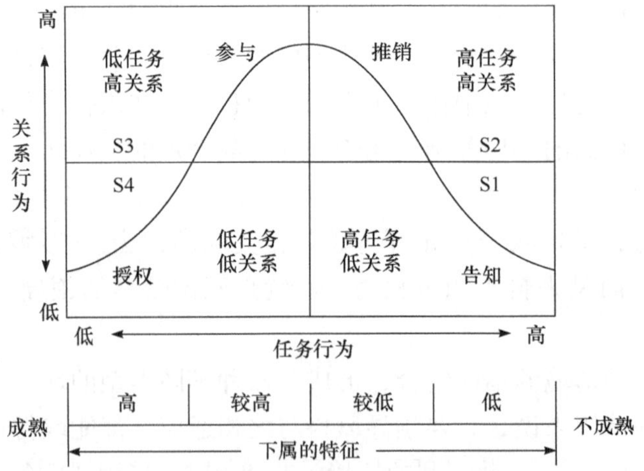

图 5-3 情境领导模型

资料来源：Hersey P, Blanchard K H. Management of Organizational Behaviour: Utilizing Human Resources. Englewood Cliffs: Prentice-Hall, 1988.

（1）告知型（高任务导向—低关系导向）：领导者界定各种角色，向下属明确告知工作内容、方式、时间和地点。

（2）推销型（高任务导向—高关系导向）：领导者同时采取命令和支持行为。

（3）参与型（低任务导向—高关系导向）：领导者与下属共同决策；领导者的主要角色是促进和沟通。

（4）授权型（低任务导向—低关系导向）：领导者很少提供命令或支持。

情境领导理论将下属成熟度划分为四个阶段：

（1）R1 阶段：下属没有能力和意愿去完成某项工作职责。他们缺乏能力，或者缺乏信心。

（2）R2 阶段：下属没有能力但是愿意去从事必要的工作任务。他们具有积极性，但缺乏足够的技能。

（3）R3 阶段：下属有能力但是不愿意去从事领导者希望他们去做的事情。他们能够胜任工作，但却不想去做。

（4）R4 阶段：下属有能力而且愿意去做领导者要求他们去做的事情。

下属成熟度、特征及对应的领导方式，如表 5-4 所示，可以看出，如果下属处在 R1 阶段（没有能力和意愿从事某项任务），那么领导者需要采用告知型风格，提供明确、具体的指示；如果下属处于 R2 阶段（没有能力但却有意愿），领导者需要采用推销型风格，表现出高水平的任务导向以弥补下属的能力欠缺，并且表现出高水平的关系导向以使下属接受领导者的意愿；如果下属处于 R3 阶段（有能力但却不愿意），领导者需要采取参与型风格来获得他们的支持；而如果下属处于 R4 阶段（有能力和意愿），领导者并不需要做太多事情，应当采用授权型风格。情境领导理论承认下属的重要性，而且“领导者可以弥补下属在能力和动机方面的欠缺”的观点也有其逻辑基础。

表 5-4　下属成熟度、特征及对应的领导方式

下属成熟度	对应特征	领导方式
R1	成熟度低；既不愿意，也没有能力承担分配的工作任务	S1
R2	成熟度较低；愿意从事分配的工作任务，但不具备完成工作的能力	S2
R3	成熟度较高；具有从事分配的工作任务的能力，但却不愿意去做	S3
R4	成熟度高；既愿意也有能力去完成分配的工作任务	S4

3. 路径–目标理论

路径–目标理论（Path-goal theory），是由加拿大多伦多大学教授豪斯（House，1971）等提出的。该理论认为，领导者是使下属获得更好的激励、更高的满意程度和工作成效的关键人物，提出领导的主要职能是为下属在工作中提供获得满足需求的机会，并使下属清楚哪些行为能导致目标的实现并获得价值奖励，简而言之，领导者应为下属指明达到目标的路径。

路径–目标理论是以期望理论和领导行为四分图为依据建立起来的。他把领导行为分为四种类型：

（1）支持型：这种类型的领导者考虑下属的需要，努力营造愉快的组织气氛，当下属受挫和不满意时，能够对下属的业绩产生很大的影响。

（2）参与型：这种类型的领导者在作决策时征求、接受和采纳下属的建议，允许下级对上级的决策施加影响，并以此来提高激励效果。

（3）指导型：这种类型的领导者发布指示，明确告诉下属做什么、怎样做。决策完全由领导者作出，下属不参与。

（4）成就导向型：这种类型的领导者设置富有挑战性的目标，希望下属最大限度地发挥潜力，对下属能够达到这些目标表示出信心。

通过实验和分析，豪斯等认为，“高组织”和“高关心人”的组合不一定是最有效的领导方式，必须补充环境因素。在选择领导方式时应当考虑下属特点和环境因素这两个方面，如图 5-4 所示。

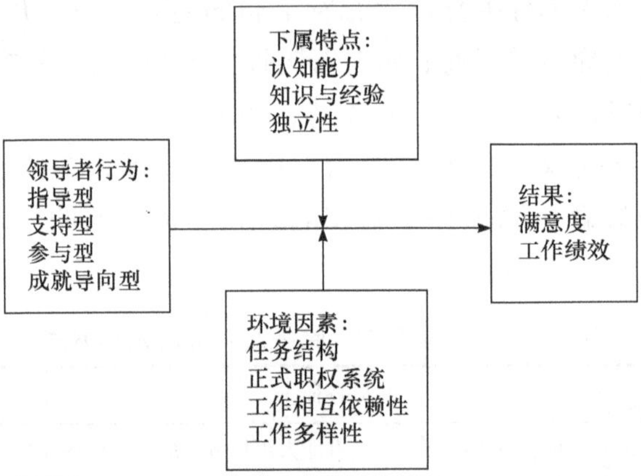

图 5-4 路径–目标理论

（1）下属特点包括认知能力、知识与经验、独立性等。自我评价较高并能影响周围的人或事物的组织成员，更乐于接受参与型的领导方式，而一些缺乏主见的人较喜欢指令型的领导方式。

（2）环境因素包括任务结构、正式职权系统、工作相互依赖性、工作多样性等，在工作任务十分明确的情况下，一般要强调“高关心人”的领导方式；而在工作任务不十分明确的情况下，则应强调“高组织”的领导方式。

4. 领导者–成员交换理论

乔治·格里奥（George Graeo）等从领导者与每位下属的人际关系出发，于1976年提出了领导–成员交换（Leader-member Exchange，LMX）理论。该理论认为，随着时间的推移，领导者对待下属的方式是有差别的。他们通常只与组织中少部分人建立起密切的关系，称作高质量的交换关系，这些下属被称为领导者的圈内成员（in-group）；而领导者和大部分人的关系则比较远，称作低质量的交换关系，这些人属于领导者的圈外成员（out-group）。

领导者–成员交换理论认为，当领导者与某下属进行相互作用的初期，领导者倾向于将这个人划入圈内或圈外成员，在很大程度上取决于该下属的个人特点（如年龄、性别、经历、态度和社会背景等）与领导者的相容性、工作能力、外倾的个性特点，以及接触机会等因素。另外，一旦这种关系确定后，具有相对的固定性。对于圈内下属，领导者将会给予更多的关注、关心和信任，提供更多的信息、帮助和晋升机会等。作为交换，圈内下属对领导者忠心耿耿，极力支持领导者的决策，工作更加努力，因此绩效也会比圈外下属更高；相反，领导者与圈外下属的关系仅限于正式工作关系，双方较少沟通。而且，领导者还会认为圈外下属的能力和积极性都比圈内下属差。高质量的领导者与成员的交换关系将产生员工的流动率低、绩效评估好、晋升频率高、对组织的承诺高、事业发展快、工作态度佳等良好的结果。因此，领导者建立与每位下属高质量的交换关系将有助于群体与组织绩效的提高。这意味着，领导者应当努力让所有下属都觉得自己是圈内人员。

5. 变革型领导与交易型领导

伯恩斯在1978年出版的经典著作《领导学》中试图把领导者和追随者的角色联系起来，在对政治型领导人进行定性分类研究的基础上，提出领导行为包括交易型和变革型两种，交易型领导（transactional leadership），主要通过满足下属即刻的、与自我直接相关的利益来激励下属；变革型领导（transformational leadership），主要通过与下属之间的互动来提升彼此的成熟度和动机水平。这两者是一个连续体的两个极端，前者强调交易，后者强调改变。巴斯（Bass）进一步研究，将变革型领导定义为通过让员工意识到所承担任务的重要意义，激发下属的高层次需要，建立互相信任的氛围，促使下属为了组织的利益牺牲自己的利益，并达到超过原来期望的结果。

伯恩斯认为，传统的领导可以称为一种契约式领导，即在一定的体制和制度框架内，领导者和被领导者总是进行着不断的交换，在交换的过程中，领导者的资源奖励（包括有形资源奖励和无形资源奖励）和被领导者对领导者的服从作为交换的条件，双方在一种“默契契约”的约束下完成获得满足的过程，整个过程类似于一场交易，所以传统领导也被称为交易型领导。交易型领导鼓励追随者诉诸他们的自我利益，但是交换的过程以追随者对领导者的顺从为前提，并没有在追随者内心产生一股积极的热情，其工作的内在动力也是有限的，因此，交易型领导不能使组织获得更大程度上的进步。

伯恩斯将变革型领导定义为：通过让员工意识到所承担任务的重要意义，激发下属的高层次需要，建立互相信任的氛围，促使下属为了组织的利益牺牲自己的利益，并达到超过原来期望的结果。巴斯及奥沃里奥（Avolio）（1990）指出变革型领导与追随者的绩效有关，与追随者最大潜能的发挥具有关联性，他们把变革型领导行为分成四个维度：理想化影响力（idealized influence）、鼓励性激励（inspirational motivation）、智力激发（intellectual stimulation）、个性化关怀（individualized consideration）。李超平和时勘（2005）提出了中国情境下变革型领导行为四维度模型：德行垂范、领导魅力、愿景激励以及个性化关怀。其中，德行垂范是具有中国特色的维度。

二、激励理论基础

人的行为是可以调节和激励的，依据人的行为规律，调动人的积极性，影响和引导人的行为选择，需要系统掌握激励基础、运用激励理论及方法。

（一）激励基础

激励是指影响人们的内在需求或动机，从而加强、引导和维持行为的活动或过程。欲望、需要、希望、动力等都构成了对人的激励。心理学家研究表明，人的一切行动都是由动机支配的，动机是由需要引起的，行为的方向是寻求目标、满足需要。动机是人们付出努力去满足某一需求或达到某一目的的心理活动。动机的根源是人内心的紧张感，这种紧张感是因人的一项或多项需求没有得到满足而引起的。动机驱使人们向满足需求的目标前进，以消除或减轻内心的紧张感。

当人们的需要未得到满足时，会产生一种心理紧张的状态。在遇到能够满足需要的目标时，这种心理紧张就转化为动机，并在动机的驱使下向目标努力，目标达到后，需要得到满足，心理紧张的状态就会消除，随后又会产生新的需求，引起新的动机和行为，这就是激励过程。可见，激励实质上是以未满足的需要为基础，利用各种目标激发产生动机，驱使和诱导行为，促使实现目标，提高需要满足程度的连续心理和行为过程。激励过程，如图 5-5 所示。

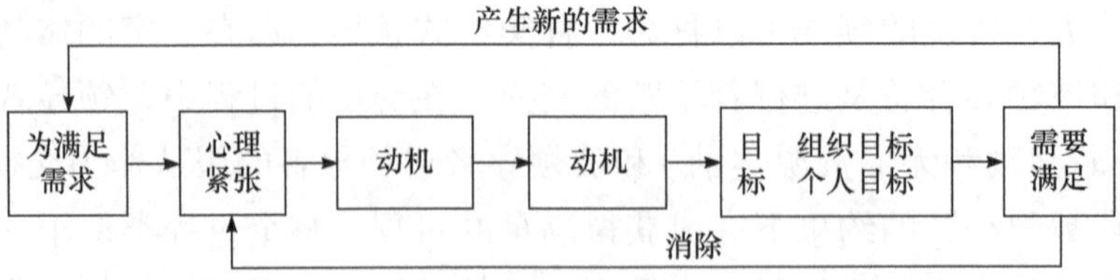

图 5-5 激励过程

（二）激励理论

1. 内容型激励理论

人的一切行为都是受到激励影响而产生的。人类行为都是具有一定的目的和目标的，而这种有目的的行为又总是离不开满足需求的欲望。人是由满足许多需求的欲望所激励的，这些需求可以分成不同类型。在这一方面，主要的理论有马斯洛的需求层次理论、赫茨伯格的双因素理论。

1）需求层次理论

人本主义的心理学家马斯洛提出了需求层次理论，系统地阐述了人类需求的规律。马斯洛的需求层次理论包括三个基本点：

（1）人的需求分为五个层次。这些基本的需求包括生理需求、安全需求、社交需求、尊重需求和自我实现需求。由于各种需求的重要程度不同，因此形成了需求层次结构，如图 5-6 所示。

（2）这五种需求并不是并列的，而是从低到高排列的。当较低层次的需求得到满足后，就会产生更高一级的需求。只有未满足的需求才能够影响行为。

（3）人的行为是由主导需求决定的。对于具体的人来说，并不是在任何条件下都同时具有这五种需求，而且这些需求之间的强度不是相等的，决定人们行为方向的是主导需求。

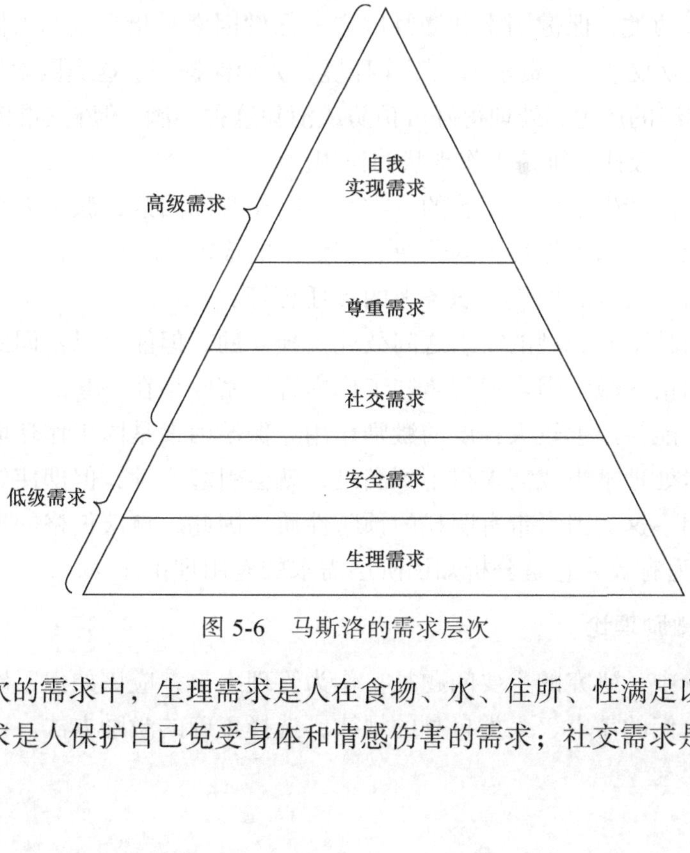

图 5-6 马斯洛的需求层次

在五个层次的需求中，生理需求是人在食物、水、住所、性满足以及其他方面的需求；安全需求是人保护自己免受身体和情感伤害的需求；社交需求是人在友谊、爱情、归属及接纳方面的需求；尊重需求是人在内部尊重方面，包括自尊、自主和成就感，以及在外部尊重方面，包括地位、认可和关注方面的需求；自我实现需求是人在成长与发展、发挥自身潜能、实现理想方面的需求，这是人追求个人能力极限的内驱力。在这五种需求中，马斯洛把生理需求、安全需求称为低级需求；而把社会需求、尊重需求和自我实现需求称为高级需求。该理论简单明了，易于理解，也符合人类自身的认识规律，如我国的俗语“人往高处走，水往低处流”就形象地描述了人们不断追求更高需求层次的愿望。

2）双因素理论

美国心理学家赫茨伯格（Fredrick Herzberg）提出的双因素理论认为，个人与工作的关系是一个最基本的方面，而个人对工作的态度在很大程度上决定任务的成功或失败。20 世纪 50 年代后期，通过对 2000 多名工程师和会计师的访谈调查，赫茨伯格发现，与满意和不满相关的因素是两类完全不同的因素。赫茨伯格进一步指出，满意的对立面并不是不满意，消除了工作中的不满意因素并不一定能使工作结果令人满意，在这之中存在双重的连续体：满意的对立面是没有满意，而不是不满意；同样，不满意的对立面是没有不满意，而不是满意。

根据赫茨伯格的观点，导致工作满意的因素与不满意的因素是有区别的，因此，管理者消除了工作中令职工不满意的因素只能维持原来的工作状态，不一定能对员工产生激励作用，这些因素只能安抚职工而不能激励职工。赫茨伯格认为，影响人们行为的因素主要有两类：保健因素和激励因素。保健因素是指那些与人们的满意情绪有关的因素，如企业政策、工资水平、工作环境、劳动保护等。这类因素处理得不好会引发对工作不满情绪的产生，处理得好可预防或消除这种不满，但它不能起激励作用，只能起到保持人的积极性、维持工作现状的作用。

能够促使人们产生工作满意感的一类因素叫作激励因素，激励因素主要包括以下内容：工作表现机会和工作带来的愉快、工作上的成就感、由于良好的工作成绩而得到的奖励、对未来发展的期望、职务上的责任感等。

人类的这两种不同类型的需求之间彼此是独立的，但能够以不同的方式影响人们的行为。赫茨伯格的激励因素通常是同工作内容紧密联系在一起的。这类因素的改善或需求的满足，能够产生较大程度的激励作用。保健因素是同工作环境和条件相关的因素，这类因素处理不当或需求得不到满足，就会引起不满，但即使处理得当，也不能起到激励作用，这类因素带有明显的预防性质。因此，赫茨伯格的理论应用于分析“白领”阶层较为有效，它是分析知识阶层需求的有用理论。

2. 过程型激励理论

在激励理论中，研究的主要问题是，作为管理人员，应该如何正确地开展激励工作，如何根据人们的需求、人类自身的规律，选择正确的激励方法。

1）期望理论

美国心理学家弗鲁姆（Victor H. Vroom）提出期望理论，其基本观点是：人们在预期他们的行动会给个人带来既定的成果且该成果对个人具有吸引力时，才会被激励起来去做某些事情以达到组织设置的目标。人们从事某项工作并达到组织目标，是因为他们相信这些工作和组织目标会帮助他们达到自己的目标、满足自己某方面的需要。因此，人们从事任何工作的激励程度将取决于经其努力后取得的成果的价值与他对实现目标的可能性的看法的乘积。用公式可表示为：

$$\text{激励力} = \text{效价} \times \text{期望值}$$

在公式中，激励力是一个人所受到激励的程度；效价是一个人对组织设立的奖励的偏好程度，是个人对某一预期成果或目标的重视程度和评价高低的主观估计；期望值是指通过特定的活动所达到的组织预期成果的概率。

期望理论说明，激励实质上是一个选择的过程，促使人们去做某件事的激励力将依赖于效价和期望值两个因素，且只有在效价和期望值都较高的情况下，对职工的激励力才会大。

2）公平理论

公平理论（equity theory）是由美国学者亚当斯（Adams）提出的，主要研究报酬对人们的工作积极性的影响。公平理论认为，员工首先思考自己收入与付出的比率，然后将自己的收入–付出比与相关他人的收入–付出比进行比较，如果感觉到自己的比率与他人相同，则为公平状态，否则就会产生不公平感。这种不公平感出现以后，员工会通过一些手段和方法进行纠正。这说明一个人因工作或作出成绩而取得报酬后，不仅关心自己所得到报酬的绝对量，而且还会通过主观评价自己相对于他人的投入（包括诸如努力、经济、教育等因素），来判定自己所获得的报酬是否公平或公正。公平理论可以用公式来表示：

$$\frac{\text{个人对自己收入的感觉}}{\text{个人对自己投入的感觉}} = \frac{\text{个人对他人收入的感觉}}{\text{个人对他人投入的感觉}}$$

常识告诉我们，在许多情况下，个人往往会过高地估计自己的投入和他人的收入，而过低地估计自己的收入和他人的投入，从而出现上式左边的比值小于右边的比值的情况，就极易导致职工对组织或管理人员的不满。如出现上式左边的比值大于右边的比值的情况，个人可能会一时感到满足，也会努力工作，但在一段时间以后，会因满足于侥幸的所得，使工作又恢复原状，因此，只有在公式的左右相等时，职工才会感到组织的公平，也才会得到强有力的激励。

公平理论对报酬分配至少在以下四个方面提供了有价值的建议：①按时间付酬时，收入超过应得报酬的员工的生产率水平将高于收入公平的员工。②按产量付酬时，收入超过应得报酬的员工与那些收入公平的员工相比，产品生产数量增加不多，而主要是提高产品质量。③按时间付酬对于收入低于应得报酬的员工来说，将使生产的数量或质量下降。④按产量付酬时，收入低于应得报酬的员工与收入公平的员工相比，产量高而质量低。

3）目标设置理论

1967 年美国马里兰大学管理学兼心理学教授爱德温·洛克（E. A. Locke）提出目标设置理论（goal setting theory），其基本观点：目标本身就具有激励作用，目标能把人的需要转变为动机，使人们的行为朝着一定的方向努力，并将自己的行为结果与既定的目标相对照，及时进行调整和修正，从而实现目标。

目标设置理论认为，目标对人们努力程度的影响取决于目标明确性、目标难易性、目标责任清晰度、目标接受度。在实现目标的过程中，工作绩效水平取决于组织支持、个人努力、个人能力与个性特点。因此，为了帮助员工高效地达成目标，管理者必须为员工实现目标创造条件，如作好后勤支持、进行能力培训、协调好各方面关系、解决工作中遇到的困难等。目标实现后，应让员工获得满意的内在报酬和外在报酬。内在报酬主要由工作本身带来，如对自我存在意义、自我能力的肯定等；外在报酬主要是工作完成以后外界给予的回报，如表扬、奖金、晋升等。目标设置的综合模式，如图 5-7 所示。

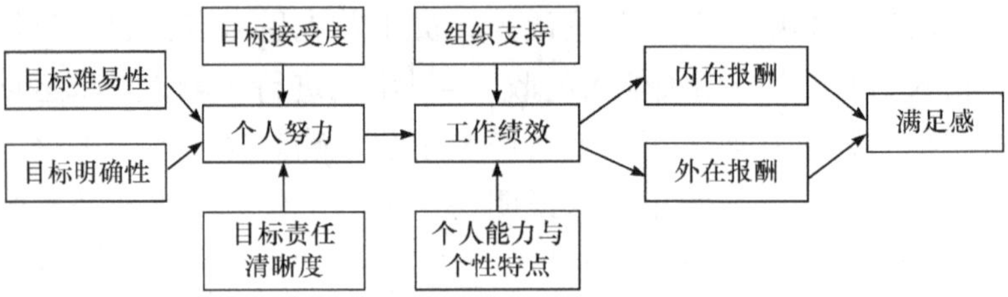

图 5-7 目标设置的综合模式

资料来源：《管理学》编写组. 管理学. 北京：高等教育出版社，2019.

3. 反馈型及综合激励理论

1）强化理论

美国心理学家斯金纳（Skinner）提出的强化理论（reinforcement theory）认为，人的行为是对其所获刺激的函数。如果刺激对他有利，他的行为就有可能重复出现；若刺激对他不利，则他的行为就可能减弱，甚至消失。因此，管理人员可以通过强化的手段，营造一种有利于组织目标实现的环境和氛围，以使组织成员的行为符合组织目标。强化可分为正强化和负强化，正强化就是奖励那些符合组织目标的行为，以便使这些行为得以进一步加强，重复地出现，从而有利于组织目标的实现。负强化就是惩罚那些不符合组织目标的行为，以便使这些行为削弱，甚至消失，从而保证组织目标的实现。与正强化相反的是，负强化要维持其连续性，即对每一次不符合组织目标的行为都应及时地予以惩罚，从而消除人们的侥幸心理，减少直至完全消除这种行为重复出现的可能性。强化理论认为，管理者应把重点放在积极强化而不是简单的惩罚上，惩罚产生的作用可能很快，但效果可能仅是暂时的，也可能产生不愉快的消极作用。

2）综合型激励理论

综合型激励理论是美国管理学家波特和劳勒在期望理论的基础上建立起来的一种比较完善的激励模式，图 5-8 反映了激励工作的全过程。

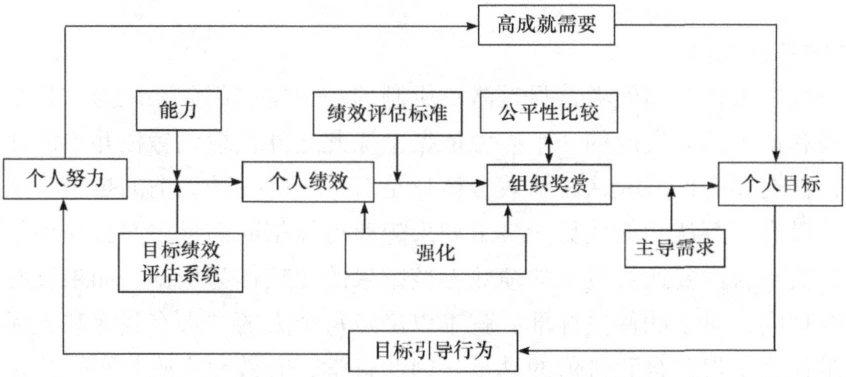

图 5-8　综合型激励模式

资料来源：斯蒂芬·P. 罗宾斯，玛丽·库尔特，戴维·A. 德森佐. 管理学：原理与实践. 原书第 10 版. 毛蕴诗主译. 北京：机械工业出版社，2019.

从图 5-8 中可以看出（从左至右）：个人努力首先受个人目标的影响，这表明，在组织的工作中必须重视目标的指导行为。个人努力能否实现，能否取得绩效，有赖于个人能力和目标绩效评估系统的公正性、客观性。因此，知人善任、公平、公开对于组织成员努力程度的影响是重要的。就绩效与奖励之间的关系而言，若个人感到自己所得的奖励来自于自己的绩效，奖励将取得好的效果。在奖励和个人的目标之间，若奖励满足了个人的目标，个人的积极性将会大大提高。

（三）激励方法

1. 奖励激励

奖励激励是指通过给予奖励来激励员工，如金钱奖励、职位晋升、物质奖励等都属于此类。

1）物质激励

生理方面的需求是人们进行社会活动、维持基本生存的基础动因，物质方面的激励就是能够使人们生理需求以及生活需求得到满足，还包含有员工薪酬、工资晋级、发放奖金、提高生活福利、保险、奖励住房等。其中管理者在采取调整员工工资、奖金等金钱方面的激励措施时，应该意识到金钱的价值在员工之间拥有不同的价值，不能一概而论，而且每个员工对于自己所得报酬的满意度也是不相同的，因此，在使用金钱奖励时不应采取平均分配的原则，应有一定的针对性。

2）授权和提升激励

授权激励是指管理者下放一些权力给予下级员工，使员工在接受一项工作任务时能够充分地利用自己的储备知识及能力，独立完成各项工作任务。授权激励是精神激励的方式之一，它可以在精神上鼓舞员工。提升激励是授权激励方式的一种延伸，它是对一些表现优秀、能力强、素质高的员工给予的一种肯定，对于企业员工有很强的激励作用。

3）绩效考核激励

人们一直以来认为绩效考核只是激励机制的一个构成部分，认为它只是作为给员工增减工资和员工福利发放的一个参考依据。除此之外，绩效考核并不能让员工完全感到满足，甚至还有许多人认为绩效考核只是对员工的一种无谓的折腾，认为它只是一种对人性没有深刻认知的偏见。员工如果想获得欲望的满足，并且如果想能更好地实现自我价值，就需要通过员工的绩效考核结果的比较作为依据，如果没有绩效考核制度作为合理的、科学的衡量标准，就难以确定每个人的“人有我无和人无我有”，进而就很难让员工得到自我价值的满足。因此科学、有效地实施公平、公正、全面的绩效考核制度，会有效激发员工的积极性。

2. 心理激励

心理激励是指通过心理技巧来激励员工，如激发兴趣、激发积极性、激发自信心等都属于此类。

1）工作激励

工作本身具有激励力量，每个人的工作能力是不同的，因此工作相对于每个人的难易程度也是不同的。工作的高难度、具有挑战性也是激发员工斗志、调动员工积极性的方式之一，企业的管理者要学会安排工作任务的艺术，将员工的工作任务合理分配。管理者要能准确把握每一个员工的实际工作能力，以此来作为安排工作任务的参考，以工作任务略高于员工的实际能力范围来设定工作强度的标准。此外，管理者也要为员工提供优质的工作环境，创造机会增强工作的创新性，丰富工作的内容，提高员工的工作兴趣及积极性。

2）员工参与激励

员工参与激励主要是指企业要注重企业员工的主人翁精神的培养。作为企业管理者，制定合理的员工参与机制、建议采纳机制及职工持股制度，创造和提供机会让员工为企业的发展提供合理化建议，并有比例地采纳员工所提出的意见及建议，对采纳意见及建议的员工进行一定的奖励，使员工真正地参与到企业的管理中来，增强员工的企业归属感，同时使员工得到自我价值的实现，使员工受到尊重的期望、自我价值的实现的欲望得到充分的满足，同时也能够为企业创造更多有效价值。可以建立员工与部门之间的相互选择的机制，既尊重员工的意愿，使员工能够拥有工作岗位的主动权、选择权，也有利于企业岗位选择适合岗位工作的人才。

3）目标激励

目标激励，即通过引导员工根据自身实际情况设定切合实际的目标，进而引发员工斗志，并激励、鼓舞员工为完成设定目标而不断地奋斗，使员工干劲十足地完成目标。管理者在人力资源管理过程中，要善于发掘员工内心的期望与目标，并适度引导员工为实现目标而制定详细的实施步骤，为每个员工制定相应的工作目标，将任务分配到每个员工，可以给员工产生无形的压力进而内化为动力，强化员工的责任感。当员工自身的目标达成，并获得满足感，会增强他们对于企业目标实现的关注度，从而增强对于企业的忠诚度，进而使企业的组织目标逐步得到落实。

4）情感激励

企业管理者要将心比心才能赢得员工的信任和支持，才能让员工心甘情愿为了企业而打拼，管理者要乐于主动提携下属员工，要与员工多交流。因此，作为企业管理者能够做到“三位一体”，即做到“换位、定位、到位”。换位即要时刻站在员工的角度考虑问题，要设身处地地为员工考虑。定位即在换位思考的基础上，企业管理者要经常与员工交流沟通，善于观察员工的工作与生活，综合员工的各个方面准确把握员工的现实需求。对于员工的需求要及时把握，并适时地调整激励手段。到位即企业管理者要依据员工在工作中的表现及贡献，确定并且及时给予与之相匹配的奖励。奖励要及时，奖励的程度要合理、到位。当然到位也是相对而言，在实际的操作过程中，面对员工不合理的需求，要及时制止，不能一味迁就。

3. 社会激励

社会激励是指通过社会关系来激励员工，如赞扬、表扬、肯定等都属于此类。

1）荣誉激励

荣誉即自我的能力得到了他人及组织的肯定，受到了高度评价，通过奖励、证书、会议点名赞扬等满足员工自我实现需求、受到尊重的需求。荣誉方面的激励可以使员工得到精神方面的满足，是激发员工不断进取的重要激励方式之一。管理者要善于抓住、了解员工的精神需求，针对企业员工中部分具有突出的表现、对公司作出一定贡献的给予荣誉方面的奖励。

2）尊重激励

尊重激励是激励方式中最基本的一种，是加速员工激情爆发的催化剂。尊重每一位员工，才能赢得每一位员工的尊重与忠诚。作为管理者要尊重各层级的员工的独立人格和价值取向，特别要注重基层员工的诉求，及时把握和满足员工合理化的需求，是企业对于员工充分尊重的体现。同时，员工努力工作、服从组织安排，是员工对企业管理者尊重与服从的反馈。尊重激励包括员工之间相互尊重、领导与员工之间相互尊重、企业与企业之间相互尊重等，相互尊重的友好氛围有助于增进员工之间、员工与领导之间的感情，增强员工之间、员工与领导之间的了解，使企业的团队能够更好地合作，增强团队的凝聚力。

4. 组织激励

组织激励指通过组织管理来激励员工，如改善工作环境、改善工作条件、改善工作制度等都属于此类。

1）培训激励

在全球化竞争日益激烈的知识型经济时代，知识全球化迅速发展，更新速度日益加快，新的知识信息不断涌入，知识的数字化、电子化、网络化不断发展。这些都督促我们要不断接受、吸收新的知识，转化为自身的能力，并将之运用到自身的工作中去。企业不能及时提供学习培训的机会与平台，会造成员工的知识固化，得不到更新，知识结构老化等现象，进而影响到企业的可持续发展。管理者应提供各种员工学习的平台，增加员工的机遇，对员工定期进行培训深造，激励员工不断地进行自我提升，更新自己的知识结构，不断地提高自己的素养，进而满足员工的自我实现需要。

2）危机激励

危机激励，又叫作竞争激励。管理者，要让员工明白竞争的残酷，使他们充满危机意识，愿意同企业共同进退。危机激励可以分成内部危机激励和外部危机激励。内部危机激励，就是企业内部也存在着“优胜劣汰，适者生存”的现象，企业对于表现优异的人进行褒奖，对于毫无贡献的人必然要施以惩戒，使员工明白，如果想在企业生存以及有提升的机会，必须要对企业有所贡献，对自己的工作认真负责，否则将会被淘汰。外部危机激励，就是管理者让员工明白，企业的利益与每个人的利益是紧密相连的，大家必须共同努力才能创造出每一个人的未来，从而激励员工不断进取、不断拼搏，向着更美好的目标迈进。

三、沟通理论基础

沟通是信息的传递与理解，是领导工作中的重要环节。

（一）沟通过程

沟通是人与人之间传递思想和交流情报、信息的过程。沟通是把组织的成员联系起来实现共同目标的手段，没有信息沟通就不可能进行群体或组织活动；沟通也把组织同其外部环境联系起来了，任何一个组织只有通过信息沟通才能成为一个与外部环境发生相互作用的开放系统。

沟通必须具备三个要素：发送者、接收者和所传递的内容。由发送者通过选定的渠道把信息内容传递给接收者，就构成了思想、意见或信息的沟通过程。沟通的过程，如图 5-9 所示。

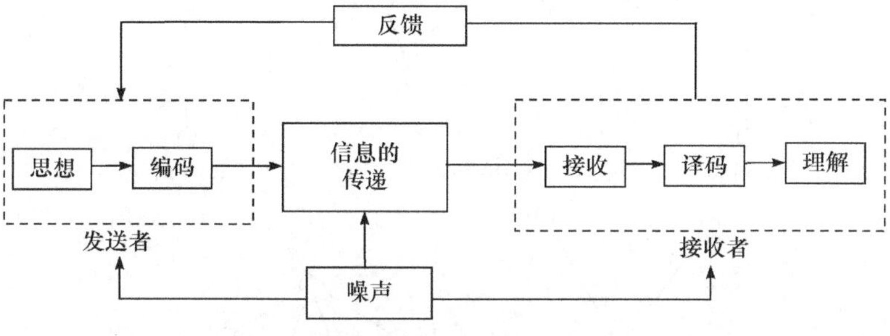

图 5-9 信息沟通的过程

资料来源：《管理学》编写组.管理学. 北京：高等教育出版社，2019.

以上沟通的过程既适用于电话、电报等通信工具，也适用于机器与人以及人与人之间的沟通。作为管理行为的沟通是指组织中的信息传递，组织内的信息沟通虽然可利用种种工具，但归根结底还是人与人之间的信息沟通。

（二）沟通类型及网络

通常来说，组织都会在内部构建正式的沟通系统，以保证沟通工作的顺利进行，同时也会存在自发形成的非正式沟通，对组织的工作氛围和工作绩效产生影响。

1. 正式沟通

正式沟通是组织内规章制度所规定的沟通方式，组织的信息沿组织结构所建立的通道流动。组织内部的文件传达、会议指示、上下级之间的定期信息交换等都是典型的正式沟通方式。按组织内信息沟通的流向，可以将正式沟通分为以下三种基本形态：

（1）下行沟通。下行沟通是组织中自上而下的沟通，就是在组织职权层次中，由上级直接向下级发布命令和指示，信息从高层次成员向低层次成员的流动。上级给下级的指令、指示、指导、文件、规定等都属于这种形式的沟通。这种沟通方式在具有专制气氛的组织中尤为突出。

（2）上行沟通。上行沟通是组织中自下而上的沟通，就是从下属到上司，信息按组织职权层次由下层向上层流动，如下级向上级提出自己的意见和建议等。它通常存在于参与的和民主的组织环境之中。

（3）横向沟通和交叉沟通。横向沟通是组织结构中同一层级之间或个人间的沟通，交叉沟通即信息在处于不同层次的没有直接隶属关系的成员之间的沟通。横向沟通和交叉沟通通常具有业务协调的作用。

沟通网络是由各种沟通路径所组成的结构形式，它直接影响到沟通的有效性。在正式组织环境中，正式沟通可以有五种沟通形态：链式、环式、Y 式、轮式和全通道式。如果以五人群体为例，各种沟通的网络形式，如图 5-10 所示。

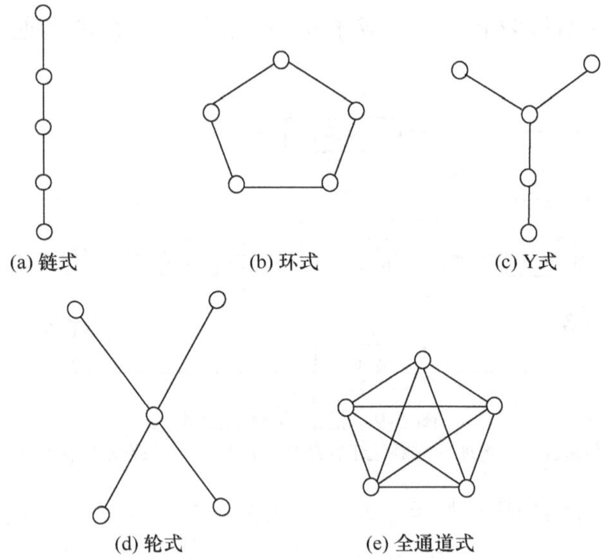

图 5-10 五种沟通网络

资料来源：魏江，严进，等. 管理沟通：成功管理的基石. 北京：机械工业出版社，2006.

1）链式沟通

链式沟通是一个平行网络，其中居于两端的人只能与内侧的一个成员联系，居中的人则可分别与两人沟通信息。在一个组织系统中，他相当于一个纵向沟通网络，代表在组织的各级层次信息自上而下或自下而上进行传递。在这个网络中，信息经层层传递、筛选，容易失真，各个信息传递者所接收的信息差异很大，平均满意程度有较大差异。此外，这种网络还可以表示组织中主管人员与下级部属之间存在若干中间管理者。这种组织系统属控制型结构。

2）环式沟通

此形态可以看成链式形态的一个封闭式控制结构，表示五人之间依次联络和沟通。其中，每个人都可同时与两侧的人沟通信息。在这个组织网络中，组织的集中化程度和领导人的预测程度都较低，畅通渠道不多，组织中成员具有比较一致的满意度，组织士气高昂。如果在组织中需要创造出一种高昂的士气来实现组织目标，环式沟通是一种行之有效的方式。

3）Y 式沟通

这是一个纵向沟通网络，其中只有一个成员位于沟通内的中心，成为沟通的媒介。在组织中，这一网络大致相当于从参谋机构到组织领导再到下级主管人员或一般成员之间的纵向关系。这种网络集中化程度高，解决问题速度快，组织中的领导人员预测程度高。主管人员的工作任务十分繁重，需要有人协助筛选信息、提供决策依据，以节省时间，同时又要对组织实行有效的控制时，适于采用此网络。但这种网络容易导致信息曲解或失真，影响组织中成员的士气，阻碍组织提高工作效率。

4）轮式沟通

轮式沟通属于控制型网络，其中只有一个成员是各种信息的汇集点与传递中心。在组织中，这一网络大致相当于一个主管领导直接管理几个部门的权威控制系统。此网络集中化程度很高，解决问题的速度快，主管人员的预测程度很高，而沟通的渠道很少，组织成员的满意程度低、士气低落。轮式网络是加强组织控制、效率高且速度快的一种有效的沟通形式。如果组织接受攻关任务，要求进行严密控制，则可采取这种网络。

5）全通道式沟通

这是一个开放式的网络系统，其中每个成员之间有一定的联系，组织中的集中化程度及主管人员的预测程度均很低。由于沟通渠道很多，组织成员的平均满意程度高且差异小，所以士气高昂、合作气氛浓厚。这对于解决复杂问题、增强组织合作精神、提高士气均有很大的作用。但这种网络沟通的渠道太多，易造成混乱，且又费时，影响工作效率。

组织作为社会中的一个成员，其运作和目标的实现均与外界诸多方面有千丝万缕的关系，因此，组织也要同外界的各方面，如政府、企业、新闻媒体、消费者等保持沟通，以维持良好形象和公共关系。

2. 非正式沟通

非正式沟通是指正式组织途径以外的信息沟通方式。这类沟通主要是通过个人之间的接触来进行的，由于非正式沟通不必受到规定程序或形式的种种限制，因此比较灵活方便。在组织中，小道消息就是最典型的非正式沟通方式之一，它们传播着各种员工所关心的和他们有关的信息。与正式沟通相比，非正式沟通方便、内容广泛、方式灵活、沟通速度快，可传播一些不便正式沟通的信息。而且由于在这种沟通中比较容易把真实的思想、情绪、动机表露出来，因而能提供一些正式沟通中难以获得的信息，管理者要善于利用这种沟通方式。但非正式沟通也存在较难控制、传递信息不确定性强、容易传播流言蜚语而混淆视听等缺陷，所以管理者应当对这种沟通方式予以重视，注意防止和克服其消极的一面。

非正式沟通网络主要有四种类型，如图 5-11 所示。集束式是最普通的形式，信息拥有者将信息传递给经过选择的有限人员，其中的部分人员又将信息有选择地传递给其他人；随机式是按照偶然的方式传递信息，信息拥有者在传递信息时并无选择性；流言式是信息拥有者一个人把信息告知所有其他成员；单线式是信息按照一人传一人的方式依次传递，这种情况最为少见。

非正式沟通能够发挥作用的基础是组织中良好的人际关系，在相当的范围内，非正式沟通对于信息沟通是必要的，但也要注意非正式沟通的负面影响。

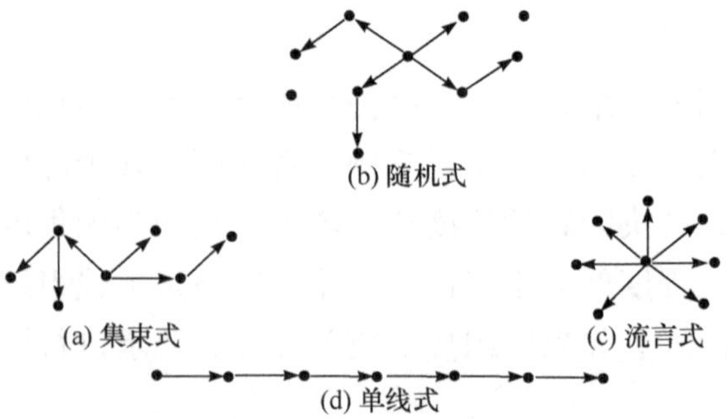

图 5-11 非正式沟通网络

资料来源：魏江，严进，等. 管理沟通：成功管理的基石. 北京：机械工业出版社，2006.

（三）沟通策略

由于任何一个完善成熟的组织，都是呈系统化和生态化的，往往一个环节的变化就会对整个组织造成影响，必须站在系统层面进行分析研究，从整体角度提出组织沟通策略。魏江等（2006）提出管理沟通过程的实质其实就是换位思考，并认为换位思考也是一项沟通技能，沟通的五个基本策略如下所示。

1. 沟通主体策略

沟通主体在进行信息传递前，首先要对自身有一个全面的分析，包括自身的地位、能力、个性特点、价值观和形象等方面。其次，明确自己的沟通目标，然后，根据沟通目标、沟通对象选择不同的沟通策略，具体包括告知策略、说服策略、征询策略以及参与策略。最后，可以通过与自我沟通的方式来更全面地认识自我，提升个人的可信度。

2. 沟通客体策略

沟通客体策略需要明确“是和谁传递信息，接收信息的人群具备哪些特点，怎么才能激发接收信息群体的兴趣”等问题。最后站在换位思考的角度，根据不同类型、不同性格、不同职位的受众对象，选择相应的沟通方式，确保沟通的有效性。

3. 沟通信息策略

沟通者在进行沟通之前都需要有一个明确的目标，为了达成目标，说服对方赞同自己的观点，这就要求发出信息者要明确沟通目标，构建缜密的逻辑结构，组织好碎片化的信息及素材。

4. 沟通渠道策略

沟通渠道多种多样，渠道策略也就意味着沟通者需要依据对环境的分析，选择恰当的沟通渠道，提高沟通有效性，学会正确利用正式沟通与非正式沟通。

5. 文化策略

沟通需要考虑文化背景因素，基于主客体双方所处的文化背景不同，沟通者需要选择合适的沟通渠道，利用好语言式沟通与非语言式沟通。

（四）有效沟通的障碍及克服

1. 有效沟通的“7C”原则

美国著名的公共关系专家特立普和森特在其著作《有效的公共关系》中提出了有效沟通的“7C”原则，具体包括以下内容：

（1）可信赖性（credibility），即建立对传播者的信赖。

（2）一致性（context），指传播须与环境（物质的、社会的、心理的、时间的环境等）相协调。

（3）内容（content），内容必须具有可接受性，须与受众有关，必须能引起他们的兴趣，满足他们的需要。

（4）明确性（clarity），指信息的表达及组织形式应该简洁明了，易于公众接受。

（5）渠道（channels），指渠道的多样性，应该有针对性地运用传播媒介以达到向目标公众传播信息的作用。

（6）持续性与连贯性（continuity and consistency），沟通是一个没有终点的过程，要达到渗透的目的，必须对信息进行重复，但又须在重复中不断补充新的内容，这一过程应该持续地坚持下去。

（7）受众能力的差异性（capability of audience），指沟通必须考虑沟通对象能力的差异，只有采取不同方法实施传播才能使传播易为受众理解和接受。

2. 影响有效沟通的因素

了解沟通过程中存在的障碍，对全面科学地进行沟通、及时高效高质量地实现沟通目标具有重要的意义。从组织层面和个人层面来看，主要包括以下因素：

1）组织结构因素

组织结构对管理沟通有着非常重要的影响。一方面假如组织结构复杂、层级过多，信息从高层传递到基层，或者信息从低层传递到高层都会由于信息传递的网络过于复杂、信息沟通不畅造成信息失真、信息过滤、信息传递时间过长等现象，从而影响信息传递的及时性与有效性。另一方面，如果沟通主客体之间认知差异较小，对信息的解码就比较准确，但假如管理者与员工存在地位、认知等差异，会使得其对于信息的解读存在偏差。

2）沟通渠道因素

沟通过程中，沟通渠道选择不当会造成障碍，主要表现为：一是沟通渠道相对单一，如沟通渠道多为正式沟通渠道，非正式沟通渠道少；二是沟通过程中忽略了上行沟通，渠道内的信息缺乏反馈过程，导致沟通效果欠佳。

3）心理因素

管理者与员工之间存在沟通心理障碍，在与员工沟通时为维护自身权威形象，刻意与员工保持距离，不主动与员工进行交流。作为员工也会因为职位差异，存在心理隔阂，畏惧领导，不敢与领导讲话，导致信息无法畅通传递。同时，因不同员工在生活水平、受教育程度、角色位置、专业化水平方面都存在着区别，所以很容易出现沟通双方价值观的冲突，从而导致信息接收者只会接受符合自己价值观的信息，轻视并排斥不符合自己价值观的信息。在事物的评价以及判断方面存在不同，就会在工作中导致沟通障碍，进而很容易引起内部的隐性内耗问题。另外，如果信息接收者对信息传递者缺乏信任，则会在信息传递中按自己的思路去思考，对信息传递者存在偏见，失去耐心、情绪不好，忽略别人的需求，不能做到积极倾听。

4）教育因素

倘若在信息传递的一开始，信息源也就是信息发送者自身的编码能力较差，则会使得后续信息的接收者在译码的过程中存在偏差，这种编写信息的能力会影响最终的沟通效果。

5）行为层面

个人的言谈、处事态度也会作用于沟通效果。一旦自尊受到挑战、观念被冲击，将会对沟通产生负面影响。

3. 克服沟通障碍

为了克服沟通障碍，管理者必须掌握或培养一定的沟通技能及技巧。有些沟通技巧能帮助管理者获得决策和行动所需信息，与其他成员达成共识。

1）提升倾听技能

《圣经》里提到，上帝赐给我们两只耳朵、一个嘴巴，目的就是要我们少说多听。人们在实践中往往重视语言表达能力的训练而忽视倾听能力的提升，结果就是说的多、听的少。其实，沟通的最大困难不是在于如何把自己的意见、观点说出来，而是在于如何听出别人的心声。相对于语言表达能力而言，倾听的能力更为关键。尽管有效沟通大约 75%取决于倾听，大多数人却仅花 30%～40%的时间倾听他人的陈述，倾听不仅是生理意义上的听，更应该是一种积极的、主动的、有意识的思考。在倾听的过程中，不仅要接收、理解别人所说的话，而且要接收、理解别人的手势、体态和面部表情，不仅要从中得到信息，而且要抓住别人的思想和情感。

罗宾斯等[①]认为，积极倾听要求集中全部注意力，以便听明白全部意思，且不急于作事前判断或解释。他提出积极倾听要做到目光接触，展现赞许性的点头和恰当的面部表情，以及避免分心的举动或表示厌倦的动作、提问、用自己的语言复述，避免打断讲话者，不要说得太多，顺利转换倾听者与讲话者的角色。

① 斯蒂芬·罗宾斯，玛丽·库尔特. 管理学. 13 版. 刘刚，程熙鎔，梁晗，等译. 北京：中国人民大学出版社，2017.

2）重视反馈

反馈，是指信息接收者给信息发送者一个信息，告知信息已收到，以及理解信息的程度。反馈是沟通过程中的最后一个环节，往往是决定沟通目标可否实现的关键。很多沟通问题可以直接归因于误解或信息不准确。正确使用信息反馈系统，能够较大程度上减少沟通中出现的障碍。反馈既可以是言语的，也可以是非言语的。

3）克服认知差异

认知差异可能成为沟通障碍，因此为了减少认知和语言上的差异，信息发送者应该使信息清晰明了，尽可能使具有不同观点和经验的信息接收者都能够理解。只要有可能，就应该尽力了解沟通对象的背景，尽可能设身处地地从别人的角度看待问题，使用信息接收者容易理解的方式选择用词和组织信息以提高沟通的有效性。

4）抑制情绪化反应

情绪化反应，如愤怒、失望、戒备、爱、恐惧、嫉妒等，会使信息的传递严重受阻或失真，可以采用暂停沟通的方式直到完全恢复平静。管理者应该尽力预期员工的情绪化反应，并作好准备加以处理。同时，管理者也需要关注自身情绪的变化，以及变化如何影响他人。

（五）当今管理者面临的沟通问题

信息技术已经彻底改变了组织成员的沟通方式。它提升了管理者监控业务活动执行情况的能力，允许员工拥有更加完整的信息来更快地决策，为员工合作和共享信息提供了更多的机会，使人们无论何时何地都能进行充分的沟通。信息技术通过网络计算机系统、无线技术对管理沟通产生了较大影响。

在互联网时代，新技术构成了特别的沟通挑战，尽管邮件、博客、微博和其他线上沟通方式非常便捷、简单，但管理者应当意识到若运用不当会带来的潜在法律问题和安全问题。另外，沟通挑战就是缺乏个体互动（personal interaction）。即使两个人面对面交流，彼此理解也不是一件易事。当我们在虚拟环境中沟通时，双方彼此理解并合作完成工作就更加困难了。创造一个有益于学习和有效沟通的环境，以及提高整个组织的学习能力是管理者责任的一部分。组织可以通过让员工更简单、便利地交流和分享他们的知识来管理知识，使得他们可以互相学习以便更有效率地工作。一种方法是通过线上信息数据库，另一种方法是通过建立实践社团。

因为沟通的内容和方式会显著影响顾客对服务的满意度和成为回头客的可能性，所以和顾客沟通是一个重要的管理问题。对组织而言，从其员工中获取信息是很重要的，这些有潜在价值的信息不应该被忽视。

组织的沟通必须符合伦理。管理者应该建立清晰的道德行为指引，并且思考经过沟通所作出的选择及其所带来的后果等问题，只有这样才可能做到符合道德的沟通。

第二节 领导理论前沿概述

一、领导理论前沿

（一）第五级经理人

1. 五级经理人体系

吉姆·柯林斯（Jim Collins）在其著作《从优秀到卓越》中，提出五级经理人体系，其核心理念得到了业界和学界的认同。

（1）第一级：能力突出的个人，能够用自己的智慧、知识、技能和良好的工作作风做出巨大贡献。这个层次的经理人注重的是个人贡献，没有意识到个人仅仅是组织的一份子。在他身上仅仅体现出了对个人的良好管理，是潜在的领导。

（2）第二级：乐于奉献的团队成员，为实现集体目标贡献个人才智，与团队成员通力合作。这个层次的经理人已经突破了自我的独自奋斗，开始注重团队内部的通力合作，并有意识地借助集体的力量来实现目标。狼性文化看重的就是成员的团队精神。

（3）第三级：富有实力的经理人，组织人力和资源，高效地朝着既定目标前进，这个层次的经理人开始注重对资源的充分利用，通过合理调配并通过流程管理、监督机制等手段来提高工作效率。但他们的目光还经常局限于目标的实现，较少考虑目标本身的重要性和它在整体目标中的分量。他们可以成为优秀的执行经理，却无法成为领导大家实现崇高理想的领导人。

（4）第四级：坚强有力的领导者，他们全身心投入，执着追求清晰可见的目标、催人奋进的愿景、向更高的业绩标准努力。这个层次的经理人的优秀之处在于他们构建了催人奋发的愿景。他们具有战略思维能力，能够把握组织未来发展的方向。这是杰出领导者不可或缺的能力。

（5）第五级：最高境界的经理人。将个人的谦逊品质和职业化的坚定意志相结合，创造持续的卓越业绩。第五级经理人同第四级经理人的最大区别在于，第五级经理人更关心事业、使命和工作，而不是他自己。而在第四级经理人身上我们总能发现非常浓厚的功利色彩。

2. 第五级经理人的特征

“平和而执着、谦逊而无畏”是第五级经理人的双重品格，或者概括为“谦逊的性格”和“坚定的意志”。他们绝不是十全十美的完人，也不是不可接近的偶像，他们看起来很平凡却默默创造着不平凡的业绩。除了谦逊与平和之外，他们同样有无所畏惧的决心，从不放弃、从不怀疑、从不瞻前顾后。他们往往把功劳归于自身以外的因素。如果找不到特定的人群，往往把成功归于运气。如果事情不顺利，他们会坦然承担责任、从不埋怨运气不好。总体来说，第五级经理人除具有其他四级领导者所拥有的核心能力外，还具有突出的谦虚性、超优的绩效、超强的意志力、较强的前瞻性等显著的特点。

3. 第五级经理人的修炼

当我们对第五级经理人的基本特征有了一个较为全面的认识之后，不免会发问：许多优秀的企业或者组织中存在极具潜质的经理人，那么如何才能使他们成为第五级经理人呢？第五级经理人的修炼可以从以下六个方面进行：

1）确立正确的深层价值理念

这里非常强调“正确的”价值理念。可能有人认为世界上没有绝对的正确，只有相对的正确。不错，从哲学意义上讲是这样的。但不可否认的是，人类数千年的历史积淀已经提炼出一些公认的正确的价值观念，如谦虚、诚信、忠诚、勇气、耐心、勤奋、朴素、诚实等。

2）从性格魅力论转向人格魅力论

性格其实是很难改变的，因为它不是一个价值观的问题，更多的是受生理遗传因素、成长环境等因素的影响，所以在这个方向上的努力往往收效甚微。人格魅力是一股强大的力量，比性格魅力更持久、更有效。更加重要的是，这个目标是完全可以通过后天的学习、磨炼达到的，它已经不再有生理遗传因素的不可逾越的障碍了。修炼完善的人格魅力是人人都可以身体力行的事。

3）以原则为中心的生活方式

上面提到深层价值理念的时候，我们没有提到“正直”，之所以不提，是因为“正直”不能同普通的价值理念等量齐观。正直是比忠诚更高层次的价值观念。准确地说，正直是忠诚的最高形态，它意味着以原则而不是人、组织或者家庭为中心的理念。原则同价值观具有相近的含义。但原则不是价值观，原则是社会公认的正确的准则。而价值观则完全可以是个人的自我认知，也有可能是错误的认知。

4）确立双赢思维

斯蒂芬·柯维（Stephen R. Covey）在《高效能人士的七个习惯》一书中对双赢思维进行了比较充分的论述。双赢模式意味着事情不是非此即彼的，总有第三条道路可供选择。双赢思维并不仅仅存在于同贸易伙伴之间的合作层面，它应该存在于任何人际关系的层面。

5）专注于个人和组织之外的贡献

德鲁克认为，在组织内部不会有成果出现，一切成果都在组织之外。一个组织绝不能像生物一样，以自身的生存为目的，如果能延续后代就算成功了。组织是社会的器官，只有能为外部环境作出自己的贡献，才能算有所成就。所以第五级经理人不应该把主要精力放在内部的得失上，而应该把眼光放在组织之外，致力于作出超越个人、超越组织之外的贡献，甚至是对整个社会的贡献。管理是向里看，领导是向外看。第五级经理人要更多地向外看，把更多时间放在对长远来讲更重要的事情上。尽管这样的事情看起来并不那么紧迫，但要懂得积累并作好准备，一旦时机成熟即可迅速出击。

6）意志力的修炼

威廉·汤姆森（William Thomson）研究发现，人类的大脑其实有很强的可塑性，只要经过培养和训练，就可以在某方面得到强化。而第五级经理人的一个重要特征就是坚定的意志，因此意志力的修炼至关重要。

（二）平台领导

麻省理工学院全球著名的平台领导研究专家 Gawer 和 Henderson（2007）通过解析平台的优良属性，深入探讨平台在商业、社会生活中的作用，发现平台领导对于推动 21 世纪创新的重要意义。

1. 平台领导的内涵

在平台经济学和平台战略学中，平台领导指驱动整个产业创新的企业，以实现分散技术的系统演化。相应地，平台领导是在产业范围内围绕着某平台技术来驱动产业创新的主导性和影响力。Gawer 和 Cusumanno 在《平台领导》一书中指出，平台领导能够对他们所处行业的创新方向产生重大影响，同时对制造和使用补足品的各个公司和消费者构成的“生态圈”也能够产生很大的影响。由此我们可以认为，平台领导实际上是促进“平台生态圈”创新的主导者。平台生态圈成员一般包括平台领导、消费者以及广告商、内容开发商、服务提供商和渠道合作商等。显然，平台领导是相对于生态圈成员的“领导”，对他们具有号召力、影响力并处于主导性地位。

2. 成为平台领导的前提与资质

平台领导只是在一定条件下、一定范围内才有可能诞生，并非所有的产品都适合转化为平台，自然也非所有的企业都能成为平台企业或平台领导。因此，要成为平台领导，首先其提供的产品适合转化为平台，从而让自己先成为平台企业，然后具备一定的资质和能力。

产品转化为平台必须满足两个条件：一是产品必须表现出作为“应用系统”的基本性功能，或能解决产业内必要的技术难题；二是易于连接，或作为扩展应用系统的基础，并允许新的意想不到的终端应用。检验条件一，关键是看如果没有该产品或技术，整个系统能否运转。检验条件二，关键是看外部公司能否在该产品的基础上成功地开发出互补品或互操作产品，或至少已开始这样做。只有这两个条件同时具备，平台战略才能够开始。也就是说，一家平台企业要成为平台领导的最基本前提是，它的产品在单独使用时价值非常有限，但当它与补足品一起发挥功能时，就可以创造更大的系统价值。因此，把产品转化为平台继而成长为平台领导需要在技术方面设计合适的技术架构、界面或联结点，在商业方面激励第三方的互补品创新，提供市场动力。

平台领导必须具备三项资质或能力：第一为基本能力，其建构的平台能够提升第三方生产新产品、提供新服务的能力，即必须构筑和维系以平台为中心的生态系统，在生态系统中发挥中流砥柱的作用；第二是要引领时代潮流，在经营领域中拥有具有较强传播效应的创新成果的发源地，即必须在自我创新基础上发挥领导未来的掌舵作用；第三是能够运用自身的智慧与力量生产并对外提供优秀的工具，并为第三方提供工具，在提供支持的过程中得到强化。Helfat 和 Raubitschek（2018）认为，平台领导者所需的能力均为动态的，即设计、引入和重新设计产品和生态系统的能力，其中至少有三种基本动态能力对平台领导者至关重要：创新能力、环境扫描和感知能力以及生态系统协调的综合能力。

3. 平台领导的要素及权力

Cusumano 和 Gawer 在《平台领导的要素》一文中指出，平台领导要考虑四个层面的要素：一是产品或业务范围，考虑其在组织内部创新与外部创新的范围，必须权衡是通过延伸内部能力还是通过市场来生产互补品；二是生产产品的技术，需要考虑产品和平台的架构，包括平台的模块、界面的开放程度、平台和界面向互补品开发者和其他伙伴开放的程度；三是平台与外部互补品开发者的关系，包括竞争还是合作的关系，还要协调彼此间的利益冲突；四是平台内部的组织工作，建立能够减少目标冲突、促进变革的组织结构和组织文化，加强内部沟通与协调。这四个要素是平台领导及其运作战略要考虑的基本维度或平台领导的基本原理。

平台领导的实质在于其对生态系统的影响力，这种影响力来源于正式的权力（如排他权、技术标准及治理规则的制定、惩处和利益分配的权力）以及非正式的权力（如潜在合作的机会、品牌及声誉的影响）。在平台生态系统中，独特的支配性、主导性权力使平台主办者（sponsor）或平台提供者（provider）成为平台领导。平台领导的权力既包括平台所有权及其衍生的排他权、管制权、收益权，又包括平台规则制定与执行的权力，以及涉及平台利益的分配权力（如定价权与征税或是补贴的权力）。

4. 平台领导的角色与职能

平台领导的角色与职能起源于平台自身的定位与功能，平台领导在平台运作过程中需要履行多种职能并扮演多重角色。平台领导的职能在于：确保平台生态系统中连贯一致的技术开发和合作，设计能够促进互动的开放性技术结构，鼓励互补者的持续性投资，管理和维持生态系统的繁荣及健康，处理好与多边用户之间的合作及利益分配关系，引导互动进而创造价值，进行平台管制以防范平台风险及失灵。

多边平台的核心功能在于促进多边用户群体之间的互动，既可通过合约控制权和平台资源的开放降低共享成本来实现，又可通过资质审查、质量认证、减少信息不对称等降低搜寻成本和供需匹配成本来实现。可以利用数字平台化的方式改变价值创造和创新体系结构，以新的价值传递架构取代现有的价值传递架构，从而获取更大的竞争优势，降低交易成本。由此可见，促进并确保高质量的交互才是平台领导的最终使命。为此，平台领导必须采取一系列的行为策略。

5. 平台领导的行为策略

平台领导的行为主要涉及平台建设与管理、平台竞争与合作等方面，平台领导有三项基本活动：一是创建价值主张，联结价值网络，形成并壮大平台生态圈；二是提供信息并降低用户交易成本，帮助有需要的用户找到彼此并满足彼此的需求；三是建立平台规则和技术标准，防止某些用户出现机会主义行为尤其是负外部性行为。这些活动基本上概括了平台领导的行为策略范围。平台领导的平台建设与管理行为主要围绕着促进互动和激发网络效应而展开，但在平台生命周期的不同阶段其侧重点是不同的：在初创期，平台领导的策略重点是提高用户信任度、强化用户匹配和互动；在成长期，策略重点是不断稳固用户基础并推动平台快速扩张与价值创造；在成熟期，策略重点是通过驱动创新为用户创造新的功能价值以及防范来自竞争对手的威胁。因此，平台领导的策略是演化发展的，需要根据平台生命周期和生态环境的变化而适时作出调整。

（三）量子型领导

1. 量子型领导的理论源起

量子型领导作为一种新兴的领导风格，其存在的理论基础是牛顿物理学和量子物理学。它们对物质世界的不同认识，导致了差异化的科学思维与哲学思维，从而产生了不同的管理理论和实践范式。当今社会正处于 VUCA[不稳定（volatile）、不确定（uncertain）、复杂（complex）和模糊（ambiguous）]时期，随着互联网普及率不断提高以及云计算、大数据、人工智能等数字技术的迅速崛起，快速变化、发展和迭代的时代背景充满了太多的不确定性，给管理领域的理论和实践带来颠覆性的变革，基于牛顿思维的科学管理表现出一定的局限性。2016 年前后，牛津大学的丹娜·左哈尔教授将看似天差地别的管理学与量子物理学两大领域糅合贯通并出版《量子领导者：商业思维和实践的革命》，她认为，量子时代已经到来，改变着我们眼前的一切，人类生活的所有部分都将会受到时代变迁这一现实的影响。目前量子型领导已经开始受到理论界和实务界的重视，海尔创始人张瑞敏说："这是一个量子管理学的时代。"[①]他借鉴量子思维在海尔推行和完善人单合一模式，竞单上岗、按单聚散等已在海尔内部形成常态化共识。在张瑞敏的带领下，海尔传统自上而下的管理模式被打破，取而代

---

① 代向阳，彭剑锋，尹奎，等. 量子管理理论研究对人力资源管理的启示. 现代管理科学，2021（6）：62-69.

之的是扁平化架构和创客平台架构，领导从发号施令者转变为平台打造者、资源支持者和教导者，零距离、无边界、去中心化、分布式等特征已经在海尔初步形成。

2. 量子型领导的内涵

量子世界观认为，领导活动处于一个“参与性”的宇宙之中，充满了量子跃迁、复杂性、突变等情形，量子领导活动运行的模式也展现出自组织的、持续创新的、复杂多变的内在秩序。Jacobs（1994）提出了量子领导技能的七要素模型，即量子观察、量子思维、量子感受、量子认知、量子行动、量子信任和量子存在，使领导者能够检视自我，从而提高他们的领导能力。每一项技能都是相互关联的，并且受到彼此的影响。人类的感知是高度主观的（量子观察），创造性思维需要发展右脑半球（量子思维），人类的感受不是外部事件的结果，而是内部自我对话的结果（量子感觉）；量子认知、量子行动、量子信任强调共同的精神导向：我们生活在一个智慧的宇宙中（量子认知），宇宙中的一切都是相互关联的（量子行动），宇宙利用混乱来创造秩序（量子信任）；量子存在与其他量子技能错综复杂地联系在一起，它在模型的中心位置反映了这种联系。量子技能模型可以帮助领导者通过观察、思维、感受、认知、行动和信任提高自己的领导创新能力。量子型领导不仅需要培养自己的人格魅力和个人潜力，还需要从其所领导的群体表现出的品质中获得洞察力和灵感。总之，量子型领导不仅是一名领导者，同时也是一名追随者，量子型领导与追随者进行互动和协作，通过平等地分享领导能力和采用小组经营的方式来为组织作出贡献。

3. 量子型领导的维度

辛杰等（2020）对中国文化背景下的量子型领导行为的具体表现进行了深入细致的研究，把量子型领导划分为七个维度——自觉觉他、连接交互、探索求新、和合共赢、利他包容、赋能无为和重建秩序。①自觉觉他，是指量子型领导有清晰的组织目标，在团队内进行愿景引领，激发每位员工的潜力，带领企业持续发展。②连接交互，是指领导与员工间及员工彼此之间相互联系与合作的程度。量子型领导尤其注重与他人间的互动和连接，使人与人之间互相交流、沟通和合作，对外则使得员工一起面向市场和顾客，集体为顾客创造价值。③探索求新，是指量子型领导勇于接纳和面对不确定的复杂问题及环境，探索各种可能的路径，绝不墨守成规，鼓励员工发挥创造性和能动性，敢于应对各种挑战。④和合共赢，是指量子型领导致力于与员工共创、共享、共赢，更注重合作和共享，且能齐心协力与外界进行合作，共同分享成功、共同创造价值。⑤利他包容，是指量子型领导具有利他思维和服务意识，有极强的包容性，能够关注到员工、客户甚至竞争对手的利益，不计较得失，客观公正地处理问题。⑥赋能无为，是指量子型领导能够因势利导，不盲目干涉。“无为”是指有所为有所不为，不妄为。量子型领导致力于为员工赋能，让每一个员工成为创客，主动抓资源、找机会、作决策，加速成长。⑦重建秩序，是指量子型领导在面对危机或变幻莫测的外部环境时，能够保持清醒和沉稳，处事得当，有推倒重来和涅槃重生的魄力及信心，能够迅速找到办法化解危机，重建新的、更为优越的秩序。

二、激励理论前沿

近年来研究者对早期企业激励理论进行了修正，丰富了激励理论研究，其研究进展主要表现在以下几个方面：

（一）竞赛理论

爱德华·拉泽尔和谢里温·罗森在 1981 年发表的《排名竞赛是最佳的劳动力合同》中最早提出了“竞赛理论”（tournament theory）的概念，随后，罗森于 1986 年在《淘汰竞赛中的奖励和激励》中对该理论进行了重要拓展，这两位学者对竞赛理论的形成起到了奠基性作用。后经纳勒布夫、斯蒂格里兹等学者的发展，竞赛理论一度成为理论界与实战界炙手可热的理论之一。

1. 竞赛理论的核心内容

竞赛理论的基本观点就是：处于同一竞赛中的参赛者通过其在竞赛中的相对排名决定所得，而与其绝对绩效无关。公司通过该方法可以有效地诱导员工作出努力，从而使每个人都有获得晋升的机会。

竞赛理论的主要机制是一个由两个风险中性的参赛者组成的双人竞赛模型（two-player contest model），在这个模型中，参赛者的产出或绩效（q）是他们的努力（μ）和类似于运气这样的随机部分（ε）的函数。例如，参赛者 j，其产出应该是：

$$q_j = \mu_j + \varepsilon_j$$

雇主事先制定固定奖金 W_1 和 W_2（$W_1>W_2$），并根据参赛者的业绩对他们进行排名，成功者即业绩高者获得高奖金 W_1，失败者即业绩低者获得低奖金 W_2，研究表明，参赛者的努力程度随着成功者和失败者之间的报酬差距的扩大而增加。如果 P 表示赢得高奖金 W_1 的概率，每一位参赛者使用努力 μ 去最大化其产出的边际成本是 V，那么，用下面这个方程解释可能更加清晰。

$$\frac{\partial P}{\partial \mu_i}(W_1 - W_2) = V$$

该式明确地指出，对这两位参与者来说，重要的不是奖金的绝对规模，而是 W_1 和 W_2 之间的差距（W_1-W_2）影响他们赢得竞赛的努力（μ）程度。对于雇主来说，这种通过相对排名确定报酬的机制是有效的，因为该机制将参赛者置于同一个环境下，剔除了不同环境带来的不确定因素，可以更加准确地判断参赛者的努力程度，既降低了监控成本，又达到了激励参赛者不断提高自身业绩的目的。

该模型主要强调个人的努力，对影响产出的随机部分 ε 没有开展深入的研究，ε 被归结为类似于运气这样的随机部分，在运气或外生冲击发挥重要作用的环境中（如宏观经济影响），企业应该利用更大的薪酬差距来抵消随机性的影响。竞赛理论被引申到解释企业内部职位层级之间的薪酬差距，指出这种大的薪酬差距在激发个人努力以获得高额奖金方面是起到关键性作用的。随后，学者们对多位参赛者竞赛、竞赛环境的重要性、连续淘汰竞赛等模型进行了研究，并通过实证分析探索其对组织管理的实践价值。

2. 对该理论的评价

与传统理论相比，竞赛理论的独特之处在于其比较的是代理人（参赛者）的相对排名而不是绝对绩效，这样的机制剔除了更多不确定的因素，既降低了监控成本，为参赛者消除了一些风险，起到了一定的激励作用。尤为重要的是，提高报酬水平和拉大薪酬差距有利于提升代理人（参赛者）的努力程度，并且竞赛规模（即参赛者的数量和竞赛的层级数量）和获胜比例都对激励效果有一定的影响。与只能反映各种工作（岗位、职务、工种）的劳动质量或员工的劳动能力，而不能反映员工的实际劳动努力程度的具有等级结构的固定工资制度相比，竞赛理论更能调动劳动者的积极性，促使劳动者更加努力。

但是从理论研究本身来看，竞赛理论存在一些不足。首先，竞赛理论在高管团队薪酬差距问题上的适用范围是有限的，尤其是在不同的国家文化背景下这一局限尤为明显。其次，竞赛机制滋生出的反生产行为（如不合作、自利等）反而降低了个人绩效和团队绩效，造成负面效应。再次，使用竞赛机制可能会影响长期绩效。最后，与积极的激励措施相比，惩罚似乎可以诱导更高的努力水平，正面的、积极的奖励措施受到严峻挑战。

（二）特质激发理论

1. 特质激发理论的核心内容

罗伯特·泰德（Robert Tett）和哈尔·古特曼（Hal Guterman）最早定义了特质激发（trait activation）的概念，他们认为个体特质激发解释了人格特质与情境之间的关系，即人格特质需要在与特质相关的情境线索中唤醒出来，这体现了特质激发的过程，特质激发的一个关键特征在于它引起了人们对情境与特质关联的关注。

Tett 和 Burnett 对该理论进行了拓展，主要研究个体人格特质如何受组织情境的影响，从而体现出有价值的工作行为，并提出了一个有关工作绩效的人–情景互动模型，人格特质只有在与之相应的情境中才会体现出来，这个过程体现了特质激活的过程。因此，可以认为，人格特质在相应的情景中被激活，个体通过一定的工作行为展现工作绩效。近年来，特质激发理论的研究正处于实证检验阶段，并且表明个体特质激发对个体或者组织正发挥着越来越重要的作用，还需要更多学者进行实证检验和理论模型的整合，进而丰富特质激发理论。

2. 对该理论的评价

特质激发理论可以通过不同的方式对人格和行为进行研究，特质激发能够作为普遍原理是具有潜力的：第一，在特质激发的过程中，情境相关性既客观体现现实，又因个体而存在差异，可以考虑通过减少个体差异和对相关情境线索的敏感性来提高行为预测；第二，特质激发可以提供一个视角，解释为什么具有某种特质的个体比他人更能预测绩效，为什么具有某种特质的个体在某些工作中可以正向预测绩效，而在另外一些工作中则能负向预测绩效；第三，特质激发可以指导有关人际关系的研究。如果特质表达对个体自身是有益的，则人们更倾向于与那些能够互相表达特质的人保持关系。

总之，以往研究更多地关注个体人格差异对个体结构变量的影响，但这并没有解释“如何影响”的问题，特质激发是一种调节方式，这种基于连接主义的观点强调了情境对特质表达的重要性。但强调个体更愿意在与其特质相关的情境中表达自己的特质，它并没有解释能够驱动个体工作行为动机的心理机制，探讨个体内外部动机驱动个体工作行为的心理机制，可以部分弥补这一不足。

（三）团队激励

随着学习型、智能型组织理念和实践的兴起，许多国际大公司都纷纷把团队工作方式引入生产经营过程中，团队工作方式已经成为企业和其他组织生存和发展的一种必要手段。团队工作方式比传统的部门结构更加具有灵活性和创造性，而传统的管理制度和管理方法对于团队的管理已经显得力不从心，基于团队管理的团队激励日益受到关注。

1. 团队激励的核心内容

团队是由每一位个体员工和管理者个体组成的一个共同体，该共同体能够集中每个个体的知识、智慧和技能优势，促进个体之间的高度互补与工作协调，并形成团队特质，实现共同目标。团队激励就是指通过对团队及团队成员进行有效的激励，使团队成员紧密协作，形成一种积极的协同效应，从而使团队的总体绩效水平大于个体绩效之和。团队激励是以团队组织作为对象来进行激励的一种激励方式，目的是通过合作来实现组织的目标。

良好的团队工作需要有效的团队激励，团队是提升团队绩效的最具决定性的重要因素。美国哈佛大学的管理学家 William Jame 研究证实，在缺乏激励的一般岗位上，职员仅能够发挥实际工作能力的 20%～30%，而受到充分激励的员工，其工作能力可以发挥出 80%左右（王福泉，2010）。根据美国国家半导体公司的团队管理经验：一个受到良好激励的团队通常整体士气高涨，团队成员精力充沛、积极向上，并努力谋求承担更大的责任；而缺乏有效激励的团队往往士气低落，团队成员相互推诿、逃避责任，从而使团队生命力难以长久。因而，必须重视团队激励的重要意义，把团队激励作为团队建设的重中之重。

2. 团队激励层次模型

廖冰等（2003）认为，团队激励要采用外部激励和内部激励相结合的方式，提出企业将这两种激励在团队管理实践中加以运用的团队激励流程，如图 5-12 所示。

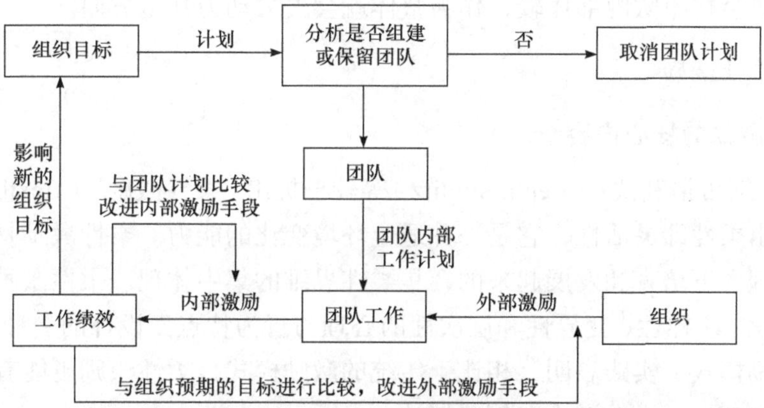

图 5-12　团队激励流程

不管内部激励还是外部激励，都需要与团队的工作绩效挂钩，并且要有一个完善的反馈体系，只有这样才能及时地对激励体系进行改进，及时检验激励的效果。结合个体激励模型，廖冰等（2003）提出将团队的外部激励分为团队地位和团队成就，内部激励分为团队文化、团队融洽度和团队成员激励。于是得到以下模型：

团队外部激励力量（Iw）= $\sum$外部期望值（Ew）×实际可行性（Pw）×外部激励满足度（Kwi）

团队内部激励力量（In）= $\sum$内部期望值（En）×实际可行性（Pn）×内部激励满足度（Kni）

总的激励力量（It）=$Iw \times In \times r$，此处 r 为 Iw、In 的相关度。

3. 团队激励模型在管理中的应用

通过以上分析，可以得出企业在团队激励方面的一个具体应用过程，具体如下所示（图 5-13）。

这个激励过程说明团队激励在具体应用中要注重两种激励的综合成效，外部激励可以从给团队制定清晰的目标、评定团队等级提高地位、肯定团队的成就提高成就感等方面着手；内部激励可以从培养团队文化、增强团队凝聚力、加大对团队内部成员

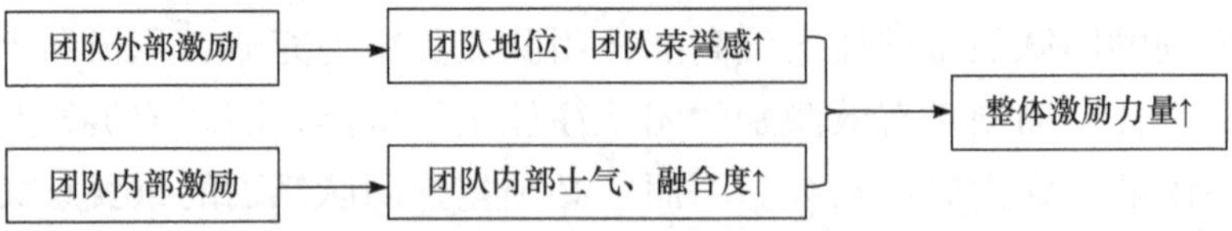

图 5-13 团队激励的应用

的激励等方面着手。两种激励都很重要，如果只是注重外部激励，就会使得其成为空谈，因为团队管理是强调“以人为本”，内部激励正是从整体利益考虑，提高整体绩效而激发个体的积极性。如果只是考虑内部激励，这样最终即使内部激励做得再好，团队成员也只会在团队内部比较，作为整体就会失去动力甚至方向。

（四）柔性激励

1. 柔性激励的核心内容

约瑟夫·斯蒂格利茨（Joseph. Stiglitz）等较早提出“柔性激励”（flexible incentive）的概念，指出柔性即灵活性，它是一种适应环境变化的能力。柔性激励是在“以柔克刚”的思想理念下培育和发展起来的，是柔性思维的集中体现。柔性激励是基于知识型员工个性化、多样性、变异性和层次性的心理与行为特点而设计的一种“以人为本”的灵活的激励模式。实践表明，相比于传统的激励模式，柔性激励更能有效地激发知识型员工的主动性、内在潜力和创造精神。

柔性激励具有敏捷性、灵活性和柔韧性的特点，作为柔性激励的激励物具有多种性质，体现如下：

1）激励物的可选性

由于人的本性的存在，人对于可选择、可支配的事物的占有欲非常强烈。同时，由于每个人偏好及价值观的差异性，其对相同事物的占有欲也是不同的。比如同样的事物，在心理上，当你被动接受时，仅仅是获得了报酬；你主动获得时，却是劳动的成果和自身价值的体现。同样的道理，柔性激励的有效实施必须在激励物的可选性基础上，也就是说，作为激励物应为主体提供自主选择的空间。

2）激励物的多样性

传统的激励方式以物质激励为主，但是单一的物质激励在当今提倡自我价值实现的主流意识前显得愈发无力。所以柔性激励应该提供具有多样性的激励物，不仅仅有物质激励，更有精神激励、情感激励等非物质激励方式。另外，精神激励在柔性激励中应该占有更大的比例：一方面，精神需求形式多样，更加体现“以人为本”的理念；另一方面，根据马斯洛需求层次理论，精神需求能够满足人的更高层次的需求，能更好地满足当代员工的需求特征。

3）激励物的差异性

“以人为本”的管理思想要求柔性激励要因人而异。新时代因为员工自身经济基础、知识学历、自我价值实现程度的不同对物质激励、精神激励和情感激励等的敏感程度是不同的。激励物的差异性还体现在同时需要面包和鲜花时激励物的先后主次关系。

4）激励过程的动态性

人的需求是因时因事而异的，所以不同的激励时机所起到的激励效果是显而易见的。例如，一个人只有在口渴的时候，水的激励效果才最为明显，此时你给他再多的面包也是收效甚微的。此外，在价值创造的过程中，不同阶段的激励机制也是有差异的，这也是有别于传统单一事后激励方式的重要方面。这就要求激励者具有敏锐的洞察力，在柔性激励的设计上，要考虑激励过程的动态性。

5）激励过程的协同性

激励过程的协同性主要体现在因人因事而异，即激励的公平性。因为在组织中每个主体对成果的边际贡献率是不同的，会随着任务分配、岗位职责的不同而不同。所以，有效的激励过程应该根据各主体的贡献程度，协同作用，采用科学有效的方法差异激励，既体现柔性激励的“以人为本”的理念，又达到有效激励的理想效果。

2. 柔性激励的机制

柔性激励机制的基本架构由四个要素形成，其中诱导因素起着发动行为的作用，行为导向因素、行为幅度规则和行为时空制度具有导向规范和制约行为的作用。

1）诱导因素

诱导因素就是用于调动员工积极性的各种奖励资源，对诱导因素的提取必须建立在对员工个人需要进行调查、分析和预测的基础上，然后根据组织所拥有的奖励资源设计各种奖励形式。它是激励客体在与激励主体进行谈判中所要争取的内容。但是在很多时候，员工对自己的需求也并不是很清楚，因此，管理者要充分激励员工，需要对员工的需求加强研究。柔性激励就是要真正做到“以人为本”，从员工的需求出发，以他们需要的东西作为诱导因素，才能对他们的行为起到真正的激励作用。

2）行为导向因素

行为导向是由组织对员工所期望的努力方向、行为方式和应遵循的价值观等构成的。在组织中由诱导因素诱发的个体行为不一定都是指向组织目标，而且，个人价值观也不一定与组织的价值观相一致。因此企业在形成企业文化时要注意培育具有统御性的主导价值观。行为导向因素具体到企业中，可以是共同的企业文化或者企业价值观，也可以是企业制定的统一的奖罚标准和制度。对于符合奖励标准的员工，企业应该及时给予奖励，而对于触犯了企业制度的员工，也应该及时进行惩罚；否则，柔性激励便会受到公平性的挑战。员工在不断受到奖励后，自然会将可以受到奖励的行为视为可重复的行为，而对屡次受到惩罚的行为有所警惕，久而久之，企业内部便会形成共同的主导价值观和企业愿景。

3）行为幅度规则

行为幅度规则是指由诱导因素所激发的行为在强度方面的控制规则。根据期望理论，对个人行为幅度的控制是通过改变一定的奖酬和一定的绩效之间的关联性以及奖酬本身的价值来实现的。根据强化理论，按固定的比率和按变化的比率来确定奖酬与绩效之间的关联性，会对员工行为产生不同的影响。前者会产生非常高的、快速且稳定的绩效，并且呈中等速度的行为消退趋势；后者将带来非常高的绩效并呈现非常慢的行为消退趋势。通过行为幅度规则，可以将个人的努力程度调整在一定范围之内，以防止一定的奖酬对员工的激励效率的快速下降。也就是说，激励的标准和措施要能真正起到激励作用，而又不会使得激励过快地失去应有的激励效用。

4）行为时空制度

行为时空制度是指奖酬制度在时间和空间方面的规定，包括特定的外在奖酬和特定绩效相关联的时间限制、员工与一定的工作相结合的时间限制以及有效行为的空间范围。这样的规定一方面防止员工的短期行为，从而使所期望的行为具有一定的持续性，并在一定的时间和空间内发生；另一方面规定激励主体在激励及时性和激励强度上作出保证。要想真正起到激励员工的作用，就一定要做到激励的及时性和公平性。如果员工表现突出，但是在得到奖励承诺之后很久都没有受到奖励，那么对于以后工作的积极性必然会有所影响。同样，如果员工触犯了相关制度，但是一直没有受到相应的惩罚，那么久而久之，类似的制度和措施也将失去效力。

以上四种因素的作用方式各自独立，它们还需要一种方法将其统御起来，使它们在组织运作中能灵活自主地发挥作用，而不是蜕变为各种制度文件集。全力提升整个组织的沟通水平，做好不公平事件的控制工作，权变地处理组织的激励问题，最大限度地实现激励的公平、公正和及时。

企业的柔性激励机制一旦形成，就能内在地作用于企业组织本身，使企业的组织机能处于一种兴奋状态，并进一步激发组织活力，将组织的各种机能发挥到极致。

三、沟通理论前沿

（一）虚拟团队的沟通

1. 虚拟团队的沟通分析模型

万可和李守军（2002）从关系及任务两个维度提出虚拟团队的沟通分析模型，关系维度反映了沟通中用来在虚拟团队成员之间建立社会关系和团结的那一部分内容。它关系到团队成员如何通过沟通在项目期间建立并维持彼此间的个人关系和增强团队凝聚力。实际上它是虚拟团队成员之间相互依赖程度和人际关系协调程度的衡量。一般而言，关系维度主要通过成员之间的非正式沟通来建立。它至少包括三个方面的内容，即相互理解、相互信任以及成员之间的社会关系。

任务维度是指沟通中用来使项目能够及时完成且在预算内完成的那一部分。任务维度一般通过成员之间的正式沟通来建立。它至少包括四方面的内容：共同的目标、相关知识和技能、任务协调、互动模型。根据虚拟团队沟通的关系（S）和任务（T）的高低生成一个 2×2 矩阵，把所有的虚拟团队分成四种类型，即如图 5-14 所示的 A、B、C、D 四类。

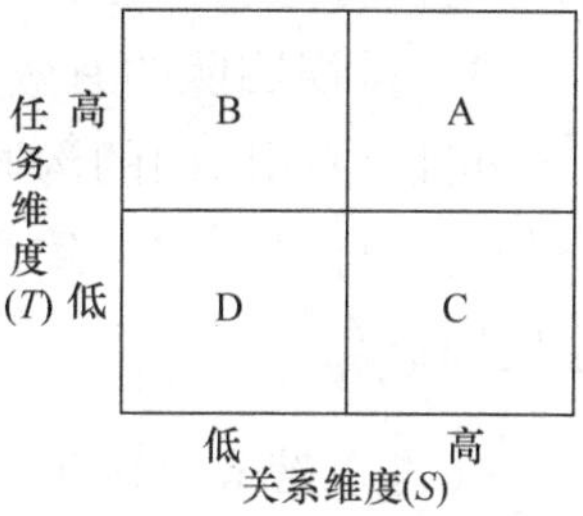

图 5-14　虚拟团队的沟通分析矩阵

属于 A 类的虚拟团队沟通的关系和任务维度都很高，这意味着团队成员之间不但能够建立很强的社会关系，而且能够有效地管理项目任务、成果及进度。这类虚拟团队属于较为成功的团队。

属于 B 类的虚拟团队，沟通的任务维度高而关系维度低。与 A 类的虚拟团队相比，这些团队注重成功地完成项目，而不是注重彼此之间建立社会关系。由于这些任务导向的团队缺乏社会凝聚力，它们十分脆弱且容易崩溃。

属于 C 类的虚拟团队，沟通的关系维度高而任务维度低。这些团队致力于彼此之间建立社会关系，而忽视项目中与任务相关的方面。虚拟团队成员之间关系融洽，具有较强的团队凝聚力，这种团队也存在成功的概率，但若是对工作任务缺乏实质性的认识，很难保证长期成功。

属于 D 类的虚拟团队，沟通的关系和任务维度都很低。在虚拟团队成员的沟通中，他们既不关心在彼此之间建立社会关系，又很少注意项目中与任务相关的方面，这种虚拟团队很难成功。

2. 虚拟团队沟通能力提升的途径

虚拟团队的沟通由于拥有计算机、网络等技术的支持，使沟通摆脱了时间空间的束缚，变得更加自由化、多样化，但随之也出现了如沟通、文化、技术等方面的问题，因此我们可以从以下几个方面提高虚拟团队的沟通能力。

1）加大对技术方面的投入力度

在资金允许的条件下，使用较为先进的设备及成熟的技术，增强系统的稳定性，使得维护费用尽量减少，节约成本。此外，应配备专门的技术人员定期对设备进行检修，保证设备系统能正常运行，以避免因设备问题而影响到团队各种工作的正常进行。

2）增强团队的凝聚力

虚拟团队的主要问题是成员间缺乏面对面的交流，从而容易形成成员间各自为战的局面，使团队不容易建立起很强的凝聚力。团队可以设计自己的吉祥物、标志、口号等，使整个团队有一个精神追求，还可以创建自己团队的文化，定期出版一些刊物，增强团队成员间的沟通与了解。充分发挥技术上的优势，运用各种媒介，如网络、电话等的优势进行沟通，达到传统团队面对面沟通所不能实现的沟通效果。

3）重视团队的有效沟通

可以对团队间的沟通建立一些特定的收发信息的方式，建立规章制度，对各种媒介的答复标准达成一致意见，以减少非面对面交流以及不同地域文化之间的交流所产生的障碍。

（二）跨文化沟通

1. 跨文化沟通的含义

跨文化沟通（cross-cultural communication）是指信息的发送者在一种文化环境中编码，而接收者在其他文化环境中进行解码的沟通。文化环境对编码和解码都会产生一定的影响，由于国别、民族等因素会造成文化差异，因此，在不同国家之间或不同群体之间均有可能发生跨文化沟通。“沟通”与“跨文化沟通”之间存在的最大区别，就是沟通双方之间的文化差异。文化差异给沟通造成了一定阻碍，增加了沟通的难度，影响跨文化沟通目标的实现。

2. 文化维度理论

荷兰管理学家吉尔特·霍夫斯泰德（Geert Hofstede）以知名企业跨国企业 IBM 的员工为研究对象，先后两次以问卷的形式对管理方式和工作环境偏好进行调查，重点分析价值观在国别之间的差距，总结出“权力距离、不确定性规避、男性化和女性化、集体主义和个人主义”四个不同的文化维度；20 世纪 80 年代后期，霍夫斯泰德又根据对 60 个国家和地区的研究，包括对中国价值观的调查分析，提出第五个维度：长期取向与短期取向。2010 年，他又对理论进一步完善，增加了第六个维度：自身放纵与约束。

权力距离主要测量某社会的人对权力分配情况的接受程度，在不同文化环境中，人们对权力重视程度存在一定差异。多数西方国家权力距离小，更看重个体的能力，而亚洲国家则与此相反。

不确定性规避主要测量某社会的人应对突发事件和承受压力风险的能力。评分高的人群更愿意尝试寻求方法，防范和控制不确定性风险。

集体主义和个人主义主要测量某社会群体对个人利益的关注程度，个人主义的群体倾向关心自己的利益，集体主义的群体更关心组织利益。

男性化与女性化主要测量某社会群体的文化特质。男性化社会的人更自信、强势；女性化社会的人更友好、善良。

长期取向与短期取向主要测量某社会群体的人对精神、物质的需求程度。短期取向的人群看重于当前，长期取向的人群更看重未来。

自身放纵与约束主要测量某社会组织对人的约束程度。

文化维度理论模型有助于人们识别组织间文化差异，为跨文化沟通相关理论与实践研究，提供了新的思路和方法。文化维度理论的产生，提醒更多的人注意到各国文化之间差异的现实性和普遍性，在跨文化沟通过程中要有针对性地制定传播策略，在传播内容、渠道建设、话语打造等方面充分考虑文化维度的差异，加强对跨文化的理解，缩短与其他文化之间的距离。

第三节 领导理论前沿实践概述

一、领导理论前沿实践

军人出身的任正非一向踏实务实，始终把奋斗作为开创事业之基本，他躬身实践，不断探索，用辛勤的汗水换取优质服务。在生存问题得到解决后，创新成为企业突破性发展的关键。任正非如同他实行的狼性文化一般，他对市场有着高度的敏感性，并能做出高瞻远瞩的决策。他非常清楚在各个节点该做什么。早在1994年，任正非就立下豪言“世界通信制造业三分天下，必有华为一席”。成熟稳重的任正非让华为在发展的道路上走得更加稳健。踏实与奉献是他最显著的特征，并且他也将这一风格融入进了公司开拓期的实践中。对于这样一家精英云集、发展迅速的高科技企业来说，要具有怎样的领导力才能使它高效运转呢？以下我们将基于变革型领导的四个维度来进行分析。

1. 理想化影响力

1）以目标为导向

任正非非常清楚华为的目标是成就客户梦想，这是任正非领导力的核心。任正非对工作充满了激情跟动力，他一直在努力将公司的目标转化为全体员工的愿景，并总是为客户创造价值而尽心尽力，成就华为也就成为任正非天生的使命。华为在任正非的带领下，不断有新产品被研发出来，还开发出很多世界领先的技术，按照结网式的前进脚步已从中国市场走向海外市场。

2）深入合作共赢的理念

他认为，竞争的核心是尊重竞争对手，因此他提倡合作共赢的理念。同时在公司的财富分配中，他的理念是每个人都可以分享到公司成长所带来的好处。他认为，“华为薪酬激励要管理和分配好坐车人和拉车人的薪酬比例，让拉车人可以比坐车人获得的更多，而且要让拉车人在努力拉车时比不拉车的拿得多，这样才能激励拉车人”（潘进煜，2017）。任正非的创业风格和与人分享财富的理念，成为华为战略实施的强大动力。

2. 个性的管理风格

华为在沿袭中国的领导体制的同时，任正非的领导风格也呈现出不同的特点。一方面，任正非对重大事务的决策都会亲力亲为。另一方面，华为内部的决策有很多自由空间供员工自主作决定。比如，在公司发展战略、文化建设等重大决策上，任正非坚持“大权独揽，小权分散，集中力量解决重大问题”，但员工在技术研发、任用干部、薪酬分配等方面都处于完全分权状态。华为的决策体制是一种适度集权下的有限民主，避免个人独裁带来的积弊，也能防止出现过度民主带来的效率低下、集体不作为现象。

3. 鼓舞性激励

任正非在华为内部发表的文章很多，每篇文章都集中反映了任正非的个人价值观和世界观，他借此指导着华为前进。从 1994 年第一次写《致新员工书》到如今再次修订，任正非在文中强调，华为公司的共同价值体系和愿景就是要建立起一种共同为世界、为社会和为祖国风险服务的企业文化。这些文化为现代青年进入华为提供了精神指导。任正非能够激发他人斗志，这也是他一直被称道的人格特质。领导力的核心是影响力。从任正非身上我们看到华为精神，这种精神在华为内部蔓延。

4. 智力激发

任正非带领着华为追寻他的梦想。他知道自己身上的缺点。他从不认为他知道一切，保持谦卑谨慎。当谈到他的才能和品质，他总是强调自己的知识并不是最丰富和全面的。他志向远大，执行力强，但同时态度谦逊。作为一名领导者，任正非坚持自我批评，慎思笃行。外人看来华为看似在疯狂扩张，经历野蛮生长的阶段，但经历过中国社会变革的任正非，始终居安思危。华为投资重金营造良好的学习氛围，鼓励员工思考如何解决冲突，他知道只有不断学习并带动员工共同学习，下一个倒下的才不会是华为。

二、激励理论前沿实践

股权激励制度贯穿于华为发展的整个历程，华为的每次股权激励计划都为公司的业绩带来了动力，对公司的发展起到重要的作用。华为的股权激励制度发展历程如下：

1. 华为最初期的股权激励制度（1990～2000 年）

1）推出背景

1987～1990 年华为处于创业期，这一时期与华为激烈竞争的公司有很多，最主要的可以说是中兴通讯公司，而华为公司成立之初注册资本仅为 2 万元，规模小，中兴通讯注册资本 200 万元，成立时间较早，规模大。华为为了开拓市场，需要大量的科研投入，科研投入需要大量的资金，然而当时想要在银行和股市融资相当困难。

2）需解决的问题

从华为创业期的背景可以看出，华为急需解决两个主要问题：一是科研投入需要大量资金；二是融资困难。

3）具体措施

华为优先选择在内部发行股票。内部发行股票不需要支付利息，存在较低的财务风险，不需要向外部股东支付股息等，同时可以激发员工努力工作。

当时股票的发行价格为 1 元/股，按照计划用税后利润的 15%来作为红利。华为员工的工资水平在 1 万元左右，平均持股在 1.5 万股，每年股票分红 0.7 元/股，年终奖在 1 万元左右，因此华为员工的薪酬由工资、奖金和股票分红组成，这三部分数量几乎相当。其中，股票的授予是有条件的，即只派发给在公司上班满一年的员工，但是份额按照不同员工的绩效、职位和资格等派发。除此之外，由于部分员工自身条件有限，华为公司还与银行达成协议，如果新员工的年终奖不够购买派发额，公司可以为员工提供担保，进行银行贷款。

4）效果

（1）实施前与行业的比较。在华为创立之初，由于当时实力有限，公司的业绩并不好，加上技术力量不足，很难占据城市市场，除此之外，薪酬和奖金比例相对较低，对人才的吸引力较低。在最初的股权激励实施以前，华为公司无论在业绩方面、技术方面，还是在人员规模方面都严重低于行业平均水平。

（2）实施后与行业的比较。在通信行业激烈竞争的背景下，华为公司在 1990 年实施了股权激励计划，实施后员工的积极性得到极大提升，并开始出现部分人才回流的现象，资金也得到了极大的补充。1992 年华为自主研发出交换机及设备，批量进入农村市场，后来逐渐升级到乡镇的 C4 网络终端，最后占领省会城市的 C2 网络和直辖市的骨干网络 C1，最终华为成为国家级通信企业的供应商。华为公司的销售收入逐年提高，在最初的股权激励实施以后，华为公司无论在业绩方面、技术层面，还是员工数量上都出现较大幅度的增长，其中主营业务收入在短暂的 5 年内增长了 100 多倍，迅速超过行业的平均水平。

2. 华为最新的股权激励制度（2013 年～）

1）华为在实施海外扩张时推行长期激励计划

2013 年，国内的通信市场需求基本饱和，华为试图寻找新的增长点，将眼光放至全球，因此开始进行大规模的海外扩张，试图打造一个全球知名品牌。这就需要大量的国外优秀管理人员，然而中国人依然占据主体，所以华为开始招募更多的西方高管。

华为公司根据中国持股计划，推出了一个新的奖励项目。该项目允许外国人购买该公司的股份。此次长期激励计划使得公司招募了大量的西方高管。

2）华为在虚拟股信贷暂停时推 TUP 计划

2013 年，华为实施了大规模的海外扩张，这些需要大量的资金投入，而此时虚拟股信贷计划遭到暂停，使得华为员工无法继续购买股票，同时华为股票每年的超额分红，使得一些老员工产生了懈怠情绪，工作积极性低下，因为他们知道只要继续持股就能拿高分红。所以为了员工能够继续获得股权，重新激发老员工的积极性，华为推出了 TUP（time unit plan）计划。

TUP 是指每年根据不同员工的岗位及级别、绩效，配送一定比例的期权。这种期权不需要花钱购买，周期一般是 5 年。TUP 消除了员工购买股票的现金压力，同时提升了员工对股票增值的关注度。所以，从长期来看 TUP 计划将股票转为期权，为了让股票增值，老员工也开始努力工作，激发了老员工的工作积极性。

三、沟通理论前沿实践

（一）寻找优质粮源产地，目光投向海外

西安爱菊粮油工业集团有限公司（以下简称“爱菊”）前身系西安市群众面粉厂，始建于 1934 年，是西北地区最早的粮食加工企业。为响应国家粮食经营由“计划经济”转向“市场经济”改革政策，爱菊成为陕西省粮食行业第一个实行股份制改革的企业，全体员工成为了公司的股东。2013 年起，爱菊开始在国内外多方寻找和试验，先后考察过巴西、加拿大、罗马尼亚、俄罗斯等国家和地区后，综合考量了政治法律风险、农业资源环境、开发运输成本等诸多因素后，爱菊对于新的粮源基地选址仍一筹莫展。2015 年 5 月，举棋不定的爱菊迎来了一次良机，受邀参加第十三届哈萨克斯坦-中国商品展览会，董事长贾合义亲自带队前往阿拉木图，对哈萨克斯坦当地的农业资源和营商环境进行了深入调研。调研发现，哈萨克斯坦对于爱菊来说是一个非常好的选择。

首先，哈萨克斯坦拥有丰富的农业自然资源。其次，哈萨克斯坦近年来大力推行农业扶持政策。最后，哈萨克斯坦的区位运输优势明显。2015 年 12 月 13 日，爱菊与哈方在钓鱼台国宾馆签订协议，该项目作为我国唯一的粮油加工型农业项目被国家发展改革委列入“中哈 52 个产能合作项目清单”。爱菊也从此迈出了走出国门的第一步，成为“一带一路”倡议的践行者，并在哈萨克斯坦北哈州建立“中亚粮仓”，开始实施自己“三位一体”的走出去战略。

（二）投产运营：主动出击，促进双方融合

1. 加强对哈各方沟通，全面推进多方共赢

1）加强媒体宣传报道，扭转不利舆论

当地人对爱菊的不信任和误解源于不了解，因此方龙飞刚一上任，便马不停蹄地

通过哈方股东撒肯联系了当地多家媒体，对纳扎尔巴耶夫总统远程视频见证特爱公司投产仪式的新闻进行了多角度深入报道。通过多渠道宣传特爱公司，弱化中国公司特征，着重强调特爱公司为当地带来的产业升级、就业机遇和经济发展，收到了非常好的宣传效果。

2）加强与各级政府沟通，参与基础建设

在纳扎尔巴耶夫总统视频见证特爱公司油脂加工厂建成投产仪式后，特爱公司与哈国各级政府开展了深入的沟通与合作。了解到北哈萨克斯坦州政府正在推行移民搬迁项目，方龙飞请示集团贾董事长后，主动出资捐建了几幢移民搬迁别墅；对于园区所在地的村政府，方龙飞也跟其负责人提出，可以参与援建村民住房，改善贫困村民的住房条件，帮助当地加强基础设施建设工作。在特爱公司油脂厂建成投产后的2017年4月，爱菊又一次外派员工100多人，除了完成园区绿化、道路建设等后续工作之外，还帮助当地村政府修建了道路等基础设施。

3）开展社区福利活动，深入当地社区

2018年，由于政府反对派的煽动，不明真相的当地人砸毁了一家由中国企业建设的水泥厂。当这些反对派到爱菊所在的社区煽动村民时，当地村民毫不犹豫地将这些人驱赶出去。因为中国企业不仅带动了村里的经济发展，也为村民提供了就业机会，很多村民都已成为特爱公司的员工，砸了中国人的工厂就等于砸了他们自己的饭碗。这群当初拦路索财的村民俨然已经成为与特爱公司站在一起的利益共同体。

4）全面推行订单农业，实现多方共赢

经过近三年不断地试点探索，爱菊从2018年开始全面推行订单农业模式，并从法律、技术、组织、资金和交通等方面保障订单农业的顺利实施。在法律方面，与20多个农场主签订了约150万亩[①]的原料种植订单合作协议。在技术方面，为保障订单农业的顺利实施，特爱公司从2018年底开始引入高校科研力量，与西北农林科技大学开展技术合作，邀请西北农林科技大学校长与陕西省农业农村厅工作人员深入北哈萨克斯坦州产地实地考察，对选种育种、田间管理提出科学的改进建议，提升了订单农业种植户的农业生产技术。从2020年开始，在西北农林科技大学和哈萨克斯坦国立农业大学合作研究下，开始推广滴灌种植技术，目前收到了很好的效果。

在组织方面，2019年底至2020年初，由特爱公司牵头组建了由爱菊集团、西北农林科技大学、哈萨克斯坦国立大学、哈萨克斯坦赛福林农业技术大学、当地农场主等共同成立的新型订单农业合作社，为订单农业的全面推行提供了组织保障。通过合作社，实现从选种、育种、种植、管理、收割、收购、存储等一条龙运营，推广种植优质油菜籽、小麦等，指导当地农户“种什么、种多少”。这不仅解决了他们“卖粮难”问题，同时也保障了爱菊原材料的供应。

① 1亩≈666.67平方米。

2. 尊重哈国文化习惯，积极传播中国文化

1）深入了解哈国文化，哈人治哈逐见成效

自爱菊在哈萨克斯坦的园区一期项目投产以来，越来越多的爱菊人开始主动了解哈萨克斯坦文化。一批年轻员工开始自学哈萨克语，其中就有一位在西安总部工作的青年骨干，在自学哈萨克语后，他每年往返中哈两国好几次，更是在爱菊哈萨克斯坦的新年晚会和重大活动中用中哈双语主持，受到了哈方员工的欢迎。受到他的鼓舞，很多在哈工作的中方员工开始主动与哈国员工交流，学习日常问候用语，双方员工从最初的见面只能微笑点头，变成了今天可以用简单的哈萨克语问候，用握手和拥抱表达情感，拉近两国员工之间的距离。

经过基建期的磨合，方龙飞发现中方管理层根深蒂固的“中国思维”在管理哈方员工时存在较多冲突和问题，哈方员工难以接受。因此爱菊有意培养了一批哈国骨干走上中层管理岗位，先与他们沟通传递爱菊的经营理念和价值取向，由中方管理层主抓哈方主管，下放管理权力，只考核哈籍管理者，把业务管理和员工管理都交给他们。每周由中方管理层提供生产及发运计划，用定额管理的方式计量工作，分配具体的工作任务，引入各种管理规则，制定了员工的工作时间、工作规则和岗位职责，对员工提出明确要求，形成了“哈人治哈”的局面，减少了很多矛盾。同时，爱菊也针对哈国员工设立灵活的晋升机制，通过国内骨干员工的“师带徒”制度培养哈国潜力员工，提升他们的职业技能水平，哈方员工的工作态度也因此有了很大改变。

哈萨克斯坦节日很多，每年的节日有近 100 天，从 2019 年开始，原来拒绝加班的员工开始主动要求加班，特爱公司的哈国员工更是要求由原来的每天三班倒改为两班倒，将原来 8 小时的工作时长延长至 12 小时以增加收入，这在哈萨克斯坦是不常见的。在内部文化氛围的营造上，特爱公司主动向哈方员工展示爱菊是一个尊重哈萨克斯坦文化、具有哈萨克斯坦特征、愿意为哈萨克斯坦贡献价值的企业。方龙飞带领中方管理层主动学习了解当地的宗教和民族文化，尊重哈方员工的宗教习俗，严格杜绝违背伊斯兰教义的食品和语言出现在公司，职工食堂所有食品都是清真饮食，供所有员工免费食用，并为一些自己带饭的员工提供餐补和热饭电器。特爱公司在哈国重要的节日举办团建聚餐活动并发放职工福利，中方管理层也走出园区主动参加哈方员工的生日和婚礼活动，与当地居民交流感情，全面深入地与他们进行文化沟通。随着双方员工接触的增多，哈方员工开始理解中方的想法和做法。

2）积极传播中国文化，做中哈文化交流的桥梁

为促进双方文化的不断融合，在学习并尊重哈方文化的同时，爱菊也开始尝试向哈方员工传播中国文化，潜移默化地传播爱菊的价值观，使其深入哈方员工内心。每逢国庆、中秋、端午等中国传统节日，方龙飞都会让综合部在厂区内布置装扮，营造中国节日氛围，与哈方员工一起举行节日聚餐或野外烧烤活动。每年元旦与哈方员工

共同举办联欢晚会，让哈方员工也感受到中国文化的氛围。此外，集团董事长贾合义每次到园区都会亲自下厨，为哈国员工烹饪中国美食，羊肉泡、炸酱面、红烧羊肉、番茄牛腩，一道道美味的中国菜让哈方员工在舌尖享受的同时，也能更直观地了解中国文化。

2019 年起，为传达爱菊的发展愿景和经营理念，集团董事长贾合义每次到哈萨克斯坦都会抽空进行员工培训，向哈方员工介绍中国文化，阐述爱菊在哈萨克斯坦的发展目标和愿景，细数爱菊在中国约 90 年的发展历史、经营理念和价值取向，同时也会真诚听取会上哈方员工提出的建议和问题，在会后及时研究给出解决方案。这在哈国员工中引起了很大反响，中方管理层对他们的尊重是实实在在能感受到的，让他们看到了在爱菊工作的希望和动力，也进一步理解了中方管理时的做法，一些员工开始在厂区周边购买房产长住。

在哈萨克斯坦顺利发展的大好局面下，未来爱菊将在哈萨克斯坦进一步拓宽业务范围和市场，打造产业园区，并将农产品物流园区串联，与中粮集团合作开拓新的面粉采购市场，在首都努尔苏丹建立线下零售餐饮综合体，传播中国饮食文化，并在此基础上加大研发投入，开展本土化产品的研发，以进一步开拓国际化市场。

案例分析 从福利到激励：伊利集团的股权激励之路

第六章 控　制

控制作为一项管理职能，它涉及对活动进行监督，以确保活动得以按计划完成。一个有效的控制系统能确保活动的完成，有利于组织目标的实现，其有效性取决于它促进目标实现的程度。本章内容首先介绍了控制职能基础理论，包括控制概念、要求、分类、过程和控制方法，然后结合当前管理环境下的控制新问题，对控制理论、技术和方法的新进展进行阐述，包括战略地图方法、情景规划技术和管理控制系统以及OKR[①]方法，接着重点阐述了控制理论的前沿实践，首先，介绍了随着互联网时代的到来，公共危机处理面临的管控风险的新探索。其次，随着区块链技术去中心化的信任机制的构建，其在不同场景下的应用也代表了新技术对于管理控制活动的新突破。再次，数字技术为改善农业弱质性提供了可能，随着各类数字技术在农业领域的应用，农业企业的供应链控制过程也呈现出新的特征。最后，通过 OKR 的典型企业应用帮助理解具体的控制方法的实际应用。

第一节　控制理论基础

控制是为了保证企业计划和实际作业动态适应的管理职能。控制工作的主要内容包括确立标准、衡量绩效和纠正偏差。有效的控制不仅要求选择关键的经营环节，确定恰当的控制频度，收集及时的信息，而且要求合理地运用预算或非预算等控制手段。

一、控制概述

（一）控制概念及要求

控制是管理过程不可分割的一部分，是企业各级管理人员的一项重要的工作内容。

① OKR（objectives and key results）即目标与关键成果法，是一套明确和跟踪目标及其完成情况的管理工具和方法，由英特尔公司创始人安迪·葛洛夫（Andy Grove）发明。

实际上，企业管理往往出现与计划不一致的现象。这种现象可能是由组织环境的变化、管理权力的分散和组织内成员工作能力的差异等因素导致的。现实中的管理活动需要应对以上变化以提高组织效率，这就需要控制活动。

1. 控制的概念

控制是管理工作的重要职能之一，是保证组织实际运行状况与计划保持动态适应的过程。控制工作是要通过确立标准、衡量绩效和纠正偏差等过程来监督计划、组织、领导、创新等管理活动的效果，保证组织前进的方向。有效的控制是适应调整目标、纠正偏差、应对危机发生、提高组织效率的基础。

2. 控制的要求

（1）适时控制。企业经营活动中产生的偏差只有及时采取措施加以纠正才能防止偏差对企业产生不利影响。适时控制要求管理人员及时掌握能够反映偏差产生及其严重程度的信息。滞后的偏差的信息，即使是非常系统、绝对客观、完全正确的，也不可能对纠正偏差产生任何指导作用。

（2）适度控制。适度控制是指控制的范围、程度和频度要恰到好处。首先要防止控制过多或控制不足。既能满足对组织活动监督和检查的需要，又要防止与组织成员发生强烈的冲突。

（3）重点控制。任何组织都不可能对每一个部门、每一个环节的每一个人在每一个时刻的工作情况进行全面控制。由于存在对控制者的再控制问题，这种全面控制甚至会造成组织中控制人员远远多于现场作业者的现象。这就要求企业在建立控制系统时，利用 ABC 分析法和例外原则等工具，找出影响企业经营成果的关键环节和关键因素，并据此在相关环节上设立预警系统或控制点，进行重点控制。

（二）控制的分类

控制工作按不同标准可以划分为不同的类型，其中最主要的分类是根据控制的侧重点不同，划分为前馈控制、现场控制和反馈控制三种类型。

1. 前馈控制

前馈控制是一种防患于未然的控制，它是在工作开始前对工作中可能产生的偏差进行预测和估计并采取防范措施，将可能的偏差消除于产生之前。前馈控制包括两项主要内容：一是检查组织能否筹措到在质和量上符合计划要求的各类资源；二是检查已经或将要筹措到的资源经过转换后是否符合要求。例如，企业对进厂原材料进行检验，对员工进行上岗前培训，制定组织的基本规章制度等，这些都属于前馈控制。

2. 现场控制

它是在计划执行进行中的控制，也称为同步控制或同期控制。现场控制主要具有监督和指导两项职能。监督是按照预定的标准检查正在进行的工作，以保证目标的实现；指导是管理者针对工作中出现的问题，根据自己的经验指导下属改进工作，或与下属共同商讨矫正偏差的措施以便使工作人员能正确地完成所规定的任务。

3. 反馈控制

它是在工作结束或行为发生之后进行的控制，故常称为事后控制。这种控制把注意力主要集中于工作或行为的结果上，通过对已形成的结果进行测量、比较和分析，发现偏差情况，依此采取措施，从而对今后的活动进行纠正。比如，企业发现不合格产品后追究当事人的责任，发现产品销路不畅而相应作出减产、转产或加强促销的决定等都属于反馈控制。

总的来说，三种控制方式都各有优缺点。有效的管理控制不能只依靠某一种控制方式，而必须根据特定情况将各种控制方式各有侧重地结合起来使用，以取得综合控制的效果。

（三）控制的过程

有效的控制过程一般由建立控制标准、衡量偏差信息和采取矫正措施三个方面的工作组成：控制标准是控制工作得以开展的前提，是检查和衡量实际工作的依据和尺度。如果没有控制标准，便无法衡量实际工作，控制工作也就失去了目的性。偏差信息是实际工作情况或结果与控制标准要求之间产生偏离的信息。了解和掌握偏差信息，是控制工作的重要环节。如果没有或无法得到这方面的信息，那么就无法知道是否应该采取矫正措施以及在多大程度上采取矫正措施，控制活动便无法继续开展。矫正措施是根据偏差信息，在分析偏差产生原因的基础上采取的一系列行动，目的是消除偏差，保证计划的顺利进行。因此，无论在什么地方，也无论控制的对象是什么，基本的控制过程都包括三个步骤，即建立控制标准、根据建立的标准衡量实际工作情况、采取矫正措施（图 6-1）。

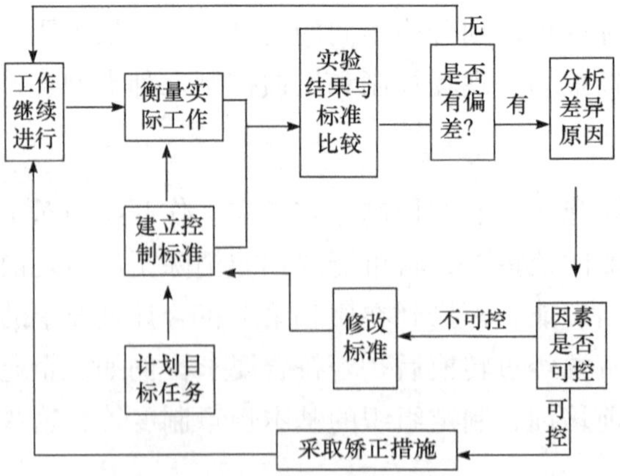

图 6-1 控制矫正措施

资料来源：姚顺波. 现代企业管理学. 3 版. 北京：科学出版社，2015.

1. 建立控制标准

从逻辑上说，控制过程的第一步是制定标准。因此，需要制定专门的控制标准。标准是一种作为规范而建立起来的测量单位或具体的尺度。标准是测定绩效的基础，对照标准，管理人员可以根据它判断绩效和成果。制定标准是控制的基础，没有一套完整的标准，衡量实际工作和采取矫正措施就失去了客观依据。因此，需要制定专门的控制标准。

1）确定控制对象

进行控制首先遇到的问题是“控制什么”，这是在制定控制标准之前首先需要解决的问题。组织活动的成果应是需要控制的重点对象，因此，必须分析组织活动想要实现什么样的目标。在现实中，由于人力、物力、财力和知识与信息的限制，管理者不可能对全部影响组织实现目标成果的因素都进行控制。因此，管理者必须对影响组织目标成果实现的各种要素进行科学的分析研究,从中选择出关键因素作为控制对象。这些因素有时候也被称为关键绩效区域，它们通常会影响组织的主要活动。

2）选择关键控制点

关键控制点有时也被称作战略控制点。事实上，企业控制住了关键点，也就控制了全局。一般来说，高层管理人员控制的指标要概括一些、抽象一些，是组织整体计划的指标，而基层管理人员控制的指标要多一些、具体一些，是组织具体计划的指标。选择关键控制点需要注意影响整个工作运行过程的重要操作与事项，以及在重大损失出现之前出现的异常现象。管理者应该选择那些易检测出偏差的环节进行控制，只有这样才有可能对问题作出及时、灵敏的反应。关键控制点数量及其绩效在时间、空间上的科学分布有助于管理者对于组织总体状况形成一个比较全面的把握。

良好的控制来源于关键控制点的选择，选择关键控制点的能力也就成为判断管理人员水平的一个标准。在选择关键控制点的过程中，管理人员可以对自己提出下列问题：哪些是最好的反映本组织的指标；在计划目标未实现时，哪些信息能让我最快、最准确地了解工作进展的情况；哪些信息能让我更好地确定关键偏差；哪些信息能告诉我谁对成功或失败负全部的责任；什么样的标准在控制工作中成本最低；什么样的标准在控制信息的采集中更为合算；等等。

3）制定控制标准

组织在选择了关键控制点后，就可以依据关键控制点制定出明确的控制标准。制定控制标准的方法有统计性方法、经验估计法和工程法三种。控制标准可分为定量标准和定性标准两大类。定量标准主要分为实物标准（如产品数量、废品数量）、价值标准（单位产品成本、销售收入、利润）、时间标准（如工时定额、交货期）。除了定量标准外，组织中还经常使用一些定性标准，如有关产品和服务质量、组织形象等方面的衡量，并以此作为标准。

2. 衡量实际工作

企业经营活动中的偏差如能在产生之前就被发现，则可帮助管理者预先采取必要的措施。为此，这就要求管理者及时掌握能够反映偏差是否产生并能判定其严重程度的信息。用预定标准对实际工作成效和进度进行检查、衡量和比较，就是为了提供这类信息。为了能够及时、正确地提供能够反映偏差的信息，同时又符合控制工作在其他方面的要求，管理者在衡量工作成绩的过程中应注意以下两个问题。

1）检验标准的客观性和有效性

检验标准的客观性和有效性，是要分析对标准执行情况的测量能否取得符合控制需要的信息。在为控制对象确定标准的时候，人们可能只考虑了一些次要的非本质因素，或只重视了一些表面的因素，因此利用既定的标准去检查人们的工作，有时候并不能够达到有效控制的目的。衡量过程中的检验就是要辨别并剔除那些不能为有效控制提供必需的信息及容易产生误导作用的不适宜标准，找出控制对象的本质特征，从而制定出科学的控制标准。

2）确定适宜的衡量方式

衡量实际工作就是以控制标准为尺度对实际工作加以检验，衡量绩效的目的是取得控制对象的有关信息，及时、准确地掌握偏差是否发生，并判断偏差的严重程度，从而对控制对象进行纠偏或者调试。

（1）衡量的项目。管理者应该针对决定实际工作成效好坏的重要特征项进行衡量。现实中容易出现一种趋向，即侧重于衡量那些容易获取统计数据的项目，而忽视了那些不易衡量但实际相当重要的项目。

（2）衡量的方法。管理者可以通过观察、报表、报告、抽样调查、召开会议等多种方法来获得实际工作绩效方面的资料和信息。各种衡量方法各有利弊，在衡量实际工作成绩过程中可以多种方法结合使用，以确保所获取信息的质量。

（3）衡量的频度。有效的控制要求确定适宜的衡量频度。衡量频度过高，不仅会增加控制的费用，而且还会引起有关人员的不满，影响他们的工作态度，从而对组织目标的实现产生负面影响。衡量频度过低，则有可能造成许多重大的偏差不能被及时发现，不能及时采取纠正措施，从而影响组织目标和计划的完成。适宜的衡量频度取决于被控制活动的性质、控制活动的要求。

（4）衡量的主体。衡量实绩的主体不一样，控制工作的类型不同，也会对控制效果和控制方式产生影响。例如，目标管理之所以被称为一种“自我控制”方法，就是因为工作的执行者同时成为工作成果的衡量者和控制者。相比之下，由上级主管或职能人员进行的衡量和控制则是一种强加的、非自主的控制。

3. 采取矫正措施

对实际工作进行衡量之后，如果有较大偏差，则应该分析原因并采取矫正措施；

如果没有偏差，也应分析原因，以便积累经验。

1）分析衡量的结果，找出偏差产生的主要原因

纠正偏差措施的确定是以对偏差原因的分析为依据的。而同一偏差却可能是由不同的原因造成的。这就要求工作人员认真了解偏差的信息并对影响因素进行分析，透过表面现象找出造成偏差的深层原因，为纠偏措施的确定提供保证。

2）确定纠偏措施的实施对象

纠偏的对象可能是进行的活动，也可能是衡量的标准，抑或是指导活动的计划。计划目标或标准的调整是由以下内容决定：一是原先的计划或标准制定得不科学，在执行中发现了问题；二是由于客观环境发生了预料不到的变化，原来被认为正确的计划不再适应新形势的需要。负有控制责任的管理者应该认识到，外界环境发生变化以后，如果不对预先制订的计划和行动准则进行及时调整，那么即使内部活动组织得非常完善，企业也不可能实现预定的目标。

3）选择适当的纠偏措施

针对产生偏差的主要原因，在纠偏工作中应该注意：

（1）充分考虑历史的因素。管理者在实施管理控制中，在制订和选择追踪决策方案的时候，就需要充分考虑组织由于初始决策的实施已经消耗资源和这种消耗对客观环境造成的种种影响以及人员思想观念的转变等问题。企业流程再造计划之所以能为企业赢得市场竞争力，也是以合理重置企业为方向，结合企业的现状来矫正企业的流程。

（2）治标与治本并重。在选择矫正措施过程中，必须考虑对于所出现的问题是准备采取应急性矫正行动还是永久性矫正行动，这个问题往往会涉及组织战略的选择。应急性矫正可以及时将出现问题的工作拉到正常的轨道上，但问题的根源可能得不到发现和根除，还可能会引致其他问题的产生，结果可能会使管理者疲于解决不断出现的各种表面问题。永久性矫正是找到彻底解决问题的突破口，然后针对此采取解决的行动。但是永久性矫正行为往往需要的资金、时间和其他条件都比较苛刻，有时难以满足。实际上，一种有效的方法就是治标与治本并重，以治本先于治标，在治本的方向下，引导治标。

二、控制技术和方法

（一）控制标准：预算控制

预算控制是企业根据预算规定的收入与支出标准检查和监督各个部门的生产经营活动的控制，其作用是保证各种活动或各个部门在充分达成既定目标、实现利润的过程中对经营资源进行充分利用，使费用支出受到严格有效的约束。预算控制的内容包括收入预算、成本预算、现金预算、资产负债预算等。在管理控制中使用得最广泛的

一种控制方法就是预算控制。

1. 收入预算

收入预算是所有利润项目预算中最关键的，但也是最不确定的。它是由预期的销售价格和销售量的乘积来计算，用以衡量营销的效率。拥有大量的订单则比较容易作出准确的收入预算。即使波动的市场销售也可以通过控制广告、服务、人员培训及其他因素来影响销售，对销售作出预测。

2. 成本预算

成本预算是企业生产经营总预算的一部分，成本预算是把估算的总成本分配到各个工作细目，以建立预算、标准和检测系统的过程。通过这个过程可以对系统项目的投资成本进行衡量和管理，从而在事先弄清问题，及时采取纠正措施。成本预算属于成本的前馈控制，是企业生产经营管理的重要组成部分，通过对成本的计划与控制，分析实际成本与计划成本之间的差异，指出有待加强控制和改进的领域，达到评价有关部门的业绩、增产节约，从而促进企业发展的目的。

3. 现金预算

现金预算是对企业未来生产与销售活动中现金的流入与流出进行预测。现金预算职能包括那些实际包含在现金流中的项目，如赊销所得的应收账款在用户实际支付以前不能列为现金收入。企业的销售收入很多，即使利润相当可观，但大部分尚未收回，或收回后被大量的库存材料或者在制品所占用，那么它也不可能给目前的企业带来现金流。通过现金预算，可以帮助企业发现资金的闲置或不足，从而指导企业及时利用暂时过剩的现金，或及早筹齐运营资金。

4. 资产负债预算

资产负债预算是对企业会计年度末的财务状况进行预测，它通过将各部门和各项目的分预算汇总在一起，表明如果企业的各种业务活动达到预先的标准，在财务末期企业资产与负债会呈现何种状况。通过资产负债预算，可以发现企业未来经营中的财务风险，可能要求企业在资金的筹措方式、来源及其使用计划上作相应的调整。另外，通过将本期预算与上期实际发生的资产负债情况进行对比，还可以发现企业财务状况会发生哪些不利变化，从而进行前馈控制。

5. 投资预算

投资预算又称资本预算，是指投资主体为了企业未来更好地发展，获取更大的报酬而作出的资本支出计划，即在可行性研究的基础上，对企业的固定资产的购置、扩建、改造、更新等编制的预算。它具体反映何时进行投资、投资多少、资金从何处取得、何时可获得收益、每年的现金流量为多少、需要多少时间回收全部投资等。

由于投资的资金来源往往是影响企业决策的限定因素之一，而对厂房和设备等固定资产的投资又往往需要很长时间才能回收，因此，投资预算应当力求和企业的战略以及长期计划紧密联系在一起。

（二）过程控制：非预算控制和信息追踪

除了预算控制方法以外，管理控制工作中还采用了许多不同种类的控制手段和方法。有些方法属于传统的控制方法，如观察、报告。另外一些方法，如计划评审法，则代表了新一代的计划和控制方法，它说明科学技术的进步、社会活动规模的扩大必然伴随着管理理论的发展和管理技术的进步。

1. 视察与报告

视察是一种最古老、最直接的控制方法，它的基本作用就在于获得第一手的信息。视察有助于激励下级。亲临视察的显著好处使得一些优秀的管理者始终坚持使用这种方法。即使是拥有现代管理信息系统，计算机提供的实时信息也无法代替主管人员的亲身感受、亲自了解。管理是要推动人们去实现组织目标，而人需要面对面的交往所传达的关心、理解和信任。需要注意的是，视察也有可能带来负面的效果。

报告是用来向负责实施计划的主管人员全面地、系统地阐述计划的进展情况、存在问题及原因、采取措施、预期完成等情况的一种重要控制方式。通常，运用报告进行控制的效果，取决于主管人员对报告的要求。报告内容可归纳为以四个方面：投入程度、全面情况、进展及重点情况。

2. 计划评审法

计划评审法是一种用于评估和审查项目计划的方法。它旨在确保项目计划的合理性、可行性和可实施性。以下是一些常用的计划评审法：如以时间为基础的计划工具，用于展示项目任务的开始和结束时间，以及任务之间的依赖关系和关联性的甘特图；以任务及其之间的逻辑关系为基础，用于展示项目任务之间的前后顺序和依赖关系的网络图；用于确定项目中最长持续时间路径的技术，以便确定项目的关键任务和关键路径，从而帮助项目管理者优化资源分配和进度控制的关键路径法；用于评估项目任务的可行性和风险的技术，它结合了任务的预期持续时间和概率分布，以计算项目的预期完成时间等。这些计划评审法可以根据项目的需求和复杂性进行灵活应用，以帮助项目管理者制订可行的项目计划，并确保项目按时、按质、按成本完成。

3. 信息追踪

信息是控制过程的关键性资源。信息技术的高速发展与广泛应用不仅丰富了管理控制的内容和手段、改善了控制程序，而且也使信息控制成为今天改善组织绩效的重要工具。

（1）生产过程的信息化。企业生产过程的信息化是在机械化的基础上实现监测和控制的自动化。现在已经有各种自动化的形式，如在制造业中从单机的自动监测与自动控制到计算机辅助设计、计算机辅助制造、在流程工业中从巡回检测、常规控制系统到集散控制系统（distributed control system，DCS）。

（2）管理过程的信息化。在现代化管理的各个环节中，信息的获取、加工处理与利用是必不可少的。代表性的信息系统，如电子数据处理系统（electronic data interchange，EDI）、管理信息系统（management information system，MIS）、决策支持系统（decision support system，DSS）、经理信息系统（executive information system，EIS）等。

（3）集成一体化系统。把不同的应用结合成一体，构成一种多功能系统，更能发挥信息技术的作用。代表性的系统有制造资源计划系统、企业资源计划系统、计算机集成制造系统（computer integrated manufacturing system，CIMS）和流程工业中的计算机集成生产系统（computer integrated producing system，CIPS），以及联通供应链环节的供应链管理（supply chain management，SCM）系统和面向顾客的客户关系管理系统（customer relationship management，CRM）。

（三）绩效控制：财务控制和平衡计分卡

1. 财务控制

财务控制是指对企业的资金投入及收益过程和结果进行衡量与矫正，以确保其目标以及为达到此目标所制订的财务计划得以实现。具体的方法是将企业资产负债表和收益表等报表资料上的相关项目进行比较，形成一系列比率，这些比率体现相关度量数据间的内在关系，既能反映企业财务存在的问题，也能反映企业财务状况和经营成果，是一种非常有益和重要的控制方法。

利用财务报表，并通过财务比率和经营比率，可以对组织整体绩效进行检查，这些比率可以说明公司运营的有利之处和不利之处。常用的比率可以分为三类：偿债能力比率、营运能力比率和盈利能力比率。

1）偿债能力比率

偿债能力是指组织应付应偿债务的能力，组织必须具备足够的应付能力，但又不可留有过多的闲置资金，以免造成资金的浪费。组织偿债能力可以分为短期偿债能力和长期偿债能力。衡量短期偿债能力大小的有流动比率、速动比率和现金比率等指标。反映长期偿债能力的指标有资产负债率、负债权益率、利息保障率和长期负债与营运资金比率。

2）营运能力比率

营运能力是企业各项经济资源，包括人力资源、生产资料资源、财务资源、技术信息资源和管理资源等，在环境条件和企业目标的约束下，通过配置组合与相互作用而生成的推动企业运行的物质能量。营运能力比率是反映组织对其现有经济资源利用效率的指标，它是衡量企业整体经营能力高低的一种方法。营运能力的高低对企业的偿债能力和盈利能力都有重要影响。

营运能力分析包括流动资产周转情况分析、固定资产周转情况分析和总资产周转情况分析。反映流动资产周转情况的指标主要有应收账款周转率、存货周转率和流动资产周转率。总资产运营能力可以用总资产周转率次数和总资产周转天数来衡量。总资产周转率次数是销售收入与总资产的比率。总资产周转率以周转速度来衡量企业全部资产的使用效率，总资产周转次数越多说明企业能更有效地利用其总资产来创造收入，其运营能力也越强。

3）盈利能力比率

盈利能力是企业偿债能力与营运能力的综合体现，通常用盈利能力比率来评估。盈利能力比率是一个组织的获利性指标，它反映了组织的盈利能力和经营业绩。企业具有较强的盈利能力，对于实现投资者的投资获利目的、保障债权人本金的偿还和利息的支付、衡量经营者的经营业绩都是非常重要的，因此盈利能力比率是重要而常用的控制指标。常用的盈利能力比率有总资产收益率、销售利润率。

总资产收益率是企业一定时期内利润总额与资产总额的比率。在竞争比较激烈的情况下，总资产收益率越高，说明总资产利用的效果就越好。通过将企业的总资产报酬收益率与行业标准或其他企业进行比较，可以了解企业在利用资产方面的相对表现。销售利润率表示每单位销售收入所产生的净利润。较高的销售利润率意味着企业能够以较高的利润水平进行销售活动，反映了企业在销售过程中的盈利能力。需要注意的是，销售利润率的解释和评价应结合行业特点和企业的具体情况进行分析，以得出更准确的结论。

2. 平衡计分卡

按照卡普兰和诺顿的观点，平衡计分卡是一种绩效管理工具，它将企业战略目标逐层分解，转化为各种具体的相互平衡的绩效考核指标体系，并对这些指标的实现状况进行不同时段的考核，从而为企业战略目标的完成建立可靠的执行基础。

平衡计分卡基于平衡的战略思想，从财务、客户、内部运营、学习与成长四个维度，将组织的战略落实为可操作的衡量指标和目标值的一种新型绩效管理体系。同时，由于平衡计分卡以企业战略为指导并分化企业战略，所以它有利于企业战略的有效执行，是加强企业战略执行力的有效工具。

1）平衡计分卡的主要内容

平衡计分卡的设计包括四个方面，即财务维度、客户维度、内部流程维度、学习与成长维度，如图 6-2 所示。

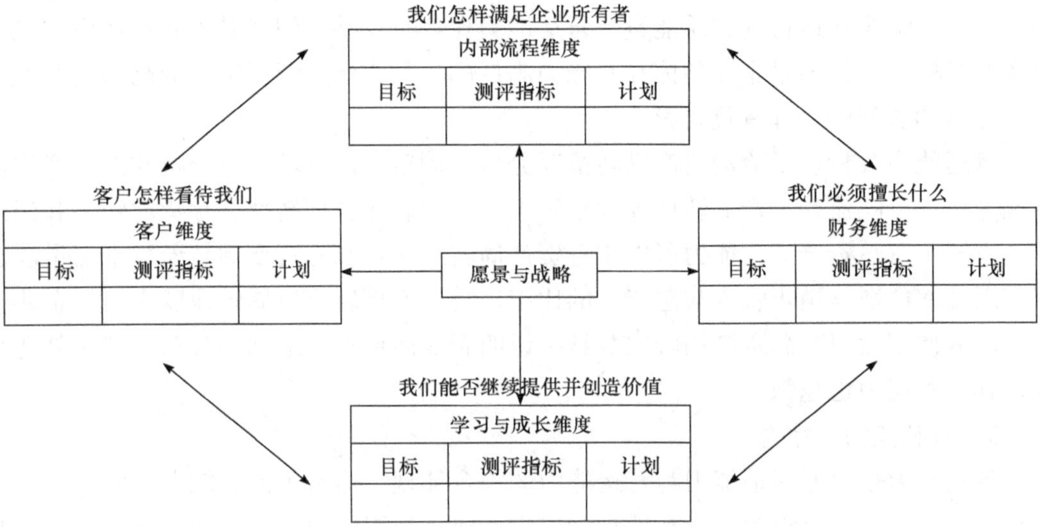

图 6-2 平衡计分卡的四个维度

资料来源：李浩. 绩效管理. 北京：机械工业出版社，2017.

（1）财务维度。该维度主要解决“我们必须擅长什么”的问题。要实现企业财务效益，吸引和保持顾客，企业还需要“修炼内功”，依靠内部的程序、决策和行为。公司财务性绩效指标能综合反映公司绩效，体现公司所有者的利益，并能够反映企业的战略及其实施和执行是否真正有利于改善最终经营成果。典型的财务指标主要包括收入增长指标（如销售额、利润额）、成本减少或者生产率提高指标（如资产负债率、流动比率、速动比率、应收账款周转率）等。财务维度是其他三个维度的出发点和归宿。

（2）客户维度。该维度主要解决“客户怎样看待我们”这一问题。顾客是企业之本，是现代企业的利润来源。企业提高企业绩效，必须要重视提高顾客满意度，而要做到这一点，应当专注于满足核心顾客需求，从时间、质量、性能、服务和成本这几个方面来关注市场份额以及客户的需求及满意程度。顾客方面的衡量指标包括市场份额、客户保留度、客户获得率、顾客满意度、客户利润贡献率等。

（3）内部流程维度。该维度的目标是解决“我们怎样满足企业所有者”这一问题。内部流程是指从确定顾客的要求开始，到研究开发出能满足顾客要求的产品与服务项目，制造并销售产品或劳务，最后提供售后服务的一系列活动。根据内部价值链划分，内部流程分为研究与开发、生产过程、售后服务三个阶段。内部流程关注企业内部效率，尤其关注导致企业整体绩效更好的决策和行动。内部运营指标既包括短期的现有业务的改善，又涉及长期的产品和服务的革新。内部流程维度指标涉及企业的改良/创新过程、经营过程和售后服务过程等。

（4）学习与成长维度。该维度的目标是解决“我们能否继续提供并创造价值”这一问题。组织的学习与成长有三个主要来源：员工、信息系统和组织程序。首先，拥有具备高素质和专业技能的员工可以为组织带来新的知识和创新思维。企业应对员工不断地进行新技术、新知识的培训学习，形成一支稳定的、高素质的员工队伍，以适应时代发展的需要。其次，现代组织越来越依赖通过信息系统来支持员工学习和成长。通过信息系统，组织可以获取和共享各种形式的知识和信息，包括内部和外部的最佳实践、行业趋势、市场情报等。因此，企业应建立有效的信息系统，让员工了解企业的战略意图，及时获取足够的关于客户、内部流程及财务决策等方面的信息。最后，组织的学习与成长也受制于组织程序。比如，组织应该建立有效的学习机制，鼓励知识分享和团队合作，形成学习型组织文化，设立良好的激励机制，以激发全体员工的积极性和创造性。这方面的评价指标通常包括员工流动比率、员工满意度、平均培训费用等。

表 6-1 中列出一些常见的评价指标。

表 6-1 平衡计分卡常见的评价指标

指标类别	具体指标	
财务类指标	盈利指标	营业利润率、税后利润、净资产收益率、总资产报酬率等
	资产运营指标	总资产周转率、流动资产周转率、存货周转率、应收账款周转率
	偿债指标	资产负债率、流动比率、速动比率
	成长性指标	销售（营业）增长率、人均销售增长率、总资产增长率
客户类指标	市场占有率、客户维持率、新客户获得率、客户满意度、品牌形象、服务差错率	
内部流程类指标	产品开发	开发所用的时间、开发成本、销售额等
	生产制造	成品率、返工率、订单交货速度等
	售后服务	顾客满意度、服务成本、服务品质等
学习与成长类指标	雇员	员工满意度、员工流动性、员工生产力、劳动效率等
	信息系统	信息覆盖率、信息系统的灵敏性（反应时间、周期、成本）、信息系统的更新
	组织程序	员工培训、继任计划、领导能力的发展、新产品数量、推出速度、销售比例、制造改造情况等

资料来源：李浩. 绩效管理. 北京：机械工业出版社，2017.

2）四个维度的逻辑关系

虽然平衡计分卡通过财务、客户、内部流程、学习与成长这四个相对独立的维度，系统地对企业的经营绩效进行考核。但必须指出，这四个维度并不是相互独立的，它们在逻辑上紧密相承，具有一定的因果关系。这就是一个完整的因果关系链，贯穿平衡计分卡的四个层面。平衡计分卡反映了财务与非财务衡量方法之间的平衡、长期目标与短期目标之间的平衡、外部和内部的平衡、结果和过程的平衡、管理业绩和经营业绩的平衡等多个方面，所以能反映组织综合经营状况，使业绩评价趋于平衡和完善，利于组织长期发展。

3）平衡计分卡实施的注意事项

（1）必须与企业具体情况相结合：在应用平衡计分卡时，只有与企业的具体情况相结合才能发挥平衡计分卡的功效，而不能简单地模仿其他公司的模式。不同的企业面临不同的竞争环境，因此应运用不同的战略，设定不同的目标。每家企业都要结合自己的实际情况建立平衡计分卡指标体系。不同企业的平衡计分卡四个层面的目标及其衡量指标均不同，即使相同的目标也可能采取不同的指标来衡量。

（2）平衡计分卡的应用要注重全员参与：平衡计分卡的应用涉及企业高层领导团队、中层管理团队和基层作业团队的人员，因而应该从企业高层领导团队开始，逐级向下宣传贯彻。高层领导团队从总体上把握企业战略，为其他团队成员提供政策和资源配置方面的支持。中层管理团队对公司业务有全面的理解，能够抓住公司成功的关键因素，他们在沟通高层领导战略意图和基层员工意见之间起着不可替代的连接作用。基层团队对企业的职能领域有着深入的理解。他们能够把战略问题与基层业务工作联系起来，收集到详细的企业运作数据。

（3）正确对待平衡计分卡实施时投入成本与获得效益之间的关系。平衡计分卡的四个维度彼此是连接的，要提高财务维度，首先要改善其他三个方面。要改善就要有投入，所以实施平衡计分卡首先考虑的是成本而非效益。更为重要的是，效益的产生往往会滞后很长时间，往往投入与产出、成本与效益之间有一个时间差，可能是几个月，也可能是一年或更长时间，因而往往会出现客户满意度、员工满意度和效率都提高了，但财务指标却出现下降的情况。

第二节　控制理论前沿

一、平衡计分卡的发展：战略地图

（一）战略地图的含义

战略地图（strategy map）由罗伯特·卡普兰（Robert S. Kaplan）和戴维·诺顿（David P. Norton）提出。战略地图是一种用以描述和沟通战略的管理工具。通用的战略地图是在平衡计分卡简单的四层面模型基础上发展来的，与平衡计分卡相比，它增加了两个层面的内容。一个是动态层，用于描述组织在实现其战略目标时所采取的行动和措施等。它包括具体的策略、行动计划等，这些都是为了支持和推动组织在财务、客户、内部流程和学习与成长层面实现目标而采取的具体措施。动态层通常会将这些行动等与战略地图中的目标相连接，以显示它们如何对目标的实现产生影响。动态层的关键是将战略目标转化为可执行的行动计划，并确保这些计划能够推动组织朝着预期的结果前进。另一个是颗粒层，用于描述组织在实现其战略目标时所使用的指标和度量。它包括一系列具体的指标，用于衡量和监测组织在财务、客户、内部流程和学习与成长层面的绩效。颗粒层的目的是为组织提供可量化的数据和信息，以便能够评估目标的实现情况，并根据这些数据作出相应的调整和决策。颗粒层通常会将这些指标与战略地图中的目标相连接，以显示它们如何与目标的实现相关联。两者共同构成了战略地图的一个完整框架，帮助组织将战略目标转化为实际行动，并监测和评估其实施的进展情况。

（二）战略地图的框架及逻辑结构

1. 战略地图的框架

我们把通用的战略地图形象地比喻为一座四层楼房。房顶部分由使命、核心价值观、愿景和战略构成，房子的主体部分为四个楼层，从上往下依次是财务层面、客户层面、内部流程层面、学习与成长层面。这四个层面是一个“2—4—4—3”框架，如图 6-3 所示。其中，“2”指的是两大财务战略，即财务层面的生产率提升战略和收入增长战略；第一个“4”指的是四种通用的客户价值主张，即总成本最低战略、产品领先战略、全面客户解决方案、系统锁定战略；第二个“4”指的是四类创造价值的内部流程，即运营管理流程、客户管理流程、创新流程、法规与社会流程；“3”指的是三种无形资本，即人力资本、信息资本、组织资本。

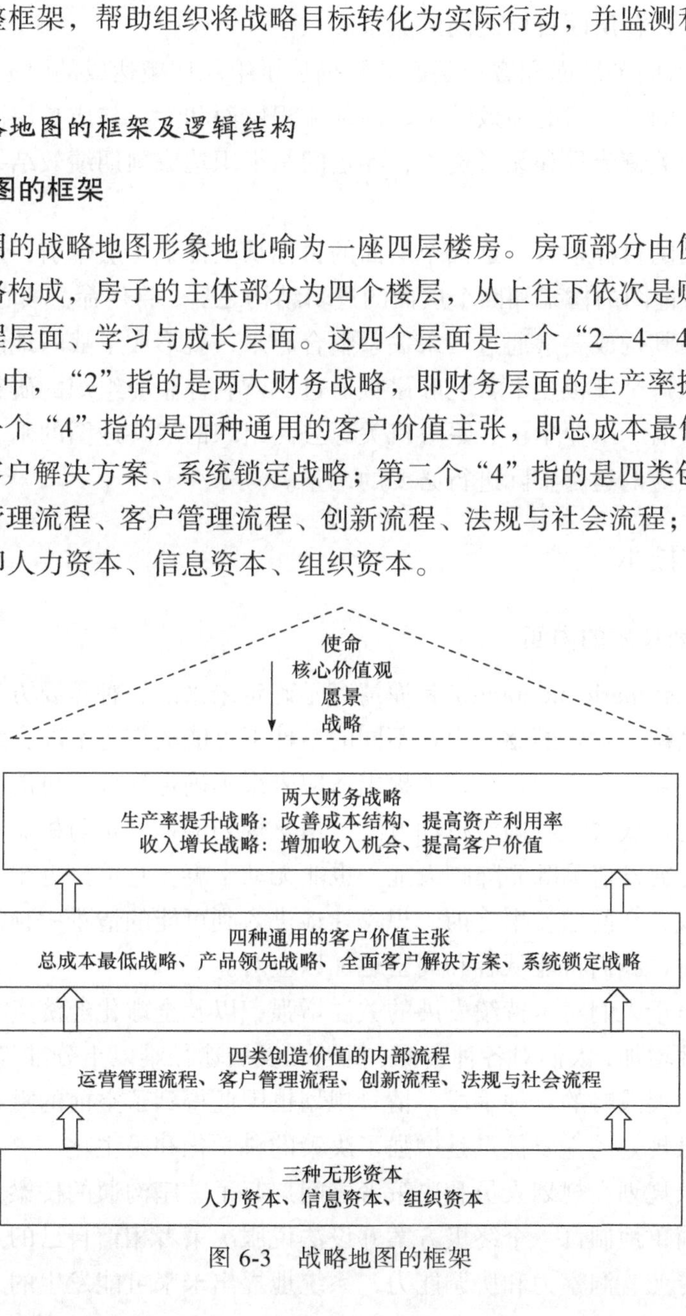

图 6-3 战略地图的框架

2. 逻辑结构

战略地图的框架不仅包括以方框表示的各构成要素，还包括以箭头表示的用以将各构成要素串联起来的逻辑关系。就房顶部分而言，使命和核心价值观描述了组织长期奉行的核心理念，愿景和战略描述了组织在特定期限内的发展蓝图和战略选择。这四者之间的关系是使命指引核心价值观的形成，使命和核心价值观指引愿景和战略的形成，愿景指引战略的形成。四个层面的逻辑关系需要从两个层次来分析：一是层面之间的关系；二是各层面目标之间的关系。

从层面来看，财务层面和客户层面分别描述了组织期望达成的财务绩效和客户（市场）绩效，界定的是战略的绩效结果；内部流程层面和学习与成长层面则分别描述了组织创造价值的关键流程和无形资本，界定的是组织达成预期绩效结果的战略性驱动因素。

从层面之间的目标来看，这四个层面的目标从上往下层层牵引，从下往上层层支撑。在理解战略地图的框架和四个层面的逻辑结构之后，将使命、核心价值观、愿景、战略四个层面及其构成要素通过因果关系整合起来，就形成了战略地图的通用模板，如图 6-4 所示。这个模板是卡普兰和诺顿通过对营利性企业组织的研究、分析和凝练而提出的，而政府、事业单位、军事机关等公共组织的战略地图的基本模板则需要根据组织属性及相应的运营实际进行必要的调整。

二、情景规划技术

1. 情景规划技术的内涵

情景规划（scenario planning）是厘清高不确定未来的一种重要方法。情景规划通过敏锐地洞察系统中重要的驱动力在不同的条件下可能的变化情况，结合不同利益主体对未来的不同需求和设想，系统地提出适应未来不确定环境下可能的解决方案，并通过广泛的讨论达成共识和确定行动方案。情景规划能提供预防机制，让管理者“处变不惊”——对突发情况既非阵脚大乱，也非无动于衷。它更接近于一种虚拟性身临其境的博弈游戏，在问题发生之前，想象性地进入到可能的情景中预演，当想象过的情景真正出现时，我们将能从容和周密地加以应对。

近年来，由于人们对可持续发展的关注增强，以及全球化经济竞争、技术进步等带来的不确定性增加，人们对各种资源、机遇和发展途径难以十分准确地把握和控制。作为制定长期发展战略的一种手段，情景规划也因此得到了空前的重视。相比传统的规划思路，情景规划的主要优点是增强了决策的科学化和民主化。

首先，情景规划在规划人员和决策者之间架起了一座沟通的桥梁。规划人员面临的任务不再是简单地制订一个终极方案并设法说服决策者相信自己的判断，而是利用自身的知识、专业、洞察力和协调能力，系统地提出未来可能发生的几种情景，拓宽

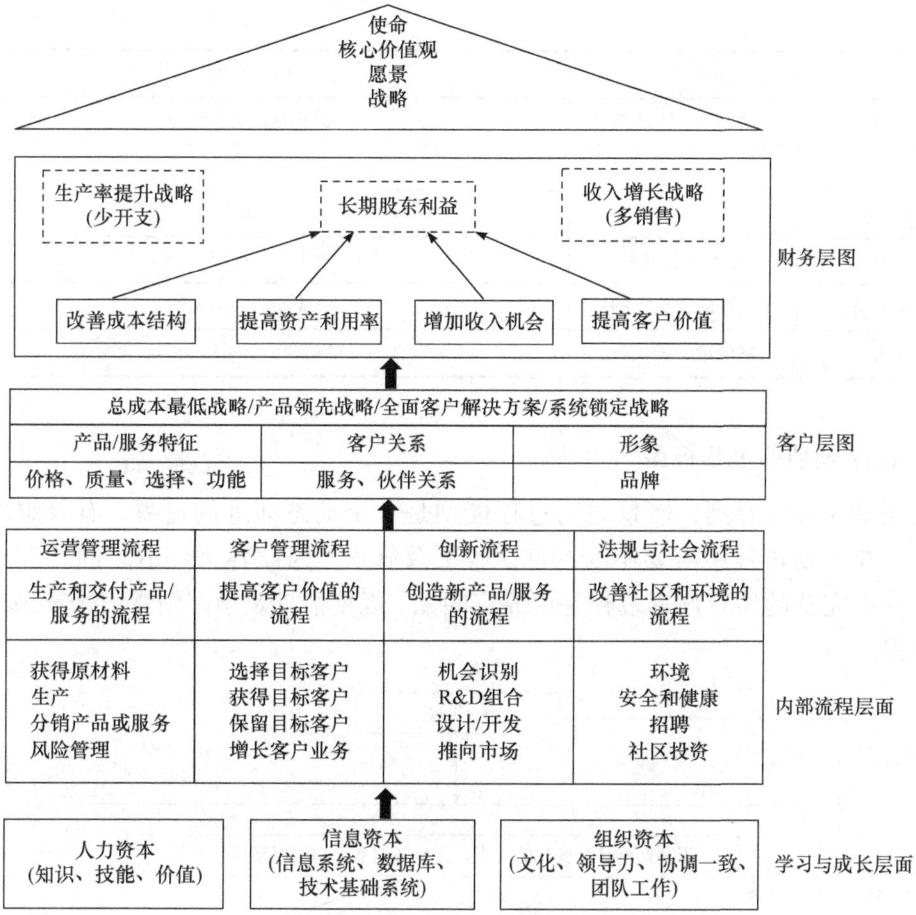

图 6-4　战略地图逻辑

决策者的视野；而后者根据自身的实践经验判断和验证情景与现实世界的匹配程度，将信息反馈到规划人员，不断对情景进行校准和改进。这就提高了决策的科学化，增强对实际问题的应对能力。

其次，情景规划又为多方利益主体提供了共同参与、相互沟通的平台。在对未来情景的构建中，规划人员必须充分关注不同利益主体的利益诉求，将不同的价值观、预期观点反映到不同的情景中，并将多种情景展示给不同利益主体，听取他们的反馈意见。这种方式促进了不同的利益主体的沟通、理解、协商，增强了决策的民主性，成为达成共识、协作行动、解决问题的一种有效手段（表 6-2）。

表 6-2　传统规划与情景规划的特征比较

要素	传统规划	情景规划
参与者	主要是专业规划人员	规划人员、地方官员、社区代表、私人企业、公共机构、公众等不同利益主体
目标	预测未来	提高适应未来的能力

续表

要素	传统规划	情景规划
对未来的态度	消极的、顺从的	积极的、创造性的
程序	单向的	螺旋上升的
观点	偏颇的	全面的
逻辑	过去推断未来	未来反推现在
变量关系	线性的、稳定的	非线性的、动态的
方法	宿命论、量化法	定性与定量结合、交叉影响和系统分析

2. 情景规划的过程模型

从图 6-5 可以看到，情景规划过程模型是一个动态渐进的过程，有着螺旋上升的本质，在规划过程中需要不断判断、验证及修正。因此各个环节之间均存在反馈回路。一个完整的情景规划过程是由界定问题、规划情景及学习情景三个环节组成的闭环过程。

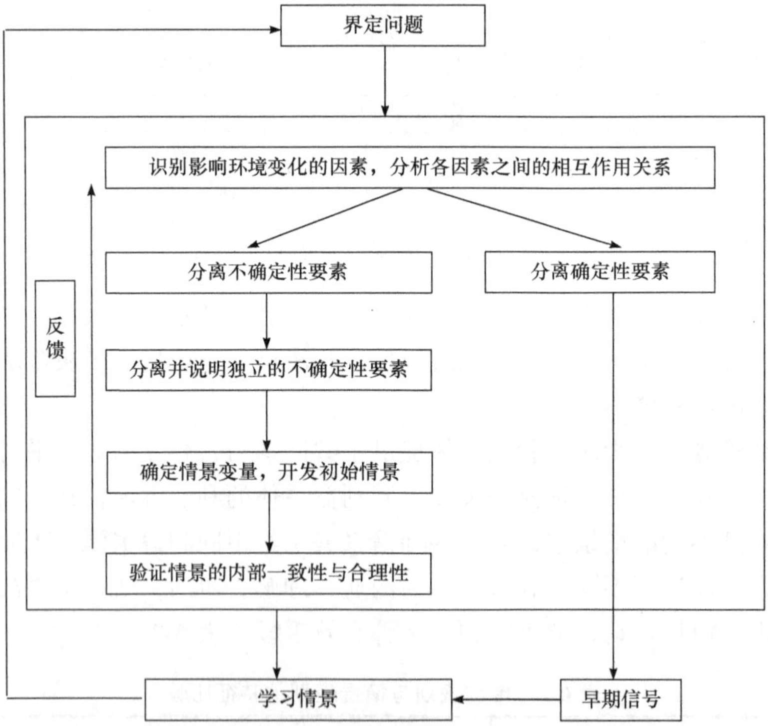

图 6-5 情景规划的基本过程

1）界定问题

确定情景规划的目标，使规划在一个特定的框架内进行，但框架边界不需要特别严格，以利于摆脱思维的束缚，激发规划者的想象。

2）规划情景

按照规划目标尽量全面地识别影响环境变化的因素，然后将这些因素归类，即剔除明显不可能或不合理的因素，将本质上相同的因素合成一条，性质相同的因素归纳为一类（如技术因素、市场因素等），在此基础上，分析每类因素之间是如何作用的。

依据各因素的可能变化情况以及变化带来的结果是否能精确分析，将影响因素分为确定性要素（恒定的、可预测的）与不确定性要素，并从确定性要素中发现早期信号。

将不确定性要素分成独立不确定性要素与相关不确定性要素。独立的不确定性要素是开发情景的基础，它们是不确定性的真正来源。相关不确定性要素是独立不确定性要素的衍生变量，一旦独立不确定性要素及其作用关系被确定下来，相关不确定性要素也就被确定下来，成为情景的一部分。

独立的不确定性要素称为情景变量，确定情景变量后，对情景变量的可能变化进行假设，并分析情景变量变化给环境发展带来的影响，将情景变量变化的假设及其影响按照各因素之间的相互作用关系组合在一起就得到了基础情景。

3）学习情景

确定情景对应的未来环境，思索未来环境的可能变化，从而发现未来环境中隐藏的机会与威胁，并依据组织的资源与能力，制定相应的应对措施；根据早期信号判断环境的发展方向，对未来环境进行持续规划，并依据规划结果对应对措施进行持续调整。

三、OKR 方法

1. OKR 方法的提出与主要内容

OKR 是一套明确和跟踪目标及其完成情况的管理工具和方法，由英特尔公司创始人安迪·葛洛夫发明，并由约翰·道尔（John Doerr）引入到谷歌使用，1999 年 OKR 在谷歌发扬光大，在 Facebook、Linked in 等企业广泛使用。2014 年，OKR 传入中国。2015 年后，百度、华为、字节跳动、佐佳咨询等企业都开始逐渐使用和推广 OKR。关于 OKR 的定义，比较认可的说法是《OKR：源于英特尔和谷歌的目标管理利器》一书中提出的观点：OKR 是一套严密的思考框架和持续的纪律要求，旨在确保员工紧密协作，把精力聚焦在能促进组织成长的、可衡量的贡献上。OKR 的主要目标是明确公司和团队的目标以及明确每个目标达成的可衡量的关键结果。

2. OKR 方法的内涵

用 OKR 方法设定的目标，应该包含 O（目标）和 KR（关键成果）两个部分。其中，O 是对驱动组织朝期望方向前进的目标的一种简洁定性描述，它回答的是“我想实现什么”的问题。而 KR 是一种用于衡量目标完成情况的定量描述，它回答的是“如何实现目标，如何衡量目标是否完成”的问题。后者是对前者的度量，也是衡量前者是否实现的关键指标。

1）设定目标 O

目标 O 是 OKR 的重要组成部分，严格来说，目标 O 才是 OKR 真正的价值和意义所在。因此它的制定至关重要，在制定目标的过程中要遵守三大原则，即制定有挑战的 O、做减法（O 不能超过五条，KR 不能超过四条）以及个人级 O 与企业级 O 要实现联结。有挑战的目标能够吸引员工为了它不断创新、不断努力，从而带领他们远离舒适区，不断激发他们的潜力；在目标的数量方面，过多的 O 容易导致目标不聚焦，并且会给员工带来压力；而个人级目标和企业级目标的联结能够使企业上下的目标保持一致，从而凝聚全企业上下员工的力量，推动企业更好地向前发展。

2）明确 KR

关键结果 KR 是 OKR 的另一个重要组成部分。KR 是一种用于衡量目标达成情况的定量描述。他回答的是“如何实现目标，如何衡量目标是否完成”的问题。常见的 KR 类型有基线型 KR、度量型 KR 和里程碑型 KR。

在制定关键结果 KR 的时候，我们可以按照策略、维度和任务这三种思路来进行。对于完成目标的策略，我们可以用驱动因素来进行分析。因为驱动因素是体现目标完成的逻辑假设，按照预期，只要团队能够完成这些关键结果，目标就可以实现。考虑到目标的维度，我们可以用金字塔结构来进行分析。如果我们对于目标的实时路径非常清晰，那么我们就可以通过任务完成的时间点来制定关键结果。

好的 KR 应该具备以下七个特征，即具有定量的、有挑战性的、具体的、自主制定的、基于进度的、自下而上的、驱动正确的行为表现。

3）OKR 的适用情境

了解了什么是 OKR，还应该了解企业是否适合使用 OKR。可以用 OKR 的成熟度来进一步明确其是否真的能够使用 OKR。具体地，可以从业务不确定性程度、管理成熟度和员工成熟度三个角度来评估企业使用 OKR 的成熟度。

首先，强调敏捷性以及根据快速适配业务需求来不断调整目标，是 OKR 较为显著的特征。这些特征都能够很好地应对不确定性，因此 OKR 天然适合业务不确定性程度较高的企业。其次，OKR 强调目标应该自下而上制定，以此来强化员工对部门目标和企业目标的承诺意识。这也需要管理者基于信任给予员工一定的自主权，让员工发挥主动性和积极性，管理者可以在这个过程中为员工提供相应的支持和帮助，来确保员工的努力方向与公司的规划相一致。最后，OKR 期待激发员工的内在动机，然而员工的内在动机又受到马斯洛需求层次的影响和限制。如果员工的需求是物质，那么领导者很难以工作的使命和意义来打动他们。

4）定期回顾与持续改进

在导入 OKR 的过程中，很重要的一个环节便是复盘。通过复盘，企业可以更好地看到当前的工作进展情况、自身与目标的差距以及需要改进和完善的地方。而复盘的终极目的正是为了更好地利用 OKR 对绩效产生激励作用。比如，每个季度做回顾。到了季度末，员工需要给自己的 KR 的完成情况和完成质量打分——这个打分过程只需花费几分钟时间，分数的范围为 0～1 分，而最理想的得分为 0.6～0.7 分。每个员工在每个季度初需要确定自己本季度的 OKR，在一个季度结束后需要根据自己这个季度的工作完成情况给 OKR 打分。每半年公司会进行一次绩效评估，主要是评估员工过去半年的绩效，并根据绩效评估的结果变更业务职级和薪酬。值得一提的是，所有的个人绩效评估的结果及级别等都是全公司共享公开的。这样做一方面可以做到更为公平和透明，另一方面也给每位同事提供了更好学习和提升自我的样本，激励大家在产品研发中更高质量地挑战和要求自己。

四、区块链技术

区块链经历了很多技术和应用的创新，目前已经被应用于众多管理领域。其主要用于实现多方信任和高效协同。从技术上看，区块链构建了去中心化的信任机制，随着区块链应用的不断发展，区块链技术与云计算、人工智能、物联网等技术不断融合，并服务于社会生产生活。从产业发展上看，目前国内从中央到地方政府机构都在努力营造区块链的孵化环境，推动区块链产业健康发展。了解区块链的发展有助于理解区块链的基础思想。

1. 区块链技术的产生与发展

区块链的发展先后经历了加密数字货币、企业应用、价值互联网三个阶段。

区块链 2.0 阶段的应用主要聚集在加密数字货币领域。典型代表即比特币系统以及从比特币系统代码衍生出来的多种加密数字货币。加密数字货币的发展吸引了人们对区块链技术的关注，对区块链技术的传播起了很大的促进作用。区块链 2.0 阶段支持用户自定义的业务逻辑，即引入了智能合约，从而使区块链的应用范围得到了较大程度的拓展。智能合约是一种通过计算机技术实现的旨在以数字化方式达成共识、履约、监控履约过程并验证履约结果的自动化合同，在较大程度上扩展了区块链的功能。区块链的应用范围开始从单一的加密数字货币领域扩大到涉及合约共识的其他领域。随着区块链 2.0 阶段智能合约的引入，其“开放透明”“去中心化”“不可篡改”的特性在其他领域逐步受到重视。各行各业专业人士开始意识到，区块链的应用可以扩展到任何需要协同共识的领域中去，应用范围逐渐扩大到各个行业。虽然区块链已在众多行业中逐步落地应用，但是各行业的区块链应用还是彼此相互独立的，价值只能在自身区块链内流转，形成一座座数据孤岛。区块链 3.0 的目标是打破这个现状，将数据孤岛联结起来，形成一张互联的价值网络。通过对现有互联网体系的变革，区块链技术将与5G网络、机器智能、物联网等技术创新一起带领我们奔赴价值互联网时代。

2. 区块链的内涵

什么是区块链？工业和信息化部信息化和软件服务业司、国家标准化管理委员会工业标准二部指导发布的《区块链技术和应用发展白皮书（2016）》的解释是，“狭义来讲，区块链是一种按照时间顺序将数据区块以顺序相连的方式组合成的一种链式数据结构，并以密码学方式保证的不可篡改和不可伪造的分布式账本。广义来讲，区块链技术是利用块链式数据结构来验证与存储数据、利用分布式节点共识算法来生成和更新数据、利用密码学的方式保证数据传输和访问的安全、利用由自动化脚本代码组成的智能合约来编程和操作数据的一种全新的分布式基础架构与计算范式”。区块链涉及数学、密码学、互联网和计算机编程等很多科学技术问题。从应用视角来看，区块链是一个分布式的共享账本和数据库，具有去中心化、不可篡改、全程留痕、可以追溯、集体维护、公开透明等特点。这些特点保证了区块链的“诚实”与“透明”，为区块链创造信任奠定基础。而区块链丰富的应用场景，基本上都基于区块链能够解决信息不对称问题，实现多个主体之间的协作信任与一致行动。

3. 区块链的特点

区块链是多种已有技术的集成创新，主要用于实现多方信任和高效协同。通常，一个成熟的区块链系统具备透明可信、防篡改和可追溯、隐私安全保障以及系统高可靠四大特点。

（1）透明可信：人人记账，保证人人获取完整信息，从而实现信息透明。在去中心化的系统中，网络中的所有节点均是对等节点，大家平等地发送和接收网络中的消息。

（2）防篡改是指交易一旦在全网范围内经过验证并添加至区块链，就很难被修改或者抹除。防篡改并不等价于不允许编辑区块链系统上记录的内容，只是整个编辑的过程被以类似于“日志”的形式完整记录下来，而这个“日志”是不能被修改的。“可追溯”是指区块链上发生的任意一笔交易都是有完整记录的，我们可以针对某一状态在区块链上追查与其相关的全部历史交易。防篡改特性保证了写入到区块链上的交易很难被篡改，这为可追溯特性提供了保证。

（3）隐私安全保障：区块链的去中心化特性决定了区块链的去信任特性，由于区块链系统中的任意节点都包含完整的区块校验逻辑，所以任意节点都不需要依赖其他节点来完成区块链中交易的确认过程，也就是无须额外地信任其他节点。去信任的特性使得节点之间不需要互相公开身份，因为任意节点都不需要根据其他节点的身份进行交易有效性的判断，这为区块链系统保护用户隐私奠定了基础。从另一个角度来看，快速发展的密码学为区块链中用户的隐私提供了更多保护方法。同态加密、零知识证明、盲签名、环签名等前沿技术可以让链上数据以加密形态存在，任何不相关的用户都没法从密文中读取到有用信息，而交易相关用户可以在设定权限范围内读取有效数据，这为用户隐私提供了更深层次的保障。

（4）系统高可靠：区块链系统的高可靠体现在每个节点对等地维护一套数据。也就是说，即使其中某个节点发生了故障，也不影响整个系统的正常运转。这就是为什么我们可以自由加入或者退出比币系统网络，而整个系统依然正常工作的原因。同时，区块链系统支持拜占庭容错。然而由于区块链系统中，参与节点数目通常较多，其错误模型要求完全可以被满足，所以我们一般认为，区块链系统是具有高可靠性的。

4. 区块链技术的价值

基于中心化的组织或者机构构建的信用体系是传统商业社会的基础，区块链技术出现之前，人们无法构建一个行之有效的大规模信用系统。基于区块链技术的社会化实验首次建立了真正去中心化的价值交换系统。随着相关技术在更多领域的快速应用，区块链技术必将在更深层次影响和改变商业社会。

区块链技术对商业社会的影响具体体现在以下三个方面：

（1）降低社会交易成本。传统的社会交易中往往依赖人与人之间的信任或人对第三方机构的信任，然而这种信任是不安全的。一方面，人与人的信任只存在于一个相对较小的范围内，面对工业社会以“陌生人”为主的社会体系会显得较为无力，第三方机构同样存在着类似的问题。另一方面，即便是通过正式的制度、法律合同进行约束，在执行过程中的难度也可能会导致交易参与方的权利和义务不能得到充分的保障。

区块链技术中的去中心化特征，决定了所有交易均由参与方通过共识机制在平权、分散的网络中建立共享账本，参与方通过区块链网络对交易内容进行提交、记录、验证、追溯等操作，从而无须信任单个个人或第三方机构。这种多方共同确认且不可伪造、不可篡改的技术，在较大程度上简化了传统交易模型中所要面对的冗长的交易审查、确认等流程，智能合约也能够有效解决合同执行的灰度问题。因此，区块链技术可以大幅度降低社会交易成本。

（2）提升社会效率。以金融场景为例，金融系统是一个复杂庞大的系统，跨行交易、跨国汇兑往往需要依赖各类组织来实现，漫长的交易链条加之缺乏统一的监管方式，使得交易效率低下，大量资产在交易过程中被锁定或者延时冻结。借助区块链系统实现的去中心化体系，各种投资和交易将可以实现实时结算，这有助于大幅提升投资和交易效率。其他领域中各类需要依赖中介来解决信任问题的场景，都可以使用区块链技术来降低对中心化机构的依赖，提升效率。

（3）交易透明可监管。信息的真实性、实时性及有效性是监管的关键。除了涉及个人隐私或商业机密等情况外，通过将金融交易记录上链，监管机构可以实时查看交易数据，避免出现信息滞后和数据篡改的问题。同时，由于区块链的去中心化特点，任何人都可以参与到数据验证和维护中，确保数据的准确性和真实性。

总体来说，区块链是一种去中心化的信任中介，它将人与人之间的信任转化为人与机器的信任。更进一步说，它是将人们对抽象的社会制度、法律合同的信任转化为计算机语言书写的、可自动执行的规则的信任。区块链扩大了信任的范围，降低了信任成本，使得更大规模的多实体相互合作成为新的可能。

5. 区块链技术的前景

在过去的 30 多年中，互联网技术一直处于高速发展的状态，信息和通信技术的演进为填平数字鸿沟贡献了巨大的力量，也给人们的生活方式带来了巨大的革新。而纵观区块链技术的发展历程，又与互联网何其相似。从表 6-3 可以看出，区块链的更新与发展和互联网呈现出极其相似的周期性变化规律，不同的是，区块链的周期更短，迭代更快。

表 6-3 区块链与互联网发展历程的对比

互联网（10 年尺度）	区块链（5 年尺度）
1974～1983 年 · ARPANet 试验网络	2009～2014 年 · 比特币试验网络
1984～1993 年 · TCP/IP 基础协议确立 · 可扩展基础架构完成	2014～2019 年 · 超级账本、以太坊等建立 · 进行基础协议和框架探索
1990～2000 年 · HTTP 开始被应用 · 正式向商用领域开放	2018～2023 年 · 核心协议探索中 · 商业应用加速
2000～2010 年 · 互联网普及	未来 · 商业协同网络
2010 年至今 移动互联网的快速发展	

注：10 年尺度指的是互联网的发展以大约 10 年为一个周期。5 年尺度则体现了区块链技术的更新与发展、迭代速度更快。

资料来源：华为区块链技术开发团队. 区块链技术及应用. 北京：清华大学出版社，2019.

区块链技术将会日益成熟，而区块链可以应用的行业领域将得到充分探索，届时区块链也将如互联网一样深入人们的生活，改变人们的生活习惯。区块链以其去中心化、传递信任的特性和能力，将会作为最底层的通信协议撑起未来的网络通信，区块链终将成为人们生活不可或缺的一部分。

第三节 控制理论前沿实践

一、数字时代公共危机的控制实践

危机是一种结构极其不良的决策情境。危机犹如人的生命周期一样，从诞生、成长、成熟到死亡危机等不同的阶段，具有不同的生命特征。传统危机管理通过掌握企业危机的发展阶段的特征来处理和化解危机。随着互联网的兴起，经济社会结构面临重大调整，人们的思维观念、行为方式发生迭代变化，危机管控风险也随之上升，需要进行新的探索，实现新的转变，突破传统理论的种种局限，形成新的理论思维和成果，引领新的治理方向和实践，主要表现在以下几个方面。

（1）管理理念的转变：从经验判断到价值判断。互联网时代，不断涌现、演进的新思想、新事物、新工具使逻辑实证论受到诸多挑战。在纷纭复杂的危机治理中，比经验理性更重要的是关于目的、意义乃至道德选择的价值判断。

（2）思维方式的转变：从线性思维到多元思维。互联网时代，人与人处于高度频繁、变化的互动关系中，社会问题难以用线性因果的思维方法去解释。在危机事件中，原因与结果之间的关系逐渐模糊，互联网的交互扩散和放大效应会使原来的因果关系反复置换。互联网时代的危机非线性演变，无法以线性逻辑把握，因果论对于海量的信息和相互交织、纠缠的社会现象难以给予清晰的解释。危机管理的思维方式要顺应互联网时代多元化的特性，破除线性因果论的局限，从线性思维转向多元思维。

（3）制度模式的转变：从刚性控制到弹性把握。互联网时代，人的能动性得到充分释放，人的差异性、多样性得到充分显现。危机特征的演变也导致应急管理体系产生系统性的改变。制度刚性的弊端得到充分暴露，对管理情境差异缺乏变通，对人的情感需求考虑不足。危机管理从刚性控制到弹性把握，意思是说一方面要把制度视为危机管理的基本规范，实行刚性控制；另一方面要体现人文关怀，以人为本，实行弹性把握。比如，城管对待路边摆摊，如果粗暴执法则往往受到诟病，如果柔性执法则容易得到理解。

（4）组织结构的转变：从纵横分割到合作治理。互联网时代开放、跨界、多元、共享、自主等属性，对科层控制带来诸多挑战，要求去等级化、去碎片化、去中介化等，实现扁平化、个性化管理。因此，应急管理机构和组织模式也更加强调协同与合作。互联网时代的危机治理，从纵横分割到合作治理，这是一条现实而又有效的路径。合作治理强调政府、社会、个人以及公共部门、民间组织等多元主体的平等参与，建立协商、信任、互惠的合作关系，从而在开放、融合的状态下预防危机的发生、化解危机的风险。

二、区块链技术的应用实践

区块链去中心化的理念吸引了一批实干家，各地政府对区块链进行积极投入和扶持，经过几年的努力，政务链、供应链等场景应用悄然试点或落地。

1. 政务领域的应用：政务数据共享场景

1）业务场景及痛点

2020 年 5 月，国务院办公厅印发《公共数据资源开发利用试点方案》的通知，推进公共数据资源开发利用，是推进政府职能转变、深化“放管服”改革，推进数字政府建设的必然要求，有利于优化产业结构，培育新的增长点，发展壮大数字经济，促进经济高质量发展。

公共数据是指由政务部门和公共企事业单位在依法履职或生产活动中生成和管理，以一定形式记录、存储和传输的文字、图像、音频、视频等各类可机器读取的数据，法律另有规定或涉及国家利益、公共安全、商业秘密、个人隐私等的数据除外。公共数据资源开放利用是指公共数据资源开放，以及利用公共数据资源面向社会提供数据产品和数据服务的有关行为。公共数据资源开放利用是加快培育发展数据要素市场、发挥数据资源价值的发展趋势。

当前不少地区开始积极探索公共数据资源的开发利用，在释放数据红利、激发创新活力等方面取得一定进展，但在一定程度上存在资源管理职责不清、数据运营无法可依、安全管理风险隐患突出等问题。目前影响各级政务部门间数据共享的主要因素包括共享交换率低、安全共享手段少、数据有效性差、目录信息不准确、权责不清晰、管控性弱等，具体内容如下：

共享交换率低：人工平台以发文、申请、协调等方式获取数据，流程长、效率低。安全共享手段少：数据的可复制性导致敏感信息泄露，保护数据可用不可得的技术手段少。数据有效性差：数据非实时归集容易出现无效数据，大数据平台对业务理解较弱，无法充分管理数据。目录信息不准确：大数据平台对目录信息的管理较弱，产生目录与实际数据不一致的情况。权责不清晰：数据的所有权和管理权分离，容易引起维护和安全问题。管控性弱：政府数据管理部门对数据实际使用者、使用目的、使用频率等信息掌握不足。

目录梳理和管控存在疏漏：当前各部门对目录梳理工作重视程度不一，目录梳理质量参差不齐，缺乏及时动态更新和形成管理闭环，在政务大数据管理平台上存在目录覆盖不全、“死目录”、“假目录”等问题。①目录梳理问题：当前目录体系与数据本身关联不足，导致大数据管理平台普遍存在有目录无数据等情况，使得应用部门的需求对接无法落地实施。②管控问题：当前缺乏有效的技术手段来保障数据共享机制和共享数据质量，数据提供部门可擅自改变共享权限、中断或停止数据更新和服务，领导重视时共享、不关注时不共享，共享中存在历史数据缺乏、数据质量无保障等一系列问题。

2）区块链解决方案

区块链是“新基建”中的“可信”信息基础设施，利用区块链分布式账本、非对称加密、共识算法、智能合约等关键技术，打造区块链可信政务服务平台，在促进数据共享、优化业务流程、降低运营成本、提升协同效率、建设可信体系等方面具有技术优势。同时，在构建基于区块链的数字政府治理架构时，推动跨部门、跨区域政务服务一体化协同建设，夯实政务数据流通、提升开放与共享能力等方面具有无法替代的现实价值。

对于目录梳理和管控问题，引入区块链技术后，各部门依职责梳理，把需要共享的数据资源进行编目，并把各部门共享数据的信息资源目录记录到区块链的共享账本上。每个部门作为区块链的一个联盟方，负责梳理各自的共享数据资源，一旦信息资源目录提交上链后，作为区块链上联盟方的其他部门，都可以实时看到共享的信息资源目录。如果一个部门要变更已经发布的信息资源目录，通过区块链的多方背书策略，可规定政府数据平台管理方、编办等部门作为多方背书的节点，共同审核同意后，才允许变更的信息资源目录生效，该变更记录自动生成区块链的交易记录，共同写到区块链上。每个部门作为区块链的联盟方节点，都保存所有部门所共享的信息资源目录和目录发布、变更记录，可根据审计要求，追溯任意历史的变更记录。

对于目录与数据挂接问题，引入区块链后，各部分作为数据的生产方，政府大数据平台管理方作为数据共享的监管方，以及联盟方都上链。信息资源目录的梳理和实际要共享的数据都由实际的数据生产方提供，目录和实际共享数据的一致性由数据提供方来保证，并把最终建立好的信息资源目录上链。一旦上链后，区块链的多方背书策略可以防止后续各业务部门随意变更已发布的信息资源目录，避免了大数据中心集中化归集各个部门数据所导致的集中化目录与各部门实际共享数据不一致的问题。利用区块链技术把各部门共享信息资源目录进行改造，把政府内部基于区块链的可信数据网络构建起来，后续可以基于这个区块链可信数据共享网络，进一步把各业务部门实际要交换共享的数据也利用区块链技术形成扁平化的共享交换机制。各部门的交换共享数据与信息资源目录形成两条相关联的区块链联盟链，最终满足各部门间数据安全共享的需求。

对于链上数据共享问题，区块链的共享账本和多方背书的策略可以避免数据提供方随意变更数据的行为，同时所有记录到区块链节点上的数据，都保存了信息资源目录发布和变更的历史记录，可以根据时间戳来追溯历史记录。依托区块链+政务资源服务目录系统，将部门、处室、职责、业务信息系统、数据资源安全高效地管控起来，形成各级政务部门从履职到政务信息资源的管控闭环。以个人、企业金融业务办理为例，需要银行、税务、社保等多个政府部门以及社会企业数据的协同参与。由于征信、纳税、社保等信息往往属于敏感数据，数据的共享难、协同散是阻碍提升业务办结效率、改善老百姓办理业务体验的主要问题。因此，在原始敏感数据不流出、不外泄的前提下，实现多方数据的可信计算协同至关重要。

以区块链技术为基础，结合可信安全计算技术、加密技术，可为数据供需双方提供运行环境可信、数据不泄露、数据使用可追述的可信数据多方计算平台。金融机构全程接触不到非自己所属的数据明文，使得数据可用不可得。通过区块链技术保证数据元的真实可信，中间过程可追溯，过程公开透明。

2. 供应链领域的应用：物流场景

1）业务场景及痛点

供应链是人类商业活动中非常复杂的一套系统工程，参与方包括商业活动中的核心企业、供应商、物流运输企业、客户等，内容包括整个流程中的信息流、物流、资金流。一般来说，制造业的供应链从采购原料开始，会涉及生产、加工、包装、运输、销售等环节。所以供应链在主题上会涉及不同的行业和不同的企业，在地域上会跨越不同的城市、省份甚至国家。供应链流程中的上下游，本质上是多次供应商和多次客户的关系，每种上游的业务及其发展都和下游的供应有着密切的关系。随着互联网技术的发展，其为供应链环节提供了重要的信息支持，消除了冗余的供应链环节，供应链正在日渐简约化。随着电子商务的普及，全球经济的一体化不断加速，物流企业的发展趋向多国化、全球化的模式。为用户提供一体化的物流服务，使用户拥有一个高效、畅通的物流体系成为物流企业的竞争优势。

当前供应链物流主要面临以下几个问题：①供应链间信任问题：交易双方由于并非完全信任，在合同约定的执行、交易过程中物权转移、资金转移存在信任问题。②延迟财务结算：纸质 POD 核对和对账需人工耗费较长时间来完成，对账的差异可能引起账务结账的延迟，以及报表出具的延迟。③效率低下和高成本：纸质单据流转时间长，查账过程冗长，需耗费大量业务和财务人员的工作时间，而且对账效果不一定理想。④数据孤岛无法共享：供应链上下游间物流数据分布于不同类型的企业资源计划中，各系统间无集成不互通，客户收货信息变化后无法全网变更。⑤监管和追溯难：信息保存在上下游独立的系统中，无法保证数据不被篡改，难以监管，易发生纠纷且难以追溯。

2）区块链解决方案的具体流程

区块链物流解决方案的具体流程包括：①将各参与方，包括制造商、物流承运商、干线运输商、末端派送商、客户组成一个联盟，利用区块链平台，以适当的手段激励各个节点进行数据记录。业务发生时，数据多方同时确认并提供不可篡改的记录。②运用区块链技术定义各方要上传区块链的信息，承运单号绑定货物信息，并以此与下游或下级合作伙伴商定要通过区块链共享的信息。③绑定分包商的单号，以承运单号串起货物的整个物流过程，整体打通发货方、承运商、干线运输商、区域分发中心（regional distribution center，RDC）、末端派送等各参与方孤立的信息系统，各参与方流转信息及时上传区块链。在系统中，参与方分配账号，通过登录账号扫描单号转移与接收，确认货物的当前责任承担方。并通过账号授权管理，只有指定账户才能发起地址变更，从而实现客户地址变更管理。账户通过应用程序确认接收，等同于该账户所有人签字接收，账号所有人可通过账号授权他人代签。④物流过程中，各方追溯信息及追踪记录存储在区块链上，实现及时到货付款，区块链上信息真实高效、不可篡改，便于精确追溯与责任界定，防止货物无故丢失。⑤调用后台管理系统，Web端可视化展示物流过程，实现全面电子化管理，以纸质单据作为参考。⑥实现物流过程中承运商、干线运输商、末端派送各级分包商等各参与方客户身份识别及管理，可对其进行相应的评级与打分。⑦建立区块链加密算法和授权访问机制，让数据安全性和隐私性俱佳。

三、组织控制的应用实践

数字农业是我国由农业大国迈向农业强国的必经之路。纵观全球，发达国家都将发展数字农业作为构筑农业现代化发展产业优势的方向，积极将数字科技与农业发展相融合，推进农业产业的数字化转型。自 20 世纪末以来，我国日益重视数字农业发展，相关政策措施陆续出台，明确提出推动数字技术与农业生产经营管理等方面的融合。随着《数字农业农村发展规划（2019—2025 年）》的发布，以及 2020 年和 2021 年中央一号文件明确提出开展数字乡村试点、实施数字乡村建设发展工程，我国数字农业也日益从顶层规划走向实践落地。

（一）农业组织控制难题

农业容易受到市场、天气、病虫害、疾病、水肥、物流和市场等因素的影响，在面对买方市场时，呈现出弱质性特征。数字技术为改善农业弱质性提供了可能。数字农业的技术逻辑起点，就是通过研发和建设各类农业射频识别技术设施、农业传感器设施、遥感设施和市场信息感知设施等，再将大数据技术应用于获取的大量数据上，开发出各种精准农业模型与系统，从而实现对农业生产经营过程中的自然环境、运输环境、市场环境等全面的感知和精准的掌握，为农业快速应对环境变化提供数据基础。

1. 分散经营现实带来规模经营的挑战

从种植业来看，家庭联产承包经营责任制虽然激发了我国农民的生产积极性，也带来了农业分散经营的现实问题，阻碍了我国农业的规模化和现代化进程。因而，数字农业建设发展将直面土地分散经营带来的现实挑战。

2. 小农被排斥的现实对小农生态位跃升带来挑战

从种养殖业来看，在大国小农的基本国情农情下，实现小农户与现代农业有机衔接是数字农业建设发展应有的题中之义，尤其是种植业。因而，数字农业建设发展将直面如何促进小农户融入数字农业，改善其生态位跃升，分享数字化红利，最终促进和提升其收入水平的挑战。

3. 效益陷阱带来建设成本控制的挑战

具有高技术和高资产特征的数字农业，其建设发展需要大量的资源投入。纵观世界，美国的精准种植，法国的联合收获机产量图生成及质量测定、施肥机械和电子化植保机械，以及荷兰的“智慧牧场助理”等，无不是资源大量投入驱动的。然而，高资源投入的数字农业，并不一定意味着农业生产效率的提升。我国在大幅推进农业技术应用过程中，农业技术效率相比投入呈现出的效益有限。根据测算，在1978～2017年，我国农业全要素生产率年均增长3.4%，技术进步年均增长7.2%，技术效率则年均下降3.5%（王芳和曾令秋，2021），且技术效率的变动与技术进步的变动趋势呈现相背离的态势。数字农业建设发展面临着效益陷阱的挑战，即应避免在建设过程中出现消耗型增长模式。

4. 应用开发滞后给推广应用带来挑战

各类应用是数字农业真正发挥效能的重要基础。当前来看，我国数字农业的建设还处在完善硬件基础设施阶段，包括网络的进村入户、道路和水利的数字化转型等，而在种植业、畜牧业、渔业、农机装备、农垦等产业和领域的数字应用开发与推广更是处在起步阶段，应用的丰富程度相较于现实需求还有较大的缺口，具体的应用推广上，也只是以信息报送和服务类为主，还不能满足数字农业效能发挥的现实需要。

5. 数据烟囱带来产业数字化转型的挑战

在经济全球化发展背景下，农业的经营优势由产品竞争逐渐转向整个产业链的竞争。当前，我国农业产业化发展面临着各环节衔接不够紧密、利益分配机制不完善、与市场需求脱节等现实问题，而数字化浪潮的到来，为农业产业化发展注入了新动能。农业产业的数字化转型面临着数据烟囱的现实制约，表现为时间和空间方面信息传输不及时与不对称，进而造成数据共享和交互率低下甚至无法联通的问题，以至于出现资源浪费、重复投资和效率低下的现象。

（二）数字时代农业组织运营

数字农业是指将信息作为农业生产要素，用现代信息技术对农业对象、环境和全过程进行可视化表达、数字化设计、信息化管理的现代农业。数字农业使信息技术与农业的生产、流通、运营等各环节有效融合，对改造传统农业、转变农业生产方式具有重要意义。农业组织在数字农业中扮演着协调者、推动者和服务者的角色，通过整合资源、提供技术支持、管理和监督农业生产，促进农业可持续发展，推动农业现代化。农业组织的数字化转型要关注数字技术在农业组织中的生产、物流、营销和金融等环节（领域）的融合应用，使之成为农业现代化发展的新引擎。

1. 生产数字化

数字农业提升农业生产效能能够使得农业生产环节中的自然环境变成一个可控的要素，从而降低农业生产风险、提高生产效率、提升产品品质等。换言之，数字农业将数字技术应用到农业生产的各环节和各领域，进而提升农业生产效能。具体来看，农业生产环节的数字技术融合应用主要体现在四个方面。

一是生产过程的监测和执行。自然环境因素会影响种养殖的整个过程，从而对作物、畜牧和水产等的产量与品质等造成影响。这些因素的变化是一个持续动态的过程，需要对各类数据实时收集、科学分析和精准预测，进而通过精准执行来有效应对，而数字农业能够对各类信息实现实时、动态的感知和收集。

二是自然风险的预测和应对。自然风险是造成农业生产损失的主要因素，包括病虫害、旱灾和台风等。数字农业通过应用物联网技术等，自建或者与气象部门共享自然灾害预警系统，实现对大气环境、水环境和其他突发状况的感知，从而对各类自然灾害实现应对，降低自然灾害风险。数字农业还能够为购买合适的农业保险提供参考，降低投保审核成本，进而有助于降低种植养殖灾害给农民造成的经济损失。

三是生产物料的精准控制。农产品的品质控制等，需要在物料供给上实现精准控制，而数字农业能够实现农业生产所需物料供应的精准控制，从而实现农业生产的增效降本和产品品质的提升。

四是生产效益和生态效益的兼顾。绿色发展是各国经济的发展方向。数字农业能够通过对各类资源的合理安排和精准施用，从而降低种植养殖生产对土壤、水质等的污染。

2. 物流数字化

补齐农业运输短板物流是实现农业从生产端到消费端的关键，发挥了农业供应、销售等的主要载体作用。然而，我国农业面临分散经营的问题，使得农业物流建设意愿不足，进度相对滞后，并表现为农业物流的粗放式发展，严重制约了我国农业现代化发展。我国农业物流发展水平还不够高。农业数字物流对于提升农业运输效能具有重要的现实价值。

通过大数据、云计算等数字技术的应用，促进农业物流各环节与数字技术的有效融合与精准对接，能够实现对农业物流的各类信息进行感知、决策和执行。尤其对于农产品冷链物流来说，围绕运输过程中农产品品质保障、低损耗等目标，通过物联网等的运用，能实现对整个物流过程生鲜农产品位置和来源等的精准掌握，以及对运输、仓储等环节实现自动化与智能化作业，特别是对整个物流过程温度的精准感知和控制，从而有利于加强各环节联动，防止物流中断，提高效率。

具体来看，数字技术在农业物流的运用可以分为村镇环节、仓储运输环节和社区配送环节等。村镇环节是农业物流的“最初一公里”，主要应用于建立感知设备和数据库，为农业物流后续的精准操作提供数据基础。仓储运输环节，主要根据前期收集的各类产品数据信息等，结合仓储、加工和运输过程中各类数据信息的动态感知，通过分析、运算和执行等，进而实现保障农产品品质、降低损耗等目标。社区配送环节，主要以满足居民对于高效获得优质农产品的现实需要为目标，在算法赋能下，实现农产品配送的短时间、短路程等。

3. 营销数字化

农产品滞销问题一直存在于农业现代化进程中，造成农民利益受到损害。究其原因，除了产品品质、物流技术和信息不对称等原因外，还包括市场体系的不完善、营销方式落后、营销主体单一和市场需求快速更迭等。数字营销通过数字技术应用，实现营销模式创新，顺应了当前电子商务发展趋势，满足了人们网购的消费习惯，助推了农产品的销售。

具体来看，数字技术能够通过积累的生产、销售和用户评价数据，切实促进农产品品质改进和品牌开发，以及对传统农产品和特色农产品的分类销售，进而提高消费者对于农产品的信任感，促进农产品在不同细分市场的销售，提升农产品销售的市场价格，实现销售的量价齐升。需要指出的是，数字营销需要数字化生产、数字化物流等环节的支撑，进而实现农产品在数字技术赋能下更好地到达消费者手中。具体的实践中，数字营销又有着丰富的形态，包括电商扶贫、新零售、淘宝村（农产品销售）和农产品直播等。其中，电商扶贫主要通过电子商务等手段和方式，帮助经济落后地区实现农产品的销售，助推农民增产增收；新零售指通过线上线下结合，进而向消费者提供优质的农产品和服务；淘宝村伴随电子商务在乡村地区蓬勃发展而兴起，通过电商平台的产业集聚能力，降低农产品销售的交易成本，改善农村交易的区位条件，弱化了农产品劣势并扩大了需求，促进了农产品销售；农产品直播营销是在消费升级的背景下，基于数字技术构建基于优质内容的沉浸式购物体验，从而提高用户黏性和精准销售水平。

4. 金融数字化

我国农业具有小规模经营、季节性强、担保能力差和风险较高等特性，使得金融机构对农业的金融供给意愿不强，表现为对农业的金融抑制，从而形成了农业融资难的问题。究其原因，除了产业特性因素之外，更由于乡村地域的分散性，金融机构对农民信息的收集和分析，以及对风险的治理面临着高昂的交易成本。数字金融在大数据、云计算等数字技术的加持下，基于对农户数据的收集、分析和预测，实现农业金融供给风险管控的低成本，并通过手机端等移动设备，实现为农户提供便捷、高效和个性的金融服务的目标。更加重要的是，数字金融具有开放性、公平性和易得性等特征，并且以小额信贷为主要业务，与普惠金融特征具有一致性。换言之，数字金融不仅能够缓解农业金融供给不足的现实问题，更能根据农户的实际条件和现实需要提供覆盖广、个性化和便捷式的金融服务，实现金融的普惠性。

案例分析 A公司的OKR工作法推行之旅

参考文献

安娜贝拉·加威尔，迈尔克·库苏麦诺. 2007. 平台领导：英特尔、微软和思科如何推动行业创新[M]. 袁申国，刘兰凤译. 广州：广东经济出版社.

彼得·德鲁克. 2009. 管理的实践[M]. 齐若兰译. 北京：机械工业出版社.

彼得·F. 德鲁克，等. 1999. 知识管理[M]. 杨开峰译. 北京：中国人民大学出版社.

彼得·F. 德鲁克. 1999. 21 世纪的管理挑战[M]. 朱雁斌译. 北京：机械工业出版社.

毕功兵，黄正伟，刘作仪. 2014. 中国决策理论与方法研究的资助与进展分析[J]. 管理学报，11（3）：337-343.

卞华舵. 2007. 关于不确定性情境下决策理论的研究综述[J]. 湖南社会科学，（5）：29-32.

陈春花，刘祯. 2017. 水样组织：一个新的组织概念[J]. 外国经济与管理，39（7）：3-14.

陈春花，赵海然. 2018. 共生：未来企业组织进化路径[M]. 北京：中信出版社.

陈冬梅，王俐珍，陈安霓. 2020. 数字化与战略管理理论——回顾、挑战与展望[J]. 管理世界，36（5）：220-236.

陈国青，曾大军，卫强，等. 2020. 大数据环境下的决策范式转变与使能创新[J]. 管理世界，36（2）：95-105，220.

陈加友. 2021. 基于区块链技术的去中心化自治组织：核心属性、理论解析与应用前景[J]. 改革，（3）：134-143.

陈仁波. 2012. 前景理论在财务会计实证研究中的应用[J]. 会计之友，（25）：17-20.

代向阳，彭剑锋，尹奎，等. 2021. 量子管理理论研究对人力资源管理的启示[J]. 现代管理科学，（6）：62-69.

戴布拉·艾米顿. 1998. 知识经济的创新战略：智慧的觉醒[M]. 金周英，等译. 北京：新华出版社.

丹尼尔·A. 雷恩. 2000. 管理思想的演变[M]. 赵睿，肖聿，陆钦琰译. 北京：中国社会科学出版社.

丹尼尔·A. 雷恩，阿瑟 G. 贝德安. 2012. 管理思想史[M]. 6 版. 孙健敏，黄小勇，李原译. 北京：中国人民大学出版社.

董克用，李超平. 2019. 人力资源管理概论[M]. 5 版. 北京：中国人民大学出版社.

多萝西·伦纳德·巴顿. 2000. 知识与创新[M]. 孟庆国，侯世昌译. 北京：新华出版社，31.

法约尔. 1982. 工业管理与一般管理[M]. 周安华，林宗锦，展学仲，等译. 北京：中国社会科学出版社.

方振邦，杨畅. 2019. 绩效管理[M]. 2 版. 北京：中国人民大学出版社.

冯芷艳，郭迅华，曾大军，等. 2013. 大数据背景下商务管理研究若干前沿课题[J]. 管理科学学报，16（1）：1-9.

弗莱蒙特·E. 卡斯特，詹姆斯·E. 罗森茨韦克. 2000. 组织与管理——系统方法与权变方法[M]. 4 版. 傅严，李柱流，等译. 北京：中国社会科学出版社.

盖伊·拉姆斯登，唐纳德·拉姆斯登. 2001. 群体与团队沟通[M]. 3 版. 冯云霞，是文如，笪鸿安译. 北京：机械工业出版社.

高恩新，赵继娣. 2017. 公共危机管理研究的图景与解释——基于国际文献的分析[J]. 公共管理学报，

14（4）：141-152，160.
郭永辉，尚战伟，邹俊国，等. 2016. 群决策关键问题研究综述[J]. 统计与决策，（24）：63-67.
《管理学》编写组. 2019. 管理学[M]. 北京：高等教育出版社.
郝旭光，张嘉祺，雷卓群，等. 2021. 平台型领导：多维度结构、测量与创新行为影响验证[J]. 管理世界，37（1）：186-199，216.
胡斌，王莉丽. 2020. 物联网环境下的企业组织结构变革[J]. 管理世界，36（8）：202-210，232.
胡国栋. 2018a. 海尔制（1）："中国时代"的组织管理理论[J]. 清华管理评论，（6）：48-56.
胡国栋. 2018b 海尔制（2）：组织演化史与中国企业史上的坐标[J]. 清华管理评论，（Z2）：50-58.
胡笑旋，杨善林，张强. 2011. 支持群决策过程建模的层次影响图模型[J]. 系统工程理论与实践，31（7）：1312-1319.
胡越秋，王军，董泽华. 2020. 新冠肺炎疫情防控期间企业复工决策分析——基于行为经济学视角[J]. 统计与决策，36（5）：157-160.
华为区块链技术开发团队. 2021. 区块链技术及应用[M]. 2 版. 北京：清华大学出版社.
黄德镛，胡运权. 1997. 群体决策及其特点[J]. 决策借鉴，（4）：44-46.
黄津孚，等. 2008. 企业管理现代化：理论·轨迹·经验[M]. 北京：经济管理出版社.
黄津孚，张小红，何辉. 2014. 信息化、数字化、智能化——管理的视角[M]. 北京：经济科学出版社.
黄津孚. 2017. 现代企业管理原理[M]. 北京：清华大学出版社.
加里·尤克尔. 2014. 领导学[M]. 全球版·原书第 8 版. 朱舟，等译. 北京：机械工业出版社.
江亚洲，郁建兴. 2020. 重大公共卫生危机治理中的政策工具组合运用——基于中央层面新冠疫情防控政策的文本分析[J]. 公共管理学报，17（4）：1-9，163.
姜长云，姜惠宸. 2020. 新冠肺炎疫情防控对国家应急管理体系和能力的检视[J]. 管理世界，36（8）：8-18，31.
杰里米·里夫金. 2014. 零边际成本社会：一个物联网、合作共赢的新经济时代[M]. 赛迪研究院专家组译. 北京：中信出版社.
金建东，徐旭初. 2022. 数字农业的实践逻辑、现实挑战与推进策略[J]. 农业现代化研究，43（1）：1-10.
康荣平. 2019. 快产业与快战略[J]. 销售与管理，（8）：44-51.
肯尼斯·C. 劳顿，简·P. 劳顿. 2015. 管理信息系统[M]. 13 版. 黄丽华，等译. 北京：机械工业出版社.
赖诗攀. 2013. 问责、惯性与公开：基于 97 个公共危机事件的地方政府行为研究[J]. 公共管理学报，10（2）：18-27，138.
李超平，时勘. 2005. 变革型领导的结构与测量[J]. 心理学报，37（6）：803-811.
李福海. 2004. 战略管理学[M]. 成都：四川大学出版社.
李浩. 2017. 绩效管理[M]. 北京：机械工业出版社.
李睿. 2014. 前景理论研究综述[J]. 社会科学论坛，（2）：214-222.
廖冰，杨秀苔，张文汉，等. 2003. 团队激励模型的探讨[J]. 重庆大学学报（自然科学版），26（10）：124-126，131.
林济铿，侯杰，包铁，等. 2009. 基于展望理论的发电厂商最优报价[J]. 中国电机工程学报，29（10）：97-101.
刘冰，李逢雨，朱乃馨. 2020. 适应变化：柔性人力资源管理的内涵、机制与展望[J]. 中国人力资源开发，37（10）：91-108.
刘存. 2011. 基于前景理论的企业员工监督与激励策略研究[J]. 生产力研究，（2）：160-162.
刘婧颖，张顺明. 2015. 不确定环境下行为决策理论述评[J]. 系统工程，33（2）：110-117.
刘蓉晖，戴芳源. 2014. 前景理论在企业管理中的研究述评[J]. 现代管理科学，（6）：36-38.

刘绍荣，夏宁敏，唐欢，等. 2019. 平台型组织[M]. 北京：中信出版社.
刘亦文，胡宗义. 2010. 柔性激励机制设计及其模型研究[J]. 软科学，24（9）：43-46，86.
芦慧，刘霞，陈红. 2016. 企业员工亲环境行为的内涵、结构与测量研究[J]. 软科学，30（8）：69-74.
陆江东，陈萍. 2012. 人力资源柔性化管理模式探讨[J]. 商业时代，（3）：86-87.
马洪坤，李仲飞. 2019. 基于不完全信息竞赛理论的员工激励机制研究[J]. 系统工程理论与实践，39（10）：2535-2548.
马化腾，孟昭莉，闫德利，等. 2017. 数字经济：中国创新增长新动能[M]. 北京：中信出版社.
马学忠，李世强. 2014. 大数据时代决策理论在企业管理中的应用[J]. 现代企业，（4）：8-9.
迈克尔·迪屈奇. 1999. 交易成本经济学——关于公司的新的经济意义[M]. 王铁生，葛立成译. 北京：经济科学出版社.
梅欧. 1964. 工业文明的社会问题[M]. 费孝通译. 北京：商务印书馆.
穆胜. 2020. 平台型组织：释放个体与组织的潜能[M]. 北京：机械工业出版社.
纳哈雯蒂. 2007. 领导学[M]. 4 版. 王新，陈加丰译. 北京：机械工业出版社.
欧阳桃花，郑舒文，程杨. 2020. 构建重大突发公共卫生事件治理体系：基于中国情景的案例研究[J]. 管理世界，36（8）：19-32.
潘进煜. 2017. 任正非的领导力研究[J]. 企业改革与管理，（12）：100.
彭璧玉. 2006. 组织生态学理论述评[J]. 经济学家，（5）：111-117.
彭剑锋，马晓苗，甘罗娜. 2019. 量子领导力构建：机理与路径[J]. 中国人力资源开发，36（12）：144-156.
祁超，卢辉，王红卫，等. 2021. 应急医院工程快速建造及其对疫情防控的作用——以武汉市抗击新冠疫情为例[J]. 管理世界，37（6）：189-201，213.
荣鹏飞，葛玉辉. 2012. 团队过程视角下的高层梯队研究展望[J]. 科技管理研究，32（20）：163-167.
阮俊虎，刘天军，冯晓春，等. 2020. 数字农业运营管理：关键问题、理论方法与示范工程[J]. 管理世界，36（8）：222-233.
芮明杰. 2004. 21 世纪的选择：新经济、新企业与新管理[J]. 学术月刊，（2）：86-92.
芮明杰. 2006. 再论 21 世纪企业新管理[J]. 上海财经大学学报，8（2）：41-48.
施建刚，林陵娜，唐代中. 2015. 整合个体激励和团队激励的多主体项目团队成员知识共享激励[J]. 系统工程，33（4）：37-45.
斯蒂芬·P. 罗宾斯，玛丽·库尔特，戴维·A. 德森佐. 2019. 管理学原理与实践[M]. 10 版. 毛蕴诗译. 北京：机械工业出版社.
斯蒂芬·P. 罗宾斯，玛丽·库尔特. 2012. 管理学[M]. 11 版. 李原，孙健敏，黄小勇译. 北京：中国人民大学出版社.
斯蒂芬·P. 罗宾斯，玛丽·库尔特. 2017. 管理学[M]. 13 版. 刘刚，程熙鎔，梁晗，等译. 北京：中国人民大学出版社.
宋超. 2019. 领导激励与凝聚的理论分析及实践路径[J]. 领导科学，（24）：64-66.
宋锴业. 2020. 中国平台组织发展与政府组织转型——基于政务平台运作的分析[J]. 管理世界，36（11）：172-194.
孙健，王百强，袁蓉丽. 2017. 信息系统整合、预算程序公平与企业业绩——一项基于国有企业的调查研究[J]. 管理世界，（5）：131-143.
谭华杰. 2016. 企业“溶解”于社会，人“溶解”于组织[EB/OL]. https://www. sohu. com/a/120592604_343325. 2016-12-04
唐贵瑶，孙玮，贾进，等. 2015. 绿色人力资源管理研究述评与展望[J]. 外国经济与管理，37（10）：82-96.

唐贵瑶，吴湘繁，吴维库，等. 2016. 管理者大五人格与心理契约违背对辱虐管理的影响：基于特质激发理论的实证分析[J]. 心理科学，39（2）：454-460.
陶好飞，黄戈林，高超，等. 2022. 领导干部领导力的内涵、实践与历史经验[J]. 管理世界，38（9）：16-31.
田虹，王宇菲. 2020. 动态环境下的企业环境战略转型研究综述与基本框架构建[J]. 科技管理研究，40（5）：233-242.
万可，李守军. 2002. 虚拟团队的沟通分析模型[J]. 预测，21（6）：28-31.
汪峰，魏玖长，赵定涛. 2013. 综合危机应对模式构建与组织声誉修复——基于两个案例的研究[J]. 公共管理学报，10（3）：63-74，140.
王芳，曾令秋. 2021. 农业全要素生产率与农业优先发展[J]. 财经科学，（2）：121-132.
王凤彬，李东. 2021. 管理学[M]. 6 版. 北京：中国人民大学出版社.
王福泉. 2010. 转型期高校教师激励存在的问题及思考[J]. 黑龙江高教研究，（5）：62-63.
王晓田，王鹏. 2013. 决策的三参照点理论：从原理到应用[J]. 心理科学进展，21（8）：1331-1346.
王哲伟. 2012. 竞赛理论中的惩罚设计及其现实意义[J]. 经济问题探索，（12）：181-185.
王重鸣，邓靖松. 2005. 虚拟团队沟通模式对信任和绩效的作用[J]. 心理科学，28（5）：1208-1210，1219.
王宗润，何瑭瑭. 2020. 基于三参照点理论的结构性产品购买行为[J]. 控制与决策，35（3）：677-685.
魏江，严进，等. 2006. 管理沟通：成功管理的基石[M]. 北京：机械工业出版社.
沃伦·本尼斯，伯特·纳努斯. 2016. 领导者[M]. 赵岑，徐琨译. 杭州：浙江人民出版社.
吴国培，陈福生. 2010. 行为金融理论框架下中小企业贷款难现象解释[J]. 亚太经济.（1）：55-58
谢冬梅，范莉莉，易家斌. 2011. 基于意义建构理论的跨文化沟通衡量指标体系研究——以中德两国为例[J]. 经济经纬，（1）：100-104.
谢小云，左玉涵，胡琼晶. 2021. 数字化时代的人力资源管理：基于人与技术交互的视角[J]. 管理世界，37（1）：200-216.
辛杰，谢永珍，范蕾. 2020. VUCA 背景下量子型领导的源起、维度与测量[J]. 商业经济与管理，（4）：39-51.
辛杰，谢永珍，屠云峰. 2020. 从原子管理到量子管理的范式变迁[J]. 管理学报，17（1）：12-19，104.
熊立，柳波，占小军，等. 2023. 平台型领导如何赋能知识型员工"适时应务"？——基于沉浸理论的链式中介模型[J]. 管理世界，39（2）：124-140，223.
徐飞. 2019. 战略管理[M]. 4 版. 北京：中国人民大学出版社.
徐宪平，鞠雪楠. 2019. 互联网时代的危机管理：演变趋势、模型构建与基本规则[J]. 管理世界，35（12）：181-189.
徐宗本，冯芷艳，郭迅华，等. 2014. 大数据驱动的管理与决策前沿课题[J]. 管理世界，（11）：158-163.
许志行，曹骞. 2019. 企业战略思维研究述评与展望[J]. 外国经济与管理，41（5）：58-73.
晏雄. 2016. 跨文化管理[M]. 2 版. 北京：北京大学出版社.
杨富云. 2020. 大数据驱动下的企业决策范式研究[J]. 商业经济研究，（4）：121-124.
杨艳，李红梅. 2018. 基于人口统计特征的高层梯队理论模型修正与运用[J]. 统计与决策，（3）：90-93.
杨忠，等. 2013. 组织行为学：中国文化视角[M]. 3 版. 江苏：南京大学出版社.
姚建明. 2019. 战略管理：新思维、新架构、新方法[M]. 北京：清华大学出版社.
姚顺波，王博文. 2009. 企业管理学[M]. 北京：科学出版社.
姚燕. 2018. 内外激励协同影响员工创新路径研究[J]. 领导科学，（35）：20-22.

叶一娇，何燕珍，朱宏，等. 2020. 柔性人力资源管理对组织技术创新的影响及作用机制研究[J]. 南开管理评论，23（2）：191-202.
殷孟波，贺国生. 2003. 银行为什么愿意向大企业贷款[J]. 经济学家，（4）：85-90.
余莉. 2008. 计划行为理论的发展综述[J]. 科技文汇（中旬刊），（5）：170.
约翰 P. 科特. 2014. 领导变革[M]. 徐中译. 北京：机械工业出版社.
张国清. 2003. 公共危机管理和政府责任——以 SARS 疫情治理为例[J]. 管理世界，（12）：42-50.
张全成，杨皖苏，周庭锐. 2012. 吸引效应下的消费者支付意愿及决策满意度探析[J]. 管理世界，（10）：182-183.
张小红，黄津孚. 2019. 论智能互联时代管理学理论的进化性重构[J]. 福建论坛（人文社会科学版），（10）：12-21.
赵晶. 2021. 公司治理：原理与案例[M]. 北京：中国人民大学出版社.
郑石明，兰雨潇，黎枫. 2021. 网络公共舆论与政府回应的互动逻辑——基于新冠肺炎疫情期间“领导留言板”的数据分析[J]. 公共管理学报，18（3）：24-37，169.
中国信息通信研究院. 2017. 中国数字经济发展白皮书（2017 年）[EB/OL]. http://www.cac.gov.cn/files/pdf/baipishu/shuzijingjifazhan.pdf?eqid=c07447c70004039b0000000664363595&eqid=c846757d0008d96c000000056462e1c8.
钟伟军. 2013. 公共舆论危机中的地方政府微博回应与网络沟通——基于深圳“5.26 飙车事件”的个案分析[J]. 公共管理学报，10（1）：31-42，139.
周达勇，张正勇. 2009. 前景理论下的决策财务分析[J]. 财会月刊. （3）：80-82.
周乐欣，李烨，许为宾. 2022. 由“文化思想”到“工具分析”:一个本土企业家战略思维理论框架[J]. 暨南学报（哲学社会科学版），44（2）：56-72.
周三多，陈传明，刘子馨，等. 2018. 管理学——原理与方法[M]. 7 版. 上海：复旦大学出版社.
周晓波. 2015. 移动互联时代企业管理的挑战与变革[J]. 管理观察，（15）：95-97.
周至，孙宇祥. 2020. 五力模型与 OODA 环模型相融合的企业战略决策模型[J]. 河海大学学报（哲学社会科学版），22（3）：74-81，107-108.
Biedenbach T，Söderholm A. 2010. 超级竞争行业组织变革的挑战：文献综述[J]. 李文静，王慧译. 管理世界. 12：155-163，167
R. R. 布莱克，J. S. 莫顿. 1986. 新管理方格[M]. 孔令济，徐吉贵译. 北京：中国社会科学出版社.
Bass B M, Avolio B J. 1990. Developing transformational leadership: 1992 and beyond[J]. Journal of European Industrial Training, 14(5): 21-27.
Beer M, Nohria N. 2000. Breaking the Code of Change[M]. Boston: Harvard Business Review Press.
Bonn I. 2001. Developing strategic thinking as a core competency[J]. Management Decision, 39(1): 63-71.
Bonn I. 2005. Improving strategic thinking: A multilevel approach[J]. Leadership & Organization Development Journal, 26(5): 336-354.
Brim O G, Glass D C, Lavin D E, et al. 1962. Personality and Decision Processes: Studies in the Social Psychology of Thinking[M]. Oxford: Oxford University Press.
Buterin V.2014. DAOs, DACs, DAs and more: Buterin V.DAOs, DACs, DAs and more: An incomplete terminology guide[J]. Working Paper, (4): 7-18.
Chang S, Gong Y P, Way S A, et al. 2013. Flexibility-oriented HRM systems, absorptive capacity, and market responsiveness and firm innovativeness[J]. Journal of Management, 39(7): 1924-1951.
Cusumano M A, Gawer A. 2003. The elements of platform leadership[J]. IEEE Engineering Management Review, 31(1): 8.
Daghir M M, Al Zaydi K I H. 2005. The measurement of strategic thinking type for top managers in Iraqi public organizationscognitive approach[J]. International Journal of Commerce and Management, 15(1):

34-46.

Davenport T H, Barth P, Bean R. 2012. How"Big Data"is different[J]. MIT Sloan Management Review, 54(1): 43-46.

Elzinga D, Mulder S, Vetvik O J, et al. 2009. The consumer decision journey[J]. The McKinsey Quarterly, 3: 1-11.

Ezzamel M, Watson R. 1998. Market comparison earnings and the bidding-up of executive cash compensation: Evidence from the United Kingdom[J]. Academy of Management Journal, 41(2): 221-231.

Fang B, Ye Q, Kucukusta D, et al. 2016. Analysis of the perceived value of online tourism reviews: Influence of readability and reviewer characteristics[J]. Tourism Management, 52: 498-506.

Fiedler F E, Martin M, Mahar L. 1976. Improving Leadership Effectiveness: The Leadership Match Concept[M]. New York: Wiley.

Gallupe R B, Dennis A R, Cooper W H, et al. 1992. Electronic brainstorming and group size[J]. Academy of Management Journal, 35(2): 350-369

Gawer A, Cusumano M. 2008. How companies become platform leaders[J]. MIT Sloan Management Review, 49: 28-35.

Gawer A, Henderson R. 2007. Platform owner entry and innovation in complementary markets: Evidence from intel[J]. Journal of Economics and Management Strategy, 16(1): 1-34.

Gawer A. Henderson R M. Platform owner entry and innovation in complementary markets: Evidence from intel[J]. Journal of Economics & Management Strategy, 16(2): 1-34.

Hansson S O. 1994. Decision Theory: A Brief Introduction[M]. Stockholm: KTH Stockholm.

Hart O, Moore J. 1990. Property rights and the nature of the firm[J]. Journal of Political Economy, 98(6): 1119-1158.

Hassan S, Wright B E, Yukl G. 2014. Does ethical leadership matter in government? Effects on organizational commitment, absenteeism, and willingness to report ethical problems[J]. Public Administration Review, 74(3): 333-343.

Helfat C E, Raubitschek R S. 2018. Dynamic and integrative capabilities for profiting from innovation in digital platform-based ecosystems[J]. Research Policy, 47(8): 1391-1399.

Hersey P, Blanchard K H. 1993. Management of Organizational Behaviour: Utilizing Human Resources[M]. 6th. Englewood: Prentice-Hall.

House R J. 1971. A path goal theory of leader effectiveness[J]. Administrative Science Quarterly, 16(3): 321.

Jacobs R H. 1994. Using Real Time Strategic Change: How to Involve an Entire Organization in Fast and Far Reaching Change[M]. San Francisco: Berrett-Koehler Publishers, 49-51.

Jacobs R H. 1997. Real-Time Strategic Change: How to Involve an Entire Organization in Fast and Far-Reaching Change[M]. 2nd ed. San Francisco: Berrett-Koehler Publishers.

Kahneman D, Tversky A. 1979. Prospect theory: An analysis of decision under risk[J]. Econometrica, 47(2): 263.

Kaplan R S, Norton D P. 1996. The Balanced Scorecard: Translating Strategy into Action[M]. Boston: Harvard Business School Press.

Kaplan R S, Norton D P. 2004. Strategy Maps: Converting Intangible Assets into Tangible Outcomes[M]. Boston: Harvard Business Review Press.

Kirkpatrick S A, Locke E A. 1991. Leadership: Do traits matter?[J]. The Executive, 5(2): 48-60.

Locke E A, Latham G P. 2013. New Developments in Goal Setting and Task Performance[M]. London:

Routledge.
McAfee A, Brynjolfsson E. 2012. Big data: The management revolution[J]. Harvard Business Review, 90(10): 60-66, 68, 128.
Mintzberg H, Raisinghani D, Theoret A. 1976. The structure of"unstructured"decision processes[J]. Administrative Science Quarterly, 21(2): 246.
Nuntamanop P, Kauranen I, Lgel B. 2013. A new model of strategic thinking competency[J]. Journal of Strategy and Management, 6(3): 242-264.
Palaima T, Skaržauskienė A. 2010. Systems thinking as a platform for leadership performance in a complex world[J]. Baltic Journal of Management, 5(3): 330-355.
Rahwan I, Cebrian M, Obradovich N, et al. 2019. Machine behaviour[J]. Nature, 568: 477-486
Rieger M O, Bui T. 2011. Too risk-averse for prospect theory?[J]. Modern Economy, 2(4): 691-700.
Rowe A J, Mason R O. 1987. Managing With Style: A Guide to Understanding, Assessing, and Improving Decision Making[M]. California: Jossey-Bass, 57.
Schmidt U, Starmer C, Sugden R. 2005. Explaining preference reversal with third-generation prospect theory[C]. CeDEx Discussion Paper Series.
Schmidt U, Starmer C, Sugden R. 2008. Third-generation prospect theory[J]. Journal of Risk and Uncertainty, 36(3): 203-223.
Simon H A. 1960. The New Science of Management Decision[M]. New York: Harper & Brothers.
Simon H A. 1984. Models of Bounded Rationality[M]. Cambridge: MIT Press.
Simpson D, Samson D. 2008. Environmental strategy and low waste operations: Exploring complementarities[J]. Business Strategy and the Environment, 19(2): 104-108.
Tversky A, Kahneman D. 1992. Advances in prospect theory: Cumulative representation of uncertainty[J]. Journal of Risk and Uncertainty, 5(4): 297-323.
Wang X T, Johnson J G. 2012. A tri-reference point theory of decision making under risk[J]. Journal of Experimental Psychology General, 141(4): 743-756.